施工现场安全生产保证体系

DGJ08—903—2003 规范实施指南

上海市建筑施工行业协会工程质量和安全专业委员会　编

中国建筑工业出版社

图书在版编目（CIP）数据

施工现场安全生产保证体系：DGJ08—903—2003 规范实
施指南/上海市建筑施工行业协会工程质量和安全专业委
员会编．—北京：中国建筑工业出版社，2003

ISBN 7-112-06085-0

Ⅰ．施…　Ⅱ．上…　Ⅲ．建筑工程—施工现场—安
全生产—指南　Ⅳ．TU714-62

中国版本图书馆 CIP 数据核字（2003）第 093956 号

施工现场安全生产保证体系

DGJ08—903—2003 规范实施指南

上海市建筑施工行业协会工程质量和安全专业委员会　编

*

中国建筑工业出版社出版、发行（北京西郊百万庄）

新 华 书 店 经 销

北京云浩印刷有限责任公司印刷

*

开本：787×1092 毫米　1/16　印张：26¾　字数：648 千字
2003 年 11 月第一版　2004 年 4 月第三次印刷
印数：8001—12000 册　定价：**45.00** 元

ISBN 7-112-06085-0
TU·5351（12098）

本社网址：http://www.china-abp.com.cn
网上书店：http://www.china-building.com.cn

本书主要介绍施工现场安全生产保证体系的要求，施工现场安全生产保证体系的建立以及体系文件的编制等，内容包括：安全管理基本术语；施工现场安全生产保证体系要求；施工现场安全生产保证体系的建立；危险源与不利环境因素识别、评价和控制策划；施工现场安全生产保证体系文件的编制；施工现场安全生产保证体系的审核等。

　　本书是施工管理人员必备的工具书，也可作为安全管理的培训教材。

＊　　　＊　　　＊

責任編輯　周世明

責任設計　孫　梅

本 书 编 委 会

编委会主任：孙建平

编委会副主任：周建新　蔡　健

编　　委：宋耀祖　高志海　潘延平　姜　敏

　　　　　於崇根　蒋寿生　孙锦强　张国琮

主　审：刘　军

主　编：叶伯铭

副主编：徐福康　刘　诚

编　辑：张继丰　汤学权　辛达帆　邱　震

　　　　施仁发　王樾樾　陈纪峰　余康华

　　　　沈　祺

序　言

为了加强城市建设和管理的需要，进一步规范建设工程施工现场安全管理，上海市建设和管理委员会在总结近年来的实践经验，广泛听取有关单位和专家意见基础上，2003年初，对1998年颁发的上海市标准《施工现场安全生产保证体系》（DBJ 08—903—98）进行了全面修编，修编后的《施工现场安全生产保证体系》列为上海市工程建设规范。《施工现场安全生产保证体系》出台后，上海市建设工程安全质量监督总站组织上海市建筑施工行业协会工程质量和安全专业委员会的专家们认真学习，深刻领会地方强制性安全标准，熟悉新的施工现场安全生产保证体系，研究施工现场安全生产保证体系的建立和实施，精心编写并出版了《施工现场安全生产保证体系 DGJ 08—903—2003 规范实施指南》一书。

本书以上海市新颁发的《施工现场安全生产保证体系》（DGJ08—903—2003）和国家及上海市地方建设工程施工安全生产规范为依据，以上海地区近5年来原《施工现场安全生产保证体系》标准的实践经验为基础，全面阐述了建设工程施工安全保证体系建立和实施的全过程，描述了施工过程安全生产关键环节的控制要点。书中各章分别系统介绍了《施工现场安全生产保证体系》标准各节的主要内容及特点、安全生产保证体系的建立环节及运行要务、施工现场危险源和不利环境因素的控制、建筑工程安全生产控制及检查的表式与填写、以及《施工现场安全生产保证体系》建立后企业内审及外部认证要点。

本书的出版为建筑施工企业以及工程建设单位、监理单位、工程安全监督机构与政府建设行政主管部门的安全技术管理人员提供了一本建立施工现场安全生产保证体系，强化安全生产过程控制，有效控制重大伤亡和环境事故的指南性工具书。本书管理概念先进，规范解释清晰，词语通俗易懂，实用性和可操作性强，既可供建筑施工企业及建设参与各方学习、贯彻，也可作为实施安全生产保证体系新规范的培训教材。

本书编写过程中得到上海市建设和管理委员会、上海市建筑工程安全质量监督总站、上海市建设安全协会、上海市安全生产保证体系认证一中心、二中心等单位领导和专家的指导、帮助，在此一并表示感谢。当然，本书难免有不足欠缺之处，衷心希望广大读者谅解、指正，以使本书通过完善而更科学、更好地为上海建筑施工安全生产服务。

孙建平

目 录

第一章 总 论

一、推行施工现场安全生产保证体系标准和规范是贯彻"安全第一、预防为主"方针的重要措施

保护从业人员在生产过程中的安全和健康，是我们国家的一项重要政策，也是企业管理的一个基本原则。1997 年 11 月 1 日公布，1998 年 3 月 1 日起施行的《中华人民共和国建筑法》明确指出："建筑工程安全生产管理必须坚持安全第一、预防为主的方针，建立安全生产的责任制度和群防群治制度"；"建筑施工企业必须依法加强对建筑安全生产的管理，执行安全生产责任制度，采取有效措施，防止伤亡和其他安全事故"；"施工现场安全由建筑施工企业负责"。1997 年 11 月 3 日公布，1997 年 12 月 1 日起施行的《上海市建筑市场管理条例》对此也有相应的规定。这里所指的安全生产是一个完整的概念，生产是主导的，不生产就谈不上其他，也谈不上安全；但搞生产必须首先抓安全、保安全，把安全放在生产之上，因为劳动者是最可贵的。

为了使建筑施工现场的安全管理更加规范化、科学化、标准化，进一步提高安全生产的水平，以期获得更好的社会效益、环境效益和经济效益，上海市建设委员会沪建建（98）008 号《关于下达 1998 年工程建设地方标准、规范和标准设计编制计划的通知》中，提出了编制《施工现场安全生产保证体系》标准的要求（以下简称"安全生产保证体系标准"、"安保体系标准"或"标准"），并明确由上海市工程建设监督研究会负责主编。该研究会依据《中华人民共和国建筑法》、《上海市建筑市场管理条例》、1991 年 1 月 11 日生效的国际劳工组织第 167 号国际劳工公约《施工安全与卫生公约》及有关安全生产的法律、法规、规章和标准，在学习、总结国内和上海市建筑施工安全管理经验的基础上，组织起草，经有关专家审查和上海市建设委员会审核，于 1998 年 8 月 10 日由上海市建设委员会以沪建建（98）第 0645 号文批准为上海市标准，统一编号为 DBJ 08—903—98。该标准自 1998 年 10 月 1 日起施行，上海市工程建设标准化办公室负责组织实施，上海市工程建设监督研究会负责解释，适用于在上海地区从事施工的建筑企业所属施工现场全过程的安全管理和控制。

随着该标准的实施和贯标认证实践的深入，随着城市建设的发展和城市管理的强化，特别是 2002 年《中华人民共和国安全生产法》颁布实施，《施工现场安全生产保证体系》标准在管理理念和管理思路上也暴露出一些不足之处，为此，上海市建设和管理委员会沪建建（2002）第 0210 号《关于同意 2002 年上海市工程建设地方规范和标准设计编制计划的批复》将该标准的修编列入计划，仍由上海市工程建设监督研究会（已改名为"上海市建筑业联合会工程建设监督委员会"）负责修编，在总结近年来的实践经验，广泛听取有关单位和专家意见，结合贯彻 2002 年 11 月 1 日起施工的《中华人民共和国安全生产法》，根据保持连续性、增强适应性、提高科学性和注重有效性的原则组织修编，经有关专家审查和上海市建设和管理委员会审核，于 2003 年 3 月 8 日由上海市建设和管理委员会以沪建建［2003］137 号文批准为上海市工程建设规范，编号统一改为 DGJ 08—903—2003（以

下简称"安全生产保证体系规范"、"安保体系规范"或"规范"），自 2003 年 7 月 1 日起实施，原标准同时废止。该规范由上海市建设工程标准定额总站负责组织实施，上海市建筑业联合会工程建设监督委员会（现名为上海市建筑施工行业协会工程质量和安全专业委员会）负责解释。规范文本见附录 1。

由于产品固定、作业流动性大，露天作业多，工程形式多样、规则性差，施工周期长、人力物力投入量大，施工涉及面广、综合性强，手工作业多、劳动条件差、强度大，设施设备多、分布分散、管理难度大，施工人员及其素质不稳定，以及施工现场安全受地理环境和气象条件影响大等特殊性的限制，建筑施工是一个仅次于采矿的高安全风险行业，近几年来，建筑施工安全工作有了很大发展，企业领导和从业人员的安全生产和文明施工意识以及安全管理、安全技术都有不少进步，越来越多的人重视安全工作，施工现场面貌发生了可喜变化，安全生产和文明施工状况也明显好转。但是，也还有一些企业的领导和从业人员，法制观念淡薄，缺乏必要有安全生产、文明施工观念和自我保护意识，施工现场缺乏安全防护和污染防治措施，缺乏相应的安全环保管理制度，对外搞突击应付、形式主义，对内则违章指挥、冒险作业，给安全生产和环境保护带来严重威胁，甚至酿成重大伤亡事故，造成严重的环境污染，不仅给从业人员和其家属带来痛苦，给社会带来不利环境影响，而且也使企业声誉受到损害，乃至影响社会的安定。企业有声誉才有市场，有市场才有效益，有效益企业才能生存和发展，因此，对安全重要性的共识和对预防措施效能的确信，使如何进一步持续有效地对施工过程中一切人、物、环境的状态强化管理与控制，搞好安全生产，文明施工，减少安全和环境事故发生，已成为企业自身发展的需要，而施工现场安全生产保证体系标准和规范体现的"全面管理、预防为主"的管理思想和全过程、系统化的持续改进运行机制恰好满足了这一需要，成为贯彻落实"安全第一、预防为主"方针的重要途径和标本兼治措施。

二、施工现场安全生产保证体系标准和规范产生的条件

（一）安全管理的实践为安保体系标准和规范的建立积累了经验

安全生产是一门科学，是一门"想尽办法克服不安全因素"的科学，是一门总结人与自然斗争中保护劳动者的成功和失败经验的科学。建国以来，建筑施工现场的安全生产、文明施工有了很大发展，特别是改革开发以来，随着施工技术与施工管理的不断创新，安全技术、安全管理也有不少新的提高和发展。纵观近年上海建筑施工现场的安全管理，大致经历了以下过程：

从上世纪 70 年代末起，相继建立了专职安全检查部门，主要依靠一批具有操作经验的安全检查人员进行现场巡视检查，及时发现事故隐患，防止事故的发生。上世纪 80 年代初，由于高层建筑兴起，大批塔式起重机、施工升降机等大型机械进入施工现场，新技术、新工艺不断涌现，从而引发了人们对安全技术的研究，陆续出现了塔吊"三保险、四限位"等安全技术措施，改善了安全设施和操作条件。这在控制物的不安全状态方面发挥了积极作用。而大量动态活动中的不安全状态还没有得到有效控制，为此，1986 年在总结历史经验和试点的基础上，又提出了"以场容场貌为基础、安全生产为突破口的施工现场标准化管理"的概念，相继形成了一系列加强现场安全生产、文明施工的措施规定和检查评分标准，经过十余年的管理实践和艰辛努力，施工现场标准化管理工作的内涵不断充实、管理不断规范，使安全生产、文明施工开始步入良性发展的阶段，其有效的管理结构和管理方式体现的管理活动框架都为施工现场安全生产保证体系的建立奠定了基础，也是施工现场安全生产保证体系形成的前提条件。

（二）企业贯标的实践为安全生产保证体系标准和规范的建立提供了模式

随着管理科学的发展，特别是国际贸易的扩大，国际标准化组织从 1986 年开始陆续发布了质量管理和质量保证系列标准。1994 年起我国不少建筑企业开展了质量体系贯标认证工作，实践证明贯标活动对规范企业管理，保证工程质量发挥了积极作用。而标准中关于预防为主的思想；通过有效手段使所有影响产品质量的各种因素始终处于受控状态；要求企业建立、健全、有效的文件化体系；通过内部体系审核和不断针对各种不合格采取并落实纠正措施，确保企业和各项管理职能有效地达到管理目标的思想和做法，以及各贯标企业的经验，对如何规范安全管理，很有借鉴作用，也为安全生产保证体系标准的形成提供了充分的理论依据和坚实的实践基础。

上世纪 90 年代末，随着我国加入 WTO，在我国建筑企业中，又逐步开展了环境管理体系、职业健康安全管理体系的贯标认证工作，以不利环境因素和危险源识别、评价和控制为主线的管理思想，以遵守法律法规为基本前提的管理要求，以 PDCA 循环为模式的动态管理机制，以持续改进安全业绩为目的的管理理念，又为标准的修编在保持连续性的前提下，增强适应性、提高科学性、注重有效性提供了创新改进的方向和途径。

（三）市场经济的实践对安全生产保证体系标准和规范的建立提出了需求

改革开放以来，建设事业飞速发展，各类新技术、新结构、新材料、新工艺大量采用，施工队伍迅速增加，各种所有制、不同等级的施工企业大批进入建筑市场，造成施工现场安全管理水平参差不一，行业安全监督的难度增大。面临这样一个新的形势，安全管理模式与管理思路的创新和探索就现实地摆在人们的面前，行业行政管理部门如何改进宏观控制，施工现场如何规范微观管理，其结合点在哪里？关键又是什么？据上海市历年重大伤亡事故抽样分析，事故原因涉及安全管理方面的最多，绝大部分的事故与管理混乱或管理不善有关，其他如职工安全素质低等也与安全管理不善有关，因此规范企业安全管理行为已成为亟待解决的问题。在建筑施工企业内部项目施工现场安全管理水平参差不齐，发展不平衡的情况下，制定施工现场安全生产保证体系标准和规范，实施施工现场安全生产保证体系审核认证，就是在市场经济条件下，综合运用政策手段与市场手段，由点及面，以点带面，通过引导施工现场安全生产、文明施工上水平、上台阶，实现施工现场安全管理规范化、科学化、标准化，进而推进建筑施工企业整体的安全生产、文明施工上水平、上台阶，以期获得最佳的社会、环境和经济效益的一个有效途径。在 2003 年 2 月全国建筑市场与工程质量安全管理工作会议上，建设部领导对建立和推行施工现场安全生产保证体系标准发挥的积极作用给予了充分肯定，认为是提高建设工程安全水平的基础工作，也是行业的一项治本之策。

三、施工现场安全生产保证体系规范的理论基础

施工现场安全生产保证体系规范是现代安全管理理论在施工现场安全生产保证体系中的具体应用，它的基本结构和内容体现了现代安全管理科学的思想和要求。

（一）现代安全管理科学的基本理论

1. 安全系统论

安全生产需要对多因素安全系统的协调与组织才能实现。安全科学涉及两个系统对象：事故系统和安全系统。

事故系统的要素是：人——人的不安全行为是事故的最直接的因素；机——机器设备的不安全状态也是事故的直接因素；环境——不良的生产环境会对人的行为和机器设备产生负面的影响；管理——管理的欠缺是事故发生间接的但却是重要的因素，因为管理对人、机、环境都会产生作用和影响。

安全系统的要素是：人——人的安全素质（心理与生理、安全能力、文化素质）；物——设备与环境的安全可靠性（设计安全性，制造安全性，使用安全性）；能量——生产过程中能量的安全作用（能量的有效控制）；信息——充分可靠的安全信息流（管理效能的充分发挥）是安全的基础保障。

认识事故系统要素，对指导我们建立风险控制系统，保障施工安全具有现实的意义，但这种认识带有事后型的色彩，是被动、滞后的。而从安全系统的角度出发，则具有超前和预防的意义。因此，从建设安全系统的角度来认识安全原理更具有理性意义，更符合科学原则。

2. 安全控制论

安全控制是最终实现安全生产的根本。安全控制的原则包括：闭环控制（即 PDCA）、分层控制、分级控制、动态控制、等同控制（控制因素的功能大于和高于被控制因素的功能）以及反馈原则。另外，能量控制理论也是预防事故的重要理论，因为事故的本质是"能量的不正常释放或转移"，预防事故的本质就是能量的有效控制，可通过对系统能量的消除、限制、疏导、屏蔽、隔离、转移、距离控制、时间控制、局部弱化、局部强化、系统闭锁等技术措施来控制能量的不正常释放或转移。

3. 安全信息论

安全信息是安全控制和管理所依赖的资源。安全信息原理主要研究安全信息的定义、类型，以及安全信息的获取、处理、存储、传输和交流等技术。安全信息是以信息流形式存在的，因此首先要认识生产和生活中的安全信息形式，如：人——人信息流（人与人的信息交流）。人—机信息流（人与机器的信息交流，如人对机器状态的正确认识），人—环信息流（人对环境状态的正确感知和识别），机—环信息流（机器的自动监控、自动警报等）。

4. 事故预测与预防原理

事故具有因果性、偶然性、必然性和再现性的特点。意外事故是一种随机现象，对于个别案例的考察具有不确定性，但对于大多数事故则表现出一定的规律。

事故预防的模式可以分为事后型模式和预测性模式两种。其中事后型模式是指在事故或者灾害发生以后进行整改，以避免同类事故再发生的一种对策；预测性模式则是一种主动的、积极的预防事故或灾难发生的对策，其基本的技术步骤是：提出安全和减灾目标——分析存在的问题——找出主要问题——制定实施方案—落实方案—评价—建立新的目标。

5. 事故突变原理

突变理论是由法国数学家勒内·托姆教授于20世纪60年代中期创立的。突变是一种连续发展过程中出现的突然变化现象以及突然变化与连续变化因素之间的关系。事故的发生可以理解为系统内某些参数的连续变化引起系统状态的突然质变，系统自安全状态转化为事故状态实际上是一种突变现象。事故的发生可以看作是由于人的因素（安全意识、安全教育、管理水平、应变能力、身体素质等）和物的因素（工作条件、机器的故障、机械化程度、保护装置等）共同作用的结果。

（二）事故致因理论

为了对工程建设安全事故采取有效的预防措施，首先必须深入了解和认识事故发生的原因。最初，人们关注事故是因为它导致了人员死亡和财产损失，总认为，安全事故纯粹是由于某些偶然的甚至是无法解释的因素造成的。但是，人们对事故的认识随着科学技术的进步已经大大提高了，可以说每一起事故的发生，尽管或多或少都存在偶然性，但却无一例外的都有着各种各样的必然性。因此，预防和避免事故的关键，就在与找出事故发生的规律，识别、发现并且消除导致事故的必然原因，控制和减少偶然原因，使发生事故的可能性降低到最小。

没有人愿意受到事故的伤害或者使他人受到伤害。尽管人们都不愿意遭遇事故，并且还采取了某些预防措施，但是导致伤害和损失的生产安全事故最终还是发生了。那么，事故为什么会发生呢？下面介绍几种事故致因的理论。

1. 海因里希事故因果连锁论（多米诺骨牌事故论）

1931 年，美国工程师海因里希，首先提出了著名的事故发生连锁反应图，见图 1-1。

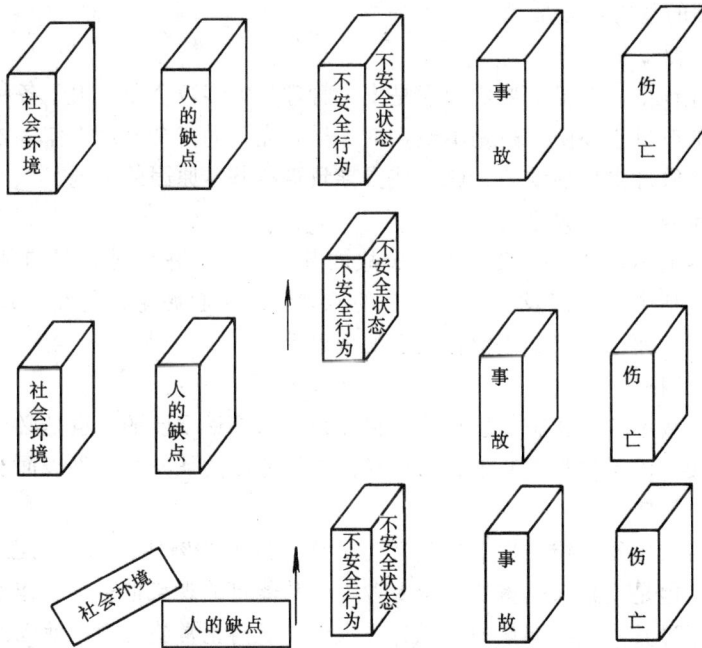

图 1-1 事故发生连锁反应图

他认为，社会环境和传统、人的失误，人的不安全行为和事件是导致事故的连锁原因，就像著名的多米诺骨牌一样，一旦第一张倒下，就会导致第二张、第三张直至第五张

5

骨牌依次倒下，最终导致事故和相应的损失。同时还指出，控制事故发生的可能性及减少伤害和损失的关键环节在于消除人的不安全行为和物的不安全状态，即抽去第三张骨牌就有可能避免第四和第五张骨牌的倒下。只要消除了施工生产过程中的危险性，努力防止人的不安全行为或物的不安全状态，安全事故就不会发生，由此造成的人身伤害和经济损失也就无从谈起。这一理论从产生伊始就被广泛用于安全生产工作之中，被奉为安全生产的经典理论，也是搞好安全管理的重要原则，对后来的安全生产产生了巨大而深远的影响。施工现场要求每天施工前必须认真检查施工机具和安全防护设施，并且保证施工人员处于稳定的工作状态，正是这一原则在工程建设安全管理中的应用和体现。

2. 博德事故因果连锁论

博德在海因里希事故因果连锁的基础上，提出了反映现代安全观点的事故因果模型，如图 1-2 所示。

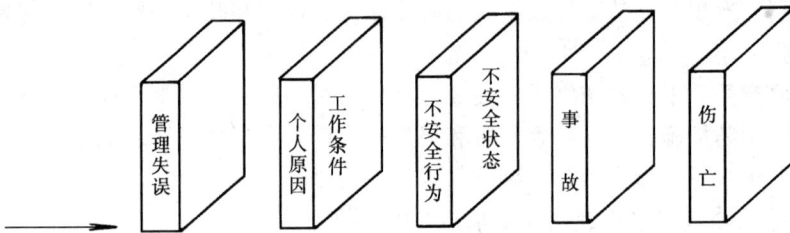

图 1-2　事故因果模型

图 1-2 模型的基本观点是：

（1）控制不足——管理

事故因果连锁中一个最重要的因素是安全管理。大多数企业，由于各种原因，完全依靠工程技术上的改进来预防事故是不现实的，需要完善的安全管理工作，才能防止事故的发生。如果安全管理上出现缺陷，就会使得导致事故基本原因的出现。

（2）基本原因——起源论

为了从根本上预防事故，必须查明事故的基本原因，并针对查明的基本原因采取对策。基本原因包括个人原因及与工作有关的原因。所谓起源论，是在于找出问题的基本的、背后的原因，而不仅仅是停留在表面的现象上。

（3）直接原因——征兆

不安全行为或不安全状态是事故的直接原因，这是最重要的，也是必须加以追究的原因。但是，直接原因不过是像基本原因那样的深层原因的征兆，一种表面现象。

（4）事故——接触

从实用的目的出发，往往把事故定义为最终导致人员肉体损伤、死亡、财物损失的，不希望的事件。但是，越来越多的安全专业人员从能量的观点把事故看作是人的身体或构筑物、设备与超过其限值的能量的接触，或人体与妨碍正常施工生产活动的物质的接触。

（5）伤害——损坏——损失

博德模型中的伤害，包括了工伤、职业病，以及对人员精神方面、神经方面或全身性的不利影响。人员伤害及财物损坏统称为损失。

3. 亚当斯事故因果连锁论

亚当斯提出了与博德的事故因果连锁论类似的事故因果连锁模型见表 1-1。

表 1-1

管理体制	管理 失 误		现场失误	事 故	伤害或损坏
目标	领导者在下述方面决策错误或没做决策	安技人员在下述方面管理失误或疏忽			
组织	政策 目标 权威 责任 职责	行为 责任 权威 规则 指导	不安全行为 不安全状态	事故	伤害 损坏
机能	注意范围 权限授予	主动性 积极性 业务活动			

该理论的核心在于对现场失误的背后原因进行了深入的研究。操作者的不安全行为及施工生产作业活动中的不安全状态等现场失误，是由于企业领导者及事故预防工作人员的管理失误造成的。

4．人机工程学事故致因论

人机工程学是一门研究人、对象及环境间的相互关系的学科，在海因里希事故致因原理的基础上，综合考虑了其他因素，提出了事故因果关系图，见图 1-3。

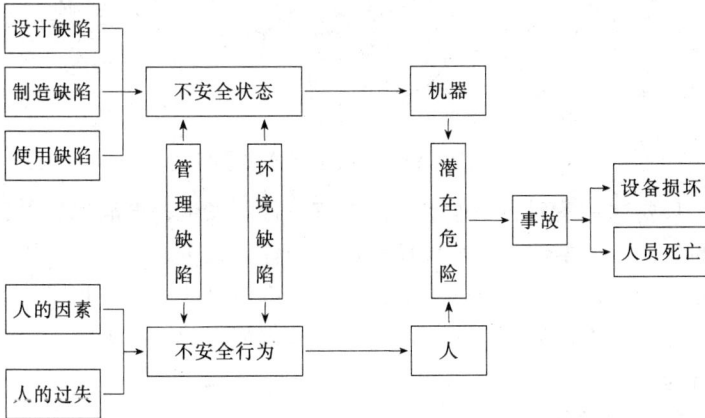

图 1-3 事故因果关系图

该理论指出，在人机协调作业的建设工程施工过程中，人与机器在一定的管理和环境条件下，为完成一定的任务，既各自发挥自己的作用，又必须相互联系，相互配合。这一系统的安全性和可靠性不仅取决于人的行为，还取决于物的状态。一般说来，大部分安全事故发生在人和机械的交互界面上，人的不安全行为和机械的不安全状态是导致意外伤害事故的直接原因。因此，工程建设中存在的风险不仅取决于物的可靠性，还取决于人的"可靠性"。根据统计数据，由于人的不安全行为导致的事故大约占事故总数的 88％～90％。预防和避免事故发生的关键是从工程项目施工开始，就应用人机工程学的原理和方法，通过正确的管理，努力消除各种不安全因素，建立一个人—机—环境协调工作及操作可靠的安全生产系统。

5. 事故链理论

有时事故被认为是一系列事件发生的后果。这些事件是一系列的，一件接一件发生的，因此对事故的描述就是"一连串的事件"。这一系列或一连串事件的发生，最终导致

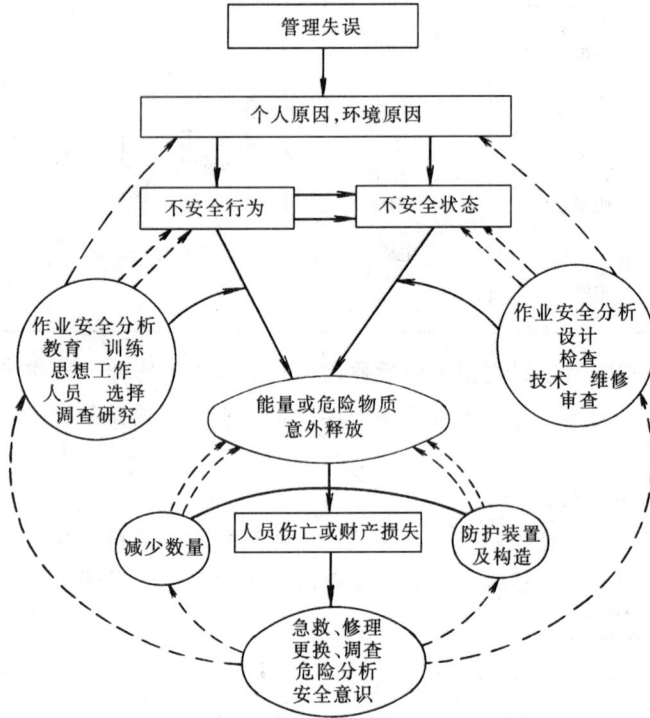

图 1-4　新的事故因果连锁模型

了事故的发生。只要这一系列和一连串事件中有一件不发生，事故也就不会发生。制止这一连串事件中的任何一个事件（而不仅仅是最后一件导致事故的行为）的发生就能截断事故链，避免事故发生。这一连串事件中的任何事件都是事故原因的重要环节，都是事故预防工作潜在的目标。要改善安全工作，需要考虑事故链上的其他事件，而不仅仅是最后一件导致事故的行为。

事故链理论是事故预防工作中应用最多的理论。

6. 能量意外释放事故因果连锁论

调查伤亡事故原因发现，大多数伤亡事故都是因为过量的能量，或干扰人体与外界正常能量交换的危险物质的意外释放引起的，并且这种过量能量或危险物质的释放都是由于人的不安全行为或物的不安全状态造成的。美国矿山局的札别塔基斯依据能量意外释放理论，建立了新的事故因果连锁模型，如图 1-4 所示。

7. 宋大成事故三角论

图 1-5　宋大成事故三角论

8

我国科研人员对某企业近 7 年的事故调研得出如下结果：每发生 1 次严重伤害事故，有 10 次造成中等伤害事故；288 次造成轻微伤害事故；393 次造成无伤害事故（包括单纯物质损毁事故、停产事故和使生产波动的事件），见图 1-5。

四、施工现场安全生产保证体系规范的基本结构

（一）规范的文本结构

规范与标准一样共分正文三章、附录一个、条文说明三章。

1. 正文

（1）第一章为总则

对规范的目的，适用范围，与适用法律法规、环境与职业健康安全管理国家标准的关系，项目经理部与建筑企业贯标的关系，工程项目总包单位与分包单位的关系作了说明。与标准相比，内容上作了重新安排和补充。

（2）第二章为术语

共给出了危险源、环境因素、事故、险肇事故、隐患、风险、安全生产、项目经理部、施工现场安全生产保证体系、安全策划、施工现场安全生产保证计划、审核、不合格、相关方、业绩等十五个常用术语的定义。与标准的 10 个术语相比，保留了 5 个，新增了 10 个。

（3）第三章为施工现场安全生产保证体系要求（习惯上称为"要素"）

除第 1 节为总要求外，提出了 16 个要求，分布在 3 个节中，每个要素单列为一个条，每个条又有若干个款。本规范共有 71 款，其中有 12 个款为强制性条文，用黑体字印刷，分布在 8 个条（要素）中。它们规范和统一了施工现场安全管理的基本要求，体现了从传统管理方法向现代管理方法发展的特点，是规范正文的主要内容。要求的范围已从狭义的安全生产拓展到包括场容场貌、生活卫生和环境污染预防等文明施工在内的广义安全生产。与标准的 11 个要素相比调整为 16 个要素，内容上作了较大的深化、完善和补充。

2. 附录

对本规范用词的说明，包括规范条文执行严格程度的用词与执行其他有关标准规范要求的用词规定。

3. 条文说明

条文说明的章节条款编号与规范正义完全对应，是对正文内容作进一步的说明，以防止对正文的错误理解，但不是规范正文条文的组成部分，施工现场安全生产保证体系的建立、实施和审核，只能以正文部分为依据。

（二）安保体系要素的运行结构

规范规定的安全生产保证体系要求，提供了一个系统化的管理过程。它是通过对成功的施工现场安全生产、文明施工各项管理活动的内在联系和运行规律的总结提炼，归纳出一系列体系要素，并将离散无序的活动置于一个统一有序的整体中来考虑，使得安保体系更便于操作和评价。

16 个安保体系要素描述了施工现场安全生产保证体系建立、实施并保持的过程，即通过合理的资源配置、职责分工以及对各个体系要素有计划、不间断地检查审核、评估和持续改进，有序地、协调一致地处理施工现场的安全和环境事务，从而螺旋上升循环，保

持体系不断完善提高的过程。

该规范规定的体系要素是建立在一个由"计划、实施、检查、改进"诸环节构成的PDCA 动态循环过程的基础上。上述各环节，以危险源和不利环境因素为核心，连同对体系运行起主导作用的安全目标，是安全生产保证体系运行体制和机制的基本模式，而每一环节又涉及若干个要素。

1. 安全目标。表达了施工现场安全和环境管理上的总体目标和意向，是安全生产保证体系运行的主导。

2. 安全策划。项目经理部根据行业和现场实际，在识别、评价危险源和不利环境因素、识别适用法律法规和标准规范要求的前提下，制定项目安全目标和建立本项目文件化的安全生产保证体系，包括对其安全管理活动的规划与编制安全生产保证计划等工作。

3. 实施与运行。是施工现场的安全生产保证计划付诸实施并予以实现的过程，其中包括一系列为开展安全和环境管理活动所需的资源、支持、控制、应急措施。

4. 检查和改进。项目经理部在实施安全生产保证体系文件的过程中，须经常地对其体系的运行情况和安全状况进行检查、审核、评估，以确定体系是否得到了正确有效的实施，安全目标和法律法规的要求是否得到了满足，安全职责的落实程度，重大危险源和重大不利环境因素的受控状态，如发现不合格，应考虑采取适当的纠正措施和预防措施予以改进。

应当说明的是，安全生产保证体系不是一系列功能模块的顺序搭接，体系的运行也不是简单地对各个要素的依次运作。安全和环境管理是一种复杂的活动，所涉及的因素性质各异，彼此错综关联。16 个要素虽然大致上具有逻辑上的先后关系，但并不意味着它们在体系运行中一定是环环相扣、上下承接的。事实上，体系一旦启动，各个要素都进入运行，经常同时涉及多个环节，或是重复涉及其中的某些环节。另一方面，这些要素也并不是截然分开的，它们之间往往存在互相重叠（甚至完全覆盖）的情况，例如安全生产保证计划存在于多个有关要素的运作中，有关安全的职责也存在于体系运行的各项活动之中。

五、施工现场安全生产保证体系规范的基本思想

施工现场安全生产保证体系规范是建筑企业内部实施施工现场全过程安全管理的规范。也是作为对技术标准中有关安全技术要求的补充，与技术标准相比，它集中体现以下四个基本管理思想：

（一）职责分明、各负其责

安全和环保是一种和进度、质量同等重要的管理职责。安全生产责任制是安全管理工作的保证，早在上世纪 50 年代国务院即提出建立安全生产责任制的规定，之后又提出了安全生产责任"横向到边、纵向到底"的要求，但这些要求往往比较原则，常常得不到落实。因此规范明确项目经理为施工现场安全生产的第一责任人，并在项目安全管理活动中起领导作用，要求对从事与安全有关的管理、执行和检查验证人员，都要明确规定其具体职责、权限和相互关系，以使所有有关人员能够按照其规定的职责、权限开展工作和及时有效地采取纠正措施和预防措施，以消除事故隐患和防止事故的发生。

（二）建立体系、依法办事

建立体系的重点是建立一个文件化的体系，凡事都要以文件为支持，规定做什么和谁来做；何时、何地、如何做；应使用什么材料、设备和文件；如何对活动进行控制和记录等，以便合理有序地予以推行。要求项目经理部具备有关的国家、行业、地方的法律法规、有关要求以及各类安全环境标准规范，做到照章办事，依法办事，有章必循，克服工作的随意性。并且通过定期的审核和评估，以保证持续有效地满足要求。

（三）预防为主、把握重点

所有的事故都是可以预防的，预防不仅仅是改善，而且意味着比补救更节省。规范充分体现了"预防为主"的思想，强调所有过程的事前、事中和事后全过程的控制，包括安全设施所需的材料、设备及防护用品和分包方的控制以及施工过程的安全控制。防止不合格的材料、设备用于工程；防止素质低下、未经教育的分包队伍和人员进入现场冒险作业，从而对物的不安全状态和人的不安全行为两个方面实施全过程的控制。特别要求项目经理部应针对项目的规模、结构、环境、承包性质等实施安全策划，识别工程项目建设中涉及的危险源和不利环境因素，评价确定重大危险源和重大不利环境因素以及其涉及的活动、设施、设备、部位和过程，制定并采取与之相适应的安全技术和管理措施，使这些危险源和不利环境因素，特别是重大危险源和不利环境因素能得到有效的控制。体系各岗位的主要职责也强调全面贯彻体系文件的要求，从源头抓起，防止隐患的产生和发展，以保证体系的正常运行，防患于未然。

（四）封闭管理、持续改进

安全生产保证体系运行的有效性，在于能及时地发现并消除与适用法律法规、标准规范、安全目标和安全生产保证体系文件的规定的偏差和隐患，不断改进管理，提高业绩。坚持开展检查、验收和体系审核、评估活动，对发现的偏差、隐患和不合格，都要根据"立项、整改、复查、消项"的原则，实施封闭管理，即发现了问题，要进行处理和处置后的验证，做到不合格的设施不使用，不合格的过程不通过，不安全的行为不放过。对重复或重大的偏差、隐患和不合格，还要调查不合格的原因，制订消除不合格原因的纠正措施或预防措施，并实施控制，确保纠正措施和预防措施的执行及其有效性。

六、实施施工现场安全生产保证体系规范的作用和意义

施工现场安全生产保证体系规范的推出，适应了规范建筑市场施工主体行为的客观需要，必然对推动施工现场安全管理标准化，提高安全生产状况产生重要影响，其意义已远远超过施工现场的范围。其作用有以下四方面：

（一）实施企业安全生产的治本措施

事故的发生一般涉及到多重因素，且很少是随机事件，直接的原因可能是人的失误、物的因素、工作组织的因素，但这些因素的形成常常是管理失误导致的，因此事故预防的首要责任在管理。规范全面地总结了多年来施工现场安全管理和近三年施工现场安全生产保证体系贯标认证的基本经验，阐述了建立施工现场安全生产保证体系的基本原则，通过规范施工现场的安全管理行为，采取有效的手段，从源头抓起，使所有影响安全生产的因素处于受控状态，从而保持安全生产的环境，从根本上增加施工作业的安全度，减少安全事故发生。

（二）将各项安全法律法规、标准规范贯穿于一体，落实于现场的有效途径

多年来，国家、行业和地方发布了一系列保证安全生产的法律法规和技术标准、管理标准，但这些要求在实践中并未被全面切实地得到贯彻落实，有的甚至还不了解有关的基本要求。而施工现场安全生产保证体系的建立，提供了解决这一难题的途径，它通过建立体系，明确项目经理部所要遵循的有关法律法规、标准规范，并要求与体系有效运行起重要作用的各种场所，都能得到相应文件的有效版本，并且通过日常检查、内部体系审核、安全评估和不断地针对各种不合格，采取纠正措施和预防措施，使其有效地得到遵循和落实。

（三）施工现场安全管理综合能力评价的重要依据

规范是施工现场安全管理的一项重要准则，它包含了安全生产责任制、安全技术措施、安全生产教育、施工过程控制、安全生产检查、隐患防治以及事故应急救援和处理等一系列安全管理的要求。安全生产保证体系的建立和实施，包含了上述各项要求的实施；安全生产保证体系的审核和安全评估，也体现了对上述要求的评价。因此，规范提供了施工现场安全管理综合能力评价的依据，也是对施工企业安全生产管理水平综合评价的重要依据。

（四）增强企业社会关注力和责任感，提升企业形象和品牌

目前无论是国内还是国际上，建筑市场的竞争十分激烈。施工现场是企业的窗口，施工现场的面貌是企业素质的综合反映，在当前市场竞争愈演愈烈的情况下，贯彻规范，将对施工现场提高管理素质发挥积极作用，高水平的现场安全管理，无疑为企业增添竞争优势，有利于企业的生存和发展。全面贯彻规范，必将使施工现场乃至施工企业以新的面貌进入市场。

七、施工现场安全生产保证体系的建立和评估

施工现场安全生产保证体系的建立和评估，始终是一个不断发展、不断完善的过程，它采用系统的方法，坚持持续改进，其主要运行环节和模式概括为：项目经理部贯标→施工企业内审→认证机构审核→安监站对获得认证证书的项目经理部进行监督检查。因此，规范宣贯和认证要充分协调，紧密衔接，要注意抓紧培训一支贯标认证的骨干队伍，坚持先试点再稳步推广完善的原则，切实防止一哄而上，坚决克服形式主义，通过贯标和认证，帮助项目经理部建立安全生产的自我约束机制和科学的长效管理体系。

（一）项目经理部贯标

项目经理部按照规范要求建立和实施安全生产保证体系，首先要利用各种宣传形式，广泛宣传贯标和建立体系的意义和有关的基本知识，同时对管理人员，特别是对那些具有安全职能的部门的业务骨干进行重点培训，通过深入学习和研讨，使他们全面理解并掌握规范基本原则及其贯彻的要求和方法。规范规定的要求，是建立安全生产保证体系必须包含的基本要求，在此基础上，项目经理部应结合各自的情况和现行有关法律法规、标准规范，通过危险源和不利环境因素的识别、评价、控制策划和体系设计，有针对性地充实有关内容，编制本项目的安全生产保证体系文件，设置相应的管理部门或岗位，配备资源，落实职责，按体系文件规定的程序组织运行。在运行一个阶段后，项目经理部对建立的体系进行内部审核和安全评估，并对存在的问题，制订和落实纠正措施，进行纠正措施实施后的验证，以确保施工现场安全生产保证体系的不断改进。施工现场安全生产保证体系必须由施工总承包单位负责，分包单位应结合分包工程的特点，制定相应的安全保证计划，并纳入总包安全生产保证计划体系管理。如工程项目未实行总包的，则各承包单位按承包工程的规范、特点，建立相应的安全生产保证体系。

（二）施工企业内审

项目经理部的上级部门，即建筑施工企业或其分支机构，对施工现场安全生产保证体系规范的贯彻实施，应加强指导和帮助，并进行阶段性的认可。安全保证计划实施前，应由上级机构的有关负责人主持审核，确认安全保证计划的完整性和可行性；安全保证计划实施中，项目经理部对安全生产保证体系实施情况应按规定报告上级部门，对于项目经理部不能解决的问题，诸如上级统一采购的材料设备等，上级部门应给予帮助，并通过检查、检验和企业层面的内部审核进行评价、验证，使体系不断完善，不断改进。

（三）认证机构审核

认证机构是指独立于项目经理部及上级部门的从事认证审核的中介机构。认证机构必须具备相应资格，并经政府建设行政主管部门认可，取得企业法人营业执照。项目经理部建立的施工现场安全生产保证体系经过一段时期的运行，通过项目经理部内部审核和安全评估、通过上级部门内部审核，逐步完善，并有较充分的证据表明体系的符合性及有效性达到满意的程度时，可以向认证机构提出认证申请，要求对其体系进行认证，项目经理部申请及接受认证机构审核的过程，本身也是促进施工现场安全生产保证体系不断健全和改进的过程，认真听取认证机构提出的改进意见并实施，必然会使其安全生产保证体系更加完善，从而推进安全管理水平的提高。

（四）安全监督站监督检查

项目经理部施工现场安全生产保证体系的建立和实施要接受各级建设工程安全监督站的监督检查。安全监督站对通过审核认证的项目经理部及其施工现场进行不定期的抽查，一方面检查施工现场安全生产保证体系的有效性，同时也是对认证机构认证行为有效性的检查和考核。检查过程中发现项目经理部或认证机构有不良行为时，将作出必要的处理。安全监督站检查时，也将对施工企业推进安全生产保证体系规范的工作进行评价和审核，并将结果作为政府建设行政主管部门对施工企业安全生产考评和综合考评的重要内容。

八、贯彻施工现场安全生产保证体系规范需处理好的几个关系

安全管理是企业管理体系和项目管理体系的一个有机组成部分。施工现场安全生产保证体系规范旨在为项目经理部规定有效的安全生产保证体系要素，它们可以与其他管理要求相结合帮助项目经理部实现包括安全管理目标在内的各项技术经济目标，而不必也不应独立于现行的管理体系。在一般情况下，可通过对现行的管理体系加以适当补充或调整，使之同时能适合安全体系规范要求。

（一）与现行安全技术标准的关系

施工现场安全生产保证体系规范是一个管理标准，不可能也不应该取代现行的安全技术标准，而应该是现行技术标准，特别是安全技术标准有关施工安全、职业卫生、环境污染控制要求的一个补充（而不是替代），目的是通过综合运用多种管理手段支持技术规范始终满足相关方（政府、社会、投资者、业主、银行、保险公司、雇员、分包方等）的安全环保要求。

（二）与安全法律法规和规章的关系

考虑到国家、行业和地方已制定并形成了一套较完整的法律法规和规章体系，所以安全生产保证体系规范把工作范围和领域主要放在安全管理方法和安全保证体系的标准化方面，要求在制定安全目标和安全保证计划中必须遵循我国有关安全生产、职业卫生、环境污染控制的法律法规和行业规章规程的要求。规范的贯彻更有利于法律法规、标准规范和有关要求的贯彻和落实。

（三）与政府建设行政主管部门检查、监督和管理的关系

在社会主义市场经济的发展形成过程中，政府采取一手抓市场、一手抓现场的办法，依法对项目经理部施工现场的施工组织、工程质量、施工安全、文明施工、污染预防进行监督管理，其中工程质量是中心，安全文明是重点。在实行安全监督申报、组织安全核验等监督活动的同时，组织项目经理部开展标准化管理、文明施工管理达标创优活动。从内容和要求上看，施工现场安全生产保证体系规范的要求与安全核验、达标创优的规定是基本吻合的，上海市施工现场全面贯标后，政府建设行政主管部门把是否通过审核认证作为标准化管理或文明施工达标工地评选的基本和必要条件。政府建设行政主管部门也将把对认证注册的项目经理部、施工现场和审核认证机构的监督纳入安全监督的范围。

（四）与 GB/T 19000 族质量管理体系标准的关系

施工现场安全生产保证体系规范与 GB/T 19000 族标准遵循共同的管理体系原则，但应当看到，管理体系各要素的应用，会因不同的目的和不同相关方而异，质量管理体系针对的是顾客需要，而安全管理体系则服务于从业人员和社会等众多相关方的需要。施工企业和项目经理部如同时贯彻两个标准，在体系的建立和运作中，应注意其异同，不断协调和改善体系间的联系，做到相互兼容、合理衔接，减少文件数量，增大通用文件（包括程序文件、第三层次支持性文件）比重，简化管理系统，既保证企业管理系统的完整、统一，又减少不必要的重复，提高系统的有序性和有效性，达到同时能持续满足各个标准规范要求的能力，确保项目经理部安全和质量目标的全面实现。

（五）与 GB/T 24000、GB/T 28000 系列标准的关系

施工现场安全生产保证体系规范与 GB/T 24000、GB/T 28000 系列标准遵循共同的管理体系原则和系统管理思想，具有相同的结构和运行模式，项目经理部贯彻本规范是建筑企业按照 GB/T 24000、GB/T 28000 系列标准建立、实施和保持环境管理体系、职业健康安全管理体系的基础，建筑企业贯标为项目经理部贯标创造了更适宜的条件。

项目经理部贯彻规范与建筑企业贯彻 GB/T 24000、GB/T 28000 系列标准的要求是相互衔接、相互协调的，项目经理部贯标的有效性是建筑企业贯标有效性的根本保证和前提条件。在建筑企业内各个项目经理部施工现场安全环境管理水平发展不很平衡的情况下，从项目经理部贯标着手，由点到面，逐步推开，更有利于从总体上缩小这种内部的不平衡，夯实建筑企业安全和环境管理的基础，促进建筑企业的贯标。

（六）项目经理部与建筑施工企业在贯彻规范时的关系

项目经理部施工现场安全生产保证体系是建筑施工企业安全管理和环境管理体系的组成部分，建筑施工企业应对项目经理部的贯标工作加强指导、帮助、监督、检查和审核。

因为项目经理部建立的施工现场安全生产保证体系是建筑施工企业安全管理和环境管理体系的一个重要组成部分，应有机地纳入建筑施工企业的管理之中，不应另搞一套。建

筑施工企业在项目经理部施工现场安全生产保证体系建立、实施和保持的过程中，应始终给予必要的关注和支持，包括组织施工现场安全生产保证体系的贯标培训、策划指导、运行监督以及内部审核等。

（七）工程项目总包单位和分包单位在贯彻规范时的关系

根据法律法规的规定，施工现场安全生产保证体系的牵头责任单位是总包单位，分包单位的施工现场安全生产保证体系是整个工程项目施工现场安全生产保证体系的一个有机组成部分，应纳入总包单位的管理之中，不得游离在外，自成系统。

施工现场安全生产保证体系必须由总包单位项目经理部负责在其承包工程范围内建立并统一协调管理，与其签订分包合同的各分包单位项目经理部应结合分包工程的范围、特点和总包单位项目经理部的要求，建立相应的施工现场安全生产保证子体系。

第二章　安全管理基本术语

本章讲述规范中涉及的十五个通用的安全管理基本术语概念，其他术语将结合有关章节的相关内容阐述，以利于准确理解规范，避免歧义。

一、危险源

"可能导致死亡、伤害、职业病、财产损失、工作环境破坏或这些情况组合的根源或状态，包括人的不安全行为、物的不安全状态、管理上的缺陷和环境上的缺陷等"。

"可能"意味着"潜在"，指危险源是一种客观存在，它具有导致死亡、伤害、职业病、财产损失、工作环境破坏或这些情况组合的潜在能力；"根源或状态"意味着危险源的存在形式或者是可能导致死亡、伤害、职业病、财产损失、工作环境破坏或这些情况的组合等的主体对象（根源），或者是可能诱发主体对象导致死亡、伤害、职业病、财产损失、工作环境破坏或这些情况的组合等的状态，例如，乙炔瓶中的乙炔是可能导致火灾爆炸事故的主体对象（根源），而乙炔瓶破裂是可能导致火灾爆炸事故的状态。

关于危险源的进一步讨论，见第五章。

二、环境因素

"生产活动中能与环境发生相互作用的要素。根据其对环境造成的影响是否有利，可分为不利环境因素和有利环境因素。本规范中的不利环境因素仅指施工过程中产生的废水、废气、粉尘、噪声、振动和固体废弃物"。

环境一般指的是围绕某一中心事物的外部客观条件的总和，本规范所指的环境是指以施工现场为中心事物的环境。

环境因素就是由于某一活动、产品或服务的结果与周围环境发生作用的环境要素，它有不利和有利之分，一般环境因素的描述是"污染源＋状态"，如噪声排放。环境因素的种类和形式很多，本规范所指的环境因素仅限于施工现场施工生产活动中的废水、废气、粉尘、噪声、振动和固体废弃物的排放。

环境因素与周围环境发生作用而给环境造成任何有益或有害的变化，称为环境影响，一个活动可能有多种环境因素，一种环境因素可能产生多种环境影响。例如混凝土搅拌活动就可能产生噪声排放、粉尘排放、固体废弃物排放和污水排放等多种环境因素，而环境因素粉尘排放又可产生污染大气、影响健康等多种环境影响。

关于环境因素的进一步讨论，见第五章。

三、事故

"造成死亡、伤害、职业病、财产损失、工作环境破坏或超出规定要求的不利环境影响的意外情况"。

事故是指造成主观上不希望看到的结果的意外事件，其发生所造成的后果可分为死亡、伤害、职业病、财产损失、工作环境破坏、超出规定要求的不利环境影响共七大类。有安全事故、环境事故之分。

关于建筑施工中的事故类别，见第五章。

四、险肇事故

"可能导致事故而实际未造成事故的意外情况"。

一个事件的发生，可能造成事故，也可能并未造成任何损失。险肇事故就是指可能造成而没有造成死亡、伤害、职业病、财产损失、工作环境破坏或超出规定要求的不利环境影响的意外事件，也可称为"未遂过失"，有安全险肇事故、环境险肇事故之分。施工现场的险肇事故的数目较事故的数目要多得多，而险肇事故的后果又具有较大的随机性，必须予以高度的重视。

五、隐患

"未被事先识别或未采取必要防护措施的可能导致事故的危险源和不利环境因素"。

危险源和不利环境因素在未被识别之前，或已被识别而没有采取必要的防护措施控制其安全风险和不利环境影响时，称为隐患，有安全隐患、环境隐患之分。

六、风险

"某一特定危险情况发生的可能性和后果的结合"。

风险是对某种可预见的危险情况发生的可能性和后果严重程度这两项指标的综合描述，主要用于对危险源的评价。危险情况是指导致人员伤害和疾病、财产损失等。

对危险情况的描述和控制主要通过其两个主要特性，即发生可能性和后果严重性。可能性是指危险情况发生的难易程度，严重性是指危险情况一旦发生后，将造成的人员伤害和经济损失的大小和程度。两个特性中任意一个过高或过低都会使风险产生巨大变化。如果其中一个特性不存在，或为零，则这种风险不存在。

七、安全生产

"为了预防生产过程中发生事故而采取的各种措施和活动"。

这里所讲的安全生产是指建筑施工过程中的安全生产，即为了确保从业人员在施工生产过程中的安全、设备和设施的可靠安全，以及防止环境污染事故的发生而采取的技术措施和管理活动。由此可见本规范中所指的安全生产概念已经拓展到文明施工和一部分环境影响的范畴。

技术措施是指为实现安全生产，在防护和技术上采取的措施，所有建筑工程的施工组织设计（施工方案），都必须有安全技术措施，大型、特殊工程都要编制单独的安全技术方案和专项安全措施方案。

管理活动是指在既定的安全方针下，确定安全目标和职责并在安全体系中，通过诸如安全策划、安全检查、安全检验和安全改进，使其实施全部管理职能的所有活动。安全管理是各级管理者的职责，但必须由各级最高管理者领导，安全管理的实施涉及到组织中所有成员。

八、项目经理部

"由项目经理在建筑企业的支持下组建并领导、进行项目管理的组织机构"。

工程项目管理是指在一定的约束条件下，以最优地实现建设工程项目目标为目的，按照其内在的逻辑规律对工程项目的建设进行计划、组织、协调、控制的系统管理活动。项目经理部是工程项目管理的实施机构。

1. 工程项目管理的特点

工程项目管理是一种一次性和全过程的综合管理，也是一种有约束的管理。项目的约束条件，既是项目管理的必要条件，又是不可逾越的限制，明确的目标和时间限制，既定的功能要求，以及质量标准、安全目标和预算额度，决定其约束条件的约束强度比其他管理更高。这些重要特点要求工程项目管理者必须在不超越这些条件的情况下，全面完成既定的任务，达到预期的目标。

2. 项目经理部的类型

（1）按管理的工作范围大小来分，项目经理部可分为建设全过程管理和阶段性管理二种类型：建设工程全过程管理，其内容包括一个工程项目的准备、勘察设计、设备选购、招标、建筑安装施工直至竣工验收各个阶段的全部工作；建设工程阶段性管理，即工程项目建设过程中某一特定阶段的管理工作，主要是设计管理和施工管理。

本规范中的项目经理部指的是承担施工管理的类型。

（2）施工管理型的项目经理部按承包的形式来分，可分为施工总承包和分承包二种类型。

施工总包单位对施工全过程的安全生产应负全面负责，施工总包单位使用其他单位劳动力时，对其人员要视同自己的职工，同等管理，并承担安全管理责任。若因工程特殊，将项目的一部分分包给其他单位施工，分包单位应具备法人资格、独立核算、单独实行管理，其安全管理由分包单位向总包单位负责，并服从总包单位对分包工程施工现场的安全管理。若分包与总包混岗作业时，一切安全管理均由总包单位承担。

九、施工现场安全生产保证体系

"总的管理体系的一个部分，便于项目经理部和建筑企业对承建项目相关安全风险和不利环境影响的管理。它包括为制定、实现和保持项目经理部安全目标所需的组织结构、策划活动、职责、程序、过程和资源"。

安全管理是通过安全保证体系来运作，即建立安全保证体系并使之有效运行是安全管理的主要任务。

安全保证体系由六个基本部分组成，即组织结构、策划活动、程序、过程和资源。理解安全体系的概念应搞清这六个组成部分的含义。

1. 组织结构。是一个组织为行使其职能按某种方式建立的职责、权限及其相互关系，通常以组织结构图予以规定。组织结构图应能显示其机构设置、岗位设置以及他们之间的相互关系，图中各机构、岗位的职责和权限应有书面的规定。

2. 策划活动。是致力于制定安全目标并规定必要运行过程和相关资源以实现安全目标的活动。施工现场安全生产保证体系策划应从危险源和不利环境因素识别、评价和控制着手，确定由谁及何时应使用哪些程序和相关资源，对危险源和不利环境因素，特别是重大危险源和重大环境因素进行控制。项目安全策划的结果应形成施工现场安全生产保证计划及施工现场安全生产保证体系文件。

3. 职责。职责和权限的规定，对指挥、控制、协调安全有关活动及实现安全目标至关重要。项目经理部要明确各部门及岗位的职责和权限，形成书面规定，将安全生产保证体系的16个要素从组织上落到实处，并通过沟通使规定合理、有效。

4. 程序。是为了进行某项活动所规定的途径。程序可以形成文件，通常都要求形成文件。凡是形成文件的程序，称之为书面程序或文件化程序。编制一项书面或文件化的程序，其内容通常应包括：该项活动的目的和范围；做什么和谁来做，何时、何地、如何做；应使用什么材料、设备、设施和执行的文件、规范、规程或规章要求；如何对活动进行控制和记录等。程序有管理性和技术性之分。程序是西方国家的习惯用语，中国习惯上将管理性程序称之为管理标准、管理制度等。

5. 过程。是将输入转化为输出的一组彼此相关的资源和活动。

过程是个重要概念，因为所有工作是通过过程来完成的。在这个认识的基础上，对工程施工整个过程中的每个阶段、每项活动都可以视为一个过程，称之为直接过程，如地基与基础施工为一个过程，主体结构施工为一个过程，这些过程又可以分为更小的过程，如钢筋绑扎、模板安装、混凝土浇捣等过程。此外还有一些与工程施工相关的间接过程或支持性过程，其中包括与安全管理有关的过程，如安全生产保证体系策划、文件管理 教育和培训、施工过程控制、安全检查、纠正和预防措施、内部审核等，它以下特征：

（1）对于安全管理的过程，可以理解为在每一个分部分项工程施工前，将书面的安全技术措施交底或培训等作为输入，通过职工的遵章守纪，配备安全用具、防护用品、具有资格的操作人员和防护设施、合格的机械设备等资源，开展检查、整改等一系列活动，确保安全地完成诸如结构、装饰等工程的施工。

（2）过程和程序是密切相关的。安全管理通过对过程的管理来实现，过程的安全状况又取决于所投入的资源和活动。而活动的安全状况则通过实施该项活动所采用的途径和方法予以确保，控制活动的有效途径和方法应制定在安全生产保证计划、书面程序或文件化程序以及作业指导书之中。

6. 资源。可包括人员、设备、设施、资金、技术和方法。安全生产保证体系应提供适宜的各项资源，以确保过程和工程的安全完成。

安全生产保证体系是整个管理体系的一个组成部分，应将其纳入组织管理活动的整体，予以统筹规划与实施，以提高整个管理体系的效率，节约各方面的资源。因此在设计施工现场安全生产保证体系时，应考虑与其他管理体系（如质量管理体系、成本管理体系）的兼容性，以便各体系协调运作和资源共享。

十、安全策划

"致力于识别和评价危险源和不利环境因素，制定安全目标并规定必要的控制措施、资源和活动顺序要求，以实现安全目标的活动。编制安全生产保证计划是其输出结果的重要组成部分"。

安全策划是指项目经理部确定安全目标，结合工程项目的特点和实际，确定安全生产保证体系要素应用要求的活动，是施工现场安全生产活动恰当地满足施工现场安全生产保证体系规范要求和适用法律法规、规程规范的方法。

安全策划的内容就是施工现场安全生产保证体系规范 16 个方面的要求如何在本工程项目的具体实施的计划、谋划过程，以及与质量、成本等其他管理体系的接口关系，在项目施工之前就将安全生产保证体系的要求与活动，有机地融入施工现场整个管理体系之中，切忌各个体系各搞一套，互不相干，人为地使管理体系复杂化，低效化。

安全策划的主要结果必须形成文件化的安全生产保证体系，包括施工现场安全生产保证计划及其他体系文件。

十一、施工现场安全生产保证计划

"依据施工现场安全生产保证体系规范要求和安全策划结果，规定项目经理部的安全目标、控制措施、资源和活动顺序的文件"。

施工现场安全生产保证计划是根据施工现场安全生产保证体系规范和项目实际进行安全策划的具体结果而编制的总纲性管理性文件，是安全策划的主要输出文件之一，也是重要的施工现场安全生产保证体系文件之一。

施工现场安全生产保证体系计划是项目经理部建立和实施安全生产保证体系的主要文件依据，它对安全生产保证体系各要素作出充分的阐述，规定安全保证体系的基本结构和安全目标、控制措施、资源和活动顺序，并提供安全生产保证体系其他文件的检索途径，使安全生产保证体系文件通过相互联系与支持，发挥规范管理的增值作用，并具有可操作性。

项目经理部的施工现场安全生产保证体系受工程项目特点的影响，因此各项目经理部的现场安全生产保证计划的具体内容是不同的，对其结构与形式不作统一规定，但内容必须满足前述要求。

十二、审核

"为获得审核证据并对其进行客观评价，以确定满足审核准则的程度所进行的系统的、独立的并形成文件的过程"。

审核是一个评价过程，评价的对象是项目经理部建立并运行的施工现场安全生产保证体系，评价的过程是收集多方面的大量证据的活动，评价的依据是所确定的审核准则，评价的目的是客观评价体系对审核准则的"符合性"、"实施性"和"有效性"。

为了达到上述评价目的，审核必须采用系统、独立以及文件化的方法与手段来进行。而且，审核的方式要有计划、有步骤、规范地进行，也就是说审核工作本身也要有程序可以遵循。为了求得审核的客观性和公正性，对检查对象和样本的选定、客观证据的收集、审核结论的得出等都要有一套行之有效的程序和办法，如编制审核计划和检查表、召开首次和末次会议、开列不合格项报告、跟踪纠正措施、编写审核报告等。现在体系审核已成为一套正规的国际通行做法，"系统性"的含义日益得到体现。

关于审核的进一步讨论，见第八章。

十三、不合格

"任何能够直接或间接造成事故、险肇事故的违背作业标准、规章制度、程序、法律法规、标准规范的行为或偏差"。

项目经理部依据施工现场安全生产保证体系规范建立管理体系,其作业标准、规章制度、运行程序、管理业绩规定以及适用的法律法规、标准规范等就构成了安全保证体系的基本内容。在施工现场安全生产保证体系的运行过程中,可能会出现与上述内容要求和规定不一致的行为或偏差,由此可能会直接或间接地导致事故、险肇事故,这就是不合格,也称不符合。

十四、相关方

"与施工现场安全生产保证体系业绩有关或受其影响的个人或团体"。

项目经理部的安全业绩受到多方面因素的影响和制约,同时也对许多相关的个人或团体产生影响。这些主动或被动地与施工现场的安全业绩发生关系的个人和团体就是项目经理部在安全生产方面的相关方。其中个人可以包括项目经理部的员工、监理单位的员工、分包方的员工等,团体主要包括建设单位、监理单位、分包商、社区、地区、政府主管部门等。

从广义上讲,整个社会都会从不同的渠道或多或少地与项目经理部的安全生产业绩产生关联,但在实施施工现场安全生产保证体系过程中,特别是进行体系的认证过程中,相关方概念的应用涉及到项目经理部的义务,应注意限定范围,不能无限地扩大。

十五、业绩

"项目经理部根据其安全目标,在控制和消除安全风险和不利环境影响方面所取得的可测量的结果。业绩测量包括施工现场安全生产管理活动和结果的测量"。

业绩有时也称"绩效",它是项目经理部在施工现场安全生产、文明施工管理方面、在安全风险和不利环境影响控制方面的实际表现和效果的综合描述。施工现场安全生产保证体系的结果综合反映了体系的符合性、有效性和适宜性,对其结果的测量应依据项目经理部的安全方针和安全目标进行,可用项目经理部安全目标的实现程度来表示,也可具体体现在某一或某类危险源与不利环境因素的控制上。

第三章　施工现场安全生产保证体系要求

每项施工现场安全生产体系要求都是构成施工现场安全生产保证体系的基本单元，对应一个逻辑上独立的安全活动过程，存在于职能中，又跨越职能，也就是安全生产保证体系要求既是独立存在，又是相互关联的，因此在应用时，要作好要求间的相互协调。本章仅对与体系要求直接相关的内容作出重点阐述，即逐一介绍体系要求条文的理解与实施要求、审核要点。**用黑体字表示的规范条款为强制性条文。**

第一节　施工现场安全生产保证体系的总要求

一、规范条文

3.1　总要求

3.1.1　项目经理部应建立和实施施工现场安全生产保证体系，并不断改进其有效性。本章描述了对施工现场安全生产保证体系的要求。

3.1.2　施工现场安全生产保证体系应围绕实现项目安全目标和持续改进安全管理活动及其业绩，按照策划（P）、实施（D）、检查（C）、改进（A）的循环模式运行。

二、理解要点

1. 建立和保持施工现场安全生产保证体系的总体性要求

项目经理部建立和实施施工现场安全生产保证体系是指规范的所有要求在施工现场都能得到实施。各要素相互依存、相互支撑、相互作用、相互补充，有机结合成一个完整的管理体系，贯穿于工程项目施工全过程，并体现危险源和不利环境因素、安全目标、施工现场安全生产保证计划、施工过程控制的一致性。

建立和实施符合规范要求且具有工程项目各自特点的施工现场安全生产保证体系，改善安全业绩，预防安全事故，最终实现项目安全目标是项目经理部贯标的基本任务。

规范的 16 个要求是通用的，不是专为某一建设工程的安全管理而制定的，它只是提出了相关要求，而不是具体措施和做法，因此项目经理部施工现场安全生产保证体系的策划和实施应与各个建设工程项目的特定情况相适应，确定如何满足这些要求的方法和途径，使其具有针对性，防止盲目照搬照套、流于形式。按规范建立施工现场安全生产保证体系并不意味着对建筑企业传统的项目安全管理组织机构、制度、手段等的否定，而是将两者结合起来，对传统的项目安全管理组织机构、制度、手段进行规范化、系统化、文件化的优化改进，使其更加科学有效、更加充分适宜。

2. 施工现场安全生产保证体系运行模式的总体性要求

施工现场安全生产保证体系是一套科学的长效管理机制，其运行模式体现了目标导向、预知预控、突出重点、点面结合、动态控制和持续改进的现代管理思想，概括起来就是目标管理与 PDCA 循环的思想：

P——策划：根据社会、员工的要求和企业的安全方针，为预防和减小安全风险和不利环境影响，最大限度地防止和减少安全事故的发生，建立项目经理部的安全目标和实现安全目标所需的施工现场安全生产体系的各项管理过程。

D——实施：围绕实现项目安全目标，实施施工现场安全生产保证体系的各项管理过程。

C——检查：根据安全方针、安全目标和法律法规、标准规范及其他要求，以及施工现场安全生产保证体系的要求，对施工现场安全生产保证体系的各项管理过程和业绩进行监督检查，并报告结果。

A——处置：根据监督检查的结果，找出改进方向，采取针对性措施，以持续改进施工现场安全生产保证体系的业绩；

施工现场安全生产保证体系一旦建立，就应持续地按 PDCA 循环的模式不间断地运行，只有这样才能：

（1）有助于项目经理部不断寻求改进其安全业绩；

（2）施工现场安全生产保证体系得到有效实施和保持。

第二节　施工现场安全生产保证体系的具体要求

一、安全目标

（一）规范条文

3.2　策划

3.2.1　安全目标

1. 项目经理部必须制定安全目标，并形成文件。安全目标应：

1）与所在建筑企业的安全方针、安全目标协调一致；

2）包括安全指标、管理达标的要求；

3）可测量考核。

2. 项目经理部在制定安全目标时，应综合考虑下述各因素：

1）项目自身的危险源与不利环境因素识别和评价结果（见 3.2.2）；

2）适用法律法规、标准规范和其他要求识别结果（见 3.2.3）；

3）可供选择的技术方案；

4）经营和管理的要求；

5）相关方的要求和意见。

（二）理解与实施要点

1. 安全目标的作用

安全目标是项目经理部建立的施工现场安全生产保证体系所要达到的各具体指标，是安全管理的努力方向，是衡量项目经理部安全生产管理业绩的重要依据。它体现了项目经理部持续改进施工现场安全生产保证体系的承诺。

2．安全目标的建立

安全目标是"安全第一、预防为主"安全方针的具体体现，也是项目经理部目标的重要组成部分，并与企业的总目标相一致，因此在建立项目安全目标时应注意：

（1）安全目标应由项目经理组织制定、形成文件、批准发布、广泛宣传和实施跟踪。

（2）安全目标应可测量考核。项目经理部建立的安全目标不是泛泛的空谈，而是针对具体问题制定，并体现在各项措施上。为了确保项目经理部和上级机构可以评价和监视安全目标的实施和完成情况，目标应具体、明确，并尽可能量化，指标是目标任务的分解，一定要量化，这样才具有可比性和可测量性，如消除或降低安全事故的频次、噪声降低到多少分贝等。

（3）安全目标应合理。目标是否合理和现实，直接关系到项目经理部是否通过自身的努力可实现这些目标，是否有能力监视这些目标实施进展情况。为了使安全目标合理并符合实际需要，项目经理部在建立目标时，需特别充分考虑那些来自内部和外部的最可能影响到安全目标的信息和资料：

1）上级机构的整体方针和目标；

2）危险源识别、评价和控制策划的结果；

3）适用法律法规、标准规范和其他要求；

4）可以选择的施工技术方案；

5）财务、运行和经营上的要求；

6）员工和相关方的意见；

7）安全评估的结果。

（4）为了确保安全目标的成功实施，项目经理部还需为实现每个目标确定合理的和可实现的时间表。

（5）安全目标应自上而下层层分解，明确到各部门、各岗位，确保使施工现场每个员工正确理解并明确目标要求，自觉关心安全生产、文明施工，并做好本部门、本岗位的工作，以确保项目经理部安全目标落到实处。

3．安全目标的内容

通常包括：

（1）项目经理部总的安全目标，通常应包括，但不限于：

1）杜绝重大伤亡、设备、管线、火灾和环境污染事故；

2）一般事故频率控制目标；

3）安全标准化工地创建目标；

4）文明工地创建目标；

5）遵循安全生产和文明施工方面有关法律法规和标准规范以及对员工和社会要求的承诺；

6）其他需满足的总体目标。

（2）针对已识别和评价出的每个重大危险源和重大不利环境因素，项目经理部经过策划所确定的具体目标和指标。

（三）审核要点

1．安全目标的内容是否符合工程项目的实际情况，是否考虑了重大危险源和重大不

24

利环境因素。

2．安全目标是否具体合理、可测量，相应的指标是否量化。

3．安全目标和指标是否进行分解，是否明确了责任部门或岗位，是否规定了实现的时间。

二、危险源与不利环境因素识别、评价和控制策划

（一）规范条文

3.2.2　危险源与不利环境因素识别、评价和控制策划

1．项目经理部必须根据工程对象的特点和条件，充分识别各个施工阶段、部位和场所需控制的危险源与不利环境因素，它们涉及到：

1）正常的、周期性和临时性的、紧急情况下的活动；

2）进入施工现场所有人员的活动；

3）施工现场内所有的物料、设施、设备。

2．项目经理部必须采用适当的方法，评价已识别的全部危险源和不利环境因素对施工现场场界内外的影响，从中确定重大危险源与重大不利环境因素。对其中风险较大或专业性较强的施工阶段或部位的活动，还应进行安全论证。评价和论证的结果应形成文件，包括危险源与不利环境因素识别、评价结果和清单。

3．为实现安全目标，项目经理部必须根据评价结果和法律法规、标准规范要求，对需控制的危险源和不利环境因素的控制方式进行策划并形成文件。其中重大危险源与重大不利环境因素的控制方式应包括制定施工组织设计、专项施工方案或专项安全措施。

4．项目经理部应及时评审和更新关于危险源与不利环境因素识别、评价和控制策划的结果。

（二）理解与实施要点

1．危险源和不利环境因素识别、评价和控制策划是建立和有效运行施工现场安全生产保证体系的基础，其目的是：

（1）为项目经理部建立和保持施工现场安全生产保证体系提供各项决策的基础；

（2）为持续改进项目经理部安全业绩提供衡量基准。

2．应规定有效开展危险源和不利环境因素识别、评价和控制策划的活动程序。实施中应注意：

（1）识别和评价的方面应充分。必须覆盖到项目经理部常规和非常规（如设备设施的临时性搭拆、检修、维护，特殊气候、突发事故的施工管理等）活动，必须覆盖到所有进入施工现场的人员和活动（包括分包方和访问者），必须覆盖到施工现场内的所有物料、设施和设备。同时全面考虑危险源和不利环境因素过去、现在和将来可能带来的各类安全风险和不利环境影响。

（2）识别和评价方法应合理。要与项目经理部的实际运行经验和控制能力相适应，具有主动性和预防性，能提供安全风险和不利环境影响的分级，并为具体控制措施和方法的决策、监测各类控制活动提供必要的信息。

（3）控制策划应体现标本兼治、治本为主的原则。注意按如下的优先顺序选择、制定实施预防和保护措施，以达到最大限度地保护员工的健康、安全和减少对环境的不利影

响：

    1）消除危险源和不利环境因素；

    2）通过工程技术措施或组织管理措施从源头控制安全风险和不利环境影响；

    3）制定安全与环保管理制度和作业指导书，包括制定管理性的控制措施来减弱安全风险和不利环境影响；

    4）当上述措施仍然难以完全控制安全风险和不利环境影响时，应积极采用个体防护措施和污染屏蔽措施。

    （4）危险源和不利环境因素的识别、评价和控制策划结果应以适当的形式形成文件，并作为施工现场安全生产保证计划的重要组成部分。

    （5）项目经理部应在内外条件变化或内审与安全评估时，对危险源和不利环境因素识别、评价和控制策划结果的持续充分性、有效性和适宜性进行评审，必要时及时更新。内外条件变化包括：

    1）施工方案变更；

    2）发生安全事故；

    3）适用法律法规、标准规范或其他要求修订。

    关于本要素进一步的深入讨论，见第五章。

（三）审核要点

    1.危险源和不利环境因素识别、评价和控制策划的程序是否明确、具体、可操作。

    2.危险源和不利环境因素的识别是否充分，是否考虑了正常、异常和紧急三种状态，过去、现在和将来三种时态，以及施工现场和周边的特殊要求，是否涉及施工现场的所有活动、人员、物料、设施、设备，是否编制了清单。

    3.重大危险源和重大不利环境因素的评价和确定是否合理，是否编制了清单。

    4.危险源和不利环境因素控制策划是否充分、适宜、可操作，并形成文件。

三、适用法律法规、标准规范和其他要求

（一）规范条文

3.2.3　适用法律法规、标准规范和其他要求

1.项目经理部必须建立有效渠道，以识别并获取适用于施工现场安全生产的法律法规、标准规范和其他应遵循的要求。

    2.项目经理部应编制适用法律法规、标准规范和其他要求的清单，及时更新，并将有关信息传达给有关人员和相关方。

（二）理解与实施要点

    1.适用法律法规、标准规范和其他要求是评价项目经理部重大安全风险和重大不利环境影响的主要依据之一，也是项目经理部应承诺遵守的内容和管理工作的重点。项目经理部应主动理解和掌握法律法规、标准规范和其他要求，以约束自己的安全行为，做到有法必依，杜绝违法违规、违反工程建设强制性标准的现象。

    （1）法律法规主要包括国家、地方政府或相关部门颁布的与施工现场安全生产、文明施工相关的法律、法规、条例、规章等。

    （2）标准规范主要包括国家、地方政府、行业和企业颁布的与施工现场安全生产、文

明施工相关的标准规范。

（3）其他要求是指项目经理部应遵循的要求，主要包括：非官方的行业协会、民间机构制定的各种规范和实施指南，集团公司和所在建筑企业的规定，建筑企业和项目经理部签署的有关计划、协议，相关方的要求等。

2．本要素的基本要求主要包括：

（1）明确规定法律法规、标准规范和其他要求的范围和信息收集的具体渠道，识别和获取适用法律法规、标准规范和其他应遵循的要求，并形成相应的清单，包括现行有效版本的名称、发布实施日期、编号等信息。

需注意的是，本要素不要求项目经理部建立一个庞大的资料库，而只需容纳法律法规、标准规范和其他要求中涉及本项目经理部的条款与内容就可以了。

（2）跟踪最新的信息，及时调整更新适用法律法规、标准规范和其他应遵循的要求的清单。

（3）关于适用法律法规、标准规范和应遵循的要求及其变化的有关信息，应在项目经理部、建设单位、监理单位、分包单位等相关人员间进行充分的传达和交流，以确保有关的要求对现场所有人员、活动和场所的运行要求都得到持续有效遵守。具体的传达和交流形式包括合同、协议、交底、会议等。

关于本要素进一步的深入讨论，见第六章。

（三）审核要点

1．是否具体规定了适用法律法规、标准规范和其他应遵循要求的范围和信息收集渠道。

2．是否建立并及时更新适用法律法规、标准规范和其他应遵循的要求的清单，清单是否完整、准确，相应的文件是否配备到位。

3．是否将适用法律法规、标准规范及应遵循的要求及时、充分地传达到项目经理部和相关单位的人员。

四、施工现场安全生产保证计划

（一）规范条文

3.2.4　施工现场安全生产保证计划

1．项目经理部在施工前必须策划并编制施工现场安全生产保证计划。

2．施工现场安全生产保证计划应针对工程项目的类型和特点，依据危险源、不利环境因素识别、评价和控制策划结果，以及适用法律法规、标准规范和其他要求，确定安全目标，并以实现安全目标为目的，描述本规范各项要求以及适用法律法规、标准规范和其他要求在施工现场具体应用实施的途径，一般包括：

1）项目安全目标及为实现安全目标规定的相关部门、岗位的职责和权限；

2）危险源与不利环境因素识别、评价、论证的结果和相应的控制方式；

3）适用法律法规、标准规范和其他要求的识别结果；

4）实施阶段有关各项要求的具体控制活动和方法；

5）检查、审核、评估和改进活动的安排，以及相应的运行程序和准则；

6）实施、控制和改进施工现场安全生产保证体系所需的资源与提供方式；

7）施工现场安全生产保证体系文件清单，包括施工现场安全生产保证计划及计划所引用的所在建筑企业与项目经理部的通用或专用的安全程序、规章制度、施工组织设计、专项施工方案、专项安全措施、作业指导书等支持性文件；

8）提供证据所需的安全记录清单，包括直接采用或自行设计的记录表式。

3．施工现场安全生产保证计划应与施工组织设计同步策划，形式上可单独编制，也可在施工组织设计中体现，实施前应经上级机构审核确认，并形成记录，以确保：

1）安全生产职责、权限和相互关系明确、适宜；

2）覆盖本规范的全部要求，与重大危险源和重大不利环境因素有关活动的安全程序、规章制度、施工组织设计、专项施工方案、专项安全措施、作业指导书切实可行；

3）与施工现场安全生产保证计划不一致的问题得到解决；

4）项目经理部有能力满足要求；

5）查询相关文件的途径清楚。

4．应针对工程设计、施工条件的变化，对施工现场安全生产保证计划及时进行评审，必要时进行修订，送上级机构备案。

（二）理解与实施要点

1．施工现场安全生产保证体系文件

（1）项目经理部按规范建立的施工现场安全生产保证体系必须是一个文件化的管理体系。安全管理是在安全生产保证体系中运作的，为了使体系成为有形的系统，具有较强的操作性和检查性，规范要求施工现场的安全生产保证体系要形成文件，并加以保持。

文件化的安全生产保证体系是安全体系的具体体现，是安全体系运行的法规性依据，通过对安全活动和方法作出规定，使所有与安全生产有关的活动都能做到有章可循、有据可依。安全体系文件化要求的实质是工作有标准、检查有依据、运行有记录，达到责任明确、岗位落实、管理到位的状态。文件的数量及其内容取决于工作的复杂程度、所用方法的难易程序，以及从事活动的人员所需的技能和培训情况，绝不是越多越好，越细越好。

施工现场安全生产保证体系文件通常包括：

1）施工现场安全生产保证计划；

2）项目经理部应实施的所在建筑企业的通用或专用安全程序、规章制度；

3）项目经理部编制的通用与专用安全程序、规章制度、施工组织设计、专项施工方案、专项安全措施、作业指导书；

4）项目经理部使用的安全记录，包括表格、报表和台账等，也可看作一种特殊的施工现场安全生产保证体系文件。这类文件的发生量最大，作为一种管理手段，它是一种执行性文件，作为一种证实方法，是安全生产保证体系运行的见证资料，也是安全生产保证体系审核和评估的依据。

（2）建立安全生产保证体系文件应结合建筑企业和工程项目施工生产管理现状及特点，并适合规范要求。在建立安全生产保证体系文件时，应考虑以下因素：

1）工程项目规模的大小。根据工程规模来确定组织结构形式。大工程管理机构应齐全，分工可细化；小工程管理机构宜简洁，可一人多岗。

2）工程项目的复杂程度。根据工程复杂程度来确定体系文件的繁简。对工程复杂、技术含量高、危险性大的工程项目，在制定文件化体系时，应要求有详尽的以独立形式体现的安全生产保证计划，必要时还要制订有针对性的作业指导书等；而工程简单、技术含量低，危险性小的工程项目，其安全生产保证计划可在施工组织设计中完整体现即可。

3）工程项目工期的长短。工程工期的长短一般与工程的规模大小和复杂程度相对应，在这种情况下，根据工程工期长短来考虑管理机构的繁简、体系文件的繁简。当工程的工期长短与工程规模大小和复杂程度不对应，如工期短且工程复杂、危险性又大时，则应在策划安全生产保证体系时考虑及时增加资源的投入，如在安全生产保证计划中着重考虑增加控制施工现场安全生产的人力、物力，合理确定内审周期等。

2．施工现场安全生产保证计划

（1）施工现场安全生产保证计划的概念

施工现场安全生产保证计划是指依据施工现场安全生产保证体系规范要求和安全策划的结果，规定项目经理部的安全目标、控制措施、资源和活动顺序的文件，用以描述工程项目施工现场安全生产保证体系各个要素及其相互作用，以文件形式使施工现场安全生产保证体系得到充分展示，并提供查询相关文件的途径，是规范项目经理部安全管理活动的指导性文件和具体行动计划。策划并编制施工现场安全生产保证计划有利于提高项目经理部安全管理活动规范化和系统化的水平，有利于施工现场安全生产保证体系得到充分理解并有效运行。

（2）施工现场安全生产保证计划必须在施工前策划并编制

导致施工现场安全生产事故的因素涉及诸多相互联系和相互制约的具体问题，主要是人的不安全行为、物的不安全状态、管理上的缺陷和环境上的缺陷等。为了确保施工现场安全生产保证计划的针对性、充分性和可操作性，项目经理部应根据工程项目的规模、结构、环境、承包性质、技术特点，以施工现场危险源、不利环境因素识别、评价和控制策划的结果，以及适用法律法规、标准规范和其他要求识别的结果为主线，就如何遵纪守法，具体满足规范的各项要求，有效控制重大危险源和重大不利环境因素等问题，在施工前进行深入的分析和研究，并以计划形式反映策划的结果，才能发挥计划对施工生产的指导和约束的作用。

（3）施工现场安全生产保证计划应具有针对性和可操作性

施工现场安全生产保证计划应体现项目的施工特点，与项目经理部的管理能力相适应，并覆盖规范和适用法律法规、标准规范和其他要求的所有要求，具体说明规范的各项要求、各相关的通用与专用安全程序、施工组织设计、专项施工方案、专项安全措施、作业指导书等，如何运用到本工程项目施工现场的安全管理活动中来，包括对它们的直接引用。计划要突出重点内容，具有可操作性。不要求对规范的各个要求都独立编制形成文件的程序或规定，可以通过施工现场安全生产保证计划，或在计划中引用支持性文件等形式对规范各个要求的具体实施程序作出规定。各个要求的具体内容见规范各条文与条文说明。

（4）施工现场安全生产保证计划的管理要求

1）施工现场安全生产保证计划是施工组织设计的一个有机组成部分，为防止总体与局部的脱节，要求两者同步策划，一起按规定程序在实施前经上级机构审核确认，并形成书面记录，以保证相互协调。内容也可互相引用，形式上可分可合，除小型工程外，一般宜单独编制。

2）工程设计或施工条件发生变化时，往往会引起施工现场危险源和不利环境因素的变化，为了确保施工现场安全生产保证计划的持续适宜性，始终发挥计划在工程项目施工全过程的指导作用，要对涉及的危险源和不利环境因素的变化进行补充识别、评价，并根据新的结果，对原计划是否需要修订作出评审。如果进行修订，应在实施前进行审核审批，并送上级机构备案。

关于施工现场安全生产保证计划编制方法可参见第七章相关内容和附录3的示例。

（三）审核要点

1. 施工现场安全生产保证计划是否与安全策划的结果相一致，体现项目的特点。

2. 施工现场安全生产保证计划的内容是否覆盖了规范的所有要求，职责是否明确，并以重大危险和重大不利环境因素为主线展开，预防和控制措施是否有效、可行。

3. 施工现场安全生产保证计划与体系其他文件的接口是否清楚、协调一致。

4. 施工现场安全生产保证计划的审核、审批、修改是否符合文件控制的要求。

五、组织机构与职责权限

（一）规范条文

3.3 实施

3.3.1 组织机构与职责权限

1. 项目经理为施工现场安全生产的第一责任人，并在项目安全管理活动中起领导作用。

2. 必须确定项目经理与安全风险和不利环境影响有关的管理、执行和验证人员的作用、职责、权限和相互关系，形成文件并予以传达沟通，以确保施工现场安全生产保证体系各项要求的正确实施。

3. 为了建立、实施和改进施工现场安全生产保证体系，项目经理部必须有计划地及时配置必要的资源：

1）称职的技术、管理人员和操作人员，包括专职安全生产管理人员；

2）适用于工程施工特点的专项技能和技术；

3）应当具备的安全设施、检验设备和防护用品；

4）安全生产所需的资金。

（二）理解与实施要点

1. 健全的组织机构、合理的职责分工和权限、适当的资源是施工现场安全生产保证体系有效实施、安全目标如期实现的前提和关键环节。项目经理部的组织机构应符合安全生产保证体系及上级单位和相关法律法规的要求，并适合工程项目的实际情况。特别是安全员和安全部门的岗位和人数必须满足要求，有条件的可设置安全工程师岗位。

如对房屋建筑工程施工总承包工程项目经理部，上海市规定施工现场从业人员超过50人时，应配备专职安全管理人员；1~5万 m^2 的建筑工程施工现场应配2~3名专职安全管理人员；5万 m^2 以上的大型建筑工程施工现场应设置专职安全管理机构，并按专业配备人员，负责现场安全管理。

2. 由于安全生产在施工现场处于特殊的重要地位，安全与生产矛盾的处理难度大，施工现场安全生产的第一责任人必须是项目经理，只有这样才能把安全与生产从组织领导上统一起来，使施工现场安全生产保证体系得到顺利实施。项目经理作为施工现场安全生产的第一现任人，除提高全体从业人员的安全意识外，其领导作用体现在：

（1）确定项目安全目标和管理职责；

（2）组织施工现场安全生产保证体系的策划和实施；

（3）确保施工现场安全生产保证体系所需资源的提供；

（4）定期组织内部审核和安全评估。

贯彻施工现场安全生产保证体系规范，加强施工现场安全管理方面，项目经理必须对贯标活动全面负责，通过其具有的领导权力，充分发挥领导作用，这是安全生产保证体系能否建立和有效运行的前提和关键。项目经理在贯标工作中的主要职责为：

（1）根据企业总体安全方针和安全目标，结合项目的特点和危险源、不利环境因素识别、评价、控制策划的结果，制定并保持本项目施工现场的安全目标，通过增强管理人员和作业人员的安全意识、积极性和参与程度，在整个项目施工现场内促进安全目标的实现。

（2）负责对本项目施工现场设施、部位、过程和活动中危险源和不利环境因素的识别、评价、控制策划和项目安全生产保证体系的策划与设计，组织编制覆盖规范要求、具有指导作用的项目施工现场安全生产保证计划，制定针对性的可操作的安全技术措施和管理措施、作业指导书等。

（3）确定项目经理部的组织结构和岗位设置，按合理分工、加强协作的原则，明确安全生产保证体系各要素的主管和相关部门（岗位）的具体职责和权限，健全安全生产责任制。

（4）组织实施和保持项目安全生产保证体系充分、有效运行，以实现本项目安全目标。

1）确保安全生产所需的必要资源（人力、技术、设施、设备、资金等）提供到位，组织安全设施所需材料、设备及防护用品的采购和分包方评价、选择和监控；

2）根据施工现场有关人员各自的安全职责范围，组织开展安全意识、纪律、知识和技能培训教育，杜绝违章指挥和违章作业；

3）严格执行安全交底、安全验收等制度，组织落实各项安全技术措施和管理措施，加强施工过程的安全控制；

4）组织日常安全检查和专项安全检查，及时发现问题，消除事故隐患，严格安全奖罚，保证安全生产保证体系正常运行；

5）加强信息管理和组织协调，根据运行信息定期或不定期组织分析研究，对安全生产保证体系运行的符合性、有效性、适用性进行评价，主动寻找改进机会，制定并实施纠正措施和预防措施，必要时修改项目安全生产保证计划，促进安全生产保证体系持续改进。

（5）发生重大安全事故时，组织抢救伤员，保护好现场，及时向主管上级报告，配合有关部门调查，认真分析事故原因，制定并实施防止事故重复发生和防止事故危害扩延的整改措施。

3. 安全生产、人人有责，施工现场安全问题多与职责不清、权限不明有关，只有建立健全安全生产责任制，分清职责、严格界线，并使每个有关岗位人员做好本职工作，共同参与施工现场安全生产保证体系的活动，才能真正实现事故预防和环境保护。安全职能是施工现场客观存在的涉及安全生产方面的管理职能，项目经理部各有关职能部门或岗位都直接或间接地参与施工过程中的相应安全活动，为了确保安全目标的实现，要求将规范的16个管理要素有机地分配到部门或岗位，授予足够的权限，使其能按规定履行各自的管理职责，并提供全部证据。项目经理部与施工现场安全生产保证体系有关的管理、执行和验证人员的作用、职责、权限与相互接口，可在施工现场安全生产保证计划中用矩阵图与文字描述相结合的形式，对其主管职责和相关职责与活动予以界定，并传达到各有关人员，以利于各项工作的正确实施和落实，例如：

（1）项目经理

——贯彻执行国家、地方和上级颁布的有关安全生产、文明施工的政策和法规；

——制定项目经理部的安全目标，全面负责安全生产保证体系的建立、实施、保持和改进；

——决定恰当的资源配备，明确项目经理部各部门（岗位）的安全管理职责和职权，授权安全员行使安全管理中的监督、检查、指导和考核职权，并保证其正确行使管理职能而不受干预。

（2）项目工程师

——贯彻既定的安全方针，执行国家有关安全技术标准、规范和规程；

——组织制订安全生产保证计划、项目专项安全技术方案、应急预案，督促检查计划、措施的实施；

——决定和解决安全技术问题，下达安全技术指令。

（3）项目安全员

——贯彻各项安全技术规范，组织安全设施验收；

——组织参与安全技术交底，严格施工全过程的安全控制，检查、督促操作人员遵守安全操作规程，并作好记录；

——掌握安全动态，发现事故隐患及时采取纠正和预防措施；

——制止违章作业，严格安全纪律，当安全与生产发生矛盾且危及安全生产时，在权制止冒险作业。

4.施工现场安全生产保证体系正常运行需要有必要的资源保障，包括人力资源、专项技能和技术、设施用品、财力资源四个方面，并强调资源提供的计划性、充分性和及时性。

（1）所谓职称是指施工现场的从业人员都必须经过必要的上岗培训，并具有能胜任本职工作的能力。项目经理和技术、管理人员必须按建设行政主管部门要求经培训考核或复训合格后持证上岗；特种作业人员必须经劳动部门培训考核或复训合格后持证上岗；一般操作人员也须经过技能培训，取得上岗资格证。应对各岗位人员的工作能力从教育、培训、经历等方面作出规定。

（2）专项技能和技术包括先进、可靠的施工作业技能和安全技术。

（3）安全设施包括各类安全防护设施和物料、施工用电防触电等安全装置和设施、消防器材和设施、施工机械限位、过载、避雷等安全装置；检测设备包括用于力矩、厚度、长度、接地电阻、绝缘电阻、噪声等检测的工具和仪器；防护用品包括安全帽、安全带、安全网、绝缘手套、绝缘鞋、防护面罩等劳动保护用品。

（4）用于安全生产技术措施的资金和支出要纳入项目经理部的资金成本计划，优先考虑并保证及时到位。

以上各项资源配置都应满足相关的法律法规、标准规范的基本要求。

（三）审核要点

1. 是否明确了项目经理的职责与权限；

2. 与施工现场安全生产保证体系各有关部门或岗位的作用、职责、权限和相互关系是否明确、协调一致。

3. 职责权限是否形成文件，并传达到所有部门与岗位。

4. 施工现场安全生产保证体系所需的必要人力、物力、财力资源是否按计划配足配好。

六、安全教育和培训

（一）规范条文

3.3.2 安全教育和培训

1. 项目经理部应把安全教育和培训贯穿于施工生产的全过程，应有计划地对施工现场的所有从业人员，包括分包单位的从业人员，进行相应的安全教育和培训，确保只有接受过必要的安全生产教育和培训并且合格的从业人员才能上岗。通过安全教育和培训使得：

1）从业人员上岗前都能了解：

——遵章守纪，服从管理，以及落实施工现场安全生产保证体系要求的重要性；

——本职工作中存在的危险源和不利环境因素，以及违章指挥和违章作业可能产生的不良影响和后果；

——本岗位在施工现场安全保证体系中的作用与职责。

2）从业人员上岗位都能熟悉和掌握本职工作必需的安全知识和技能（包括与本规范有关的环境保护知识和技能）；

——安全法律法规和规章制度；

——安全操作规程和安全操作技能；

——施工现场针对性的安全防范措施，包括涉及新工艺、新技术、新材料和新设备的特定安全技术特性和规定；

——紧急情况下，预防或减少风险和现场急救的应急措施。

2. 项目经理、专职安全生产管理人员和特种作业人员应按法律法规规定通过有关部门对其安全生产知识、管理能力、安全操作技能的考核或复试，持证上岗。

3. 安全教育和培训应根据从业人员的职责对意识、能力要求分层分类进行。除经常性的安全教育和培训外，上岗前、节假日前后、事故后、工作对象改变时，还应按规定进行针对性的安全教育和培训，包括新进从业人员三级安全教育、分包方从业人员进场安全教育。

4. 项目经理部应建立和保持安全教育和培训记录以及从业人员的劳动保护记录卡。

（二）理解与实施要点

1. 安全教育和培训的重要性

安全生产保证体系的成功实施，有赖于施工现场全体人业人员的参与，需要他们具有良好的安全意识和安全知识。保证他们得到适当的安全教育和培训，是实现施工现场安全保证体系有效运行，达到项目经理部安全目标的重要环节。因此，项目经理部应在项目施工现场安全生产保证计划中确定对员工进行教育和培训的需求，指定安全教育和培训的责任部门或责任人。

2. 从业人员都要先培训后上岗

安全教育和培训要体现全面、全员、全过程的原则，覆盖施工现场的所有从业人员（包括分包单位人员），贯穿于从施工准备、工程施工到竣工交付的各个阶段和方面，通过动态控制，确保只有经过安全教育的人员才能上岗。

3. 安全教育和培训的目的

使处于每一层次和职能的人员都认识到：

（1）遵守"安全第一、预防为主"方针和工作程序，以及符合安全生产保证体系要求的重要性；

（2）与他们工作有关的重大安全风险和重大环境影响，包括可能发生的影响，以及其个人工作的改进可能带来的安全业绩；

（3）他们在执行"安全第一、预防为主"方针和工作程序，以及实现安全生产保证体系要求方面的作用与职责，包括在应急准备和救援方面的作用与职责；

（4）偏离规定的工作程序可能带来的后果。

4. 安全教育和培训的范围

（1）本企业的从业人员；

（2）分包单位的从业人员。

5. 安全教育和培训的时间

根据建设部建教〔1997〕83号文印发的《建筑业企业职工安全培训教育暂行规定》的要求：

（1）企业法人代表、项目经理每年不少于30学时；

（2）专职管理和技术人员每年不少于40学时；

（3）其他管理和技术人员每年不少于20学时；

（4）特殊工种每年不少于20学时；

（5）其他职工每年不少于15学时；

（6）待、转、换岗重新上岗前，接受一次不少于20学时的培训；

（7）新工人的公司、项目体、班组三级培训教育时间分别不少于15学时、15学时和20学时。

6. 安全教育和培训的形式与内容

按等级、层次和工作性质分别进行，管理人员的重点是安全生产意识和安全管理水平，操作人员的重点是遵章守纪、自我保护和提高防范事故的能力。

（1）项目经理和安全管理人员的安全生产培训

1）定期轮训，提高政策水平，熟悉安全技术、劳动卫生知识，包括：

——安全生产的重大意义；

——国家有关安全生产的方针、政策、规定；

——安全生产法规、条例、标准，包括施工现场安全生产保证体系规范；

——安全生产责任制；

——施工生产的工艺流程和主要危险源和不利环境影响，以及预防重大伤亡事故和重大环境污染事故的主要措施；

——地区、行业事故概况、特点及应吸取的教训；

——编制、审查安全生产保证计划、安全技术措施计划及施工组织设计的安全技术措施的基本知识；

——企业有关安全生产和环境保护规章制度、安全纪律及保证措施；

——发生重大伤亡事故和急性中毒事故等，如何保护现场、逐级上报、调查情况、分析原因、制定防范措施及对事故责任者的处理等。

2）专职安全员还应接受安全生产监督管理部门和行业行政主管部门的培训，取得相应的证书，持证上岗，并按规定定期复审。

（2）新工人三级安全教育

对新工人或调换工种的工人，必须按规定进行安全和环保教育和技术培训，经考核合格，方准上岗。

1）公司（基层）级：

——劳动保护和环境保护的意义和任务的一般教育；

——安全生产方针、政策、法规、标准、规范、规程和安全知识；

——企业安全和环保规章制度等。

2）项目体（施工队）级：

——建筑工人安全生产技术操作一般规定；

——施工现场安全和环保管理规章制度；

——安全生产纪律和文明生产要求；

——在施工工程基本情况，包括现场环境、施工特点，可能存在安全风险和不利环境影响的作业部位及必须遵守的事项。

3）班组级：

——本人从事施工生产工作的性质，必要的安全和环保知识，机具设备及安全防护设施的性能和作用。

——本工种安全文明操作规程；

——班组安全生产、文明施工基本要求和劳动纪律；

——本工种事故案例剖析、易发事故部位及劳防用品的使用要求。

（3）特定情况下的适时安全教育

1）季节性，如冬季、夏季、雨雪天、汛台期施工；

2）节假日前后；

3）节假日加班或突击赶任务；

4）工作对象改变；

5）工种变换；

6）新工艺、新材料、新技术、新设备施工；

7）发现事故隐患或发生事故后；

8）新进入现场等。

（4）特种作业人员培训

除进行一般安全教育外，对操作者本人及他人和周围设施的安全有重大危害因素的作业人员，即特种作业人员，还要执行现行《特种作业人员安全技术考核管理规定》的有关规定，按国家、行业、地方和企业规定进行本工种专业培训、资格考核，取得《特种作业人员操作证》后上岗。

1）范围：

——电工作业；

——锅炉司炉；

——压力容器操作；

——起重机械作业；

——爆破作业；

——金属焊接（气割）作业；

——煤矿井下瓦斯检验；

——企业内机动车辆驾驶；

——机动船舶驾驶、轮机操作；

——建筑登高架设作业；

——其他符合特种作业基本定义的作业。

上海市劳动局规定的特种作业人员安全技术培训考核管理规定又增加：

——电梯驾驶；

——起重吊运指挥挂钩作业；

——化学危险物品押运、保管等作业人员。

2）培训、考核与发证部门；

——劳动部门和安全监督管理部门；

——行业行政主管部门；

——企业。

3）内容：

——安全技术理论；

——实际操作技能。

4）复审：

取得《特种作业人员操作证》者，按工种审证要求，定期由原发证部门进行复审。未按期复审或复审不合格者，其操作证自行失效。

（5）经常性安全教育

在做好上述培训和教育工作的同时，还必须把经常性的安全教育贯穿于施工全过程，并根据接受教育对象的不同特点，采取多层次、多渠道和多种方法进行。

1）安全生产意识宣传教育；

2）普及安全生产知识宣传教育；

3）现场定期的（如每周）安全日活动；

4）班组每天的三上岗（上岗交底、上岗检查、上岗记录）和一讲评（安全讲评）活动。

7. 建立并保存安全教育和培训记录

（1）职工劳动保护教育卡；

（2）安全教育记录；

（3）班组安全活动讲评记录；

（4）安全员及特种作业人员名册（包括证书复印件）；

（5）中小型机械作业人员名册（包括证书复印件）等。

（三）审核要点

1. 安全生产保证计划是否明确对现场各类人员的安全教育和培训要求。

2. 安全教育和培训工作的责任部门或责任人是否明确。

3. 有无项目经理部教育和培训计划（或制度），安全意识和专业技能培训的内容是否能满足安全目标需要，计划（或制度）是否实施，是否有记录。

4. 管理人员、操作人员是否全部做到先培训后上岗，是否有记录。

5. 分包队伍进场、新工人入场、经常性、特定情况的针对性教育等教育规定是否落实，是否有记录。

6. 项目经理、安全员、特种作业人员等是否按规定进行培训和资格考试，是否持证上岗。

7. 是否建立职工劳动保护记录卡，做好培训教育记录。

七、文件控制

（一）规范条文

3.3.3 文件控制

1. 施工现场安全生产保证体系所要求的文件应予控制，包括适用法律法规、标准规范及其他外来文件、施工现场安全生产保证体系文件。

2. 对文件的控制应做到：

1）发布前由授权人员确认其适宜性，必要时予以修订，并重新确认；

2）文件的收发记录、标识和修订状态清楚，易于查找；

3）编制项目经理部所需现行有效文件的清单，并确保与施工现场安全生产保证体系运行有关的重要岗位，都能得到相关文件的现行有效版本；

4）及时将失效文件从发放和使用场所撤回，或采取其他措施防止误用。

（二）理解与实施要点

1. 文件具有传递信息、沟通意图、统一行动的价值。文件作为施工现场安全生产保证体系的重要载体，主要可用于满足法律法规、标准规范和其他要求、进行安全教育和培训、用作客观证据、评价施工现场安全生产保证体系的有效性和持续适宜性。文件的合理形成和正确执行能使施工现场安全生产保证体系的要求得到有效实施，并产生增值的效果。

2. 文件控制的对象是施工现场安全生产保证体系所要求的文件，一般可分为适用的法律法规、标准规范和反映其他要求的外来文件，以及施工现场安全生产保证体系文件两大类。其中施工现场安全生产保证体系文件是一整套的文件体系，一般应包括：

（1）项目经理部安全目标和施工现场安全生产保证计划；

（2）描述本工程项目施工现场重大危险源和重大不利环境因素预防控制措施的施工组织设计、专项施工方案、专项安全措施，包括应急救援预案；

（3）所在建筑企业集团、建筑企业、直属分支机构的适用的安全程序、规章制度、作业指导书等文件；

（4）涉及本工程项目安全生产的采购与分包合同。

文件的多少及详略程度取决于施工生产活动的复杂程度和相互作用、人员的技能水平和培训等诸多因素，在满足有效性和效率的前提下，应尽量简化，具有可操作性，让使用的人员一看就懂。承载媒体可以是书面形式，也可以是电子形式。

3.文件控制的目的是确保施工现场安全保证体系所使用的文件是适宜和充分的。为方便使用，文件要保管有序，易于查找和获得，并通过撤回或作好作废留用标识等方式防止误用失效文件，控制方面要注重实效，不要过于繁锁。

（三）审核要点

1.施工现场安全生产保证体系所要求的各类必要的文件是否纳入清单予以控制，并便于查找。

2.施工现场与安全生产保证体系有关的重要岗位，是否能得到相关的现行文件的有效版本。

3.文件的编制、分发、管理是否规范。

4.文件的修订和失效管理是否受控。

八、安全物资采购和进场验证

（一）规范条文

3.3.4 安全物资采购和进场验证

1.项目经理部应对用于施工现场安全生产保证措施的物料、设备及防护用品予以控制，以确保这些安全物资的质量符合规定的要求。

2.自行采购或外部租赁：

1）项目经理部应持有所在建筑企业的形成文件的合格供应商名录、评价与选择安全物资供应商的准则。必须向合格的供应商采购或租赁所需的安全物资。

项目经理部被授权自行实施采购或租赁前，应对不在名录中的供应商提供符合要求的安全物资的能力进行评价，并形成记录。评价内容应包括：

——技术、生产管理和质量保证能力；

——生产许可证和营业执照；

——法律法规要求提供的准用或经营证明文件；

——市场信誉和履约能力。

2）采购或租赁计划、协议、合同应：

——注明规格、型号、等级；

——明确适用的生产制造规程和标准；

——规定验收准则和方法；

——由项目经理对其充分性和适宜性审核签认，并按所在建筑企业规定进行审批。

3）项目经理部应对采购、租赁的安全物资实施验证，并形成记录。验证方法包括：

——查验供应商提供的合格证明，包括出厂质量检验和有效期证明文件；

——查验实物质量，包括外观检查和规格检查；

——按规定要求抽样复试。

3．内部转移或调拨：

应对企业内部转移或调拨的安全物资进行外观、规格检查，必要时可抽样复试，并形成记录。

4．分包方采购或自带：

分包方采购或自带安全物资时，项目经理部应在分包合同中明确规定并实施下述控制要求：

1）对采购资料或合同进行签认；

2）对进场的安全物资共同验证。

5．应对进场安全物资的验证状态进行标识和记录，防止误用或错用。严禁未经验收或验收不合格的安全物资投入使用。

（二）理解与实施要点

1．总则

施工现场安全保证措施所需的材料、设备及防护用品的质量，直接影响到施工从业人员人身安全并涉及建筑产品的质量，有时还会涉及到环境污染问题，因此项目经理部对这类物资的采购实施控制是一种有效的预防措施。采购控制活动包括受控物资范围确定、供应商评价与选择、采购文件制定、对采购物资进行适宜的验证等，以确保所采购的安全设施所需物资符合规定要求。已按 ISO 9000 族标准建立质量管理体系的企业可共同使用一个采购程序，但在安全生产保证计划中应作出必要的补充规定，重点是明确责任和记录方式。

2．采购控制的范围

采购控制的物资通常包括，但不限于以下几类：

（1）劳动防护用品；

（2）脚手架及防护设施材料；

（3）消防器材；

（4）电气安全装置；

（5）机械安全保护装置；

（6）其他特殊材料、设备和防护用品等。

3．供应商的评价与选择

为防止假冒、伪劣的安全措施所需的材料、设备及防护用品进入现场，应根据采购物资的重要性，项目在自行采购或外部租赁时，事先应对供应商进行评价和选择。

（1）评价的对象

这里的供应商不仅仅指供货商社，还包括采购物资的生产企业。即供应商评价的对象应包括厂和商两个方面，不能以评商代替评厂，也不能以评厂代替评商，除非直接向生产企业采购。

（2）评价的内容

通常从以下三个方面对供应商的质量保证能力及实物质量进行评价：

1）审核供应商的市场信誉、生产经历、以及技术、质量和生产、经营管理能力。

——营业执照、资质证书；

——产品鉴定报告、检测报告；

——产品说明书；

——技术、质量、生产管理情况与实地考察验证记录；

——生产、营业经历与业绩记录、调查和审核报告等。

2）实施生产许可证制度的安全设施所需的材料、设备及防护用品，验证是否取得生产许可证。

3）验证企业生产的安全设施所需的材料、设备及防护用品有否进入市场的许可证或行业有关部门的相关证书。

（3）规定评价的审核和审批程序。

（4）对评价合格的供应商：

1）进行比较排队，从中选定可建立供应关系的单位，列入《合格供应商名录》；

2）记录并保存合格供应商的评价资料。

（5）根据能否满足质量要求的能力选择合格的供应商

1）优先从《合格供应商名录》中确定；

2）对名录之外的供应商应先评价合格后再建立供应关系。对一次性购买或购买数量很小的一般产品，也可采用在采购时或使用前对产品进行检验或验证的办法，作出评定与选择。

此外，应建立并保存供应商履约情况的业绩记录，作为对供应商进行动态评定的重要证实材料。

4．采购或租赁计划、协议、合同

（1）采购前，项目经理部应有专人对需采购的物资拟定采购资料（如采购计划清单、协议或合同等），选定合格供应商后可直接采购，也可拟定并签订合同订货采购。

（2）采购资料应准确、清楚地规定对采购的安全措施所需的物料、设备及防护用品的有关要求，以利于加工、制造和检验、验收，这些要求包括，但不限于：

1）类别、型号、等级或其他标准标识方法。

2）产品适用的规范、图样、过程要求，检验规程及有关技术资料的名称或其他明确标识和适用版本，包括一些特殊的质量要求。

3）在有质量保证要求时，应写明适用的质量保证模式标准的名称、编号和版本。

4）对采购物资的供货和检验方式作规定。包括产品加工过程中的过程验收、最终验收的场所与方式，如在生产场所、生产过程或施工现场实施等。

（3）项目经理部明确采购资料的编制、审核、批准、更改的职责和要求，特别要求项目经理部主管领导在采购资料发出或协议、合同签订前，对规定的要求是否适当进行审批，以保证文件的正确、有效。

5．对采购或租赁安全物资进行验证，确保进场使用的安全物资的质量，并作好记录。验证的方法为书面验证、实物查验和抽样复试等。

6. 对内部转移或调拨的安全物资应进行把关筛选，并进行记录。筛选的方式为外观、规格检查，有疑问时可抽样复试，决定去留。

7. 对分包商自行采购或自带的安全设施所需材料、设备及防护用品实行控制。

控制的方式和程度取决于安全用品类别及使用的安全要求，并在安全生产保证计划中作出相应的规定。如：

（1）在分包合同中制定相关的约束条款；

（2）对分包商的采购资料或合同共同签认；

（3）对分包商采购或自带的安全用品按重要程度共同验证或复核检验等。

（三）审核要点

1. 安全保证计划或有关规程中是否对工程项目部自行采购安全用品按标准要求作出规定，工程项目部对自行采购安全用品的要求是否建立相应的责任制，职责、权限和接口是否明确。

2. 是否按规定对供应商进行评价和选择，建立并保存合格供应商名录及相应的评价记录。

3. 采购资料或合同是否清楚地说明采购产品的要求，并对规定要求的正确性与完整性进行审核、审批。

4. 是否保存对供应商的供货和检验记录，发现供应商不能满足要求时，有无采取措施，直至取消供应商的资格。

5. 是否对分包方自行采购的安全用品规定控制措施，建立和保存相应的控制实施记录。

九、分包控制

（一）规范条文

3.3.5 分包控制

1. 项目经理部应对劳务、专业工程、机械租赁与安装拆除分包商予以控制，以确保分包活动符合规定的要求。

2. 项目经理部应持有所在建筑企业的形成文件的合格分包商名录、评价与选择分包商的准则。必须向合格的分包商发包施工或服务业务。

项目经理部被授权实施分包前，应对不在名录内的分包商的资质和安全保证能力进行评价，并形成记录。评价内容应包括：

1）合法的资质，法律法规要求提供的经营许可证明文件；

2）与本企业或其他企业合作的市场信誉和业绩；

3）技术、质量、生产和安全管理能力；

4）承担本项目特殊要求的能力。

3. 分包合同应：

1）明确各自安全职责权限，规定分包商应满足施工现场安全生产保证体系的要求，并附有安全生产、治安、消防、环保、卫生等协议文件；

2）明确对分包商施工或服务方案、过程、程序和设备的批准要求；

3）规定分包商从业人员资格的要求；

4）符合有关法律法规、标准规范和所在建筑企业规定，审核审批与签署手续齐全、有效。

4. 项目经理部必须按分包合同规定对分包商在施工现场内的施工或服务活动实施控制，并形成记录。控制内容和方法包括：

1） 审核批准分包商的专项施工组织设计和施工方案，包括安全技术措施；

2） 提供或验证必要的安全物资、工具、设施、设备；

3） 确认分包商进场从业人员的资格，依据施工现场安全生产保证体系文件，进行针对性的安全教育、培训和施工交底，形成由双方负责人签字认可的记录，并确保在作业前和作业时，由分包商对其从业人员实施必要的安全教育和培训；

4） 安排专人对分包商施工和服务全过程的安全生产实施指导、监督、检查和业绩评价，对发现的问题进行处理，并与分包商及时沟通信息。

（二）理解与实施要点

1. 总则

施工现场安全生产保证体系的有效实施，同各分包商的参与和密切配合是分不开的，特别是分包商进入施工现场的分包队伍的素质和履约能力。项目经理部应规定主管部门或岗位、相关部门或岗位的职责，落实专人负责对分包队伍的管理。合同关系未确立之前，应对分包商进行评价、选择合格的分包商。合同关系确立之后，应明确有关部门对进场分包队伍施工过程进行控制管理，做好日常管理和考核资料的积累，为以后对分包商的业绩评定提供证实材料。以上这些要求在项目安全生产保证计划内应予明确。

2. 分包商的评价和选择

（1）评价方法

1）资质条件的验证。审核营业执照中的施工承包范围、注册资金、执照有效期限、企业性质；从经营手册查阅其承担过的施工项目、施工面积或承担的工作量；企业资质等级证书、外省市施工队伍的进沪许可证及有效期限、施工人员核定数量。

2）劳务分包队伍务工人员持证状况的核查。证件的有效性应符合政府和行业主管部门对施工人员及劳务人员的持证规定要求。特种作业人员的持证数应一一进行核查。

3）对分包商安全生产能力和业绩的确认。应有相关的证明材料，如安全资质证书、政府部门颁发的奖状或荣誉证书等。对以往有无重大伤亡事故也应作必要的调查。

（2）分包商的选择

项目经理部选择分包商有二种方式：

1）从本企业发布的合格分包商名录中选择；

2）对名录外的分包商，按本企业规定的标准和程序评价合格后选择。

（3）建立分包商评价档案

通过质量体系认证的单位，对分包商的控制要求可参照质量体系程序进行，但必须包括或增加对分包商的安全管理状况和能力审核认可的记录。

3. 分包合同要求

（1）必须严格执行先签合同，后组织进场施工的原则。

（2）合同可采用当地"标准文本"，总包与分包的权利、义务应明确。分包应对总包负责，分包必须服从总包的管理。对违反分包合同要求的制约措施不能与总合同的规定相矛盾。

(3) 在签订分包合同时，应同时签定有关的附件，如安全生产、治安消防、环境卫生等有关协议书，并注意责权利一致。

(4) 分包合同中应含安全考核奖罚细则。原则参照项目经理部所制定的奖罚条款执行，如有异议可由双方平等协商制定。

(5) 分包合同应根据工程量的大小送上级主管部门审批或备案，此要求视企业现行管理标准而定。

4. 合同履约控制

项目经理部一旦同分包商确立合同关系，应积极为分包商创造进场施工的各项条件和提供方便，在施工中注意防止以包代管、以罚代管、放松控制等现象的发生。

(1) 在分包队伍进场前，对分包商的专项施工组织设计和施工方案，包括安全技术措施，应按企业规定实施审核审批，通过后才能实施。

(2) 合同规定应由总包提供的材料、设备、工具及生活设施，总包必须在分包队伍进场前做好落实工作。合同规定施工过程中应由总包向分包队伍提供的机械设备、安全设施和防护用品，双方必须办理书面移交验收手续，签字有效。

(3) 当分包队伍进入现场时，必须确认其从业人员的资格。正式开始施工前，应由项目经理部施工主要负责人组织有关人员向分包商负责人及分包队伍有关人员进行安全教育和施工交底，交底内容以总分包合同为依据，包括施工技术文件、安全生产保证体系的有关文件、安全生产规章制度和文明施工管理要求等。交底应以书面形式，一式两份，双方负责人和有关人员签字，并保留交底记录。确保作业前对全体分包从业人员均完成安全教育培训。

(4) 在合同履约过程中，项目经理部应有部门或专人对分包队伍施工全过程中的安全生产、文明施工情况进行指导检查、监督管理、与分包方沟通信息，及时处理发现的问题，必要时可按合同约定中止合同，做好必要的记录，并为今后对分包商业绩评定提供依据。

（三）审核要点

1. 项目经理部是否在有关文件中明确对分包商的管理职责和控制要求。

2. 项目经理部选用的分包商的资质、经营范围，是否符合国家、行业和地方的有关法规规定。

3. 在签订分包合同的同时，是否签订了安全生产协议书、治安消防协议书、环境卫生协议等有关附件。

4. 分包队伍进场后是否落实了施工交底，交底内容、手续是否完备有效。

5. 对分包商的评价、施工过程管理和考核是否符合既定的管理程序要求。

十、施工过程控制

（一）规范条文

3.3.6 施工过程控制

1. 项目经理部必须根据施工现场安全生产保证体系策划的结果和安排，确保与所识危险源和不利环境因素有关的活动、人员、设施、设备在施工过程中处于受控状态，以便

从根本上控制和减小安全风险和不利环境影响。

2．项目经理部对施工过程控制的内容和方式应包括：

1）针对施工过程中需控制的活动，制定或确认必要的施工组织设计、专项施工方案、专项安全措施、安全程序、规章制度或作业指导书，并组织落实；

2）将采购和分包活动中需实施控制的有关要求通知供应商和分包商，并按要求对其施工和服务提供过程进行控制；

3）对从业的管理和操作人员进行针对性的资格能力鉴定、安全教育和培训、安全交底，及时提供必需的劳动防护用品；

4）对安全物资进行验收、识别、检查和防护；

5）对施工设施、设备及安全防护设施的搭设和拆除进行交底与过程防护、监控，在使用前进行验收、检测、标识，在使用中进行检查、维护和保养，并及时调整和完善；

6）对重点防火部位、活动和物资进行标识、防护，配置消防器材和实行动火审批；

7）保持场容场貌、作业环境和生活设施文明卫生、规范有序，保护道路管线和周边环境，减少并有效处理废水、废气、粉尘、噪声、振动和固体废弃物，组织好施工期间的道路交通；

8）对与重大危险源和重大不利环境因素有关的重点部位、过程和活动，组织专人监控；

9）就施工现场危险源、不利环境因素及安全生产的有关信息，与从业人员及相关方进行交流与沟通，对涉及重大危险源和重大不利环境因素的问题及时作出处理，并形成记录和回复；

10）形成并保存施工过程控制活动的记录。

（二）理解与实施要点

1．施工过程控制的目的

根据施工现场安全生产保证体系策划的结果，在施工生产过程中，有效地实施施工现场安全生产保证计划等体系文件的规定和控制措施，使与已识别的危险源和不利环境因素（特别是重大危险源和重大不利环境因素）有关的需要控制的活动、人员、设施、设备等均处于受控状态。

2．施工过程控制的内容和方式

规范共列举了十个方面。

（1）针对施工过程中需控制的活动，制定或确认必要的施工组织设计、专项施工方案、专项安全措施、安全程序、规章制度或作业指导书，并组织落实。

这方面的工作一部分可在策划阶段予以考虑，可将制定或确定的有关方案和文件在安全生产保证计划中予以明确，并在施工前编制或配置到位。通常对专业性强、危险性大的部位、过程、活动，如脚手架、模板工程（包括支撑系统的设计计算）、基坑支护、施工用电、起重吊装作业、物料提升机及其他垂直运输设备的安装与拆除（包括基础和附着的设计）、孔洞临边防护、爆破施工、水下施工、拆除施工、人工挖孔桩施工等都需专门编制专项施工方案和专项安全措施。

对所制定或确定的方案和文件应明确责任部门或岗位，具体负责编制、审查、批准、组织交底、实施和检查管理。

（2）将采购和分包活动中需实施控制的有关要求通知供应商和分包商，并按要求对其施工和服务提供过程进行控制。

对供应商和分包商在施工和服务过程中涉及的危险源、不利环境因素应予以识别、评价和控制策划，并将与策划结果有关的文件和要求事先通知供应商和分包商，以确保他们能遵守项目经理部安全生产保证体系的相关要求，如对分包商自带的机械设备的安装、验收、使用、维护和操作人员持证上岗的要求，相关安全风险和不利环境影响及控制要求。通知的方式包括合同或协议约定、书面安全技术交底、协调会议等。

要明确责任部门或岗位按照事先确认的要求，在供应商和分包商施工和服务提供的过程中，对涉及危险源和不利环境因素的活动、人员、设施、设备的状况，进行控制管理和监督检查，确保供应商和分包商认真落实各项规定的要求。

（3）对从业的管理人员和操作人员进行针对性的资格能力鉴定、安全教育和培训、安全交底，及时提供必需的劳动防护用品。

进入施工现场的管理人员和操作人员，不论是自有的或分包方的人员，上岗前必须按政府有关部门的规定，对其所需的执业资格、上岗资格和任职能力进行检查、核对证书，包括项目经理、项目管理人员，电工、焊工、架子工、塔吊和施工升降机装拆工、整体式提升脚手架操作工等特种作业人员，木工、混凝土工、钢筋工等一般施工人员。只有对应岗位或工种的证书专业相符且有效，才能安排上岗。注意对使用未成年工和女工应符合相关法规的要求。

项目施工负责人按本规范3.3.2条款的要求在上岗前和施工中对进入施工现场的自有和分包方从业人员进行安全教育和培训。特别在上岗前应以最清楚简洁的方式，如作业指导书、安全技术交底文本（附录4给出了76种常见工序的安全生产交底文本的示例），对从业人员进行安全技术交底，双方签字认可。对操作人员应分不同工种、不同施工对象，或分阶段、分部、分项、分工种进行安全交底，不准整个工程只交一次底，如混凝土浇捣、支模、拆模、钢筋绑扎等，必须实施分层次交底。交底应采用书面形式，内容要有针对性，应告知安全操作规程和违章操作的危害，采用标准交底文本时，必须填写补充交底内容。向施工班组交底，可以集中一次性交底，也可先向班组长交底，再由班组长向组长交底。项目经理部应按危险源控制策划的结果和有关劳动防护用品发放标准规定，向管理人员和操作人员提供合格的安全帽、安全带、护目镜等劳动防护用具和安全防护服装，严禁不符合劳动防护用品佩带标准的人员进入作业场所。

（4）对安全物资进行验收、标识、检查和防护。

对安全物资进行验收、标识、检查和防护是防止安全设施所使用的材料、设备和防护用品非预期使用和不安全因素的消除。

对进入现场的安全物资，不论是自行采购、企业内部调拨、外单位借入或是分包方的，都应由项目经理部组织验收，只有经验收符合安全使用要求，确认合格后，方可投入使用，防止假冒伪劣产品进入工地。验收标准应符合采购或租借合同、有关法律法规和安全技术标准要求。验收方法包括查看实物质量、提供质量保证资料、生产许可证明，必要时可进行抽样或全数检验。对验收不合格的安全物资，为防止非预期的使用，一般应立即清退出现场，难以当场清退出场时，应作好记录，并采取隔离、挂牌等形式进行标识和警示。

为了防止安全物资的混用、错用，必要时实现可追溯性，对其品牌、规格、型号和验收状态作出识别标志，如挂牌或进行记录。验收状态一般分为待检（未检）、已检待定、合格或不合格等四种。

为防止安全物资的损坏和变质，应采取设库、设池、上架堆放、遮盖、上油等方式进行贮存和防护，并在贮存期间对安全物资的防护和质量情况进行检查。

（5）对施工设施、设备及安全防护设施的搭设和拆除进行交底与过程防护、监控，在使用前进行验收、检测、标识，在使用中检查、维护和保养，并及时调整和完善。

1）安全防护用品及施工机械设备、机具进场前，必须检验有关证件，如生产许可证、产品合格证等。

2）中小型施工机具在使用前，必须对安全保险、传动保护装置及使用性能，由机械管理部门或岗位进行检查、验收，填写验收记录，合格后方可使用。塔吊、施工升降机、井架与龙门架等起重机械设备，组装拆除前应按专项技术方案组织交底、组装拆除过程，应采取防护措施，并进行过程监护，组装搭设完毕后，一般由企业和项目经理部按规定自行验收，检查要点包括基础的隐蔽工程验收、预埋件、平整度、斜撑、剪刀撑、墙体埋件、垂直度、电器、起重机械等专项检查和检验，其中塔吊、施工升降机等危险性较大的起重、升降设备，在企业内部安装调试或验收后，再向行业的机械检测机构申请检测，核发合格证后投入使用。机械管理部门或岗位人员负责对机械操作人员进行安全操作技术交底，并且落实日常检查，督促机械操作人员做好机械的维修和保养工作。

3）施工现场临时用电的变配电装置、架空线路或电缆干线的敷设、分配电箱等用电设备，在组装完毕通电投入使用前，由安全部门或岗位与专业技术人员共同按临时施工用电组织设计的规定检查验收，对不符合要求处须整改，待复查合格后，填写验收记录。使用中由专职电工负责日常的检查、维修与保养。

4）普通脚手架按规定要求交底搭设，悬挑钢平台、特种脚手架按施工组织设计中专项方案规定的要求进行交底搭设。普通脚手架搭设到一定高度时，按检查评分标准和验收表规定的要求，由企业与项目经理部分步、分阶段进行检查、验收，合格后做好记录，再投入使用，使用中落实专人负责检查维护。特种类的挑、挂、爬（整体式提升）脚手架按施工组织设计中的专项搭设方案进行检查、验收，其中提升架的架体结构、抗倾覆、防坠落等安全措施及装置，必须通过建设行业行政主管部门组织的专家鉴定，一般是由取得专业资质的单位负责组装、提升，验收时，企业专业部门和项目经理部共同参加验收，通过后再向行业检测机构申请检测，合格后方准投入使用，在每次提升或下降以后，还必须进行验收，否则不得投入使用。

5）对洞口、临边、高处作业所采取的安全防护设施，如通道防护栅、电梯井内隔离网、楼层周边和预留洞口防护设施、基坑临边防护设施、悬空或攀登作业防护设施，规定专人负责搭设与检查。在施工现场内应落实负责搭拆、维修、保养这些防护设施的班组，该班组应熟悉整个工程需搭拆的安全防护设施情况，以利于保持所搭设施的标准和连续性，搭拆都需要明确专门的部门或人员负责过程监控、检查与验收。

6）工程施工多数情况为露天作业，而且现场情况多变，又是多工种立体交叉作业，设备、设施在验收合格投入使用后，在施工过程中往往会出现缺陷和问题，人员在作业中往往会发生违章现象，为了及时排除动态过程中物和人的不安全因素，防患于未然，必须对设施、设备在日常运行和使用过程中易发生事故的主要环节、部位进行全过程的动态自查、互查和专门检查维护，以保持设备、设施持续完好有效。

7）在施工现场入口处、起重设备、临时用电设施、脚手架、出入口通道口、楼梯口、电梯井口、孔洞口、基坑边等危险部位设置明显的安全警示标志。

（6）对重点防火部位、活动和物资进行标识、防护，配置消防器材和实行动火审批。

按防火要求对木工间、油漆仓库、氧气与乙炔瓶仓库、电工间等重点防火部位，高层外脚手架上焊接等作业活动，氧气和乙炔瓶、化学溶剂等易燃易爆危险物资的贮存、运输，进行标识、防护，配置相应的灭火机等消防器材和设施，在火灾易发部位作业或者贮存、使用易燃易爆物品时，应当采取相应的防火、防爆措施。落实专人负责管理。对施工中动用明火根据防火等级，建立并实施动火与明火作业分级审批制度，落实监护人员和灭火机等器材。

（7）保持场容场貌、作业环境和生活设施文明卫生、规范有序，保护道路管线和周边环境，减少并有效处理废水、废气、粉尘、噪声、振动和固体废弃物，组织好施工期间的道路交通。

1）按施工组织设计的施工平面布置方案将生活区与工作区分开设置，并保持安全距离。工作区应做好施工前期围档、场地、道路、排水设施准备，按规划堆放物料，有专人负责场地清理、道路维护保洁、水沟与沉淀池的疏通和清理，设置安全标志，开展安全宣传，监督施工作业人员，做好班后清理工作以及对作业区域安全防护设施的检查维护。施工现场必须按国际劳工组织和政府建设行政主管部门的标准设置宿舍、食堂、厕所、浴室，具备卫生、安全、健康、文明的有关条件，临时搭设的建筑物应当经过计算或具有产品合格证。施工过程中确保饮用水供应，尤其是夏天高温季节，必须提供防暑降温饮料。

2）项目经理部应按建设单位提供的地下管线资料，就工程施工区域及其影响区域内的地下管线、障碍物的详细情况，包括位置、深度、走向、管道直径，是否带电的供电电缆管道、通讯电缆（特别是有些通讯设施带有保密性）等，与建设单位有关部门人员交接清楚，必要时应作实地勘察。根据基坑开挖的面积和深度，对施工区域及周围的道路、人行道及其地下障碍物、基础设施及地下管线设施作出专题清理或保护方案。对施工中可能导致损害的毗邻建筑物、构筑物和特殊设施等采取专项保护措施。涉及到市政、公用的大型设施、地铁隧道、大口径的排水系统、自来水管道时，必须作出详细周密的施工技术方案，对方案中的安全防护专项技术措施，应经过各有关方面的专家论证确认后，方能具体实施。

3）对施工过程中因废水、废气、粉尘、噪声、振动和固体废弃物的排放可能造成的职业危害和不利环境影响，应落实施工现场安全生产保证体系文件关于劳动保护、文明施工和环境保护的各项措施，使其排放控制在允许范围之内，如围档封闭施工、施工废水二级沉淀后排放、硬化施工场地、处于中心域区夜间施工时控制施工噪声、除浇捣混凝土必须连续施工外，减少不必要的夜间施工、建筑垃圾分类集中堆放并及时清运、土方车辆出场全面密闭覆盖并冲洗减少遗洒与污染、现场周围及沿街设置文明、安全和可靠的防护隔离设施等。

4）应合理组织施工期间的道路交通，采取措施使占用道路、影响交通的问题降到最小限度，如充分利用时间和空间，错开施工高峰与道路车辆高峰，修筑临时便道，设置交通标志，安排专人疏导人流和车流等。

（8）对与重大危险源和重大不利环境因素有关的重点部位、过程和活动，组织专人监控。

1）项目经理部应根据已识别的重大危险源和不利环境因素，确定与之相关的需要进行重点监控的重点部位、过程和活动，如深基坑施工、起重机械安装和拆除、悬空作业、整体式提升脚手架升降、大型构件吊装等。

2）根据监控对象确定熟悉相应操作过程和操作规程的监控人员，明确其制止违章行为、暂停施工作业的职责权限，并就监控内容、监控方式、监控记录、监控结果反馈等要求进行上岗交底和培训。

3）根据规定实施重点监控，特别是对悬空作业、整体或提升脚手架升降必须进行连续的旁站监控，并作好记录。

（9）就施工现场危险源、不利环境因素及安全生产有关信息，与从业人员及相关方进行交流与沟通，对涉及重大危险源和重大环境因素的问题及时作出处理，并形成记录和回复。

1）交流与沟通的对象。包括项目经理部自有员工、所属企业有关部门与领导、供应商、分包商、社区、政府安全生产和文明施工管理部门等。

2）交流与沟通的内容。从外部来讲，包括上级单位和政府建设行政主管部门的要求和检查反馈，供应商、分包商和社区的要求和检查反馈，应急救援联络信息，来自外部的抱怨和投诉，向外界展示项目经理部的安全生产、文明施工承诺等。从内部来讲，包括施工现场安全生产保证体系运行的要求和动态信息，有关事故、隐患的信息等。信息的具体内容涉及到危险源、不利环境因素及安全生产。

3）交流与沟通的方式。应对各类信息的具体交流与沟通方式和渠道作出规定，如口头、电话、黑板报、宣传栏、标语、会议、文件、通知等。

4）对有关重大危险源和重大不利环境因素的外部或内部信息，如政府建设行政主管部门和上级单位的整改指令、社区居民的严重投诉、媒体的批评曝光、重大事故的查处等，都应规定处理的程序和职责，并建立和保存必要的处理记录和回复记录。

（10）形成并保存施工过程控制活动的记录。

规范规定的前述施工过程的控制活动，应根据控制策划结果和体系文件的规定，在需要形成并保存记录的控制点和控制活动中，按事先确定的记录格式，及时形成有效的记录。记录管理的具体要求，见本章关于规范3.4.5条款的说明。

（三）审核要点

1．是否制定或确认施工过程必要的控制文件，并明确了管理职责。

2．是否将采购和分包活动中需实施控制的要求通知供应商和分包商，并实施控制。

3．是否按规定对管理人员和操作人员的资格能力进行鉴定、安全教育和培训、安全交底，是否按规定提供劳动防护用品。

4．是否按要求对安全物资进行验收、标识、检查和防护。

5．是否按规定要求进行施工机械设备、施工设施、安全防护设施的搭设、验收、检验、标识、检查、维护、保养、调整、拆除。

6．是否按规定要求对重要防火部位、活动、物资进行标识、防护、配置消防器材和实动火审批。

7．是否按规定做好文明施工，保护道路管线和周边环境，控制不利环境影响，合理组织道路交通，确保行人、车辆畅通和安全。

8．是否确定并按规定落实专人实施重点部位、过程和活动的监控。

9．是否规定了内外信息交流与沟通的渠道，并及时开展活动，认真做好重大问题的处理记录与回复。

10．是否按规定在施工过程各项控制活动中及时形成相应的记录，并妥善保管。

十一、事故的应急救援

（一）规范条文

3.3.7　事故的应急救援

1．项目经理部应针对可能发生的事故制定相应的应急救援预案，准备应急救援物资，并在事故发生时组织实施，防止事故扩大，以减少与之有关的伤害和不利环境影响。应急救援预案应：

1）包括以下内容：

——应急救援组织和人员安排，应急救援器材、设备的配备与维护；

——在作业场所发生事故时，保护现场、组织抢救的安排；

——建立内部和外部联系的方法、渠道，根据事故性质，按规定在相应期限内报告上级、政府主管部门和其他有关部门，通知有关的近邻及消防、救险、医疗等单位；

——作业场所内全体人员的疏散方案。

2）根据实际民政部可定期演练应急救援预案。

3）演练后或事故发生后，对应急救援预案的实际效果进行评价，必要时进行修订。

2．项目经理部应配合事故的调查、分析，并制定和实施纠正措施和预防措施（见3.4.2）。

（二）理解与实施要点

1．事故的应急救援概念

应急救援是指危险源和不利环境因素控制措施失效情况下，为预防和减少可能随之引发的伤害和其他影响，所采取的补充措施和抢救行动，它是实施安全风险和不利环境影响控制的进一步补充，也是项目经理部实行施工现场主动性安全生产管理的具体要求。

2．事故应急救援的管理要求

1）项目经理部在危险源和不利环境因素识别、评价和控制策划时，应事先确定可能发生的事故或紧急情况，如火灾、爆炸、触电、高处坠落、物件打击、坍塌、中毒、特殊气候影响等。

2）制定应急救援预案，其内容应包括：

——应急救援组织和人员安排，应急救援器材、设备的配备与维护；

——在作业场所发生事故时，保护现场、组织抢救的安排；

——建立内部和外部联系的方法、渠道，根据事故性质，按规定在相应期限内报告上级、政府主管部门和其他有关部门，通知有关的近邻及消防、救险、医疗等单位；

——作业场所内全体人员的疏散方案。

3）准备充分数量的应急救援物质。

4) 如果有条件的话，应定期按应急救援预案进行演练，如火灾、触电事故的应急救援等。

5) 演练或事故、紧急情况发生后，应对相应的应急救援预案的适用性和充分性进行评价，找出存在的不定和问题，并进一步修订完善。

6) 为了吸取教训，防止事故的重复发生，一旦出现事故，项目经理部除按法律法规要求配合事故调查、分析外，还应按规范 3.4.2 条款的要求主动分析事故原因，制定并实施纠正措施或预防措施。

（三）审核要点

1. 是否识别并确定了需制定应急救援预案的可能发生的事故和紧急情况。

2. 应急救援预案的内容是否全面并切实可行。

3. 应急救援物资和器材的准备情况是否到位。

4. 可行时，是否进行了应急救援预案的演练和修订完善。

5. 事故发生后是否按规定实施应急救援预案，配合事故调查，并主动制定纠正措施和预防措施。

十二、安全检查

（一）规范条文

3.4 检查和改进

3.4.1 安全检查

1. 项目经理部应建立安全检查制度，对施工现场的安全状况和业绩进行日常的检查，掌握施工现场安全生产管理活动和结果的信息。

2. 安全检查的内容应包括：

1) 项目安全目标的实现程度；

2) 安全职责的落实情况；

3) 遵守适用法律法规、标准规范和其他要求的情况；

4) 施工活动符合施工现场安全生产保证体系文件和规定的情况；

5) 具有重大安全风险或重大不利环境影响的活动的关键特性、设施和设备的状态、人员的意识和行为；

6) 现行建筑施工安全检查标准的达标情况。

3. 项目经理部应：

1) 规定检查的人员及其职责权限；

2) 规定检查的对象、标准、方法和频次；

3) 对安全检查中发现的不符合规定要求和存在隐患的设施、设备、过程、行为，定人、定时间、定措施进行整改处置，并跟踪复查；

4) 对安全检查和整改处置活动进行记录，并通过汇总分析，寻找薄弱环节，确定需改进的问题及采取纠正措施或预防措施的要求（见 3.4.2）；

5) 对用于检查的监测设备进行校正和维护，并保存校正和维护的记录。

（二）理解与实施要点

1. 安全检查的概念

安全检查是指对施工现场安全生产保证体系活动和结果的符合性和有效性进行的常规监视和测量活动,其目的是通过安全检查掌握安全生产动态,发现并纠正施工现场安全生产保证体系活动和结果的偏差,并为确定和采取纠正措施或预防措施提供信息。

2.安全检查的内容

安全检查可以是综合性检查,也可以是有重点的专项检查,可以是例行性检查,也可以是临时性检查,但在一定时期内,应覆盖到以下六个方面,不应有所偏废。

1)项目安全目标的实现程度;

2)安全职责的落实情况;

3)遵守适用法律法规、标准规范和其他要求的情况;

4)施工活动符合施工现场安全生产保证体系文件和规定的情况;

5)具有重大安全风险或重大不利环境影响的活动的关键特性、设施和设备的状态、人员的意识和行为;

6)现行建筑施工安全检查标准的达标情况。

对每个方面的检查应都要体现查领导、查思想、查制度、查纪律、查差距、查隐患的要求。

3.安全检查的实施要求

(1)主要是指项目经理部自行组织的日常安全检查,通常是每旬或每周一次,结合工程和季节性特点,特殊情况可适当调整或增加。班组每天进行的上岗检查和作业中的监督检查应属于施工过程控制的一种方式。与上级机构或政府建设行政主管部门的检查活动有关的要求也属于施工过程控制中信息管理的一种方式。

(2)项目经理部应制定安全检查制度,规定检查的类型和形式、检查的频次和时间间隔、参加人员和职责分工、检查标准和方法、记录要求。

(3)制定检查计划和检查表,对安全检查中暴露的偏差和问题,包括设施、设备的不安全状态、人们违章作业或违章指挥的不安全行为、文明施工和环境保护中存在的缺陷等情况,连同符合要求的情况,都应做好记录。

(4)对安全检查中发现的后果轻微的偏差和问题,可当即口头通知有关部门或人员,对重大的偏差和问题应出具整改通知书,做到定人、定时间、定措施,边检查边整改边复查。

(5)对安全检查和整改处置活动应做好记录,记录尽量采用规定格式和内容的检查记录及评分表式,并定期进行汇总分析,寻找管理上和技术上的薄弱环节,确定需要改进的方向,按规范3.4.2条款的要求制定并实施纠正措施和预防措施。

(6)用于安全检查的监测设备,如用于扣件紧固程度测试的力矩扳手、测定接地电阻的接地电阻测试仪、测定噪声的声级计等都按规定周期进行检定和校准,加强标识和维护,防止损坏或失准,保持设备完好、准确和有效,检定和校准及维护的记录齐全有效。

(三)审核要点

1.是否制定了安全检查制度、安全检查计划和检查表。

2.安全检查是否复盖了规范规定的内容。

3.安全检查中发现的偏差和问题是否有效组织整改。

4.是否对安全检查和整改信息进行汇总分析,并实施相应的改进活动。

5.用于安全检查的监测设备是否有周检计划,周检、校准和维护记录,在用设备是否完好。

十三、纠正措施和预防措施

（一）规范条文

3.4.2 纠正措施和预防措施

1. 项目经理部应对严重的或经常发生的不合格、事故或险肇事故、建筑企业或政府主管部门提出的问题、隐患及需整改的要求、社会投诉的问题进行调查和原因分析，针对原因制定并实施相应的纠正措施或预防措施，以防止其再次发生或发生。

2. 所有拟定的措施应：

1）在实施前通过安全风险和不利环境影响评价；

2）规定实施职责和进度计划；

3）跟踪确认实施结果和有效性；

4）对措施的制定、实施和跟踪，以及导致施工现场安全生产保证体系文件的修改情况进行记录。

（二）理解与实施要求

1. 纠正和预防措施的概念

（1）纠正措施是指对实际的不符合安全生产要求的事故、险肇事故或不合格发生原因进行调查分析，针对原因采取措施，以防止同类问题再发生的全部活动。预防措施是指通过事故、险肇事故和不合格原因、安全检查结果、相关方信息的综合、分类、统计和分析，确定今后需防止或减少发生的潜在事故或不合格，并针对可能导致其发生的原因所采取的措施，目的是防止潜在问题的发生。

（2）纠正措施和预防措施不是就事论事地对事故和事故隐患现象的处理，而是要从根本上消除产生不符合安全生产要求的原因。因此纠正措施和预防措施可能涉及安全生产保证体系的各个方面的活动，没有纠正措施和预防措施，安全生产保证体系就不可能正常运行，更不可能得到持续的改进和完善。

（3）纠正措施和预防措施的实施要投入一定的人力、物力、财力等资源，因此采取纠正措施和预防措施的程度应与存在问题的风险和影响程度相适应，安全风险大、影响程度大的事故隐患都应按本要素要求进行原因调查、采取治本措施，而不能简单地处置了事。

2. 纠正措施实施要求

施工过程发生安全事故（包括没有伤亡或物损的险兆事故）或安全生产检查中发现事故隐患，有关部门和人员应吸取教训，采取纠正措施防止再发生。

（1）安全事故的处理与纠正措施；

1）首先按应急救援预案抢救伤员及国家财产，防止事故进一步扩大，保护好现场。

2）根据国家、地方、行业与上级规定确定事故分类及相应的报告程序，按照程序迅速、及时、准确地向上级及有关部门报告，经有关人员来现场验证，发出指令后才可清理现场，恢复施工。

3）根据国家、地方、行业和上级规定确定事故处理程序，组织专人调查事故产生的原因，记录调查结果，经过分析找出主要原因，提出针对性的防止同类事故再发生的纠正措施。

4）组织实施纠正措施并监督验证其有效性。

（2）事故隐患和不合格的处理与纠正措施；

1）对系统的、普遍的事故隐患和不合格，或可能产生严重后果的事故隐患，或上级及政府行业主管部门指出的事故隐患，项目经理部必须组织有关人员进行调查，查明原因，制定消除隐患的纠正措施；

2）实施纠正措施并监督验证其有效性。

（3）建立并保持适当的记录。

3. 预防措施实施要求

工程项目开工前的策划阶段或开工后的实施阶段，有关部门和人员应对施工过程中易发生的安全事故和可能的危险源、不利环境因素，采取预防措施，防止事故的发生。

（1）收集、利用适当的信息，发现并确认潜在的事故隐患和可能表现，信息来源包括：

1）施工环境、施工过程、操作工艺对安全的影响；

2）人员的教育和培训状况；

3）检查结果；

4）审核结果；

5）业主意见；

6）社会投诉；

7）安全记录；

8）历史教训等。

（2）分析潜在事故隐患的引发原因，制定消除引发潜在事故隐患原因的措施，确定所需的处理步骤和程序。

（3）明确部门和人员负责预防措施的执行、控制、验证、总结，确保措施的正确实施和措施有效性、可行性的验证活动的落实。

（4）将所采取的预防措施及有关信息反馈给项目经理部有关部门和项目经理。

（5）建立并保持适当的记录。

此外，纠正措施和预防措施的制定与实施有时可引起安全生产保证体系文件的更改，对此应按有关规定对更改进行控制与记录。

（三）审核要点

1. 是否明确规定了纠正措施和预防措施的责任部门与岗位职责，以及实施程序。

2. 对现实的事故、事故隐患与不合格是否按规定进行处置，并调查原因，制定实施并监督验证纠正措施。

3. 是否恰当地利用有关信息，结合工程特点，识别潜在的事故隐患和不合格，制定、实施并监督验证预防措施。

4. 是否将所采取的预防措施及有关信息反馈到相关部门与人员。

5. 必要时，是否根据纠正措施或预防措施，相应更改安全生产保证体系文件。

十四、内部审核

（一）规范条文

3.4.3　内部审核

1. 项目经理部必须以施工现场安全生产保证体系的业绩为重点，在各主要施工阶段，组织内部审核，以便确定其是否：

1） 符合施工现场安全生产保证体系策划的安排，包括本规范的要求；

2） 得到正确实施和保持；

3） 有效地满足项目安全目标。

2．内部审核应：

1）编制计划，包括审核的范围、方法和审核人员能力；

2）内部审核应由具有资格的人员进行；

3）对发现的不合格，有关责任部门或岗位应制定并实施纠正措施；

4）验证、评价纠正措施的结果和有效性；

5）编制审核报告；

6）形成并保存内部审核活动的记录。

（二）理解与实施要点

1．安全体系审核的概念

施工现场安全生产保证体系审核是指："为获得项目经理部施工现场安全生产保证体系审核证据并对其进行客观的评价，以确定满足审核准则的程度所进行的系统的、独立的并形成文件的过程"。

可见，施工现场安全生产保证体系审核是确定项目经理部安全活动和有关结果是否符合安全生产保证计划的安排及有关规定的要求，以及这些安排和要求是否有效实施，并能达到预定的安全目标所作的系统的和独立的并形成文件的检查和评价活动，也是对它是否符合施工现场安全生产保证体系的要求进行的验证。

（1）安全体系审核根据审核实施主体可分为两类：

1）内部安全体系审核（简称"内审"），是建筑施工企业或项目经理部对其施工现场组织的自我审核，也是体系运行中的一个环节。本条款仅指对项目经理部自行组织的内审的要求。

2）外部安全体系审核（简称"外审"），是经建设行政主管部门认可、有资质的认证机构对施工现场组织的第三方审核。用于认证、注册及向外界证明等目的。

（2）内部安全体系审核的作用：

1）作为一个重要管理手段，及时发现安全管理中的问题，组织力量加以纠正和预防，使安全生产保证体系运作满足有关标准规定、规程和其他约定文件（如合同）的要求，以有效控制施工现场的安全生产。

2）建立一个自我改进机制，使安全生产保证体系持续地保持有效性，并能不断改进、不断完善。

施工现场安全生产保证体系在经过试运转（包括项目经理部自我内审），并通过上级机构对其进行内部安全体系审核后，方能申请外部安全体系审核认证。

（3）内部安全体系审核的目的：

1）评价安全生产保证体系的符合性。

——安全生产保证体系文件，如安全生产保证计划等是否符合规范与有关规定的要求。

——安全生产保证体系实际运行情况是否符合体系文件的规定。

2）评价安全生产保证体系的有效性。

——是否适应工程项目的特点和安全管理状况。

——实际的安全生产保证体系活动是否有效地实施，安全生产保证体系活动是否适合于达到既定的安全目标。

（4）内部安全体系审核的准则

1）施工现场安全生产保证体系规范；

2）施工现场安全生产保证体系文件；

3）适用法律法规、标准规范和其他要求。

2．内部安全体系审核应有计划、有系统地进行

对一个项目经理部来讲，以下情况都应组织审核：

（1）上级机构内审前；

（2）申报认证审核前；

（3）体系结构有重大变化；

（4）施工阶段转换；

（5）发生重大事故时等。

审核可分为例行的常规审核和特殊情况下的追加审核两种情况。

3．内部安全体系审核员应持证上岗

内部安全体系审核的结果，在很大程度上取决于审核人员的技能与技巧。因此内部审核人员应经过培训和资格认可，并由与被审核部门或岗位无直接责任的人员来担任。一般由项目经理部人员组成内审组，当项目经理部内审员数量不足时，可以从所在建筑企业内聘请有内审员资格的人员作为项目经理部内审组成员参加审核。

内审员培训应由经建设行政主管部门认可的培训机构，按大纲、教材、师资、考核、发证"五统一"的要求组织实施。

4．内部安全体系审核的一般程序

（1）确定任务。例行审核按规定进行，特殊审核应明确要求。

（2）审核准备：

1）由项目经理任命审核组长，组成审核组。其人数视工程规模和进度而定，但至少由2名以上审核员组成。

2）编审核计划。确定审核日程和审核员任务分配，经项目经理审批后执行。

3）编制审核检查表。审核员按分工编制检查表，经组长同意后实施。

（3）现场审核：

1）首次会议。说明审核目的、范围、依据和方法。

2）现场检查。以事实为依据，以规范和体系文件规定为准绳，收集客观证据，作出公正判断。如发现不合格，按规定填写不合格项报告，请受审核部门或岗位负责人签字认可。

3）末次会议。报告审核结果，要求责任部门或岗位制定纠正措施计划，确保每一项不合格都已采取相应的纠正措施，并记录备查。

（4）纠正措施的跟踪和验证。审核组对纠正措施计划实施跟踪验证并记录其是否实施

并有效。

（5）编制审核报告。按规定格式根据审核与验证结果编写报告，报送项目经理、企业分管领导和部门。报告内容至少应包括：

1）审核经过。全面概括描述。

2）对安全生产保证体系符合性、有效性的全面评价。

3）存在的主要问题。即违反安全保证体系文件及施工现场安全生产保证体系规范中的规定、要求的不合格，详细描述。

4）针对不合格和存在问题，制定的纠正措施。

5）对纠正措施的实施和有效性进行跟踪验证情况。

（6）保存审核记录

1）审核计划；

2）审核检查表与审核记录；

3）不合格报告及验证记录；

4）审核报告。

关于内审的进一步详细要求可参见第八章的有关内容。

（三）审核要点

1．项目经理部是否按安全生产保证计划和有关规定及时组织内审。

2．是否有详细的审核计划安排和实施记录。

3．是否对内审发现的每一项不合格问题都进行了分析、找出原因，并采取了纠正措施，是否对纠正措施进行跟踪和验证其有效性，直至解决为止。

4．内审员是否经过一定层次的正规培训，与被审核部门或岗位无直接责任关系。

5．内审报告是否报送上级行政主管部门，内容是否完备。

十五、安全评估

（一）规范条文

3.4.4　安全评估

1．项目经理应对各主要施工阶段施工现场安全生产保证体系的适宜性、充分性、有效性及时组织评估，编制阶段性安全评估报告。

2．安全评估报告的内容应包括：

1）安全目标的实现情况和重大危险源与重大不利环境因素的控制状况；

2）施工现场安全生产保证体系的自我完善机制的运行情况；

3）从业人员遵纪守法和安全意识的提高情况；

4）建立、实施和改进施工现场安全生产保证体系的经验和做法；

5）为确保施工现场安全生产保证体系持续的适宜性、充分性和有效性，需要对安全目标以及施工现场安全生产保证体系进行改进的要求和措施。

（二）理解与实施要求

1．安全评估的概念

安全评估是指确定施工现场安全生产保证体系实现总体安全业绩的持续适宜性、充分性和有效性所进行的活动，以便不断调整和改善施工现场安全生产保证体系。

持续适宜性：体系持续地适宜于项目经理部的安全方针和安全目标。

持续充分性：体系不断得到完全实施，而且资源充分。

持续有效性：安全方针、安全目标的实现、重大危险源和重大不利环境因素的控制、从业人员安全环保意识和技能的提高、自我完善机制的建立等体系的整体业绩不断改进。

2．安全评估的实施要求

（1）安全评估是项目经理的职责，一般在内部审核并实施纠正措施以后进行，但当施工现场安全生产保证体系发生重大变化或发生重大安全事故时，可及时开展安全评估。

（2）安全评估采用会议形式进行，与体系有关的人员参加。会议之前应收集内外部审核的结果、事故与险肇事故调查结果、安全检查结果以及来自内部和外部的其他有关施工现场安全生产保证体系运行状况的信息，包括内部和外部环境的变化，作为输入，以供评估。

（3）安全评估需将重点集中在施工现场安全生产保证体系持续适宜性、充分性和有效性的总体业绩上，而非具体细节问题上。其主要讨论事项和输出为：

1）评价施工现场安全生产保证体系的总策略，是否能满足并实现业绩目标；

2）评价施工现场安全生产保证体系，是否能满足企业、项目经理部、员工、社会、政府的要求；

3）评价是否需要对施工现场安全生产保证体系作出调整，包括对安全目标的调整；

4）识别为及时纠正不足应采取的措施，包括对项目经理部组织机构及安全检查方式作出调整；

5）提供制定持续改进措施的计划的信息和要求，包括各项措施的优先顺序；

6）评价项目经理部安全目标和纠正措施的进展；

7）评价前次安全评估所制定的各项措施的有效性。

（4）安全评估应编制报告，报告的内容包括：

1）安全目标的实现情况和重大危险源和重大不利环境因素的控制状况；

2）施工现场安全生产保证体系自我完善机制的运行情况；

3）从业人员遵纪守法和安全意识的提高情况；

4）建立、实施和改进施工现场安全生产保证体系的经验和做法；

5）为确保施工现场安全生产保证体系持续的适宜性、充分性和有效性，需要对安全目标以及施工现场安全生产保证体系进行改进的要求和措施。

3．内部审核与安全评估的对比表

见表 3-1。

表 3-1

	内 部 审 核	安 全 评 估
目的	确定安保体系满足审核准则的程度	确保安保体系持续的适宜性、充分性和有效性
对象	项目经理部的施工现场安保体系	项目经理部的施工现场安保体系（包括安全目标）
评价依据	审核准则（包括 DGJ 08—903—2003）	企业、项目经理部、员工、社会、政府的期望和需求
实施者	审核员	项目经理部和项目管理人员

	内 部 审 核	安 全 评 估
方法	系统、独立地获取客观证据，与审核准则对照，形成文件化的审核发现和结论的检查过程	以广泛的输入信息为事实依据，就安全方针、目标以及企业、项目经理部、员工、社会、政府的需求，对安保体系的持续适宜性、充分性和有效性进行评价。以会议形式进行
对输出结果的要求	应对安保体系是否符合要求，以及是否有效实施和保持作出结论，并形成记录	应对安保体系的持续适宜性、充分性、有效性、体系的变更、管理活动的改进、资源的需求、包括安全目标，作出评价，并形成记录

（三）审核要求

1. 是否按规定时间由项目经理组织安全评估。

2. 安全评估的输入信息是否充分，评估内容是否符合规范要求，并有记录。

3. 安全评估报告是否对施工现场安全生产保证体系持续的适宜性、充分性和有效性作评价。

4. 安全评估如何寻求改进的机会，发现变更的需求，改进和变更要求是否得到落实。

十六、安全记录

（一）规范条文

3.4.5 安全记录

项目经理部应及时形成安全记录，包括供应商和分包商的各类安全管理资料，以提供施工现场安全生产保证体系符合要求并有效运行的证据。安全记录应：

1. 符合国家、行业、地方的法律法规与标准规范和上级的有关规定；

2. 填写完整、字迹清楚、标识明确，并可追溯相关的活动；

3. 编目立卷，便于查询；

4. 妥善保存，避免损坏、变质和遗失，直至工程竣工交付后分类留存或归档。

（二）理解与实施要点

1. 安全记录的作用

记录是为已完成的活动或达到的结果提供客观证据的文件。安全记录是为证明施工现场满足安全要求的程度或为安全生产保证体系各要素运行的有效性提供客观证据的文件；安全记录还可为有追溯要求的各类检查、验收和采取纠正措施及预防措施等提供依据。

2. 安全记录的范围

安全记录既包括与安全设施有关的记录，如材料、设备及防护用品的采购、检验、试验、验收记录等；也包括安全生产保证体系运行记录，如工程概况、安全目标、组织机构、安全生产保证体系要素分配与部门岗位职责，内部审核记录，现场施工安全控制记录，检查、检验和标识记录，事故调查处理记录，事故隐患控制记录，各类人员上岗资格和培训教育记录，班组安全活动记录等，其中对分包方的安全管理记录，如安全生产协议书，进场交底记录等，也是安全生产保证体系运行的必要证实文件，成为安全记录的组成部分。

3. 安全记录的要求

（1）项目经理部应按国家、行业、地方和上级的有关规定，制定安全记录清单，确定安全记录的具体内容要求及表式和标识的规定。建设行业行政管理部门提供的样本，应按照规定填写和编制，但这仅仅是安全记录的基本部分。项目经理部还应结合本工程项目的特点，在安全策划中根据需要，规定补充记录的内容、表式和标识的规定要求。

（2）项目经理部应在安全策划时，确定安全记录收集、记录、编目、保管、归档和处理的部门和人员的职责。

（3）安全记录可以是文字的（包括表格与非表格形式），也可贮存在磁带、磁盘等或照片、胶片等媒体上。

（4）安全记录应做到字迹清晰、能正确辨认。作为证实文件，记录内容应完整，但是不能随意涂改或更改。

4. 安全记录的保管要求

（1）安全记录是用以证明安全生产保证体系是否有效运行的证实性资料，因此，需要妥善保存。安全记录一般可由安全部门或指定的专人负责收集、记录、整理、编目、装订。收集人员应对安全记录进行检查，对不符合要求的记录应拒收，并责令整改。安全记录分类装订成册、目录齐全、标识清楚。安全记录的保存要注意防潮、防火、防虫蛀及鼠害，保管方法便于存取和检索。

（2）各类安全记录应做到及时完整。安全记录应记到工程项目竣工为止，安全记录分类装订保存，以便上级和建设行政主管部门的检查或认证机构的审核，退场时按档案管理规定分类进行处理，不得擅自销毁。处理的方式包括归档、留存项目经理部。留存项目经理部的安全记录根据保管期要求保管，到期后办理手续后可以销毁。

（三）审核要点

1. 通过安全策划确立的各类安全记录，是否在安全生产保证计划中落实到部门或专人，各自的职责是否明确。

2. 必要的安全记录是否齐全。

3. 安全记录是否按要求及时填写，内容正确完整，字迹清晰，能正确地识别。

4. 安全记录的标识、收集、整理、编目、装订、保管和处理等是否符合要求。

第三节　施工现场安全生产保证体系各要素间的关系

施工现场安全生产保证体系规范的各要素的系统性很强。对危险源和不利环境因素的识别、评价和控制是施工现场安全生产保证体系的核心；遵守法律法规、标准规范和其他要求，预防和控制安全风险、不利环境影响，改善安全业绩就是实施施工现场安全生产保证体系的根本目的。而对施工现场安全生产保证体系运行的监视系统是使其动态循环并持续改进的保障，具有检查、纠正、预防、验证、评审的能力，与之有关的要素构成了施工现场安全生产保证体系 PDCA 循环的主体框架并体现其基本功能，包括以下 10 个要素：

1. 危险源、不利环境因素识别、评价和控制策划；

2. 法律法规、标准规范和其他要求；

3．安全目标；

4．施工现场安全生产保证计划；

5．施工过程控制；

6．事故的应急救援；

7．安全检查；

8．纠正措施和预防措施；

9．内部审核；

10．安全评估。

为了保证施工现场安全生产保证体系基本功能的正常运行，必须有若干要素对其起支持保证作用等辅助功能，包括以下 6 个要素：

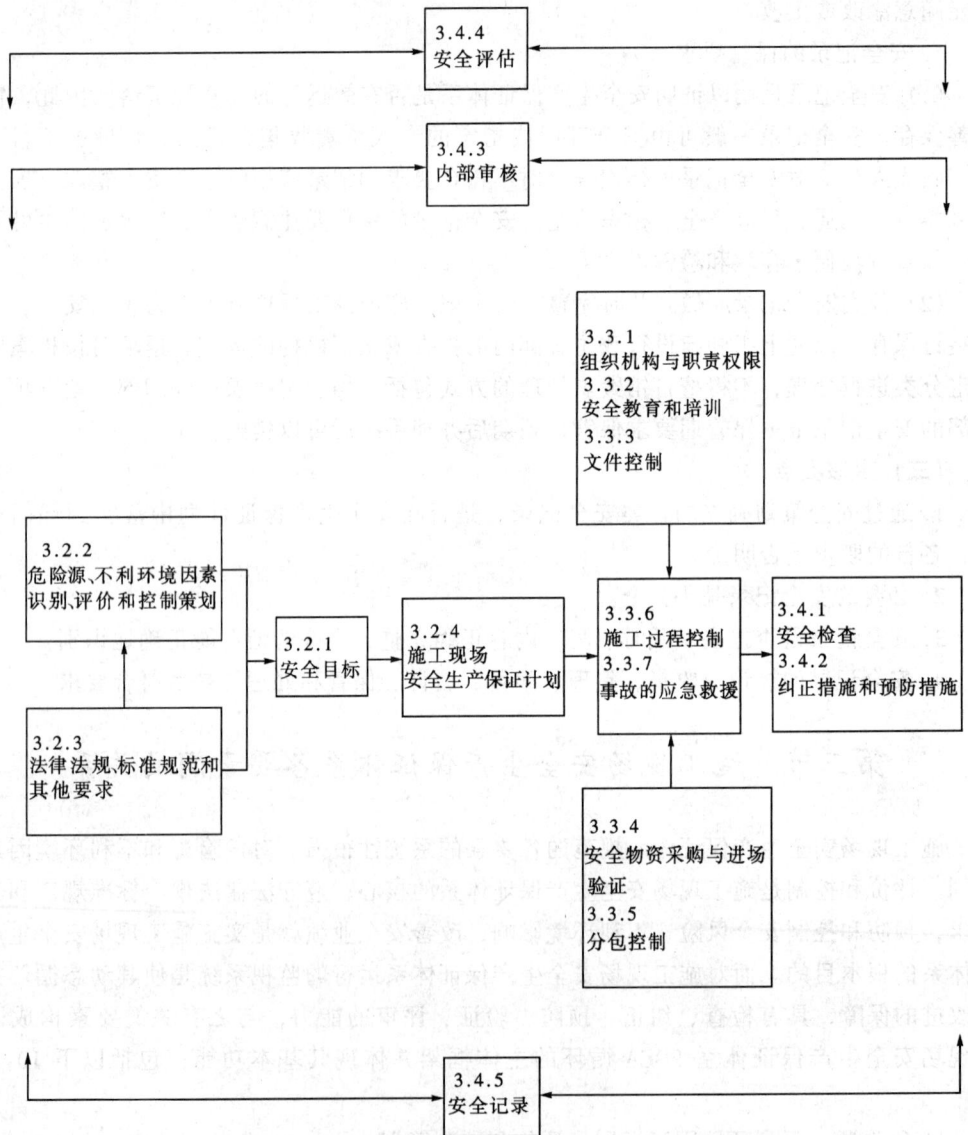

图 3-1　施工现场安全生产保证体系各要素间的逻辑关系

1. 组织机构与职责权限；

2. 安全教育和培训；

3. 文件控制；

4. 安全物资采购与进场验证；

5. 分包控制；

6. 安全记录。

施工现场安全生产保证体系各要素间的逻辑关系可用图 3-1 帮助理解。

第四章 施工现场安全生产保证体系的建立

系统建立、有效实施并不断完善施工现场安全生产保证体系，是项目经理部强化安全管理的核心，是贯彻施工现场安全生产保证体系规范的关键，也是控制与危险源和不利环境因素有关的状态和行为，消除和减小施工现场的安全风险和不利环境影响，实现安全目标的需要。

第一节 概　　述

一、施工现场安全生产保证体系的概念

施工现场安全生产保证体系是施工企业和项目经理部整个管理体系的一个组成部分，包括为制定、实施、实现、审核和保持"安全第一、预防为主"方针和安全目标所需的组织结构、策划活动、职责、程序、过程和资源，详细阐述参见第一章。

二、建立施工现场安全生产保证体系的目的和作用

（一）满足项目经理部自身的要求

为达到安全目标，项目经理部应建立相应的体系，以使影响施工安全的技术、管理、人及环境处于受控状态。

所有的这些控制应针对减少、消除安全和环境隐患与缺陷，改善安全和环境行为，特别是通过预防活动来进行，使体系有效运行、持续改进。

（二）满足相关方对工程项目部的要求

相关方（政府、社会、投资者、业主、银行、保险公司、雇员、分包方等）需要对施工现场安全生产保证体系的持续改善和安全生产保证能力的信任，并以资料和数据形式提供关于体系和现状的客观证据。

应当指出，工程项目作为施工企业的窗口，通过施工现场建立安全生产保证体系，在市场竞争中可提高企业的形象和信誉；提高满足相关方要求的能力；提高项目经理部自身素质；扩大商机；显示一种社会责任感。

第二节 实施施工现场安全生产保证体系规范的基本原则

一、安全管理是项目管理最重要的工作之一

只有将安全目标纳入项目经理部综合决策的优先序列和重要议事日程，才能保证项目经理部为实现经济、社会和环境效益的统一采取强有力的管理行为。

二、持续改进是贯彻安全生产保证体系规范的基本目的

贯穿于规范的一个基本点是工程项目施工现场安全和环境状况的持续改进。

所谓持续改进是一个强化安全生产保证体系的过程，目的是为了根据施工现场的安全目标，实现整个安全和环境状况的改进。因此它不仅包括通过检查、审核、评估等方式，不断根据内部和外部条件及要求的变化，及时调整和完善，组织安全生产保证体系的改进，而且也包括伴随体系改进，按照安全目标实现安全和环境状况的改进。

在通过安全生产保证体系改进实现安全状况改进的过程中，一个基本的要求是保持改进的持续性和不间断性，即建立自我约束、自我改进的安全生产保证体系动态循环机制。

三、事故预防是贯彻安全生产保证体系规范的根本要求

事故预防是指为防止、减少或控制安全和环境隐患，对各种行为、过程、设施进行动态管理，从事故的发生源头去预防事故的活动。

事故预防并不排除对事故的应急救援和处理作为降低安全事故最后有效手段的必要性，但它更强调避免事故发生的经济上、社会上和环境上的影响比事故发生后的处理更为可取。

四、项目的施工周期是贯彻安全生产保证体系规范的基本周期

应对施工准备、基础、结构和装饰各个施工阶段，土建、安装、装饰各个施工专业，直至竣工交付各个环节的危险源和不利环境因素进行分析，对项目施工周期进行安全生产保证体系的全面规划、控制和评价。

五、施工现场贯彻安全生产保证体系规范应从实际出发

施工现场安全生产保证体系的建立必须符合规范的全部要求，并能结合企业和施工现场的具体条件和实际需要，与其他管理体系兼容与协同运作，包括质量管理体系、职业健康安全管理体系和环境管理体系。这并不意味着将现有体系一律推倒重建，而是一个改造、更新、完善和整合现有体系的过程，当然这对每个施工现场未必都是轻而易举的，其难易程度完全取决于现有体系的完善程度。

六、立足于全员意识和全员参与是安全生产保证体系成功实施的重要基础

施工现场的全体员工，特别是项目经理部负责人，都要以高度的责任感对安全生产保证活动自觉地作出应有贡献。根据规范规定的安全保证体系要求，安全管理的职责不应仅限于项目经理部负责人，更要渗透到施工现场内所有层次与职能，它既强调纵向的层次，又强调横向的职能，任何部门或人员，只要其工作可能直接或间接对安全生产和环境保证产生影响，就应具备适当的安全和环保意识，并承担相应的责任。

第三节　建立施工现场安全生产保证体系的程序

建立安全生产保证体系是项目经理部的基本任务。建立和实施体系是一个规范的有计

划的系统性工作过程，一般程序可分为以下三个阶段。

一、前期与策划阶段

（一）教育培训，统一认识

安全生产保证体系的建立和完善的过程，是始于教育，终于教育的过程，也是提高认识和统一认识的过程。教育培训要分层次、循序渐进地进行。

1. 管理层

全面接受施工现场安全生产保证体系规范有关内容的培训，方法上可以采取讲解与研讨结合，理论与实际结合

2. 操作层

本岗位安全活动有关内容，包括在施工作业中应承担的安全和环保任务和权限，以及造成安全和环保过失应承担的责任等。

（二）组织落实，拟定计划

1. 领导小组

由项目经理部负责人任组长，负责安全生产保证体系建立过程中重大问题的决策和组织协调，如体系建设的总体规划，制定安全目标，提供人、财、物的支持等。

2. 工作小组

由项目经理部主要部门（岗位）人员组成，应具有开展相关工作的知识和技能。在领导小组指导下，开展安全生产保证体系建立过程中涉及施工现场范围内的具体工作，如组织宣传教育，体系策划、体系文件的编制汇总等。

二、文件化阶段

按照相关的法律法规、标准规范和其他要求编制安全生产保证体系文件。

（一）体系文件编制的范围

1. 制定安全目标；

2. 准备本企业制定的各类安全和环境管理标准，贯彻 ISO 9000 族标准、ISO 14000 系列标准或 GB/T28000 系列标准的项目，可以在作出必要实施说明后，直接执行部分适用的质量、环境或职业健康安全体系程序文件，如采购、分包、培训、过程控制、检查考核、内审程序文件及其支持性文件等；

3. 准备国家、行业、地方的各类有关安全的法律法规和标准规范；

4. 编制项目经理部安全生产保证计划及相应的专项计划、专门方案、作业指导书等支持性文件；

5. 准备各类安全记录、报表和台账。

（二）体系文件编制的过程

1. 由工作小组结合工程项目的实际和特点，在施工准备阶段对需要建立的安全生产保证体系搜集信息并提供依据，主要内容包括：

（1）识别与确定本项目适用的法律法规，标准规范和其他要求；

（2）识别、评价和确定本项目施工现场各类活动、产品、设施设备、场所所涉及的危险源和不利环境因素，特别是重大危险源和重大不利环境因素；

（3）审查与施工现场有关的安全和环境管理的运行程序、规章制度和作业指导书，评价其有效性。

这些工作做得好，才能在建立和实施安全生产保证体系的过程中抓住重点和关键，有的放矢，使安全生产保证体系能全面有效地运行。

2. 根据上述调查分析结果，对本项目的安全生产保证体系进行总体设计，主要包括：

（1）制定安全目标和指标。根据我国"安全第一、预防为主"的安全方针，针对已识别的重大危险源和重大不利环境因素，制定具体的安全目标，可能时还需分解为可测量或量化的指标。

（2）确定组织机构和职能分配。对本项目管理职能进行分析，按合理分工、加强协作和赋予权限的原则，设置项目经理部部门（岗位），确定组织结构关系，并把施工现场安全生产保证体系规范中16个要素所涉及的职能逐一分配到部门（岗位）。

（3）确定对本项目已识别的危险源和不利环境因素的控制方法。

（4）编制管理方案。针对已识别和评价出的重大危险源和不利环境因素，以及相应的目标和指标要求及技术措施，编制相应的专项管理方案或安全措施计划。

（5）编制施工现场安全生产保证计划。对本项目如何具体贯彻施工现场安全生产保证体系规范的各个要素的要求作出相应描述。

（三）体系文件编制的要求

1. 安全目标应与企业的安全总目标、已识别的重大危险源和重大环境因素协调一致；

2. 安全生产保证计划应围绕安全目标，将要素用矩阵图的形式，按职能部门（岗位）进行安全职能各项活动的展开和分解，依据安全生产策划的要求和结果，对各要素在本现场的实施提出具体方案。关键是讲究实效，不走形式，既要从总体上和原则上满足规范和有关要求，又要在方法上和具体做法上符合本单位、本项目的实际，突出本项目的重点和关键环节，在能够实现控制的前提下，做到简炼、明确、易懂、可操作。宜单独编制，对工艺简单的小型工程也可在项目施工组织设计中完整地体现。

3. 体系文件应经过自上而下，自下而上的多次反复讨论与协调，以提高编制工作的质量，并对安全生产责任制、安全生产保证计划的完整性和可行性、项目经理部满足安全生产和环境保护的保证能力等进行确认，建立并保存确认记录；

4. 体系文件需要在体系运行过程中定期、不定期地评审和修改，以确保其完善和持续有效。

三、运行阶段

1. 发布施工现场安全生产体系文件，有针对性地多层次开展宣传教育活动，使现场每个员工都能明确本部门（岗位）在实施中应做些什么工作，使用什么文件，如何依据文件要求开展这些工作，以及如何建立相应的安全记录等。

2. 配备必要的资源和人员。首先应保证适应工作需要的人力资源，适宜而充分的设施、设备，以及综合考虑成本、效益和风险的财务预算。

3. 加强信息管理、日常安全监控和组织协调。通过全面、准确、及时地掌握安全管理信息，对安全和环保活动过程及结果进行连续的监视、测量和验证，以及对涉及体系的问题与矛盾进行协调，促进安全生产保证体系的正常运行和不断完善，是形成体系良性循环运行机制的必要条件。

4. 经过一段时间的试运行，由项目经理部和企业按规定对施工现场安全生产保证体系运行进行内部审核，验证和确认安全生产保证体系的符合性、有效性和适宜性，重点是体系文件的完整性、符合性与一致性，以及体系功能的适用性和有效性。

通过内审暴露问题，组织制定并实施纠正措施，达到不断改进的目的。

5. 在内审的基础上，项目经理部应收集来自外部与内部各方面的信息，对运行阶段的进行安全评估，即对体系整体状态作出全面的评判，对体系的适宜性、和有效性作出评价。根据安全评估的结论，决定对体系是否需调整、修改，适当时可作出是否提出上级机构内审或认证申请。

第五章 危险源与不利环境因素识别、评价和控制策划

项目经理部建立与运行施工现场安全生产保证体系,目的是控制和减少施工现场的安全风险和不利环境影响,并持续改进安全业绩,实现事故预防。危险源与不利环境因素是导致事故的根源,因此,危险源与不利环境因素是施工现场安全生产保证体系的核心问题。危险源与不利环境因素的识别、评价和控制策划是项目经理部策划建立施工现场安全生产保证体系阶段的一项主要工作内容,同时作为施工现场安全生产保证体系的核心要素,又是施工现场安全生产保证体系运转中的重要环节。识别与施工现场相关的所有危险源与不利环境因素,评价出重大危险源与重大不利环境因素,并以此为基础,制定针对性的控制措施和管理方案,明确建立起危险源与不利环境因素识别、评价和控制活动与安全生产保证体系其他各要素之间的联系,对其实施进行控制,这就是施工现场安全生产管理的基本思路,它体现的是系统的、主动的事故预防思想。

第一节 危险源与不利环境因素识别、评价和控制策划的步骤

一、危险源与不利环境因素识别、评价及控制策划的基本过程

项目经理部对安全风险和不利环境影响的控制是一个随施工进度而动态发展的过程、

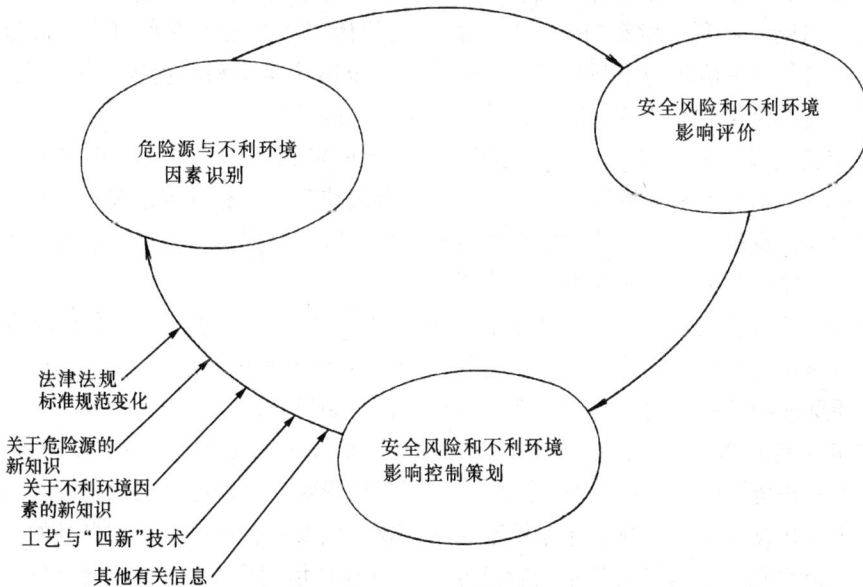

图 5-1

不断更新的过程，需要项目经理部全体员工的共同参与。通常它由识别、评价和控制策划三个基本环节构成，其关系如图 5-1 所示。

项目经理部在项目施工管理总策划时，必须对施工现场的危险源与不利环境因素进行识别、评价和控制策划，在项目施工过程中应根据法津法规、标准规范、施工工艺、相关方要求与投诉的变化，定期或不定期地及时对原有识别、评价和控制策划结果进行评审，必要时进行更新，并加以改进。

二、危险源与不利环境因素识别、评价及控制策划的基本步骤

图 5-2 为危险源与不利环境因素识别、评价及控制策划的基本步骤：

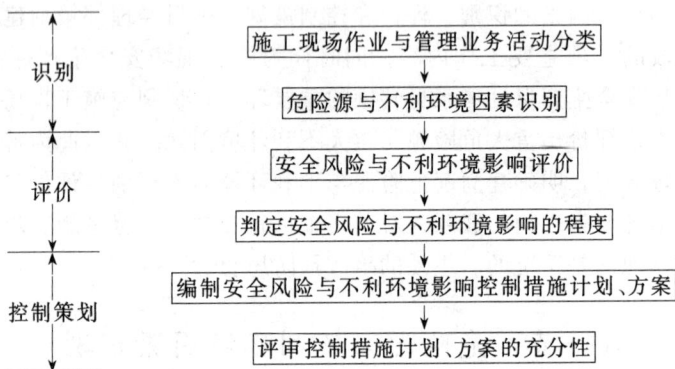

图 5-2

1. 施工现场作业与管理业务活动分类。编制一份施工作业与管理业务活动表，其内容包括施工现场作业与管理各类业务活动涉及的场所、设施、设备、人员、工序、作业活动、管理活动。

2. 危险源与不利环境因素识别。识别与各类施工作业和管理业务活动有关的所有危险源与不利环境因素，考虑谁会受到伤害或影响，以及如何受到伤害或影响。

3. 安全风险与不利环境影响的评价。在假定的计划、方案或现有的控制措施适当的情况下，对与各项危险源与不利环境因素有关的安全风险与不利环境影响作出主观评价。评价人员应考虑控制的有效性，以及控制失败所造成的后果。

4. 判定安全风险和不利环境影响的程度。判定假定的计划、方案或现有的控制措施是否足以把危险源与不利环境因素控制住，并符合法律法规、标准规范和其他要求以及符合项目经理部自身的要求，据此对危险源与不利环境因素按安全风险和环境影响程度的大小进行分类，确定重大危险源与不利环境因素。

5. 编制安全风险与不利环境影响控制措施计划、方案。针对评价中发现的重大危险源与重大不利环境因素，项目经理部应编制控制措施计划及安保计划、专项施工方案等，以处理需要重视的任何问题，并确保新的和现行的控制措施仍然适当和有效。

6. 评审控制措施计划、方案的充分性。针对已修正的控制措施、方案，重新评价安全风险与不利环境影响，并检查安全风险与不利环境影响是否能足以把危险源与不利环境因素控制住，并符合法律法规、标准规范和其他要求以及符合项目经理部自身的要求。

7. 为了能全面地、有针对性地进行危险源与不利环境因素的识别、评价和控制策划，项目经理部应设计一些简单的表式，这些表式一般应有如下内容：

（1）施工作业与管理业务分类；

（2）危险源（不利环境因素）；

（3）现行控制措施；

（4）安全风险（不利环境影响）评价的内容或数据；

（5）安全风险（不利环境影响）水平与分类；

（6）根据评价结果而需采取的措施或行动；

（7）管理细节，如评价人、日期等。

本章后所附〔例5-1〕至〔例5-8〕的表式可供参考。

第二节　施工现场作业与管理业务活动分类

施工现场作业与管理业务活动的分类是为了便于组织危险源和不利环境因素的识别和评价，因此分类应考虑到危险源与不利环境因素的易于控制、必要信息的收集。

施工现场作业与管理业务活动的分类既要包括日常的施工生产和管理活动，又要包括不常见的维修任务等。

施工现场作业与管理业务活动的分类方法一般可包括：

1. 施工现场内外的不同场所。如施工作业区、辅助生产区、生活区、办公区、相邻社区等。这些场所又可进一步分为若干个更小的场所，如辅助生产区又可分为木工棚、钢筋加工区、危险品仓库、搅拌站等场所，生活区又可分为宿舍、食堂、澡堂、厕所等场所。

2. 施工阶段、工序、活动。如基础阶段、主体阶段、安装阶段、装饰阶段、总体阶段等。这些阶段又可进一步分为若干个工序或过程，如施工作业管理、打桩作业、土石方挖运、脚手架搭拆、模板安装拆除、钢筋绑扎、混凝土浇捣、砌筑作业、高处作业、施工用电、焊接作业、起重设备安装拆除、机械作业、场内运输、防水作业、保温作业、防水作业、材料堆放、冬季施工、暑期施工、危险化学品管理等。JGJ59—99标准确定的项目和附录6给出的分部、分项可供参考。

3. 计划的或被动的工作。如施工生产和生活后勤计划中已安排的工作，不可预期的事故抢险、异常气候时增加的临时性或紧急情况下的被动工作。

施工现场作业与管理业务活动考虑要全面，选择要准确。应选择具有危险源和不利环境因素的那些业务活动，分类层次应做到大到足以对其进行有意义的验证，小到足以对其充分理解。

第三节　危险源与不利环境因素的分类

施工现场作业和管理业务活动中的危险源与不利环境因素很多，存在的形式也较复杂，这对识别工作增加了难度。如果把各种危险源与不利环境因素，按其在事故发生发展过程中所起的作用或特征进行分类，会对危险源与不利环境因素的识别工作带来方便。

一、危险源的分类

危险源的分类有多种方法，通常有以下几种：

（一）按在事故发生发展过程中的作用分类

危险源表现形式不同，但从事故发生的本质讲，均可归结为能量的意外释放或者有害物质的泄漏、散发。人类的生产和生活离不开能量，能量在受控条件下可以做有用功，一旦失控，能量就会做破坏功。如果意外释放的能量作用于人体，并且超过人体的承受能力，则造成人员伤亡；如果意外释放的能量作用于设备、设施、环境等，并且能量的作用超过其抵抗能力，则造成设备、设施的损失或环境破坏。根据在事故发生、发展过程中的作用，可把危险源分为第一类危险源和第二类危险源两大类。

1. 第一类危险源

根据能量意外释放理论，能量或有害物质的意外释放是伤亡事故发生的物理本质。于是，把生产过程中存在的、可能发生意外释放的能量（能源或能量载体）或有害物质称作第一类危险源。

能量与有害物质是危险源产生的根源，也是最根本的危险源。一般地说，系统具有的能量越大，存在的有害物质的数量越多，系统的潜在危险性和危害性也越大。另一方面，只要进行施工作业活动，就需要相应的能量和物质（包括有害物质），因此所产生的危险源是客观存在的。

一切产生、供给能量的能源和能量的载体在一定条件下，都可能是危险源。例如，高处作业（如吊起的重物等）的势能，带电导体上的电能，行驶车辆或各类机械运动部件、工件等的动能，噪声的声能，电焊时的光能，高温作业的热能等，在一定条件下都能造成各类事故。静止的物体棱角、毛刺、地面等之所以能伤害人体，也是因人体运动、摔倒时的动能、势能造成的。这些都是由于能量意外释放形成的危险因素。

有害物质在一定条件下能损伤人体的生理机能和正常代谢功能，破坏设备和物品的效能，也是最根本的危险源。例如，作业场所中由于存在有毒物质、腐蚀性物质、有害粉尘、窒息性气体等有害物质，当它们直接、间接与人体或物体发生接触，导致人员的死亡、职业病、伤害、财产损失或环境的破坏等。

表 5-1 为人体受到超过其承受能力的各种形式能量作用时受伤害的情况。

表 5-1

施加的能量类型	产 生 的 伤 害	事 故 类 型
机械能	移位、刺伤、割伤、撕裂、挤压皮肤的肌肉、骨折、内部器官损伤	高处坠落、物体打击、机械伤害、起重伤害、坍塌、放炮、火药爆炸、车辆伤害、锅炉爆炸、压力容器爆炸
热能	皮肤发炎、凝固、烧伤、烧焦、焚化、伤及全身	一、二、三度烧伤、灼烫、火灾
电能	干扰神经、肌肉功能、电伤、以及凝固、烧焦和焚伤及身体任何层次	触电、烧伤
化学能	化学性皮炎、化学性烧伤、致癌、致遗传突变、致畸胎、急性中毒、窒息	中毒和窒息、火灾、化学灼伤包括由于动物性和植物性毒素引起的损伤

2. 第二类危险源

正常情况下，施工生产过程中的能量或有害物质受到约束或处于受控时，不会发生意外释放，即不会发生事故。但是，一旦这些约束或限制能量或有害物质的措施受到破坏或失效（故障），处于失控状态，就会发生能量或有害物质的意外释放和泄漏，则将发生事故。

导致能量或有害物质约束或限制措施破坏或失效的各种不安全因素称作第二类危险源。

第二类危险源主要包括物的故障、人的失误和环境因素三种类型。

（1）物的故障

物包括机械、设备、设施、系统、装置、工具、用具、物质、材料等，也包括厂房、房屋。根据物在事故发生中的作用，可分起因物和致害物二种，起因物是指导致事故发生的物体或物质，致害物是指直接与人体接触（或人体暴露于其中），而造成伤害及中毒的物体或物质。用于支撑人的任何表面一般也可认为是物，如楼板、作业平台等，当然也可以成为独立的事故起因物，除非该表面作为某物体技术上（设计上）的一部分。

物的故障是指机械设备、设施、系统、装置、元部件等在运行或使用过程中由于性能（含安全性能）低下而不能实现预定的功能（包括安全功能）的现象。不安全状态是存在于起因物上的，是使事故能发生的不安全的物体条件或物质条件。从安全功能的角度，物的不安全状态也是物的故障。在施工生产过程中，物的故障的发生是不可避免的，迟早都会发生；故障的发生具有随机性、渐近性或突发性，故障的发生是一种随机事件。造成故障发生的原因很复杂。可能是由于设计、制造缺陷造成的；也可能由于安装、搭设、维修、保养、使用不当或磨损、腐蚀、疲劳、老化等原因造成；可能由于认识不足、检查人员失误、环境或其他系统的影响等。但故障发生的规律是可知的，通过定期检查、维修保养和分析总结可使多数故障在预定期间内得到控制（避免或减少）。掌握各类故障发生的规律和故障率是防止故障发生造成严重后果的重要手段。

发生故障并导致事故发生的这种危险源，主要表现在发生故障、误操作时的防护、保险、信号等装置缺乏、缺陷和设备、设施在强度、刚度、稳定性、人机关系上有缺陷两方面。例如超载限制或起升高度限位安全装置失效使钢丝绳断裂、重物坠落；围栏缺损、安全带及安全网质量低劣为高处坠落事故提供了条件；电线和电气设备绝缘损坏、漏电保护装置失效造成触电伤人，短路保护装置失效又造成配电系统的破坏；空气压缩机泄压安全装置故障使压力进一步上升，导致压力容器破裂；通风装置故障使有毒有害气体浸入作业人员呼吸道；有毒物质泄漏散发、危险气体泄漏爆炸，造成人员伤亡和财产损失等，都是物的故障引起的危险源。

（2）人的失误

人的失误是指人的行为结果偏离了被要求的标准，即没有完成规定功能的现象。人的失误会造成能量或危险物质控制系统故障，使屏蔽破坏或失效，从而导致事故发生。人的失误包括人的不安全行为和管理失误两个方面。

1）不安全行为

不安全行为是指违反安全规则或安全原则，使事故有可能或有机会发生的行为。

违反安全规则或安全原则包括违反法律、规程、条例、标准、规定，也包括违反大多数人都知道并遵守的不成文的安全原则，即安全常识。

例如吊索具选用不当，吊物绑挂方式不当使钢丝绳断裂吊物失稳坠落；起重吊装作业时，吊臂误碰触外电线路引发短路停电；误合电源开关使检修中的线路或电器设备带电，意外启动；故意绕开漏电开关接通电源等都是人的失误形成的危险源都属于不安全行为。

不安全行为可以是本不应做而做了某件事；可以是本不应该这样做（应该用其他方式做）而这样做的某件事；也可以是应该做某件事但没做成。

有不安全行为的人可能是受伤害者，也可能不是受伤害者。

行为不安全的人，可以是他明知自己做的事是不安全的而非常谨慎地去做，也可以是不知道自己正在做的事是不安全的。

不能仅仅因为行为是不安全的就定为不安全行为。例如悬空高处作业或易燃易爆环境动火作业有明显的安全风险。然而，这些安全风险通过采取适当的预防措施可以克服。因此，这两种作业不应被认为是不安全行为。如果，不采取合理的预防措施进行这两种作业，则应被认为是不安全行为。

2）管理失误

施工现场安全生产保证体系管理是为了保证及时、有效地实现安全目标，在预测、分析的基础上进行策划、组织、协调、检查等工作是预防物的故障和人的失误的有效手段。管理失误表现在以下方面：

——对物的管理，有时称技术原因。包括：技术、设计、结构上有缺陷，作业现场、作业环境的安排设置不合理等缺陷，防护用品缺少或有缺陷等。

——对人的管理。包括：教育、培训、指示、对施工作业任务和施工作业人员的安排等方面的缺陷或不当。

——对施工作业程序、操作规程和方法、工艺过程等的管理失误。

——安全监控、检查和事故防范措施等方面的问题。

——对工程施工和专项施工组织设计安全的管理失误。

——对采购安全物资的管理失误。

（3）环境因素

人和物存在的环境，即施工生产作业环境中的温度、湿度、噪声、振动、照明或通风换气等方面的问题，会促使人的失误或物的故障发生。环境因素包括：

1）物理因素

噪声、振动、温度、湿度、照明、风、雨、雪、视野、通风换气、色彩等都可能成为危险。例如噪声阻碍了工人之间沟通信息、互相示警，因而未能及时避免事故。

2）化学因素

爆炸性物质、腐蚀性物质、可燃液体、有毒化学品、氧化物、危险气体等。化学性物质的形式有液体、粉尘、气体、蒸汽、烟雾、烟等。化学性物质可通过呼吸道吸入、皮肤吸收、误食等途径进入人体。

3）生物因素

细菌、真霉菌、昆虫、病毒、植物、原生虫等，感染途径有食物、空气、唾液等。

一起事故的发生往往是两类危险源共同作用的结果造成。第一类危险源的存在是事故发生的前提，在事故发生时释放出的能量是导致人员伤害或财物损坏的能量主体，决定事故后果的严重程度；第二类危险源是第一类危险源造成事故的必要条件。

（二）按导致事故和职业危害的直接原因分类

根据 GB/T13861—92《生产过程危险和危害因素分类与代码》的规定，将生产过程中的危险因素与危害因素分为 6 类。此种分类方法所列危险、危害因素具体、详细、科学合理，适用于项目经理部对危险源识别和分析，经过适当的选择调整后，可作为危险源提示表使用。

1．物理性危害因素

（1）设备、设施缺陷（强度不够、刚度不够、稳定性差、密封不良、应力集中、外形缺陷、外露运动件缺陷、制动器缺陷、控制器缺陷、设备设施其他缺陷）；

（2）防护缺陷（无防护、防护装置和设施缺陷、防护不当、支撑不当、防护距离不够、其他防护缺陷）；

（3）电危害（带电部位裸露、漏电、雷电、静电、电火花、其他电危害）；

（4）噪声危害（机械性噪声、电磁性噪声、流体动力性噪声、其他噪声）；

（5）振动危害（机械性振动、电磁性振动、流体动力性振动、其他振动）；

（6）电磁辐射（电离辐射：X射线、γ射线、α粒子、β粒子、质子、中子、高能电子束等；非电离辐射：紫外线、激光、射频辐射、超高压电场）；

（7）运动物危害（固体抛射物、液体飞溅物、反弹物、岩土滑动、料堆垛滑动、气流卷动、冲击地压、其他运动物危害）；

（8）明火；

（9）能造成灼伤的高温物质（高温气体、高温固体、高温液体、其他高温物质）；

（10）能造成冻伤的低温物质（低温气体、低温固体、低温液体、其他低温物质）；

（11）粉尘与气溶胶（不包括爆炸性、有毒性粉尘与气溶胶）；

（12）作业环境不良（作业环境不良、基础下沉、安全过道缺陷、采光照明不良、有害光照、通风不良、缺氧、空气质量不良、给排水不良、涌水、强迫体位、气温过高、气温过低、气压过高、气压过低、高温高湿、自然灾害、其他作业环境不良）；

（13）信号缺陷（无信号设施、信号选用不当、信号位置不当、信号不清、信号显示不准、其他信号缺陷）；

（14）标志缺陷（无标志、标志不清楚、标志不规范、标志选用不当、标志位置缺陷、其他标志缺陷）；

（15）其他物理性危害因素。

2．化学性危害因素

（1）易燃易爆性物质（易燃易爆性气体、易燃易爆性液体、易燃易爆性固体、易燃易爆性粉尘与气溶胶、其他易燃易爆性物质）；

（2）自燃性物质；

（3）有毒物质（有毒气体、有毒液体、有毒固体、有毒粉尘与气溶胶、其他有毒物质）；

（4）腐蚀性物质（腐蚀性气体、腐蚀性液体、腐蚀性固体、其他腐蚀性物质）；

（5）其他化学性危害因素。

3．生物性危害因素

（1）致病微生物（细菌、病毒、其他致病微生物）；

（2）传染病媒介物；

（3）致害动物；

（4）致害植物；

（5）其他生物性危害因素。

4．心理、生理性危害

（1）负荷超限（体力负荷超限、听力负荷超限、视力负荷超限、其他负荷超限）；

（2）健康状况异常；

（3）从事禁忌作业；

（4）心理异常（情绪异常、冒险心理、过度紧张、其他心理异常）；

（5）辩识功能缺陷（感知延迟、辨识错误、其他辨识功能缺陷）；

（6）其他心理、生理性危害因素。

5．行为性危害因素

（1）指挥错误（指挥失误、违章指挥、其他指挥错误）；

（2）操作失误（误操作、违章作业、其他操作失误）；

（3）监护失误；

（4）其他错误；

（5）其他行为性危害因素。

6．其他危害因素

（三）按引起的事故类型分类

根据 GB6441—86《企业伤亡事故分类》标准，综合考虑事故的诱导性原因、致害物、伤害方式等特点，将危险源及危险源造成的事故分为 16 类。此种分类方法所列的危险源与企业职工伤亡事故处理调查、分析、统计、职业病处理和职工安全教育的口径基本一致，为企业安全管理人员、广大职工所熟悉、易于接受和理解，便于实际应用。

1．物体打击，是指物体在重力或其他外力的作用下产生运动，打击人体造成人身伤亡事故，不包括因机械设备、车辆、起重机械、坍塌等引发的物体打击；

2．车辆伤害，是指施工现场内机动车辆在行驶中引起的人体坠落和物体倒塌、飞落、挤压伤亡事故，不包括起重设备提升、牵引车辆和车辆停驶时发生的事故；

3．机械伤害，是指机械设备运动（静止）部件、工具、加工件直接与人体接触引起的夹击、碰撞、剪切、卷入、绞、碾、割、刺等伤害，不包括车辆、起重机械引起的机械伤害；

4．起重伤害，是指各种起重作业（包括起重机安装、检修、试验）中发生的挤压、坠落、（吊具、吊重）物体打击和触电；

5．触电，包括雷击伤亡事故；

6．淹溺，包括高处坠落淹溺，不包括矿山、井下透水淹溺；

7．灼烫，是指火焰烧伤、高温物体烫伤、化学灼伤（酸、碱、盐、有机物引起的体内外灼伤）、物理灼伤（光、放射性物质引起的体内外灼伤），不包括电灼伤和火灾引起的烧伤；

8．火灾；

9．高处坠落，是指在高处作业中发生坠落造成的伤亡事故，不包括触电坠落事故；

10．坍塌，是指物体在外力或重力作用下，超过自身的强度极限或因结构稳定性破坏而造成的事故，如挖沟时的土石塌方、脚手架坍塌、堆置物倒塌等，不适用于车辆、起重机械、爆破引起的坍塌；

11．放炮，是指爆破作业中发生的伤亡事故；

12．火药爆炸，是指火药、炸药及其制品在生产、加工、运输、贮存中发生的爆炸事故；

13. 化学性爆炸，是指可燃性气体，粉尘等与空气混合形成爆炸性混合物，接触引爆能源时，发生的爆炸事故（包括气体分解、喷雾爆炸）；

14. 物理性爆炸，包括锅炉爆炸、容器超压爆炸、轮胎爆炸等；

15. 中毒和窒息，包括中毒、缺氧窒息、中毒性窒息；

16. 其他伤害，是指除上述以外的危险因素，如摔、扭、挫、擦、刺、割伤和非机动车碰撞、轧伤等（坑道作业、矿山、井下还有冒顶片帮、透水、瓦斯爆炸等危险因素）。

施工现场危险源识别时对危险源或其造成的伤害的分类多采用这种分类方法。其中高处坠落、物体打击、触电事故、机械伤害、坍塌事故、火灾和爆炸是建筑施工中最主要的事故类型。

（四）职业病分类

根据1987年卫生部、劳动人事部、财政部、全国总工会联合发布的《职业病范围和职业病患者处理办法的规定》，员工因接触粉尘、放射性物质和其他有毒、有害物质等因素而引起的职业病包括9类，计99项：

1. 职业中毒51项；

2. 尘肺12项；

3. 物理因素职业病6项；

4. 职业性传染病3项；

5. 职业性皮肤病7项；

6. 职业性眼病3项；

7. 职业性耳鼻喉病2项；

8. 职业性肿瘤8项；

9. 其他职业病7项。

施工现场职业病的主要危害及种类主要有以下5种：

1. 粉尘

粉尘，是指在生产过程中产生并能较长时间浮游在空气中的固体微粒。施工现场主要是含游离的二氧化硅粉尘，水泥尘（硅酸盐）、石棉尘、木屑尘、电焊烟尘、金属粉尘引起的粉尘；主要受危害的工种有混凝土搅拌司机、水泥上料工、材料试验工、石工、风钻工、炮工、出碴工、电（气）焊工等工种。

粉尘对人身的危害主要表现为：当吸入肺部的生产性粉尘达到一定数量时，就会引起肺组织逐渐硬化，失去正常的呼吸功能，即尘肺病。纤维化程度与粉尘中游离二氧化硅含量有关，当含量大于70%可引起矽肺，当小于10%可引起尘肺。通常情况接触矽尘5~10年后才发病，有的长达15~20年以上，也有生产条件极差，缺少防尘措施的，1~2年就发病，一经发生，即使调离矽尘作业，仍可继续发展。常见初期症状是气短、胸闷、针刺样胸痛、咳嗽等。表5-2为施工现场粉尘的最高容许浓度。

2. 生产性毒物

可使大气、水、土壤等环境因子受到污染，被人体接触或吸收，可引起急性或慢性中毒。如铅、苯、二甲苯、聚氯乙烯、锰、二氧化碳、一氧化碳、亚硝酸盐等。

（1）苯中毒：苯又称香蕉水，是一种无色而具有特殊芳香味的易燃液体，建筑施工中主要用于油漆、喷漆、环气树脂、冷沥青、粘接、塑料以及机件的浸洗等。

建筑施工现场生产性粉尘的最高容许浓度 表 5-2

序号	物 质 名 称	最高容许浓度（mg/m³）
1	含有 10% 以上游离 SiO_2 的粉尘	2
2	石棉粉尘含有 10% 以上石棉的粉尘	2
3	含有 10% 以下游离 SiO_2 的滑石粉尘	4
4	含有 10% 以下游离 SiO_2 的水泥粉尘	6
5	铅、氧化铝、铝金属粉尘	4
6	玻璃棉和矿棉粉尘	5
7	其他动植物粉尘	10

苯对人体的危害主要表现为：急性苯中毒，施工现场由于防护用品无效，极易发生苯侵入人体，它可积蓄于骨髓、脑、肝及脂肪组织内，造成中枢神经系统麻醉，神志丧失，血压降低，以至呼吸循环衰竭而死亡；慢性苯中毒，造成神经衰弱症，损害造血机能，呈现再生障碍性贫血，严重者发生白血病（血癌）。

（2）锰中毒：主要是焊工在焊接时发生锰烟尘，施工现场空气中锰的最高允许浓度为 0.02mg/m³。工地简易焊接工棚，由于通风不良，加之使用含锰量较高的假冒焊条，锰烟尘浓度可高达 4.43mg/m³，（超出标准 221 倍），极容易发生急性锰中毒及慢性锰中毒。锰对人体的危害主要表现为：中毒后要损害人体的神经系统，导致神经衰弱症——头晕、头痛；植物神经功能紊乱；震颤麻痹综合症；精神失常，不自主哭笑；肌张力改变等。

3. 噪声

噪声是建筑施工过程及构件加工过程中，存在的多种无规则的音调及杂乱声音。建筑施工现场主要的噪声来源于搅拌机、空压机、电动机、混凝土振动棒、钢筋加工机械、木工加工机械、模板安装与拆除、混凝土修凿等；施工现场要求控制在 85dB 以内，但实际建筑施工现场噪声通常都达到 95～100dB。

噪声对人体的危害主要表现在：长期在强烈噪声环境中劳动，内耳器官会发生器质性病变，造成永久性听阈偏移，即慢性噪声性耳聋；同时，它能引起心跳加快、血压升高、恶心呕吐、神经性衰弱疾病及导致肠胃病和溃疡病发作。表 5-3 为噪声级与耳聋发病率的统计数据。

噪声耳聋发病率（%） 表 5-3

噪声级（dB）	80	85	90	95	100
发病率	0	10	21	29	41

4. 振动

振动就是物体在力的作用下，沿直线或弧线经过某一中心位置（或平衡位置）的来回重复运动。振动病是长期接触强烈振动而引起的以肢端血管痉挛、上肢骨及关节骨质改变和周围神经末梢感觉障碍的职业病。在建筑施工现场中，振动是经常可以遇到的，常与噪声相结合而作用于人体，建筑施工中主要有：混凝土振动棒、凿岩机、风钻、打桩机、推土机、挖掘机等。

振动对人体的危害主要表现为：长期在振动环境中作业可造成手指麻木、胀痛、无力、双手振颤、手腕关节骨质变形，指端白指和坏死等。

5. 地下环境对施工人员的影响

地下环境对施工人员的影响主要有：密闭环境有害有毒物质、高温、高湿、加压施工时的高压、噪声与振动对人体的影响以及照明不足。

地下环境中产生的有害气体主要有：CO_2、CO、NO、HO_2、H_2S、总烃、油雾等，这些气体在地面正常环境下通过通风系统排到周围大气中稀释，一般不足以构成对人体的伤害。而在地下密闭的小环境，有害气体无法排出，日积月累达到一定浓度，则会对人体产生毒性影响，不仅破坏人体健康，还会导致重大事故。

温度对人体的影响，它还与空气流动的速度有关。例如：38℃温度条件下、无风、感觉温度很高，在 2h 之内人即受影响，还可发生虚脱。隧道施工人员，特别是操作面的工人常处于这样的环境，若是加气压施工条件更差。

噪声与振动在地下环境中对人的影响更大。经常接触噪声和振动，不仅会引起心血管系统、消化系统、呼吸系统等病症，而且会使人出现疲劳、头晕、思维不集中、听力下降、视力模糊等。同时，由于这些原因触发大事故的几率也大大的上升。因此，噪声与振动危害极大。

常用人工照明，与自然光相比显然效果较差，因此地下施工事故统计中由于照明原因引起的比例是相当高的。

二、不利环境因素的分类

（一）按不利环境因素的污染物分类

施工现场安全生产保证体系涉及的施工现场产生的污染物是对环境造成污染的根源，通常分为 6 类。

1. 噪声。包括施工机械、土石方施工、运输设备、电动工具、模板与脚手架等周转材料的装卸、安装、拆除、清理和修复等造成的噪声。

2. 废水。包括施工过程搅拌站洗车等产生的生产废水、生活区域、食堂、厕所等产生的生活废水。

3. 粉尘。包括场地平整、土堆、砂堆、现场道路与场地、石灰和水泥搬运、混凝土搅拌、木工房锯末、现场清扫、车辆进出等引起的粉尘。

4. 废气。包括油漆、化学材料泄漏或挥发等引起的有毒有害气体排放。

5. 固体废弃物。包括建筑渣土、建筑垃圾、生活垃圾、废包装物含油抹布等的处置与排放。

6. 振动。包括打桩、爆破等施工对周边建筑物和构筑物、道路桥梁等市政公用设施的影响。

（二）按不利环境因素影响分类

施工现场不利环境因素影响的对象，通常分为 5 类。

1. 向水体排放。包括生产废水、生活废水排放。

2. 向大气排放。包括粉尘、有毒有害气体排放。

3. 土地污染。包括油品、化学品的泄漏。

4. 废弃物处置。包括建筑渣土、建筑垃圾、生活垃圾、废包装物、含油抹布等废弃物的处置。

5. 当地环境和社区问题。包括噪声、振动、光污染等。

第四节 危险源与不利环境因素的识别

一、危险源与不利环境因素识别的方法

1. 项目经理部识别施工现场识别危险源与不利环境因素方法有许多，如现场调查、工作任务分析、安全检查表、危险与可操作性研究、事件树分析、故障树分析等，项目经理主要采用调查的方法。

2. 现场调查方法介绍

（1）现场调查的形式

1）询问、交谈。对于项目经理部的某项工作和作业有经验的人，往往能指出其工作和作业中的危险源和不利环境因素，从中可初步分析出该项工作和作业中存在的各类危险源与不利环境因素。

2）现场观察。通过对施工现场作业环境的现场观察，可发现存在的危险源与不利环境因素，但要求从事现场观察的人员具有安全、环保技术知识、掌握职业健康安全与环境的法律法规、标准规范。

3）查阅有关记录。查阅企业的事故、职业病记录，可从中发现存在的危险源与不利环境因素。

4）获取外部信息。从有关类似企业、类似项目、文献资料、专家咨询等方面获取有关危险源与不利环境因素信息，加以分析研究，有助于识别本工程项目施工现场有关的危险源与不利环境因素。

5）检查表。运用已编制好的检查表，对施工现场进行系统的安全环境检查，可以识别出存在的危险源与不利环境因素，例如 JGJ59—99 标准和文明工地标准中所用的检查评分表。

（2）现场调查的具体步骤

1）组织相关人员进行危险源与不利环境因素识别知识培训，并进行现场实地练习。

2）对作业与管理业务活动分类和危险源与不利环境因素分类作出规定，编制相应的调查、识别表式，由相关人员逐类调查，找出危险源与不利环境因素，并按表式内容进行记录。必要时可以在企业或社会中寻求帮助。

为了便于调查，可以根据施工现场作业与管理业务活动的性质和作业场所的特点编制一份问题提示单，将预计可能导致事故的危险源与不利环境因素——列出，以供对照提示。

危险源与不利环境因素可按作业与管理活动分类汇总记录，也可按引发的事故类型分类汇总记录。

3）由专人对调查内容进行汇总、确认、登记，建立项目经理部总的危险源识别清单、不利环境因素识别清单。本章后附［例 5-1］至［例 5-8］可供参考。

4）项目经理部根据内外环境的变化，及时识别新出现的危险源、不利环境因素，并对相应清单进行更新。

5）定期对危险源和不利环境因素识别结果的充分性进行评审，必要时应进行修订调整。

二、危险源与不利环境因素识别的注意事项

1. 应充分了解危险源与不利环境因素的分布。

（1）从范围上讲，应包括施工现场内受到影响的全部人员、活动与场所，以及受到影响的社区、排水系统等。包括可施加影响的供应商和分包商等相关方的人员、活动与场所。

（2）从状态上讲，应考虑到以下三种状态：

1）正常状态，指固定、例行性且计划中的作业与程序；

2）异常状态，指在计划中，然而不是例行性的作业，如机械的例行维修保养；

3）紧急状态，指可能或已发生的紧急事件，如恶劣的突发性气候或事故。

（3）从时态上讲，应考虑到以下三种时态：

1）过去，以往发生或遗留的问题；

2）现在，现在正在发生的、并持续到未来的问题；

3）将来，不可预见什么时候发生且对安全和环境造成较大影响，如：新材料的使用、工艺变化、法律法规变化带来的问题。

（4）从内容上讲，应包括涉及所有可能的伤害与影响。包括人为失误，物料与设备过期、老化、性能下降造成的问题。

2. 弄清危险源或不利环境因素伤害与影响的方式或途径。

3. 确认危险源和不利环境因素伤害与影响的范围。

4. 要特别关注重大危险源与不利环境因素，防止遗漏。

5. 对危险源与不利环境因素保持高度警觉，持续进行动态识别。

6. 充分发挥员工对危险源与不利环境因素识别的作用，广泛听取每一个员工，包括供应商、分包商的员工的意见和建议，必要时还可征求上级单位、设计、监理和政府主管部门的意见。

第五节　安全风险和不利环境影响的评价

危险源的安全风险评价、不利环境因素的环境影响评价是建立施工现场安全生产保证体系的一个关键环节，其目的是对工程项目施工全过程的全部风险与影响进行评价分级，根据评价分级结果有针对性地进行风险与影响控制，从而取得良好的安全环境业绩，达到持续改进的目的。评价的前提是现有的和计划准备采取的技术及管理措施得到实施，在这种状况下的安全风险和不利环境影响的大小。

一、危险源的安全风险评价

1. 评价方法。评价应围绕可能性和后果两个方面综合进行。安全风险评价的方法很多，如专家评估法、作业条件危险性评价法、安全检查表法、头脑风暴法、预先危险分析法等，每一种方法都有其一定局限性。项目经理部一般通过定量和定性相结合的方法进行危险源的评价，充分让每个员工参与，从中筛选出项目经理部优先控制的重大危险源，具体讲主要采取专家评估法直接判断，必要时可采用作业条件危险性评价法、安全检查表判断。

（1）专家评估法

由项目经理部组织有丰富知识，特别是有系统安全工程知识的专家、熟悉本项目施工生产工艺的技术和管理人员组成评价组，通过专家的经验和判断能力，对管理、人员、工艺、设备、设施、环境等方面已识别的危险源，评价出对本项目施工安全有重大影响的重大危险源。必要时可在企业和社会上寻求帮助。

（2）作业条件危险性评价法（LEC法）

危险性分值 D 取决于以下三个因素的乘积：

$$D = L \times E \times C$$

式中　L——发生事故的可能性大小；

E——人体暴露于危险环境的频繁程度；

C——发生事故可能造成的后果。

1）L——将 L 值最小定为 0.1，最大定为 10，在 0.1～10 之间定出若干个中间值，如表 5-4。

表 5-4

分　数　值	事故发生的可能性	分　数　值	事故发生的可能性
10	完全可能预料	0.5	很不可能，可以设想
6	相当可能	0.2	极不可能
3	可能，但不经常	0.1	实际不可能
1	可能性小，完全意外		

2）E——将 E 值最小定为 0.5，最大定为 10，在 0.5～10 之间定出若干个中间值，如表 5-5。

表 5-5

分　数　值	暴露于危险环境的频繁程度	分　数　值	暴露于危险环境的频繁程度
10	连续暴露	2	每月一次暴露
6	每天工作时间内暴露	1	每年几次暴露
3	每周一次暴露，或偶然暴露	0.5	非常罕见地暴露

3）C——把需要救护的轻微伤害规定为 1，把造成多人死亡的可能性值规定为 100，其他情况值为 1～100 之间，如表 5-6。

表 5-6

分　数　值	发生事故产生的后果	分　数　值	发生事故产生的后果
100	大灾难，许多人死亡	7	严重，重伤
40	灾难，数人死亡	3	重大，致残
15	非常严重，一人死亡	1	引人注目，需要救护

4）D——危险性分值。根据其大小分为以下几个等级如表 5-7。

表 5-7

分　数　值	危　险　程　度	分　数　值	危　险　程　度
＞320	极其危险，不可能继续作业	20～70	一般危险，需要注意
160～320	高度危险，要立即整改	＜20	稍有危险，可以接受
70～160	显著危险，需要整改		

危险等级的划分是凭经验判断，难免带有局限性，不能认为是普遍适用，应用时需要根据实际情况予以修正。

（3）安全检查表

把过程加以展开，列出各层次的不安全因素，然后确定检查项目，以提问的方式把检查项目按过程的组成顺序编制成表，按检查项目进行检查或评审。

2. 重大危险源的判定依据。凡具备以下条件之一的，均可判定为重大危险源：

（1）严重不符合法律法规、标准规范和其他要求；

（2）相关方有合理抱怨和要求；

（3）曾发生过事故，且没有采取有效防范控制措施；

（4）直接观察到可能导致危险的错误，且无适当控制措施；

（5）通过作业条件危险性评价方法，总分 > 160 分高度危险的，也评价为重大危险因素；

重大危险源具体评价时应结合工程过程和服务的主要内容进行，并考虑日常工作中的重点。

3. 安全风险评价结果应形成评价记录，一般可与危险源识别结果合并记录，通常列表记录。对确定的重大危险源还应另列清单。并按优先考虑的顺序排列本章后附［例 5-1］至［例 5-8］可供参考。

二、不利环境因素的环境影响评价

1. 评价方法。环境影响评价的方法很多，如专家评估法、跟踪环境影响、是非判断法、排放量对比法、频频对比法、等标污染负荷法、相关方投诉或要求、水平对比法、纵向对比法等，每一种方法都有其一定局限性。项目经理部一般通过定量和定性相结合的方法进行环境影响的评价，从中筛选出项目经理部优先控制的重大不利环境因素，具体讲主要采取专家评估法直接判断，必要时可采用打分法判断。

（1）专家评价法

组织熟悉本项目生产经营活动、工程产品和服务过程的专业技术及环境保护方面的专家，利用他们的知识和经验进行分析和评价。必要时可寻求企业和社会的帮助。

（2）打分法

对污染物（粉尘、废气、废弃物、废水、噪声等）排放废弃物处置、振动从法规符合性、发生频次、影响范围、影响程度、社区关注度 5 个方面按表 5-8 规定进行打分。

表 5-8

内　容	得　分	内　容	得　分
a. 法规符合性		d. 影响程度	
超标	5	严重	5
未超标准	1	一般	3
b. 发生频次		轻微	1
持续发生	5	e. 社区关注度	
间断发生	3	非常	5
偶然发生	1		
c. 影响范围		一般	3
超出社区	5		
周围社区	3		
场界内	1	基本不关注	1

2. 重大不利环境因素的判定依据。通常项目经理部可从以下几个方面对不利环境因素的影响程度进行判断：

（1）环境影响的规模和范围；

（2）环境影响的严重程度；

（3）发生的频率和持续时间；

（4）环境法律法规及排放标准的符合程度；

（5）社区、相关方的关注程度和抱怨程度；

（6）对项目经理部及企业形象的影响程度。

如用打分法进行评价时：

当 $a=5$ 或 $c=5$ 或 $d=5$ 或 $e=5$ 或总分 $\Sigma=a+b+c+d+e \geqslant 14$ 时，确定为重大不利环境因素。

重大不利环境因素评价时，应结合工程、过程和服务活动的主要内容进行，并考虑日常工作中的重点。

3．不利环境影响评价结果应形成评价记录，一般可与不利环境因素识别结果合并记录，通常列表记录。对确定的重大不利环境因素还应另外建立清单并按优先考虑的顺序排列。本章附［例 5-1］至［例 5-8］可供参考。

第六节　安全风险和不利环境影响控制措施的策划

一、安全风险和不利环境影响控制措施策划的基本要求

1．控制措施选择的顺序。一般应按标本兼治、治本为主的原则，对导致事故的因素，从人、机、料、法、环、检等方面，按以下优先顺序，选择危险源与不利环境因素的控制措施。

（1）如可能，完全消除危险源与不利环境因素。如停止使用某些设备、材料，改用无安全风险和不利环境影响的设备、材料等。

（2）采取技术和管理措施，通过预防、减弱、隔离、连锁、警告等方式，努力降低安全风险和不利环境影响。如使用低压电器、改进施工工艺、设置机械防护保险装置、设置警示标志、漏电保护装置、消防设施、搭设防护棚、设置污水沉淀池、木工棚与搅拌台实行封闭措施、加强监督检查、合理安排作业时间等。

（3）使用个人防护用品和设置污染屏蔽设施。

2．按危险源与不利环境因素的评价分级确定控制措施：

（1）对未列为重大危险源和重大不利环境因素的安全风险和不利环境影响，一般可由项目经理部相关责任部门或人员，按现有的运行控制措施，加强管理。

（2）对重大危险源和重大不利环境因素,应具体制定相应的技术和管理控制措施和改善计划及相应的资金计划,必要时可在企业和社会上寻求帮助。一般可考虑的控制措施有：

1）制定目标、指标和专项技术及管理方案；

2）制定管理程序、规章制度与安全操作规程；

3）组织针对性的培训与教育；

4）制定应急预案；

5）改进现有控制措施；

6）加强现场监督检查和监测。

通常一个重大危险源或重大不利环境因素的控制措施可以是上述措施的全部或部分的组合。

3. 控制措施策划应广泛听取员工和有关方面的意见，必要时寻求企业和社会帮助，不断优化。策划的结果应形成记录，一般可与危险源或不利环境因素识别、评价结果合并列表记录。对重大危险源或不利环境因素控制策划的具体措施计划可与重大危险源或不利环境因素清单合并，通常可列表反映。本章后附［例 5-1］至［例 5-8］可供参考。

4. 控制措施在实施前应进行充分性评审。项目经理部对拟采取的安全风险和不利环境影响控制措施，在实施前针对以下内容进行评审，通过后才可组织实施。

（1）计划的控制措施是否能使安全风险或不利环境影响降低到可接受或可容许的水平，即对照法律法规、标准规范与其他要求以及相关方的要求和项目经理部的安全目标，是合理可行的最低水平。

（2）是否会产生新的危险源与不利环境因素。

（3）是否已选定了投资效果最佳的解决方案，资金是否能够保证。

（4）受到影响的相关方如何评价计划的预防措施的必要性和可行性。

（5）计划的控制措施是否会被应用于实际工作中，可操作性如何，特别是面对进度，成本压力等情况下是否会被忽视。

二、施工现场主要作业活动安全防范措施简介

（一）土方工程

施工安全问题在土方工程施工中是一个很突出的问题，历年来发生的工伤事故不少，而其中大部分是土方塌方造成的。为此，应采取以下措施预防土方坍塌：

1. 土方开挖前要做好排水处理，防止地表水、施工用水和生活废水浸入施工现场或冲刷边坡。

2. 开挖坑（槽）、沟深度超过 1.5m 时，一定要根据土质和开挖深度按规定进行放坡或加可靠支撑。如果既未放坡，也不加可靠支撑，不得施工。

3. 坑（槽）、沟边 1m 以内不得堆土、堆料和停放机具。1m 以外堆土，其高度不宜超过 1.5m。坑（槽）、沟与附近建筑物的距离不得小于 1.5m，危险时必须采取加固措施。

4. 挖土方不得在石头的边坡下或贴近未加固的危险楼房基底下进行。操作时应随时注意上方土壤的变动情况，如发现有裂纹或部分塌落应及时放坡或加固。

5. 工人上下深坑（槽）应预先搭设稳固安全的阶梯，避免上下时发生坠落。

6. 开挖深度超过 2m 的坑（槽）、沟边沿处，必须设两道 1.2m 高牢固的栏杆和悬挂危险标志，并在夜间挂红色标志灯。任何人严禁在深坑（槽）、悬岩、陡坡下面休息。

7. 在雨季挖土方时，必须排水畅通，并应特别注意边坡的稳定。下大雨时应暂停土方施工。

8. 夜间挖土方时，应尽量安排在地形平坦、施工干扰较少和运输道路畅通的地段，施工场地应有足够的照明。

9. 人工挖大孔径桩及扩底桩施工前，必须制订防坠人落物、防坍塌、防人员窒息等安全措施，并指定专人负责实施。

10. 机械开挖后边坡一般较陡，应用人工加以修整，达到设计要求后再进行其他作业。

11. 土方施工中，施工人员要经常注意边坡是否有裂缝、滑坡迹象，一旦发现，应该立即停止，待处理和加固后才能进行施工。

（二）脚手架

脚手架是为高空作业创造施工操作条件，脚手架搭设得不牢固、不稳定就会造成施工中的伤亡事故，因此，一般应满足以下的要求：

1. 要有足够的牢固性和稳定性，保证在施工期间对所规定的荷载或在气候条件的影响下不变形、不摇晃、不倾斜，能确保作业人员的人身安全。

2. 要有足够的面积满足堆料、运输、操作和行走的要求。

3. 构造要简单，搭设、拆除和搬运要方便，使用要安全，并能满足多次周转使用。

4. 要因地制宜，就地取材，量材施用，尽量节约用料。

（三）高处作业

根据国家标准《高处作业分级》GB3608—83 的规定，凡在有可能坠落的高处进行施工作业，当坠落高度距离基准面在 2m 及 2m 以上时，该项作业即称为高处作业。

在建筑施工中发生的伤亡事故，多数发生在操作者从高处坠落和物体落下伤人。它在事故的类别中居首位，主要发生在洞口（楼梯平台口、电梯井口、出入口、预留洞口，简称"四口"）、临边（深度超过 2m 的槽、坑、沟的周边；在施工程无外脚手架的屋面和框架结构楼层的周边；井字架、龙门架、施工外用电梯和脚手架与建筑物的通道、上下跑道和斜道的两侧边；尚未安装栏板或栏杆的阳台、料台、挑平台的周边，简称"五临边"）、攀登、悬空、交叉作业过程中。

1. 临边作业

施工现场任何处所，当工作面的边沿并无围护设施，使人与物有各种坠落可能的高处作业，属于临边作业。若围护设施如窗台、墙等，其高度低于 80cm 时，近旁的作业亦属临边作业，包括屋面边、楼板边、阳台边、基坑边等。

临边作业的安全防护，主要为设置防护栏杆，防护栏杆在构造上应牢固而不动摇，能够承受可能的突然冲击，阻挡住人员在可能状态下的下跌和防止物料的坠落，还要有一定的耐久性，因此它必须满足以下各项要求：

（1）防护栏杆上杆离地（作业层）的高度规定 1~1.2m，这是考虑到人体重心的位置而定的。下杆离地（作业层）高度为 0.5~0.6m，这样可较稳妥地防止作业人员在作业面的边沿失足坠落。坡屋顶坡度大于 25° 时，防护栏杆不得低于 1.5m，并加挂密目安全网。除了经过设计计算外，立柱间距大于 2m 的，中间必须加立柱，以免防护栏杆的横杆受力后挠曲过甚，产生险情，造成坠落事故。

（2）栏杆柱与地面或楼面的固定可根据具体情况以不同方式加以处理。基坑等地面上坑口的边沿用钢管作栏杆柱时，为避免土质松动，可将钢管打入地面 50~70cm 深，钢管离边口的距离应不小于 50cm。但是如基坑周边系采用板桩围护，则钢管栏杆柱就可以打在板桩的外侧。

（3）栏杆的结构及横杆与栏杆柱的连接，其整体结构应该使防护栏杆在其上杆的任何处，能经受任何方向的 1000N 的外力。当栏杆所处位置有发生人群拥挤、车辆冲击或物体碰撞等可能时，还要加大横杆的截面或加密柱的距离，以提高其强度和刚度。

（4）防护栏杆要自上而下用密目安全网封闭，或在栏杆下边加扎严密固定的挡脚笆或挡脚板。挡脚笆高度应不低于40cm，挡脚板高度不低于18cm。挡脚笆与挡脚板面上如有孔眼，应不大于25mm。接料平台两侧的防护栏杆，必须自上而下加挂密目安全立网或满扎挡板式的挡笆。

（5）当临边的外侧面临街道、或其他有人流动场所，除设置必要的防护栏杆外，还要满挂密目安全网或以其他可靠的安全措施作全封闭防护。

2. 洞口作业

建筑物或构筑物在施工过程中，常会出现各种预留洞口、通道口、上料口、楼梯口、电梯井口，在其附近工作，称为洞口作业。

通常将较小的称为孔，较大的称为洞。并规定为：楼板、屋面、平台面等横向平面上，短边尺寸小于25cm的，以及墙上等竖向平面上，高度小于75cm的称孔。横向平面上，短边尺寸等于或大于25cm时，竖向平面上高度等于或大于75cm，宽度大于45cm的称洞。

凡深度在2m及2m以上的桩孔、人孔、沟槽与管道孔洞等边沿上的施工作业，亦归入洞口作业的范围。

建设部颁发的《建筑施工安全检查标准》（JGJ59—1999），检查项目规定："三宝"、"四口"防护，将洞口简称为"四口"即指：通道口、预留洞口、楼梯口、电梯井口。

因洞口无安全防护或安全防护有缺陷，经常有物或人从孔、洞坠落，造成伤害事故。因此，洞口作业必须加以防护。

洞口作业的安全防护，根据不同类型，可按下列方式进行：

（1）各种板与墙的孔口和洞口，必须视具体情况分别设置牢固的盖板、防护栏杆、安全网或其他防坠落的防护设施。

（2）各种预留洞口、桩孔上口、杯形、条形基础上口、未填上的坑槽，以及人孔、天窗等处，均应设置稳固的盖板，防止人、物坠落的小孔眼的钢丝网等覆盖。

（3）电梯井口必须设防护栏杆或固定栅门。电梯井内应每隔两层并最多隔10m设一道安全平网。

（4）没安装踏步的楼梯口应像预留洞口一样覆盖。安装踏步后，楼梯边应设防护栏杆，或者用正式工程的楼梯扶手代替临时防护栏杆。

（5）各类通道口、上料口的上方，必须设置防护棚，其尺寸大小及强度要求可视具体情况而定，但必须达到使在下面通行或工作的人员不受任何落物的伤害。

（6）施工现场大的坑槽陡坡等处，除需设置防护设施与安全标志外，夜间还应设红灯示警。

3. 悬空作业

在周边临空状态下，无立足点或无牢靠立足点的条件下进行的高处作业，称为悬空作业。因此，在悬空高处作业时，需要建立有牢固的立足点，如设置防护栏网、栏杆或其他安全设施。这里所指的悬空作业，是指建筑安装工程中，从事建筑物和构筑物结构主体施工的操作人员。悬空作业在建筑施工现场较为常见的，主要有构件吊装、钢筋绑扎、混凝土浇筑以及门窗安装和油漆等多种作业。

（1）吊装构件和安装管道安全防护：

1）钢结构构件，应尽可能地安排在地面组装，当构件起吊安装就位后，其临时固定、电焊、高强螺栓联接等工序仍然要在高处作业，这就需要搭设相应的安全设施，如搭设操作平台，或配戴安全带和张挂安全网。

高空吊装预应力钢筋混凝土屋架、桁架等大型构件前，也应搭设悬空作业中所需的安全设施。

2）分层分片吊装第一块预制构件，吊装单独的大、中型预制构件、以及悬空安装大模板等，必须站在平台上操作。吊装中的预制构件、大模板以及石棉水泥板等屋面板上，严禁站人和行走。

3）安装管道，必须有已完结构或操作平台作为立足点。严禁在安装中的管道上站立和行走。

（2）钢筋绑扎时的安全防护：

进行钢筋绑扎和安装钢筋骨架的高处作业，都要搭设操作平台和挂安全网。悬空大梁的钢筋绑扎，施工作业人员要站在操作平台上进行操作。绑扎柱和墙的钢筋，不能在钢筋骨架上站立或攀登上下。绑扎 2m 以上的柱钢筋，还需在柱的周围搭设作业平台。2m 以下的钢筋，可在地面或楼面上绑扎，然后整体竖立。

（3）混凝土浇筑时的安全防护：

1）浇筑离地面高度 2m 以上的框架、过梁、雨篷和小平台等，需搭设操作平台，不得站在模板或支撑杆件上操作。

2）浇筑拱形结构，应自两边拱角对称地相向进行。浇筑储仓，下口应先进行封闭，并搭设脚手架以防人员坠落。

3）特殊情况下进行浇筑，如无安全设施，必须系好安全带，并扣好保险钩或架设安全网防护。

（4）支搭和拆卸模板时的安全防护：

1）支撑和拆卸模板，应按规定的作业程序进行。前一道工序所支的模板未固定前，不得进行下一道工序。严禁在连接件和支撑件上攀登上下，并严禁在上下同一垂直面上装、卸模板。结构复杂的模板，其装、拆应严格按照施工组织设计的措施规定执行。支大空间模板的立柱的竖、横向拉杆必须牢固稳定。防止立柱走动发生坍塌等事故。

2）支设高度在 2m 以上的柱模板，四周应设斜撑，并设有操作平台。低于 2m 的可使用马凳操作。

3）支搭悬挑式模板时，应有稳固的立足点。支搭凌空构筑物模板时，应搭设支架或脚手架。模板面上有预留洞时，应在安装后将洞口盖严。混凝土板面拆模后，形成的临边或洞口，必须按有关规定予以安全防护。

4）拆模高处作业，应配置登高用具或设施，不得冒险操作。

（5）门窗工程悬空作业的安全防护：

1）安装和油漆门、窗及安装玻璃时，严禁操作人员站在樘子或阳台栏板上操作。门、窗临时固定，封填材料未达到强度，以及电焊时，严禁手拉门、窗或进行攀登。

2）在高处外墙安装门、窗，无外脚手架时，应张挂水平安全网。无水平安全网时，操作人员必须系好安全带，其保险钩应挂在操作人员上方的可靠物体上。

3）进行高处窗户、玻璃安装和油漆作业时，操作人员的重心应位于室内，并系好安全带进行操作。

4.交叉作业

施工现场经常有上下立体交叉的作业。因此，凡在不同层次中，处于空间贯通状态下同时进行的高处作业，称为交叉作业。

进行交叉作业时，必须遵守下列安全规定：

（1）支模、砌墙、粉刷等各工种，在交叉作业中，不得在同一垂直方向上下同时操作。下层作业的位置，必须处于依上层高度确定的可能坠落范围半径之外。不符合此条件，中间应设置安全防护层。

（2）拆除脚手架与模板时，下方不得有其他操作人员。

（3）拆下的模板、脚手架等部件，临时堆放处离楼层边沿应不小于1m。堆放高度不得超过1m。楼梯边口，通道口，脚手架边缘等处，严禁堆放拆下物件。

（4）结构施工自二层起，凡人员进出的通道口（包括井架、施工用电梯的进出通道口），均应搭设安全防护棚。高层建筑高度超过24m的层次上的交叉作业，应设双层防护设施。

（5）由于上方施工可能坠落物体，以及处于起重机把杆回转范围之内的通道，其受影响的范围内，必须搭设顶部能防止穿透的双层防护廊或防护棚。

（四）模板工程

模板结构设计，必须能承受作用于模板结构上的所有垂直荷载和水平荷载（包括混凝土的侧压力、振捣和倾倒混凝土产生的侧压力、风力等）。在所有可能产生的荷载中要选择最不利的组合验算模板整体结构和构件及配件的强度、稳定性和刚度。模板结构必须经过计算设计，绘制模板施工图，制定相应的施工安全技术措施。特别是高层与大跨度混凝土结构工程，由于模板结构设计与施工不合理，强度或稳定不足，支撑变形和操作不符合要求等导致模板坍塌，造成人员伤亡事故时有发生。

为了保证模板工程设计与施工的安全，应加强安全生产检查监督。在安装和拆除中，严格按操作规程处理：

1.模板工程作业高度在2m及2m以上时，根据《建筑施工高处作业安全技术规范》中有关安全防护设施的规定执行。在临街及交通要道地区施工应设警示牌，并派专人进行监护。操作人员上下通行，必须走爬梯或通道，不得攀登模板或脚手架、井字架、龙门架等，不许在墙顶、独立梁及其他狭窄无防护栏杆的模板面上行走。高处作业人员所用工具应放在工具袋内，不得将工具、模板零件随意放在脚手架或操作平台上，以免坠落伤人。

2.冬期施工时，对于操作地点和人行通道的冰、霜、雪在施工作业前应清扫干净，防止滑倒摔伤施工人员。五级以上大风天气严禁模板吊装作业。

3.木料及易燃保温材料应远离火源码放，采用电热养护的模板要有可靠的绝缘措施。

4.雨季施工时，高层施工结构的模板作业，要安装避雷设施，沿海地区要考虑强台风并采取有效的加固措施。

5.吊运模板的悬臂式起重机的任何部位和被吊物件的边缘与10kV以下的高压架空线路边缘最小水平距离不得小于2m。对高压线路应采取防护措施，用非导电材质支搭防护架子及防护网，并悬挂醒目的警告标志牌。

6.夜间施工时，必须有足够的照明灯具，其距作业面高度不低于3m。电源线路应绝缘良好，不得直接固定在钢模板上。

7. 安装基础及地下工程模板时，应先检查基坑上壁边坡的稳定情况，发现有塌方的危险时，必须采取加固措施确保安全后，方可进行模板作业。操作人员上、下深度 2m 以上坑、槽时，应设置坡道或爬梯。坑、槽上口边缘 1m 以内不得堆土、堆料或停放机械。向坑、槽内运送模板，工人应使用溜槽或绳索，不得向下投掷，运送时应有专人指挥，上下呼应。模板支撑支在护壁上时，应在支点处加垫板，以免支撑不牢或造成护壁坍塌。采用起重机械吊运模板等材料时，被吊的模板构件和材料应捆牢，起落应听从指挥，被吊重物下方回转半径内禁止人员停留。分层分段的柱基支模，应在下层模板校正并支撑牢固后，再进行上一层模板的支搭工作。

8. 柱子模板支模时，四周必须设牢固支撑或用钢筋、钢丝绳拉接牢固，避免柱模整体歪斜、位移，甚至倾倒。柱箍的间距及拉接螺栓的设置必须按模板设计规定执行。当柱模超过 6m 以上时，不宜单独支模，应将几个柱子模板拉结成整体。

9. 单梁与整体混凝土楼层面支模时，应搭设牢固的操作平台，并设置护身栏。上下不得交叉作业。楼层立柱高超过 4m 时，应采用钢管脚手架立柱或门式脚手架，如果采用多层支架支模时，各层支架本身必须成为整体空间结构稳定，支架的层间垫板应平整，各层支架的立柱应垂直，上、下层立柱应在同一条垂直线上。并用横、竖拉杆拉牢，防止模板立柱位移发生坍塌事故。

现浇多层房屋和构筑物，应采取分层分段支模方法。在已拆模的楼板面上支模时，应验算楼板的承载力能否承受上部支模的荷载。如果承载力不够，则必须附加临时立竖支顶加固，或保留该楼板的模板立柱。上、下层楼板的模板立柱应在同一条垂直线上。在首层房心土上支模，地面应平整夯实，立柱下面应加通长垫板。冬季不能在冻土或潮湿地面上支立柱，因土体受冻膨胀可将楼板顶裂或化冻时使立柱下沉引起结构变形。

10. 安装混凝土墙模板时，一般有大型起重设备的施工现场，墙模板采用预制拼装成大模板，整体安装，拆除，可节省劳动力，加快施工速度。这种拼装成大块模板的墙模板，一般没有支腿，必须码放在插放架内，插放架应牢固、稳定。大块墙模板是由定型小钢模板拼装而成，要拼装牢固，吊环要进行计算设计。整片大块墙模板安装就位后，用穿墙螺栓将两片墙模板拉牢，并设置支撑与相邻墙模连成整体，增加稳定性。

11. 安装圈梁与阳台模板时，支圈梁模板要搭设操作平台，不允许站在墙上操作。阳台是悬挑结构，阳台支模的立柱可由下而上逐层在同一个垂直线上，拆除时由上而下拆除，首层阳台立柱应支承在散水回填土上，必须要平整夯实并加垫板，防止因雨季下沉、冬季冻胀而发生事故。支阳台模板的操作地点应设安全防护栏杆或立挂安全网。

12. 拆除基础及地下工程模板时，应先检查坑、槽、沟的土壁状况，发现有松软、龟裂等不安全状态时，必须采取措施排除隐患后，方可进行作业。对拆下的模板、支撑等物料不得堆放在坑、槽边沿 1m 以内，应采取边拆、边运、边运、边码垛的方法，做到"干活脚下清"，文明安全施工。

13. 拆除板、梁、柱、墙模板时应注意：高度在 2m 以上拆除模板，必须按高处作业安全技术规范的规定，应站在操作平台或高登上进行作业；严禁在同一垂直面上进行交叉作业；拆除时应从一侧逐块拆除，不得成片松动和撬落或拉倒，而造成物料损坏甚至伤人；拆除平台、楼层板的底模时，应设临时支撑，防止大片模板塌落，特别是拆除立柱时，操作人员应站在安全地方拉拆，防止模板突然塌落伤人，不准站在悬臂结构上面敲拆底模。

14. 拆除高、窄型的预制构件模板，如薄腹梁、吊车梁等，应随时加设支撑将构件支稳，防止构件倾倒伤人。

15. 多人同时操作时应科学分工，每人应有足够的工作面，并设专职监护人统一指挥和行动。

（五）施工机械

为了全面完成建筑工地施工任务，除需使用各种大、中型建筑机械（例如：塔吊、施工电梯、井架、混凝土机械等）外，还需要有大量的种类齐全的配套施工机具，如：木工机械、钢筋机械、手持电动工具、电焊机、打桩机械等。施工机械减轻了劳动强度，加快了施工速度，但机械伤害事故也因各种原因时有发生。因此，加强对机械的安全管理就成为建筑施工过程中的一项重要工作。

1. 一般预防措施

（1）建筑安装企业及其附属的工业生产和维修单位的机械应按其技术性能的要求正确使用。缺少安全装置或安全装置已失效的机械设备不得使用。

（2）严禁拆除机械设备上的自动控制机构、力矩限位器等安全装置，及监测、指示、仪表、警报器等自动报警、信号装置。其调试和故障的排除应由专业人员负责进行。

（3）处在运行和运转中的机械严禁对其进行维修、保养或调整等作业。

（4）机械设备应按时进行保养，当发现有漏保、失修或超载带病运转等情况时，有关部门应停止其使用。

（5）机械设备的操作人员必须身体健康，并经过专业培训考试合格，在取得有关部门颁发的操作证、特殊工种操作证后，方可独立操作。学员必须在师傅的指导下进行操作。

（6）违反安全操作规程的命令，操作人员有权拒绝执行。由于发令人强制违章作业造成事故者，应追究发令人的责任，直至追究刑事责任。

（7）机械作业时，操作人员不得擅自离开工作岗位或将机械交给非本机操作人员操作。严禁无关人员进入作业区和操作室。工作时，思想要集中，严禁酒后操作。

（8）机械操作人员和配合作业人员，都必须按规定穿戴劳动保护用品，长发不得外露。高空作业必须系安全带，不得穿硬底鞋和拖鞋。严禁从高处往下投掷物件。

（9）进行日作业两班及以上的机械设备均须实行交接班制。操作人员要认真填写交接班记录。

（10）机械进入作业地点后，施工技术人员应向机械操作人员进行施工任务及安全技术措施交底。操作人员应熟悉作业环境和施工条件，听从指挥，遵守现场安全规则。

（11）现场施工负责人应为机械作业提供道路、水电、临时机棚或停机场地等必须的条件，消除对机械作业有妨碍或不安全的因素。夜间作业必须设置有充足的照明。

（12）在有碍机械安全和人身健康场所作业时，机械设备应采取相应的安全措施。操作人员必须配备适用的安全防护用品。

2. 具体要求示例

（1）塔式起重机（塔机）

具体安全要求是：

1）起重司机持有的操作证同所操纵的塔机的起重力矩应相对应。

2）起吊作业中司机和指挥必须遵守"十不吊"的规定：指挥信号不明或无指挥不吊；

超负荷和斜吊不吊；细长物件单点或捆扎不牢不吊；吊物上站人不吊；吊物边缘锋利，无防护措施不吊；埋在地下的物体不吊；安全装置失灵不吊；光线阴暗看不清吊物不吊；六级以上强风区无防护措施不吊；散物装得太满或捆扎不牢不吊的"十不吊"。

3）行走式塔机的轨道铺设从基础到排水和钢轨的轨矩、钢轨顶部的平整度均应符合安全使用的技术条件规定。

4）自升式塔机的基础，必须按使用说明书的要求设置，或经过专门设计。

5）塔机运行时，必须严格按照操作规程要求规定执行。最基本要求：起吊前，先鸣号，吊物禁止从人的头上越过。起吊的吊索应保持垂直、起降平稳，操作尽量避免急刹车或冲击。严禁超载，当起吊满载或接近满载时，严禁同时做二个动作。

6）塔机停用时，吊物必须落地不准悬在空中。并对塔机的停放位置和小车、吊钩、夹轨钳、电源等一一加以检查，确认无误后，方能离岗。

7）塔机在使用中不得利用安全限制器停车；吊重物时不得调整起升、变幅的制动器；除专门设计的塔机外，起钩和变幅两套起升机构不应同时开动。

8）塔机的装拆必须是有资质的单位方能作业。拆装前，应编制专项的拆装方案并经企业技术主管负责人的审批同意后方能进行。同时要做好对装拆人员的交底和安全教育。

9）自升式塔机使用中的顶升加节工作，要有专人负责。塔机安装完后的验收和检测工作是必不可少的，顶升加节后的验收工作也应该严格执行。对塔机的垂直度、爬升套架、附着装置等都必须进行检查验收。

（2）平刨机

全国每年在木工平刨上被切去手指的事故高达数千起之多，而且刨去的手指都因无法进行断指再植而造成终身残废。

因此，预防尤为重要。可采取以下预防措施：

1）平刨在进入施工现场前，必然经过建筑安全管理部门验收，确认符合要求时，发给准用证或有验收手续方能使用。设备挂上合格牌；

2）平刨、电锯、电钻等多用联合机械在施工现场严禁使用；

3）手压平刨必须有安全装置，并在操作前检查机械各部件及安全防护装置是否松动或失灵，并检查刨刀锋利程度，经试车 1～3min 后，才能进行正式工作，如刨刃已钝，应及时调换；吃刀深度一般调为 1～2mm；

4）操作时左手压住木料，右手均匀推进，不要猛推猛拉，切勿将手指按于木料侧面，刨料时，先刨大面当作标准面，然后再刨小面；

5）在刨较短，较薄的木料时，应用推板去推压木料；长度不足 400mm，或薄且窄的小料不得用手压刨；两人同时操作时，须待料推过刨刃 150mm 以外，下手方可接拖；

6）操作人员衣袖要扎紧，不准戴手套；

7）施工用电必须符合规范要求，并定期进行检查。

（3）圆盘锯

安全要求是：锯片上方必须安装安全防护罩、挡板、松口刀，皮带传动处应有防护罩；锯片不得连续断齿 2 个，裂纹长度不超过 2cm、有裂纹则应在其末端冲出裂孔（阻止其裂纹进一步发展）；施工用电应符合要求，作保护接零，设置漏电保护器并确保有效；操作必须采用单向按钮开关，无人操作时断开电源。

预防措施是：

1）操作前应检查机械是否完好，电器开关等是否良好、熔丝是否符合规格，并检查锯片是否有断、裂现象，并装好防护罩，运转正常后方能投入使用；操作人员应戴安全防护眼镜，锯片必须平整，不准安装倒顺开关，锯口要适当，锯片要与主动轴匹配、紧牢，不得有连续缺齿。

2）操作时，操作者应站在锯片左面的位置，不应与锯片站在同一直线上，以防木料弹出伤人。

3）木料锯到接近端头时，应由下手拉料进锯，上手不得用手直接送料，应用木板推送；锯料时，不准将木料左右搬动或高抬；送料不宜用力过猛，遇木节要减慢进锯速度，以防木节弹出伤人。

4）锯短料时，应使用推棍，不准直接用手推，进料速度不得过快，下手接料必须使用刨钩；剖短料时，料长不得小于锯片直径的 1.5 倍，料高不得大于锯片直径的 1/3；截料时，截面高度不准大于锯片直径的 1/3。

5）锯线走偏，应逐渐纠正，不准猛扳；锯片运转时间过长，温度过高时，应用水冷却，直径 60cm 以上的锯片在操作中，应喷水冷却。

6）木料若卡住锯片时，应立即停车后处理。

7）用电应符合规范要求，采用三级配电二级保护，三相五线保护接零系统。定期进行检查，注意熔丝的选用，严禁采用其他金属丝作为代用品。

（4）手持电动工具

手持电动工具主要分为两类：电动旋转式手工具和电动冲击式手工具。

手持电动工具的主要安全隐患在电器方面，譬如：未设置保护接零和两级漏电保护器或保护失效；电动工具绝缘层破损而产生漏电；电源线和随机开关箱不符要求等。当这些安全隐患若未被发现和消除时，就会发生触电事故。因此，应严格管理，采取积极预防措施。

具体要求是：

1）使用前应先检查电源电压是否和电动工具铭牌上所规定的额定电压相符。长期搁置未用的电动工具，使用前还必须用 500V 兆欧表测定绕组与机壳之间的绝缘电阻值，应不得小于 7MΩ，否则必须进行干燥处理，操作人员应了解所用电动工具的性能和主要结构，操作时要思想集中，站稳，使身体保持平衡，并不得穿宽大的衣服，不戴纱手套，以免卷入工具的旋转部分；使用电动工具时，操作者所使用的压力不能超过电动工具所允许的限度，切忌单纯求快而用力过大，致使电机因超负荷运转而损坏；另外，电动工具连续使用的时间也不宜过长，否则微型电机容易过热损坏，甚至烧毁，一般电动工具在使用2h 左右即需停止操作，待其自然冷却后再行使用。

2）电动工具在使用中不得任意调换插头，更不能不用插头，而将导线直接插入插座内。当电动工具不用或需调换工作头时，应及时拔下插头，但不能拉着电源线拔下插头。插插头时，开关应在断开位置，以防突然起动。

3）使用过程中要经常检查，如发现绝缘损坏，电源线或电缆护套破裂，接地线脱落，插头插座开裂，接触不良以及断续运转等故障时，应即修理，否则不得使用；移动电动工具时，必须握持工具的手柄，不能用拖拉橡皮软线来搬动工具，并随时注意防止橡皮软线擦破、割断和轧坏现象，以免造成人身事故。

4）电动工具不适宜在含有易燃、易爆或腐蚀性气体及潮湿等特殊环境中使用，并应存放于干燥、清洁和没有腐蚀性气体的环境中。对于非金属壳体的电机、电器，在存放和使用时应避免与汽油等溶剂接触。

（5）搅拌机

搅拌机易发生事故的安全隐患主要有以下几个方面：机械设备本身在安装时防护装置上存在问题，造成对操作人员的伤害；临时施工用电不符规范要求，缺少漏电保护或保护失效，而造成触电事故；施工人员违反操作规程，违章作业而造成对人体的伤害等。为此，提出相关的基本安全要求如下：

1）安装之地方应平整夯实，机械安装要平稳牢固；各类搅拌机（除反转出料搅拌机外），均为单向旋转进行搅拌，因此在接电源时应注意搅拌筒转向要符合搅拌机上的箭头方向。

2）开机前，先检查电气设备的绝缘和接地是否良好（如采用保护接地时），皮带轮保护罩是否完整。

3）工作时，机械应先启动进行试运转，待机械运转正常后再加料搅拌，要边加料边加水，若遇中途停机停电时，应立即将料卸出；不允许中途停机后，再重载启动。

4）砂浆搅拌机加料时，不准用脚踩或用铁锹、木棒往下拨、刮拌合筒口，工具不能碰撞搅拌叶，更不能在转动时，把工具伸进料斗里扒浆；搅拌机料斗下方不准站人，起斗停机时，必须挂上安全钩。

5）常温施工时，机械应安放在防雨棚内。

6）非操作人员，严禁开动机械。

7）操作手柄应有保险装置。

8）料斗应有保险挂钩。

9）临时施工用电应做好保护接零，配备漏电保护器，具备三级配电两级保护。

10）搅拌机的传动部位应设置防护罩；搅拌机安全操作规程应上墙，明确设备责任定期进行安全检查、设备维修和保养。

（六）电焊

电焊是利用电能转换为热能来加热金属使局部熔化的焊接方法。手工电弧焊就是利用电弧放电时产生的热量熔化焊条和焊件，从而获得牢固接点的焊接进程。

手工电弧焊操作者接触电的机会比较多，在更换焊条时，手要与电极接触，电器装置有了毛病，防护用品有缺陷及违反操作规程等，都有可能发生触电事故。尤其是在容器内（或大直径管道）工作时，因四周都是金属导体，所以，触电的危险性更大。

焊条及焊件在焊接电弧高温作用下，将会发生物质蒸发、凝结和气化，并产生大量烟尘，同时还会产生臭氧、氮氧化物等有毒气体，在通风条件差的情况下长期工作，会使人中毒。弧光中的紫外线和红外线，会引起眼睛和皮肤疾病。

电弧焊接过程中，还会引起爆炸和火灾事故，原因是：电焊机、电气线路有毛病，附近堆放有易燃易爆物品，对装过燃料容器或管道的焊补防爆措施执行不当等。

为了防止事故的发生，除按规定穿戴防护工作服，防护手套和绝缘鞋外，还应保持干燥和清洁。操作过程应注意下面几方面问题：

（1）焊接工作开始前，应首先检查焊机和工具是否完好和安全可靠，如焊钳和焊接电缆的绝缘是否有损坏的地方，焊机的外壳接地和焊机的各接线点接触是否良好；不允许未进行安全检查就开始操作。

（2）在狭小空间、船仓、容器和管道内工作时，为防止触电，必须穿绝缘鞋，脚下垫有橡胶板或其他绝缘衬垫；最好两人轮换工作，以便互相照看，否则就需有一名监护人员，随时注意操作人的安全情况，一遇有危险情况，就可立即切断电源进行抢救。

（3）身体出汗后而使衣服潮湿时，切勿靠在带电的钢板或工件上，以防触电。

（4）工作地点潮湿时，地面应铺有橡胶板或其他绝缘材料。

（5）更换焊条一定要戴皮手套，不要赤手操作。

（6）在带电情况下，为了安全，焊钳不得夹在腋下去搬被焊工件或将焊接电缆挂在脖颈上。

（7）推拉闸刀开关时，脸部不允许直对电闸，以防止短路造成的火花烧伤面部。

（8）下列操作，必须切断电源才能进行：

1）改变焊机接头时；

2）更换焊件需要改接二次回路时；

3）更换保险装置时；

4）焊机发生故障需进行检修时；

5）转移工作地点搬动焊机时；

6）工作完毕或临时离工作现场时。

（七）气焊与气割

火灾和爆炸是气焊与气割的主要危险。气焊与气割所用的能源乙炔、液化石油气、氧气等都是易燃易爆气体；氧气瓶、乙炔发生器、乙炔瓶和液化石油气瓶等都属于压力容器。而在焊补燃料容器和管道时，还会遇到其他许多可燃易爆气体和各种压力容器。气焊与气割操作中需与危险物品和压力容器接触，同时又使用明火，如果焊接设备或安全装置有问题，或者违反安全操作规程，就容易造成火灾和爆炸事故。

在气焊火焰作用下，尤其是气割时氧气射流的喷射，使火星、铁成熔珠和熔渣等四处飞溅，容易造成灼烫伤事故。而且较大的熔珠、火星和熔渣等，能飞溅到距操作点 5m 以外的地方，引燃工作地周围的可燃物和易爆物品，而发生火灾和爆炸。登高的气焊与气割作业（如石油、化工、冶金、造船、建筑、桥梁等工程，以及设备与管道的安装和检修），存在着高处坠落以及落下的火星引燃地面的可燃物品等不安全因素。

气焊的火焰温度高达 3000℃以上，被焊金属在高温作用下蒸发成金属烟尘和有害的金属蒸气。如焊接铅、铜、铝、镁等有色金属及其合金以及锰钢时，除产生有毒金属蒸气外，焊粉还散发出氯盐和氟盐的燃烧产物。黄铜的焊接过程中会放散大量锌蒸气；铅的焊接过程中会放散出氧化铅蒸气等。在焊补操作中，还会沾到其他生产性毒物和有害气体，特别是在通风不良的狭小室内或容器管道里操作，极易造成焊工急性中毒工伤事故。

气焊与气割安全管理与预防措施是：

1. 气焊、气割操作人员属特殊工种人员，须经主管部门培训、考核，掌握操作技能和有关安全知识，发给操作证件，持证上岗作业，未经培训、考核合格者，不准上岗作业。

2. 焊接压力容器和管道，须持有压力容器焊接操作合格证；焊补储存过易燃、易爆物品的容器和管道，应遵守置换动火的有关规定。

3．焊补带压力的易燃、易爆物品的容器和管道，应遵守带压不置换动火的有关规定。

4．乙炔发生器、乙炔气瓶、液化石油气瓶距明火的水平距离不得小于10m。乙炔发生器、乙炔气瓶、液化石油气瓶与氧气瓶的水平距离不得小于5m，其周围禁止烟火。

5．严禁用高压纯氧吹扫、疏通可燃气胶管，必须疏通时，应采用压缩空气，空气压力不得大于0.3MPa，冬季可燃气胶管发生冻结时，应用温水解冻。

6．工作中如需调整可燃气或氧气的压力时、必须先将焊、割炬的进气阀门全部关闭，待调好后，再重新点火使用，禁止带火焰调整，防止因气源压力与流速的波动引起回火事故，中压乙炔发生器应每三年进行一次水压试验。试验压力为0.3MPa，持续5min。

7．施工现场焊、割作业须执行"用火证制度"，并要切实做到用火有措施、灭火有准备，施焊时有专人看火；施焊完毕后，要留有充分时间观察，确认无复燃的危险后，方可离去。

（八）临时用电

建筑施工的触电伤亡事故占事故类别第二位，仅次于高处坠落。为确保建筑施工用电的安全生产，必须建立健全安全用电的规章制度，既要有安全用电的组织措施，又要有相应的技术管理措施。

有效的组织措施主要包括：

1．建立临时用电施工组织设计和安全用电技术措施的编制、审批制度，并建立相应的技术档案。

2．建立技术交底制度，向专业电工、各类用电人员介绍临时用电施工组织设计和安全用电技术措施的总体意图、技术内容和注意事项，并应在技术交底文字资料上履行交底人和被交底人的签字手续，注明交底日期。

3．建立安全检测制度，从临时用电工程竣工开始，定期对临时用电工程进行检测，主要内容是：接地电阻值，电气设备绝缘电阻值，漏电保护器动作参数等，以监视临时用电工程是否安全可靠，并做好检测记录。

4．建立电气维修制度，加强日常和定期维修工作，及时发现和消除隐患，并建立维修工作记录，记载维修时间、地点、设备、内容、技术措施、处理结果、维修人员、验收人员等。

5．建立工程拆除制度，建筑工程竣工后，临时用电工程的拆除应有统一的组织和指挥，并须规定拆除时间、人员、程序、方法、注意事项和防护措施等。

6．建立安全检查和评估制度。施工管理部门和企业要按照JGJ59—99《建筑施工安全检查评分标准》定期对现场用电安全情况进行检查评估。

7．建立安全用电责任制，对临时用电工程各部位的操作、监护、维修分片、分块、分机落实到人，并辅以必要的奖惩。

8．建立安全教育和培训制度；定期对专业电工和各类用电人员进行用电安全教育和培训，凡上岗人员必须持有劳动部门核发的上岗证书，严禁无证上岗。

9．技术预防措施包括：施工组织设计时要根据电气设备的用电量正确选择导线截面，从理论上杜绝线路过负荷使用，保护装置要认真选择，当线路上出现长期过负荷时，能在规定时间内动作保护线路。

10．导线架空敷设时其安全间距必须满足规范要求，当配电线路采用熔断器作短路保

94

护时，熔体额定电流一定要小于电缆或穿管绝缘导线允许载流量的 2.5 倍，或明敷绝缘导线允许载流量的 1.5 倍，经常教育用电人员正确执行安全操作规程，避免作业不当造成火灾；电气操作人员要认真执行规范，正确连接导线，接线柱要压牢、压实，各种开关触头要压接牢固，铜铝连接时要有过渡端子，多股导线要用端子或涮锡后再与设备安装，以防加大电阻引起火灾。

11. 配电室的耐火等级要大于三级，室内配置砂箱和绝缘灭火器；严格执行变压器的运行检修制度，按季度每年进行四次停电清扫和检查。

12. 施工现场内严禁使用电炉子，使用碘钨灯时，灯与易燃物间距要大于 30cm，室内不准使用功率超过 100W 的灯泡，严禁使用床头灯。

13. 存放易燃气体、易燃物仓库内的照明装置一定要采用防爆型设备，导线敷设、灯具安装、导线与设备连接均应满足有关规范要求。

14. 配电箱、开关箱内严禁存放杂物及易燃物体，并派专人负责定期清扫。

15. 设有消防设施的施工现场，消防泵的电源要由总箱中引出专用回路供电，而且此回路不得设置漏电保护器，当电源发生接地故障时可以设单相接地报警装置，有条件的施工现场，此回路供电应由两个电源供电，供电线路应在末端可切换。

（九）毒物

主要包括锰、苯等。

1. 防止锰中毒的预防措施有：

集中焊接场所，可以采取机械抽风系统，即在每个焊接作业点上方设置吸烟尘罩，将锰烟尘吸入支管道，再输入总管道，经过过滤净化后再进行排放；

现场焊接作业场狭小，流动频繁，每次焊接作业时间短，难以设置移动排毒设备，装置焊接时应选择上风方向进行操作，以减少锰烟尘的危害。

2. 防苯毒的技术措施有：

（1）通风不良的车间、地下室、污水池内涂刷各种防腐涂料或环氧树脂玻璃钢等作业，必须根据场地大小，采取多台抽风机把苯等有害气体抽出室外，以防止急性苯中毒。

（2）施工现场油漆配料房，应改善自然通风条件，减少连续配料时间，防止发生苯中毒和铅中毒。

（3）涂刷冷沥青，凡在通风不良的场所或容器内涂刷冷沥青时，必须采取机械送风、送氧及抽风措施，不断稀释空气中的毒物浓度，如果只送风不抽风，就会形成毒气"满溢"而无法排出，仍易中毒。

三、施工现场主要环境污染防治措施简介

（一）建筑噪声及其防治

1. 噪声源

建筑工地施工过程中及构件加工过程中，存在着多种无规律的音调和使人听之生厌的噪声。建筑行业噪声源较多而繁乱，归纳为以下四种：

（1）机械性噪声：即由机械的撞击、摩擦、敲打、转动等而发生的噪声。如：风钻、风铲，混凝土搅拌机，混凝土振动器，离心制管机，木材加工的带锯、圆锯、平刨，金属加工的车床，钢模板及钢窗校平等发生的噪声。

（2）空气动力性噪声，如：通风机、鼓风机、空气压缩机、铆枪、空气锤打桩机、电锤打桩机等发出的噪声。

（3）电磁性噪声，如：发电机、变压器等发出的噪声。

（4）爆炸性噪声，如：放炮作业过程中发出的噪声。

2.防止噪声污染的措施

（1）人为噪声的控制措施

施工现场提倡文明施工，建立健全控制人为噪声的管理制度。尽量减少人为的大声喧哗，增强全体施工人员防噪声扰民的自觉意识。

（2）强噪声作业时间的控制

凡在居民稠密区进行强噪声作业的，严格控制作业时间，晚间作业不超过 22 时，早晨作业不早于 6 时，特殊情况需连续作业（或夜间作业）的，应尽量采取降噪措施，事先做好周围群众的工作，并报工地所在的区、县环境保护局备案后方可施工。

（3）强噪声机械的降噪措施

1）牵扯到产生强噪声的成品、半成品加工、制做作业（如预制构件，木门窗制做等），应尽量放在工厂、车间完成，减少因施工现场加工制作产生的噪声。

2）尽量选用低噪声或备有消声降噪设备的施工机械。施工现场的强噪声机械（如：搅拌机、电锯、电刨、砂轮机等）要设置封闭的机械棚，以减少强噪声的扩散。

（4）加强施工现场的噪声监测

加强施工现场环境噪声的长期监测，采取专人监测、专人管理的原则，根据测量结果填写建筑施工场地噪声测量记录表，凡超过《施工场界噪声限值》标准的，要及时对施工现场噪声超标的有关因素进行调整，达到施工噪声不扰民的目的。

（二）建筑废水及其防治

1.搅拌机的废水排放控制

凡在施工场地进行搅拌作业的，必须在搅拌机前台及运输车清洗处设置沉淀池。排放的废水要排入沉淀池内，经二次沉淀后，方可排入市政污水管线或回收用于洒水降尘。未经处理的泥浆水，严禁直接排入城市排水设施和河流。

2.现制水磨石作业污水的排放控制

施工现场现制水磨石作业产生的污水，禁止随地排放。作业时严格控制污水流向，在合理位置设置沉淀池，经沉淀后方可排入市政污水管线。

3.食堂污水的排放控制

施工现场临时食堂，要设置简易有效的隔油池，产生的污水经下水管道排放要经过隔油池。平时加强管理，定期掏油，防止污染。

4.油漆油料库的防渗漏控制

施工现场要设置专用的油漆油料库，油库内严禁放置其他物资，库房地面和墙面要做防渗漏的特殊处理，储存、使用和保管要专人负责，防止油料的跑、冒、滴、漏、污染水体。

5.禁止将有毒有害废弃物用作土方回填，以免污染地下水和环境

（三）建筑施工现场防大气污染措施

1.施工现场防扬尘措施

（1）高层或多层建筑清理施工垃圾，使用封闭的专用垃圾道或采用容器吊运，严禁随

意凌空抛撒造成扬尘。施工垃圾要及时消运，消运时，适量洒水减少扬尘。

（2）拆除旧建筑物时，应配合活水，减少扬尘污染。

（3）施工现场要在施工前做好施工道路的规划和设置，可利用设计中永久性的施工道路。如采用临时施工道路，基层要夯实，路面铺垫焦渣、细石，并随时洒水，减少道路扬尘。

（4）散水泥和其他易飞扬的细颗粒散体材料应尽量安排库内存放，如露天存放应采用严密苦盖，运输和卸运时防止遗洒飞扬，以减少扬尘。

（5）生石灰的熟化和灰上施工要适当配合洒水，杜绝扬尘。

（6）在规划市区、居民稠密区，风景游览区、疗养区及国家规定的文物保护区内施工，施工现场要制定洒水降尘制度，配备专用洒水设备及指定专人负责，在易产生扬尘的季节，施工场地采取洒水降尘。

2．搅拌站的降尘措施

（1）在城区内施工，要使用商品混凝土，减少搅拌扬尘。

（2）在城区外施工，搅拌站要搭设封闭的搅拌棚，搅拌机上设置喷淋装置（如 JW-1 型搅拌机雾化器）方可进行施工。

【例 5-1】（表 5-9）

施工现场危险源识别、评价结果一览表（示例）　　　　　表 5-9

（按作业活动分类编制）

序	施工阶段	作业活动	危　险　源	可能导致事故	风险级别	现有控制措施
171	基坑施工	土方机械	推土时刀片超出边坡	机具伤害	一　般	BD
172	基坑施工	土方机械	铲运机行驶时驾驶室外载人	机具伤害	一　般	BCD
173	基坑施工	土方机械	多台铲运机同时作业时未空开安全距离	机具伤害	一　般	BD
174	基坑施工	土方机械	铲斗或叉子上有人员站立	机具伤害	一　般	BD
175	基坑施工	土方机械	两台以上压路机作业距离在 3m 内	机具伤害	一　般	BD
176	结构施工	钢筋工程	断料、配料、弯料在高空进行	触　电	一　般	BD
177	结构施工	钢筋工程	钢筋搬运场所附近有障碍	物体打击	一　般	BD
178	结构施工	钢筋工程	钢筋搬运场所附近有架空线路临时用电器	触　电	一　般	DE
179	结构施工	钢筋工程	钢筋回转碰到电线	触　电	一　般	DE
180	结构施工	钢筋工程	绑扎悬空大梁站在模板上操作	高处坠落	重　大	DE
181	结构施工	钢筋工程	绑扎独立柱头时站在钢箍上操作	高处坠落	一　般	BD
182	结构施工	钢筋工程	用木料、管子、钢模板穿在钢箍内做立人板	高处坠落	一　般	BD
183	结构施工	钢筋工程	起吊钢筋时下方站人	物体打击	一　般	BD
184	结构施工	钢筋工程	钢筋在吊运中未降到 1m 就靠近	物体打击	一　般	BD
185	结构施工	钢筋工程	吊钢筋规格长短不一	物体打击	一　般	BD
186	结构施工	钢筋工程	吊钢筋一点吊	物体打击	一　般	BD
187	结构施工	钢筋工程	钢筋机械无验收合格手续	机具伤害	一　般	BD
188	结构施工	钢筋工程	锯盘传动装置无安全防护	机具伤害	一　般	BD
189	结构施工	钢筋工程	钢筋机械无保护接零	触　电	一　般	BD
190	结构施工	钢筋工程	钢筋机械无漏电保护器	触　电	一　般	BD

序	施工阶段	作业活动	危 险 源	可能导致事故	风险级别	现有控制措施
191	结构施工	钢筋工程	切割机无火星挡板	火灾和爆炸	一般	BD
192	结构施工	钢筋工程	切割机附近堆放易燃物品	火灾和爆炸	一般	DE
193	结构施工	钢筋工程	钢筋机械无人操作不切断电源	触电	一般	BD
194	结构施工	钢筋工程	操作台上钢筋头不清理	其他伤害	一般	BD
195	结构施工	钢筋工程	钢筋成品堆放过高	坍塌	一般	BD

注：A.制定目标、指标和管理方案；B.制定管理程序；C.培训与教育；D.制定应急预案；E.加强现场监督检查。

【例5-2】（表5-10）

施工现场危险源识别、评价、控制策划结果一览表（示例）　　　表5-10

（按造成的危害分类编制）

序号	名称	序号	危 险 源	可能对安全产生的影响	可能性			严重性			综合得分	评价结果	策划结果
					可能	不太可能	几乎不太可能	严重	重大	一般			
					3	2	1	3	2	1			
一	高处坠落	1	脚手板不满铺	高处坠落	✓					✓	3	一般	检查
		2	脚手板材质不符合要求	破损、高坠		✓			✓		4	一般	检查
		3	脚手板有探头板	高坠		✓			✓		4	一般	检查
		4	脚手架外侧未设密目式安全网	高坠、物体打击			✓		✓		2	一般	检查
		5	脚手板施工层不设防护栏杆和挡脚板	高坠	✓					✓	3	一般	检查
		6	施工层以下不设水平封闭	缺乏高坠防护		✓		✓			6	重大	控制
		7	外架内侧悬空时,内立杆不进行封闭	高坠		✓		✓			6	重大	严格控制
		8	架体上下无通道	攀爬失稳而高坠		✓			✓		4	一般	检查
		9	安全网规格、材质不符合要求	物打及高坠		✓				✓	2	一般	检查
		10	悬挑脚手架防护不严密	高坠	✓				✓		6	重大	控制
		11	作业层下无平网或其他措施防护	高坠无防护措施			✓		✓		2	重大	严格控制
		12	外架脚手积雪	高坠			✓	✓			3	一般	清扫
		13	外架脚手积冰、霜	高坠		✓			✓		4	一般	铺草包
		14	微雨时继续搭拆外架	高坠			✓	✓			3	一般	戴防滑手套胶鞋或停工
		15	深度超过2m的基坑施工无临边防护措施	高坠		✓		✓			6	重大	严格控制

【例5-3】（表5-11）

施工现场重大危险源和控制措施清单（示例）　　　　　　表 5-11

序	作业/活动/设施/场所		重 大 危 险 源	可能导致事故	控制措施
1	施工准备	施工环境	在安全距离内的输电线路未采取安全绝缘防护隔离措施	触　电	ADE
2	施工准备	施工环境	地下管线和地下障碍物未明或管线 1m 内机械挖土（电、水、煤、电话、光缆）	综合伤害	ADE
3	桩机施工	桩架组装移动验收	桩架的地基不平或承载力不够	机具伤害	ABD
4	桩机施工	灌注桩和其他沉桩工程	浇捣混凝土前孔口未加板加栏防护	高处坠落	BCD
5	挖土施工	井点降水	冲孔前未对地下障碍和空中管线做确认	触电和综合伤害	BCD
6	挖土施工	挖　土	挖土过程中土体产生裂缝	坍　塌	ADE
7	挖土施工	挖　土	基坑边堆土堆载超过规定要求	坍　塌	ABCD
8	挖土施工	凿桩工程	桩头露出超过 2m 还未进行凿除	物体打击	BD
9	结构施工	钢筋工程	绑扎悬空大梁时站在模板上操作	高处坠落	DE
10	结构施工	模板工程	现浇混凝土模板支撑系统无验收	坍　塌	BCD
11	结构施工	模板工程	模板物料集中超载堆放	坍　塌	DC
12	结构施工	模板工程	支拆模板在 2m 以上无可靠立足点	高处坠落	ABD
13	结构施工	模板工程	模板支撑在脚手上	坍　塌	BD
14	结构施工	模板工程	材料堆放高度超过码放规定	坍　塌	ABCD
15	安装装饰	油漆防水防腐工程	易燃易爆物施工无防火措施	火灾和爆炸	BD
16	安装装饰	射钉枪施工	使用射钉枪人体无固定措施	机具伤害	ABD
17	安装装饰	电焊气焊割施工	氧气乙炔无防止回火装置	火灾和爆炸	BD
18	安装装饰	吊　篮	吊篮无生命绳或生命绳无防磨损措施	高处坠落	ABD
19	安装装饰	强弱电	配电间内操作人员不带防护用品	触　电	ABD
20	施工全过程	脚手架	脚手架 7m 以上拉结少于规定的要求	坍　塌	BD
21	施工全过程	脚手架	脚手笆漏铺	高处坠落	ADC
22	施工全过程	脚手架	卸料平台支撑系统和脚手架相连	坍　塌	ABD
23	施工全过程	悬挑脚手	外挑杆件与建筑物结构连接不牢	高处坠落	BDE
24	施工全过程	悬挑脚手	挑梁作业人员不系安全带	高处坠落	BD
25	施工全过程	附着式升降脚手	框架焊接或螺栓连接不符合要求	高处坠落	ABDE

注：A、B、C、D、E 的说明同表 5-9 注。

【例5-4】（表5-12）

施工现场重大危险源控制目标和管理方案（示例）　　　　　　表 5-12

序	重大危险源	目　　标	技术和管理措施	责任部门	相关部门	完成时间
1	在安全距离内的输电线路未采取安全绝缘防护隔离措施	杜绝因安全防护绝缘未到位发生的触电事故	1. 勘察现场了解输电线路走向 2. 制定安全防护绝缘隔离搭设的专项方案和相应的作业指导书 3. 项目工程师和安全员进行交底、验收、日常检查	公司安全科、项目体	技术	项目开工前

序	重大危险源	目 标	技术和管理措施	责任部门	相关部门	完成时间
2	地下管线和地下障碍物未明或管线1m内机械挖土（电、水、煤、电话、光缆）	杜绝发生损坏地下管线的事故	1. 事先明确地下管线地下障碍物的走向 2. 制定详细的挖土专项方案和相应的作业指导书 3. 项目施工员安全员按照作业指导书检查控制	公司安全科、项目体	技术	项目开工前
3	桩架的地基不平或承载力不够	桩架倒塌事故为零	1. 事先核定所使用桩架的地耐力要求 2. 制定地基加固方案和措施 3. 平整桩架的地基 4. 严格按照方案和规范施工 5. 施工员安全员按照规范检查控制验收	公司安全科、项目体	技术	项目开工前
4	挖土过程中土体产生裂缝	基坑坍塌事故为零	1. 明确当地的土质条件 2. 制定基坑支护方案 3. 对基坑边坡进行位移的监察 4. 对工人进行安全交底和教育 5. 施工员安全员检查和记录	公司安全科项目体	技术	项目开工前
5	基坑边堆土堆载超过规定要求	基坑坍塌事故为零	1. 按照规范制定基坑边堆土堆载规定 2. 对相关人员进行交底 3. 施工员安全员检查控制	公司安全科项目体	技术	项目开工前
6	支拆模板在2m以上无可靠立足点	高处坠落事故为零	1. 制定模板支拆的安全防护措施和作业指导书 2. 对相关人员进行交底 3. 施工员安全员进行检查控制	公司安全科项目体	技术	项目开工前
7	材料堆放高度超过码放规定	坍塌事故为零	1. 按照有关规定制定材料堆放控制规定 2. 对现场材料堆放进行规划，对场地进行平整加固，堆放高度不得超过1.8m 3. 对相关施工人员进行交底 4. 材料员进行检查监督	公司材料科项目体	安全、技术	项目开工前

【例5-5】（表5-13）

施工现场不利环境因素识别、评价结果一览表（示例）

（按作业活动分类编制）   表5-13

序	施工阶段	作业活动	环 境 因 素	可能导致污染	影响级别	现有控制措施
1	基 础	桩机工程	打桩机械施工噪声	噪声污染	一 般	BCD

序	施工阶段	作业活动	环 境 因 素	可能导致污染	影响级别	现有控制措施
2	基 础	桩机工程	打入预制桩锤击噪声	噪声污染	严 重	ABCD
3	基 础	桩机工程	转孔灌注桩施工时的噪声	噪声污染	一 般	BCD
4	基 础	桩机工程	搅拌桩施工旋转转头灌入的摩擦噪声	噪声污染	一 般	BCD
5	基 础	桩机工程	泥浆泵运转时的噪声	噪声污染	一 般	BCD
6	基 础	桩机工程	泥浆池防漏措施不到位泥浆外泄	水土污染	一 般	BCD
7	基 础	桩机工程	泥浆外运时泄漏	水土污染	严 重	ABCDE
8	基 础	桩机工程	泥浆外运时违章倾倒	水土污染	一 般	BCD
9	基 础	桩机工程	沙袋等物品的外包装材料随意丢弃	固体废弃物污染	一 般	BCD
10	基 础	桩机工程	打桩机械的机油和燃料油泄漏	水土污染	一 般	BCD
11	基 础	桩机工程	打桩机械的润滑油泄漏	水土污染	一 般	BCD
12	基 础	桩机工程	打桩及配套机械的废料零件丢弃	固体废弃物污染	一 般	BCD
13	基 础	桩机工程	大型机械进退场运输时的扬尘	空气污染	一 般	BCD
14	基 础	桩机工程	运输期间的各种机械的油料的泄漏	水土污染	一 般	BCD
15	基 础	桩机工程	打桩机械的铺垫材料丢弃	固体废弃物污染	一 般	BCD
16	基 础	土石方施工	土石方机械施工的噪声	噪声污染	严 重	ABCD
17	基 础	土石方施工	空压机的使用时噪声	噪声污染	一 般	BCD
18	基 础	土石方施工	空压机使用和维修时油料泄漏	水土污染	一 般	BCD
19	基 础	土石方施工	挖土机械机油或燃料油的泄漏	水土污染	一 般	BCD
20	基 础	土石方施工	施工场地平整作业的扬尘	空气污染	严 重	ABCD
21	基 础	土石方施工	土方运输过程中的泥浆散落	水土污染	一 般	BCDE
22	基 础	土石方施工	土方或建筑垃圾外运泄漏	固体废弃物污染	严 重	ABCDE
23	基 础	土石方施工	土方机械燃料使用无节约措施	成本无法控制	一 般	BCD
24	基 础	土石方施工	基坑施工的集水井污水无处理排放	水土污染	一 般	BCD

注：A、B、C、D、E 的说明同表 5-9 注。

【例 5-6】（表 5-14）

施工现场重大不利环境因素和控制措施清单（示例）　　表 5-14

序	作业/活动/设施/场所		危害环境的因素	环境影响	控制措施	备注
1	基 础	桩机工程	打入预制桩锤击噪声	噪声污染	ABCD	
2	基 础	桩机工程	泥浆外运时泄漏	水土污染	ABCDE	
3	基 础	土石方施工	土石方机械施工的噪声	噪声污染	ABCD	
4	基 础	土石方施工	施工场地平整作业的扬尘	空气污染	ABCD	
5	基 础	土石方施工	土方或建筑垃圾外运泄漏	固体废弃物污染	ABCDE	
6	结 构	钢筋混凝土	钢筋装卸噪声	噪声污染	ABCDE	
7	结 构	钢筋混凝土	混凝土泵送时的噪声	噪声污染	ABCD	
8	结 构	钢筋混凝土	散包水泥搬运和使用产生的灰尘	空气污染	ABD	

序	作业/活动/设施/场所		危害环境的因素	环境影响	控制措施	备注
9	结 构	钢筋混凝土	混凝土搅拌进料时的粉尘	空气污染	BCD	
10	结 构	模板工程	钢模施工（支拆）噪声	噪声污染	BCD	
11	结 构	模板工程	木模板搭拆的噪声	噪声污染	BCD	
12	结 构	模板工程	木工车间内切割产生的粉尘	空气污染	BCDE	
13	结 构	模板工程	木工机械（圆锯）使用的噪声	噪声污染	BCDE	
14	结 构	脚手架	钢管脚手搭拆时的噪声	噪声污染	BCD	
15	装 饰	安装工程	电钻冲击钻使用噪声	噪声污染	BCD	
16	装 饰	安装工程	墙地砖和线槽等切割噪声	噪声污染	ABCD	
17	施工全过程	消防相关	油漆易燃材料仓库及作业面无防泄漏措施	空气污染	BDE	
18	施工全过程	机械设备	各类车辆行驶时的噪声以及随意鸣号	噪声污染	ABCD	
19	施工全过程	生活服务	食堂油库无防泄漏措施	水土污染	BCD	
20	施工全过程	生活服务	排风机的使用噪声	噪声污染	BCD	
21	施工全过程	生活服务	食堂泔水排放无隔油池	水土污染	BCD	
22	施工全过程	生活服务	生活垃圾外运时遗洒	固体废弃物污染	BCD	
23	施工全过程	生活服务	生活用水电无节约措施	资源浪费	ABCDE	
24	施工全过程	生活服务	工地排水未作到二级沉淀三级排放	水土污染	BCD	
25	施工全过程	生活服务	纸张使用无节约措施	资源浪费	BCD	

注：A、B、C、D、E 的说明同表 5-9 注。

【例 5-7】（表 5-15）

施工现场重大不利环境因素和控制措施清单（示例）

（按环境影响分类编制）   表 5-15

序	重大环境因素	活动点/工序/部位	环境影响	时态/状态	管理方式
1	噪声的排放	施工机械：推土机、挖掘机、装载机、打桩机、打夯机、混凝土输送泵 运输设备：翻斗车 电动工具：电锯、压刨、空压机、切割机、混凝土振捣棒	影响人体健康、社区居民休息	现在/正常	运行控制程序
		脚手架装卸、安装与拆除	影响人体健康、社区居民休息	现在/正常	运行控制程序
		模板支拆、清理与修复	影响人体健康、社区居民休息	现在/正常	运行控制程序
2	粉尘的排放	施工场地平整作业、土堆、砂堆、石灰、现场路面、进出车辆车轮带泥砂、水泥搬运、混凝土搅拌、木工房锯末	污染大气、影响居民身体健康	现在/正常	环境管理方案运行控制程序
3	运输的遗洒	现场渣土、商品混凝土、生活垃圾、原材料运输当中	污染路面、影响居民生活	现在/异常	环境管理方案运行控制程序

【例 5-8】 （表 5-16）

施工现场重大不利环境因素控制目标、指标和管理方案（示例） 表 5-16

序	重大环境因素	目标	指标	技术和管理措施	责任部门	相关部门	完成时间
1	打入预制桩锤击噪声	噪声排放达标	打桩施工昼间＜85dB，夜间禁止施工	1. 对于敏感部位或有特殊要求的工程施工前有降噪措施 2. 合理安排施工的时间	公司安全科、项目体	工程、技术	打桩施工前
2	泥浆外运时泄漏	外运无泄漏	无重大投诉	1. 外运时大门口铺设草袋 2. 采用全封闭的泥浆运输车	公司安全科、项目体	工程、技术	整个施工阶段
3	土石方机械施工的噪声	噪声排放达标	土方施工，昼间＜75dB，夜间＜55dB	1. 对于敏感部位或有特殊要求的工程施工前有降噪措施 2. 合理安排施工的时间 3. 加强机械设备的保养	公司安全科、项目体	工程、技术	土方施工前
4	施工场地平整作业的扬尘	现场无扬尘	无重大投诉	1. 平整前对施工场地进行撒水防尘 2. 外运车辆做好防尘遮盖 3. 不外运的作好遮盖措施	公司安全科、项目体	工程、技术	整个施工阶段
5	土方或建筑垃圾外运泄漏	外运无泄漏	无重大投诉	1. 外运时大门口铺设草袋 2. 外运车辆做好防尘遮盖	公司安全科、项目体	工程、技术	整个施工阶段
6	钢筋装卸噪声	噪声排放达标	结构施工昼间＜75dB，夜间＜55dB	1. 对于敏感部位或有特殊要求的工程施工前有降噪措施 2. 合理安排施工的时间 3. 教育工人要轻卸轻放	公司材料科、项目体	安全、技术	整个施工阶段
7	混凝土泵送时的噪声	噪声排放达标	结构施工昼间＜70dB，夜间＜55dB	1. 对于敏感部位或有特殊要求的工程施工前有降噪措施 2. 合理安排施工的时间 3. 加强机械设备的保养	公司安全科、项目体	工程、技术	整个施工阶段
8	散包水泥搬运和使用产生的灰尘	现场无扬尘	无重大投诉	1. 设置封闭式的水泥库 2. 进库时轻卸轻放避免散包状况发生 3. 已散包的水泥及时灌袋封口堆放 4. 库内散落水泥及时清扫、归堆、灌袋、称量。避免产生灰尘	公司材料科、项目体	安全、技术	整个施工阶段

第六章　安全环保法律法规和标准规范

第一节　法律基本知识

一、法规的概念

安全生产法规，是指国家关于改善劳动条件，实现安全生产，为保护劳动者在生产过程中的安全和健康而制定的各种法律、法规、规章和规范性文件的总和，是必须执行的法律规范。法律规范一般可分技术规范和社会规范两大类。

技术规范，是指人们关于合理利用自然力、生产工具、交通工具和劳动对象的行为准则。比如：操作规范、标准、规程等。

社会规范，是指调整人与人之间社会关系的行为准则。

安全技术规范是指强制性的标准。因为，违反规范、规程造成事故，往往会给个人和社会带来严重危害。为了有利于维护社会秩序和工作秩序，把遵守安全技术规范确定为法律义务，有时把它直接规定在法律文件中，使之具有法律规范性质。

二、我国立法体制

关于立法体制，我国现行宪法作了基本界定，确立了立法体制的框架，《地方各级人民代表大会和地方各级人民政府组织法》和《中华人民共和国立法法》作了进一步的界定，这就是：

——全国人大及其常委会行使国家立法权，制定法律；

——国务院根据宪法和法律制定行政法规；

——省、自治区、直辖市人大及其常委会在不同宪法、法律、行政法规相抵触的前提下制定地方性法规；

——民族自治地方的人大有权制定自治条例和单行条例，分别报上级人大常委会批准；

——国务院部委可以根据法律、行政法规制定规章。

——较大的市（包括省、自治区人民政府所在地的市、经济特区所在地的市、经国务院批准的较大的市）人大及其常委会根据本市的具体情况和实际需要，在不同宪法、法律、行政法规和本省、自治区的地方性法相抵触的前提下，可以制定地方性法规，报省、自治区人大常委会批准后施行；

——省、自治区、直辖市人民政府以及省、自治区人民政府所在地的市和经国务院批准的较大的市的人民政府，可以根据法律、行政法规和本省、自治区的地方性法规，制定规章。

三、我国法规的制定和发布

（一）法律

我国法律的制定权是全国人大及其常委会。

我国法律由国家主席签署主席令予以公布。其中，主席令载明了法律的制定机关、通过日期和施行日期。在全国人大及其常委会通过法律的当天，国家主席就签署主席令予以公布。

关于法律的公布方式，《立法法》明确规定法律签署公布后，应及时在全国人大常委会公报和全国范围内发行的报纸上刊登。

（二）行政法规

行政法规，是指由国务院制定的有关的各类条例、办法、规定、实施细则、决定等。

行政法规的制定权是国务院，行政法规由总理签署国务院令公布。其中，国务院令载明了行政法规的制定机关、通过日期、发布日期和施行日期。

关于行政法规的公布方式，《立法法》明确规定行政法规签署公布后，应及时在国务院公报和在全国范围内发行的报纸上刊登。

（三）地方性法规

地方性法规的制定权是：

——省、自治区、直辖市人大及其常委会；

——较大的市的人大及其常委会。

地方性法规的公布分为以下三种情况：

——省、自治区、直辖市人大制定的地方性法规由大会主席团发布公告予以公布；

——省、自治区、直辖市人大常委会制定的地方性法规由常委会发布公告予以公布；

——较大的市的人大及其常委会制定的地方性法规由常委会发布公告予以公布。

地方性法规发布令中一般都载明地方性法规的名称、通过机关、通过日期、生效日期等内容，经上级人大常委会批准的地方性法规，还同时注明批准机关的名称和批准时间。

关于地方性法规的公布方式，《立法法》明确规定地方性法规签署公布后，应及时在本级人大常委会公报和在本行政区域范围内发行的报纸上刊登。

（四）规章

规章的制定权是：

——国务院各部、委员会、具有行政管理职能的直属机构；

——省、自治区、直辖市和较大的市的人民政府。

规章的发布分为以下两种情况：

——部门规章由部门首长签署命令予以公布；

——地方政府规章由省长或者自治区主席或者市长签署命令予以公布。

关于规章的公布方式，《立法法》明确规定：

——部门规章签署公布后，应及时在国务院公报或者部门公报和在全国范围内发行的报纸上刊登；

——地方政府规章签署公布后，应及时在本级人民政府公报或者部门公报和在本行政区域范围内发行的报纸上刊登。

（五）规范性文件

规范性文件发文权是：

——国务院及其各部委员会；

——省、自治区、直辖市政府各厅（局）、委员会等政府管理部门。

规范性文件一般以"通知"、"规定"的形式出现。

国务院行政法规、地方性法规、规章和规范性文件均是法律的必要补充或具体化。

经我国批准生效的国际公约，如《建筑安全卫生公约》（第167号公约）是我国法规形式的组成部分。国际公约，是国际安全环保法律法规的一种形式，它不是由国际组织直接实施的法律规范，而是采用给会员国批准，并由会员国作为制定国内安全环保法依据的公约文本。国际公约经国家权力机关批准后，批准国采取必要的措施使该公约发生效力，并负有实施已批准的公约的国际法义务。

我国职业健康安全法规体系如图6-1所示。

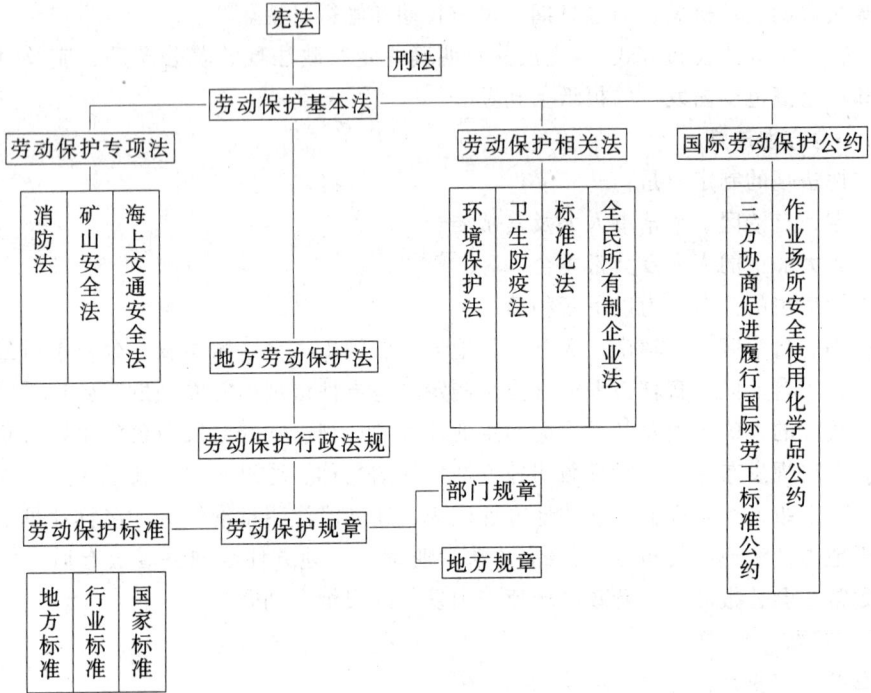

图 6-1　我国职业健康安全法规体系

我国环境保护法规体系如图6-2所示。

附录2给出了施工现场主要适用安全环保法律法规、标准规范目录，供项目经理部根据实际需要选用时参考。

四、法规效力

在我国，宪法具有最高法律效力，一切法律、行政法规、地方性法规、自治条例、规章、规范性文件都不得同宪法相抵触。

在宪法之下，各种法规在效力上是有层次之分的，上一层次的法规高于下一层次的法规。法规的层次划分如表6-1所示。

法规层次划分　　　　　　　　　　　　　　　　　　　表6-1

层　　次	法　　规	层　　次	法　　规
第一层次	法　律	第四层次	规　章
第二层次	行政法规	第五层次	规范性文件
第三层次	地方性法规		

宪法

环境保护基本法

环保专项法　　环保资源法　　环保相关法　　国际环保公约

环保专项法：
- 水污染防治法
- 大气污染防治法
- 固体废弃物污染环境防治法
- 海洋环境保护法
- 噪声污染防治法

环保资源法：
- 野生动物保护法
- 草原法
- 土地法
- 渔业法
- 森林法
- 矿产资源法

环保相关法：
- 城市规划法
- 卫生防疫法
- 文物保护法

国际环保公约：
- 巴塞尔公约
- 维也纳公约
- 联合国气候变化框架公约
- 保护生物多样性公约

环境保护行政法规

环保标准 —— 环保规章 ——— 部门规章
　　　　　　　　　　　　 ——— 地方规章

环保标准：
- 地方标准
- 行业标准
- 国家标准

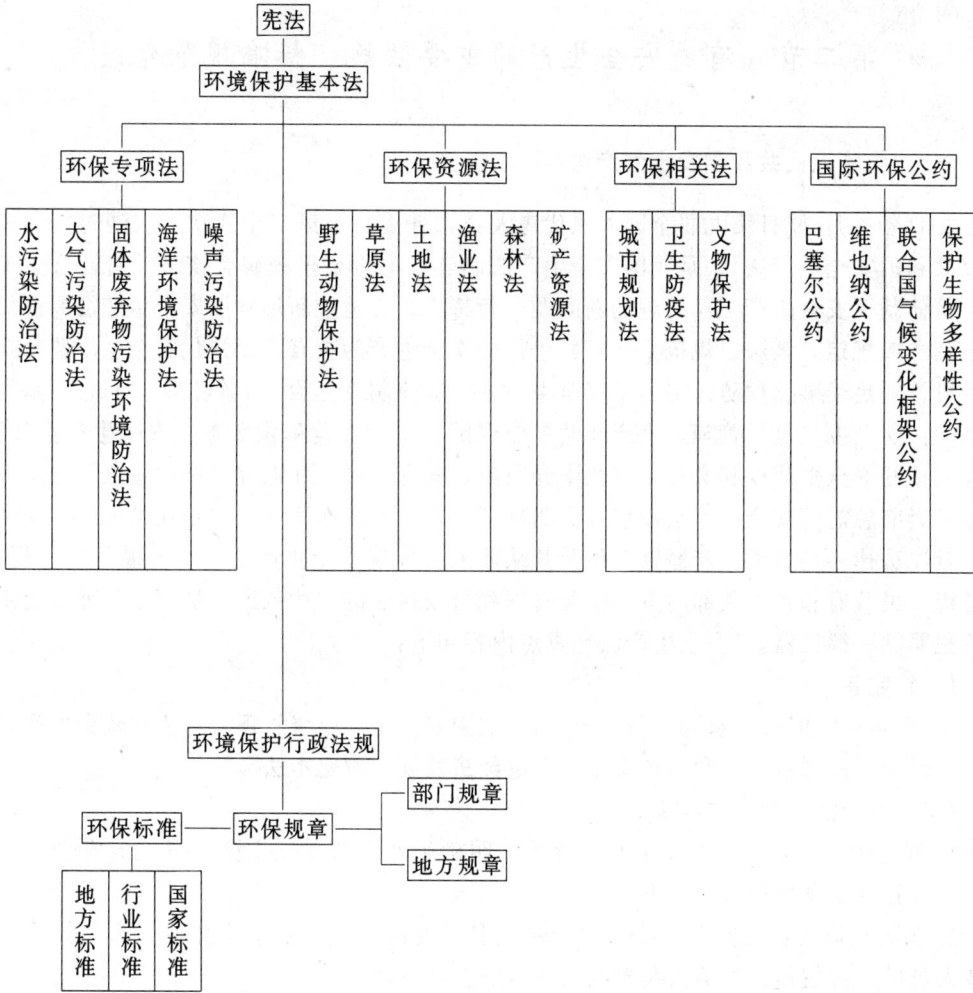

图 6-2　我国环境保护法规体系

关于法规的效力，具体来说有以下几个方面：

——法律的效力高于行政法规、地方性法规、规章；

——行政法规的效力高于地方性法规、规章；

——地方性法规的效力高于本级和下级地方政府的规章；

——省、自治区人民政府制定的规章的效力高于本行政区域内的较大的市的人民政府制定的规章；

——自治条例和单行条例、经济特区法规依法和根据授权对法律、行政法规、地方性法规作变通规定的，在本自治地方和经济特区适用自治条例和单行条例、经特区法规的规定；

——部门规章之间、部门规章与地方政府规章之间具有同等效力；

——地方性法规与部门规章之间无高低之分，但在一些必须由中央统一管理的事项方面，应以部门规章的规定为准；

——国务院及其各部委规范性文件效力高于地方政府厅（局）的规范性文件。

第二节　有关安全生产的重要法规、标准规范介绍

一、《中华人民共和国安全生产法》

2002 年 6 月 29 日第九届全国人民代表大会常务委员会第二十八次会议通过的《中华人民共和国安全生产法》，是我国安全生产法制建设的重要里程碑。该法针对社会主义市场经济体制下安全生产工作出现的新问题、新特点，为适应新形势下安全生产需要而做出一系列法律规定。该法以规范生产经营单位的安全生产为重点，以强化安全生产监督执法为手段，立足于事故预防，突出了安全生产基本法律制度建设，（该法确立了七项基本法律制度：安全生产监督管理、生产经营单位保障、生产经营单位负责人安全生产责任制、从业人员的安全生产权利义务、安全中介服务、安全生产责任追究、事故应急和处理等），制定了当前急需的安全生产法律规范，明确了安全生产法律责任。它是我国第一部安全生产综合性法律，是各类生产经营单位及其从业人员实现安全生产所必须遵循的法律规范，是各级人民政府和各有关部门进行监督管理和行政执法的法律依据，是制裁各种安全生产违法犯罪的法律武器。《安全生产法》重点内容如下：

（一）宗旨

《安全生产法》第一条开宗明义："为了加强安全生产监督管理，防止和减少生产安全事故，保障人民群众生命和财产安全，促进经济发展，制定本法"。

《安全生产法》的立法宗旨：

1. 规范生产经营单位的安全生产行为，明确生产经营单位主要负责人的安全生产责任，依法建立安全生产管理制度。

2. 明确从业人员在安全方面的权利和义务，规范从业人员安全作业行为，依法保护从业人员的合法权益，保障人民群众的人身安全和健康。

3. 明确各级人民政府的安全生产责任，依法加强安全生产监督管理，减少和防止生产安全事故。

4. 规范从事安全评价、咨询、检测、检验中介机构的行为，加强安全生产社会舆论媒体监督。

5. 依法建立生产安全事故应急救援体系，强化责任追究。

（二）法律地位

《安全生产法》第二条就适应范围作了明确规定，由此也确认了《安全生产法》的法律地位。《安全生产法》是安全生产的专门法律、基本法律，适用于中华人民共和国境内所有从事生产经营活动的单位的安全生产。《安全生产法》确立了安全生产的基本法律制度，适用于所有矿山、建筑、铁路、民航、交通等行业。消防安全和道路交通安全、铁路交通安全、水上交通安全、民用航空安全等法律、行政法规另有规定的，适用其规定；没有规定的，适用《安全生产法》。

（三）基本规范

1. 生产经营单位主要负责人安全生产责任

《安全生产法》第四条、第五条、第十六条、第十七条、第十八条对生产经营单位主

要负责人安全生产责任规定：生产经营单位负责人对本单位安全生产全面负责，建立健全安全生产责任制，组织制定安全生产规章制度和操作规程，保证安全生产投入，督促检查安全生产工作，及时消除生产安全事故隐患，组织制定并实施生产安全事故应急救援预案，及时如实报告生产安全事故。

2. 职工安全培训和资质认证

《安全生产法》第二十条、第二十一条、第二十二条、第二十三条对职工安全培训的资质认证规定：生产经营单位从业人员必须经过安全生产教育和培训，未经安全生产教育和培训的，不得上岗作业。生产经营单位主要负责人和安全生产管理人员必须具备相应的安全生产知识和管理能力。危险物品的生产经营单位和矿山、建筑施工单位的主要负责人及安全生产管理人员必须经考核合格后方可任职。生产经营单位的特种作业人员必须经过专门培训，取得特种作业人员操作资格证书，方可上岗作业。

3. 安全设施的设计审查和竣工验收

《安全生产法》第二十五条、第二十六条、第二十七条对安全设施的设计审查和竣工验收规定：矿山建设项目和用于生产、储存危险物品的建设项目的安全设施设计必须报经有关部门审查同意；未经审查同意的，不得施工。矿山建设项目和用于生产、储存危险物品的建设项目竣工投入生产或使用前，其安全设施必须经有关部门验收，未经验收或者验收不合格的，不得投入生产或者使用。

（四）基础管理

1. 安全设备管理

《安全生产法》第二十九条对安全设备管理规定：安全设备的设计、制造、安装、使用、检测、维修、改造和报废，必须符合国家标准或者行业标准。生产经营单位必须对安全设备进行经常性维护、保养，并定期检测，保证正常运转。

2. 重大危险源安全管理

《安全生产法》第三十三条对重大危险源安全管理规定：生产经营单位必须对重大危险源登记建档，进行定期检测、评估、监控，并制定应急预案，告知从业人员和相关人员在紧急情况下的应急措施。规定生产经营单位应将危险源及相关安全措施、应急措施报安全生产监督管理部门和有关部门备案。

3. 交叉作业安全管理

《安全生产法》第四十条对交叉作业安全管理规定：两个以上生产经营单位在同一作业区域进行生产经营活动时，必须签订安全生产协议，明确各自的安全生产管理职责和应当采取的安全措施，指定专职安全生产管理人员进行监督检查和协调。

4. 承包租赁安全管理

《安全生产法》第四十一条对承包租赁安全管理规定：生产经营单位不得将生产经营场所、设备发包或者出租给不具备安全生产条件或者相应资质的单位或者个人。生产经营单位应当与承包单位、承租单位签订安全管理协议或者在承包、租赁合同中约定各自的安全生产管理内容，并对长租单位、承租单位的安全生产工作统一协调和管理。

（五）从业人员的安全生产权利和义务

《安全生产法》第六条、第四十四条、第四十五条、第四十六条、第四十七条、第四十八条、第四十九条、第五十条、第五十一条对从业人员的安全生产权利义务规定：从业人员有权了解其作业场所和工作岗位存在的危险因素、防范措施及事故应急措施；有权对安全工作提出建议；有权对存在的问题提出批评、检举和控告；有权拒绝违章指挥和强令冒险作业；有权在直接危及人身安全的紧急情况时停止作业或者在采取可能的应急措施后撤离作业场所。从业人员应当遵守安全生产规章制度和操作规程，服从管理，接受安全生产教育和培训。

（六）安全中介服务

《安全生产法》第二十条、第六十二条对安全中介服务规定：中介机构依照法律法规和执业准则的规定，接受生产经营单位的委托为其安全生产工作提供技术服务。承担安全评价、认证、检测、检验的机构应当具备国家规定的资质条件，并对其做出的结果承担法律责任。

（七）监督举报

《安全生产法》第六十四条、第六十五条、第六十六条对监督举报规定：任何单位和个人对事故隐患或者安全生产违法行为有权举报，新闻媒体有对违反法规的行为进行舆论监督的权利，国家对事故隐患和安全违法行为举报有功人员给予奖励。

（八）事故处理

1. 事故应急救援

《安全生产法》第六十八条、第六十九条对事故应急救援规定：县级以上人民政府应当制定特大事故应急救援预案，建立应急救援体系。危险物品生产经营单位以及矿山、建筑施工单位应当建立应急救援组织，配备必要的应急救援器材、设备，并经常进行维护、保养。

2. 事故报告和调查处理

《安全生产法》第七十条、第七十一条、第七十二条、第七十三条对事故报告和调查处理规定：生产经营单位发生事故，必须按规定报告安全生产监督管理部门和有关部门，不得隐瞒不报、谎报或者拖延不报。安全生产监督管理部门和有关部门按照有关规定逐级上报，并积极组织事故抢救。事故调查处理按照实事求是、尊重科学的原则和国家有关规定进行。

3. 生产安全事故信息和情况发布

《安全生产法》第七十六条对生产安全事故信息和情况发布规定：县级以上人民政府安全生产监督管理部门应当定期统计分析安全生产事故情况，并定期向社会公布。

4. 安全生产责任追究

《安全生产法》第十三条、第七十四条对安全生产责任追究规定：生产经营单位、生产经营单位主要负责人及其他有关责任人员对发生的生产安全事故或者其他安全生产违法行为，应当承担行政责任、民事责任和刑事责任。

（九）综合治理

1. 工会职权

《安全生产法》第七条、第五十二条规定：工会一发组织职工参加本单位安全生产工作的民主管理和民主监督，维护职工在安全生产方面的合法权益。工会有权对建设项目的安全设施与主体工程同时设计、同时施工、同时投入生产和使用进行监督，提出意见。工会对生产经营单位违反安全生产法律、法规，侵犯从业人员合法权益的行为，有权要求纠正；发现生产经营单位违章指挥、强令冒险作业或者发现事故隐患时，有权提出解决的建议，生产经营单位应当及时研究答复；发现危及从业人员生命安全的情况时，有权向生产经营单位建议组织从业人员撤离危险场所，生产经营单位必须立即做出处理。工会有权参加事故调查，向有关部门提出处理意见，并要求追究有关人员的责任。

2. 纪检监察部门职权

《安全生产法》第六十一条规定：监察机关依照行政监察法的规定，对负有安全生产监督管理职责的部门及其工作人员履行安全生产监督管理职责实施监察。

3. 新闻媒体职权

新闻、出版、广播、电影、电视等单位有进行安全生产宣传教育的义务，有对违反安全生产法律法规行为进行舆论监督的权利。

（十）安全生产监督检查

1. 政府职责

《安全生产法》第八条规定：国务院和地方各级人民政府应当加强对安全生产工作的领导，支持、督促各有关部门依法履行安全生产监督管理职责。县级以上人民政府对安全生产监督管理中存在的重大问题应当及时予以协调、解决。

2. 安全生产监督管理部门实施综合监督管理职责

《安全生产法》第九条规定：国务院负责安全生产监督管理的部门依照本法，对全国安全生产工作实施综合监督管理；县级以上地方各级人民政府负责安全生产监督管理的部门依照本法，对本行政区域内安全生产工作实施综合监督管理。

3. 有关部门在各自职责范围内实施监督管理职责

(1)《安全生产法》第九条规定：国务院有关部门依照本法和其他有关法律、行政法规的规定，在各自的职责范围内对有关的安全生产工作实施监督管理；县级以上地方人民政府有关部门依照本法和其他有关法律、法规的规定，在各自的职责范围对有关的安全生产工作实施监督管理。

(2)《安全生产法》第十条规定：国务院有关部门应当按照保障安全生产的要求，依法及时制定有关的国家标准或者行业标准，并根据科技进步和经济发展适时修订。生产经营单位必须执行依法制定的保障安全生产的国家标准或者行业标准。

4. 安全生产监督检查内容、方式、程序和手段

上述内容，在《安全生产法》第五十四条、第五十五条、第五十六条、第五十八条、第五十九条中均作了详细规定。

《安全生产法》十大内容，主要是强调各方应尽职责，同时对权利和义务也作了明确规定，如有违背，则要承担相应法律责任。

二、《中华人民共和国建筑法》

1997 年 11 月 1 日第八届全国人民代表大会常务委员会第二十八次会议通过《中华人民共和国建筑法》的颁布实施，为建筑施工行业及其主管部门搞好安全工作，依法加强安全管理提供了重要的法律武器；为维护广大职工的合法权益提供了重要的法律依据。

《建筑法》的颁布实施，为建筑施工行业及其主管部门贯彻"安全第一、预防为主"的方针，处理好建设行政主管部门和安全生产监察部门管理职责分工关系；处理好"扰

民"和"民扰"关系；落实建设单位、设计单位、施工企业安全生产责任制；加强建筑施工的四个环节：即施工前、施工作业、施工现场的安全管理，以及一旦发生事故如何处理；建立健全安全生产基本制度，即：安全生产责任制度、群防群治制度、安全生产教育培训制度、意外伤害保险制度、伤亡事故报告制度做出了法律上的规定。

（一）《建筑法》确立了九项制度来规范对建筑施工安全生产的管理

《建筑法》对建筑工程安全生产管理必须坚持"安全第一、预防为主"的方针，建立健全安全生产责任制度和群防群治制度，作了总的规定，以规范建筑市场行为为起点，以建设工程质量和安全为主线，不仅把保证质量和安全作为宣传的根本目的，而且还把确保质量和安全作为建筑活动的基本原则，主要确立了以下制度予以体现：

1. 承包方资质管理制度；

2. 建筑工程施工许可证制度；

3. 招标投标制度；

4. 禁止肢解发包和转包工程制度；

5. 建筑工程监理制度；

6. 工程质量监督管理制度；

7. 建筑安全生产管理制度（其中包括安全生产责任制度、群防群治制度、教育培训制度、意外伤害保险制度、伤亡事故报告制度）；

8. 竣工验收制度和保修制度；

9. 建筑工程质量责任制度。

建设工程安全是建筑施工的核心内容之一。建设工程安全既有建筑产品自身安全，也有其毗邻建筑物的安全，还包括施工人员人身安全。而建设工程质量最终是通过建筑物的安全和使用情况来体现的。因此，建筑活动的各个阶段、各个环节中，都紧扣建设工程的质量和安全加以规范，规定了建筑活动参与各方在保证建设工程质量和安全中的责任。

（二）《建筑法》对施工单位安全生产管理做出了十三项规定

1. 建筑工程安全生产管理必须坚持"安全第一、预防为主"的方针，建立健全安全生产的责任制度和群防群治制度。

2. 在编制施工组织设计时，应当根据建筑工程的特点制定相应的安全技术措施；对专业性较强的工程项目，应当编制专项安全施工组织设计，并采取安全技术措施。

3. 应当在施工现场采取维护安全、防范危险、预防火灾等措施；有条件的，应当对施工现场进行封闭式管理。

施工现场对毗邻的建筑物、构筑物和特殊作业环境可能造成损害的，应当采取安全防护措施。

4. 应当遵守有关环境保护安全生产的法律、法规的规定，采取控制和处理施工现场的各种粉尘、废气、废水、固体废物以及噪声、振动对环境的污染和危害的措施。

5. 必须依法加强对建筑安全生产的管理，执行安全生产责任制度，采取有效措施，防止伤亡和其他安全生产事故的发生。

建筑施工企业的法定代表人对本企业的安全生产负责。

6. 施工现场安全由建筑施工企业负责。实行施工总承包的，由总承包单位负责，服从总承包单位对施工现场的安全生产管理。

7.应当建立健全劳动安全生产教育培训制度，加强对职工安全生产的教育培训；未经安全生产教育培训的人员，不得上岗作业。

8.建筑施工企业和作业人员在施工过程中，应当遵守有关安全生产的法律、法规和建筑行业安全规章、规程，不得违章指挥或者违章作业。作业人员有权对影响人身健康的作业程序和作业条件提出改进意见，有权获得安全生产所需的防护用品。作业人员对危及生命安全和人身健康的行为有权提出批评、检举和控告。

9.必须为从事危险作业的职工办理意外伤害保险，支付保险费。

10.房屋拆除应当由具备保证安全条件的建筑施工单位承担，由建筑施工单位对安全负责。

11.施工的质量必须符合国家有关建筑工程安全标准的要求。

12.应当拒绝建设单位任何违反法律、行政法规和建筑工程质量、安全标准、降低工程质量的要求。

13.施工中发生事故时，应当采取紧急措施，减少人员伤亡和事故损失，并按国家有关规定，及时向有关部门报告。

三、《中华人民共和国劳动法》

1994年7月5日第八届全国人民代表大会常务委员会第八次会议通过的《中华人民共和国劳动法》共13章107条，其中涉及劳动保护安全生产的有3章21条，它们是：第6章劳动安全卫生（第52条至第57条）；第7章女职工和未成年工特殊保护（第58条至第65条）；第9章社会保险与福利（第70条至第76条）。以下介绍主要条款：

（一）第52条

"用人单位必须建立、健全劳动安全卫生制度，严格执行国家劳动安全卫生规程和标准，对劳动者进行劳动安全卫生教育，防止劳动过程中的事故，减少职业危害"。

本条对用人单位在劳动安全卫生方面提出如下要求：

1.用人单位必须建立健全劳动安全卫生制度；

2.用人单位必须严格遵守国家劳动安全卫生规程和标准；

3.用人单位必须加强对职工进行劳动安全卫生知识教育。

（二）第53条

"劳动安全卫生设施必须符合国家规定的标准。新建、改建、扩建工程的劳动安全卫生设施必须与主体工程同时设计、同时施工、同时投入生产和使用"。

本条主要是用人单位劳动安全卫生设施的规定和在新建、改建、扩建工程中必须坚持"三同时"原则的规定。

所谓劳动安全卫生设施包括：

1.安全技术设施：

（1）机、电设备传动部分保护装置。

（2）机械设备防护、保险装置。

（3）锅炉、压力容器的保险装置、信号装置。

（4）机电设备安全起动和紧急制动装置。

（5）为避免事故的自动检测装置。

（6）为保证安全设置的低压照明装置。

（7）起警示作用的标语、信号、标志。

（8）洞、坑、沟、口、边等处设置的防护设施。

2．工业卫生设施：

（1）通风换气装置。

（2）机械化、密闭化或空气净化设施。

（3）为消除有害物质及粉尘而设置的吸尘设备和防尘设备。

（4）防辐射热危害的装置及隔热防暑设施。

（5）对有害厂区的隔离设施。

（6）厂房屋内防寒取暖设施。

（7）对原料和加工材料的消毒设备。

（8）减轻、消除噪声及震动的设施。

3．辅助设施

（1）淋浴设备。

（2）工作场所的休息室。

（3）工作场所用膳室及食物加热设备。

（4）寒冷季节露天作业取暖室。

（5）女工卫生室及设备。

4．关于劳动安全卫生"三同时"原则，根据国家规定有如下要求：

（1）建设项目在立项进行可行性研究论证时，必须进行劳动安全卫生方面的论证，明确项目可能对职工造成危害的防范措施，并将论证结果载入可行性论证文件。

（2）设计单位在编制建设项目初步设计文件时，应当同时编《劳动安全卫生专篇》。劳动安全卫生设施的设计，必须符合国家标准或者行业标准。

（3）施工单位必须按照审查批准的设计文件进行施工，不得擅自更改劳动安全卫生设施的设计，并对施工质量负责。

（4）建设项目的竣工验收必须按照国家有关建设项目劳动安全卫生验收规定执行，不符合劳动安全卫生规程和行业技术规范的，不得验收和投产使用。

（5）建设项目验收合格，正式投入运行后，不得将劳动安全生产设施闲置不用，生产和劳动卫生设施必须同时使用。

（三）第54条

"用人单位必须为劳动者提供符合国家规定的劳动安全卫生条件和必要的劳动保护用品，对从事有职业危害作业的劳动者应当定期进行健康检查"。

根据本条规定应当做到：

1．用人单位必须为劳动者提供符合国家规定的劳动安全卫生条件：

（1）工作场所符合劳动安全卫生标准：光线充足、场地平整、粉尘达标、围护齐全、饮水有桶、洗水有池、淋浴有屋、冲洗有具、更衣有室。危险性较大场所应当设置相应防护设施、报警装置、通信装置、安全标志、疏散设施等。

（2）生产设备应符合国家规定标准。

（3）电气设备必须符合国家规定标准。

（4）特殊作业场所，应提供特殊劳动条件和特殊防护措施。

2．用人单位必须为劳动者提供必要的劳动防护用品。

3．用人单位对从事有危害性作业的劳动者应当定期进行健康检查。

（四）第55条

"从事特种作业的劳动者必须经过专门培训并取得特种作业资格"。

特种作业是指劳动过程中容易发生伤亡事故，对操作者本人，尤其对他人和周围设施的安全有可能造成重大危害的作业。从事特殊作业的劳动者，成为特种作业人员。

（五）第56条

"劳动者在劳动过程中必须严格遵守安全操作规程。劳动者对用人单位管理人员违章指挥，强令冒险作业，有权拒绝执行；对危害生命安全和身体健康的行为，有权提出批评、检举和控告"。

本条主要规定了劳动者的权利和义务。

1．劳动者在劳动安全卫生方面的权利有：

（1）有权得知所从事的工作可能对身体健康造成的危害和该工作可能导致事故发生的隐患。

（2）有权获得保障其健康、安全的劳动条件和劳动防护用品，从事特殊作业的，应得到特殊保护。

（3）有权对用人单位管理人员违章指挥、强令冒险作业予以拒绝，用人单位不得对其报复。

（4）有权对危害生命安全和身体健康的行为提出批评、检举和控告，用人单位必须采取措施，消除危害，并不得对当事人打击报复。

2．劳动者在劳动安全卫生方面的义务有：

（1）劳动过程中必须严格遵守安全操作规程和规章制度。

（2）必须按规定正确使用各种防护用品。

（3）劳动过程中，有义务听取生产指挥，不得随意行为。

（4）对劳动过程中不安全因素或遇有危及健康与安全的险情时，有义务向管理人员报告。

（六）第57条

"国家建立伤亡事故和职业病统计报告和处理制度。县级以上各级人民政府劳动行政部门，有关部门和用人单位应当依法对劳动者在劳动过程中发生的伤亡事故和职业病状况进行统计、报告和处理"。

伤亡事故和职业病统计报告和处理制度是我国劳动管理中一项重要制度（详见"企业职工伤亡事故报告和处理规定"。

（七）第58条

"国家对女职工和未成年工实行特殊劳动保护"。

1．女职工是指所有从事体力劳动和脑力劳动的已婚、未婚的女性职工。

2．未成年是指年满16周岁未满18周岁的劳动者。

（八）第70条

"国家发展社会保险事业，建立社会保险制度，设立社会保险基金，使劳动者在年老、患病、工伤、失业、生育等情况下获得帮助和补偿"。

本条对社会保险的职责、条件、属性、范围作了规定和界定。

《劳动法》第59条至65条具体规定了未成年工、女职工保护内容。第71条至第77条对社会保险的管理作了具体规定，这里略。

四、《中华人民共和国消防法》

1998年4月29日第九届全国人民代表大会常务委员会第二次会议通过的《中华人民共和国消防法》对建设工程施工安全方面作了十项规定。

1. 消防工作贯彻"预防为主、防消结合"的方针，坚持专门机关与群众相结合的原则，实行防火安全责任制。

2. 企业单位的消防安全职责

(1) 制定消防安全制度，消防安全操作规程；

(2) 实行防火安全责任制，确定本单位和所属各部门、岗位的消防安全责任人。

(3) 针对本单位的特点对职工进行消防宣传教育；

(4) 组织防火检查，及时消除火灾隐患；

(5) 按照国家有关规定配置消防设施和器材，设置消防安全标志，并定期组织检验、维修、确保消防设施和器材完好，有效；

(6) 保障疏散通道、安全出口畅通，并设置符合国家规定的消防安全疏散标志。

3. 任何单位、个人有维护消防安全、保护消防设施、预防火灾报告火警的义务。任何单位、成年公民都有参加有组织的灭火工作的义务。

4. 禁止在具有火灾、爆炸危险的场所使用明火，因特殊情况需要使用明火作业的，应当按照规定事先办理审批手续，作业人员应当遵守消防安全规定，并采取相应的消防安全措施。

进行电焊、气焊等具有火灾危险的作业的人员必须持证上岗，并严格遵守消防安全操作规程。

5. 进入生产、贮存易燃易爆危险物品的场所，必须执行国家有关消防安全的规定。禁止携带火种进入生产、贮存易燃易爆危险品的场所。储存可燃物质仓库的管理，必须执行国家有关消防安全的规定。

6. 禁止使用未经法定检验机构检验合格的消防产品。

7. 建筑工程的消防设计图纸及有关资料未经公安消防机构审核或经审核不合格的，不得投入使用。

建筑工程竣工时，必须经公安消防机构进行消防验收，未经验收或验收不合格的，不得投入使用。

8. 电器产品、燃气用具的质量必须符合国家标准或者行业标准，其安装和线路、管路的设计、敷设必须符合国家有关消防安全技术规定。

9. 任何单位和个人不得损坏或者擅自挪用、拆除、停用消防设施、器材，不得埋压、圈占消火栓，不得占用防火间距，不得堵塞消防通道。

公用和城建等单位在修建道路以及停电、停水、截断通信线路时有可能影响消防队灭火救援的，必须事先通知当地安全消防机构。

10. 根据需要，建立由职工组成的义务消防队。

五、《中华人民共和国刑法》

第一百一十五条，放火、决水、爆炸、投毒或者以其他危险方法致人重伤、死亡或者使公私财产遭受重大损失的，处10年以上有期徒刑、无期徒刑或者死刑。

过失犯前款罪的，处3年以上7年以下有期徒刑；情节较轻的，处3年以下有期徒刑敬者拘役。

第一百一十九条，破坏交通工具、交通设施、电力设备、燃气设备、易燃易爆设备，造成严重后果的，处10年以上有期徒刑、无期徒刑或者死刑。过失犯前款罪的，处3年以上7年以下有期徒刑；情节较轻的，处3年以下有期徒刑或者拘役。

第一百三十三条，违反交通运输管理法规，因而发生重大事故，致使人重伤、死亡或者使公私财产遭受重大损失的，处3年以下的有期徒刑或者拘役；交通事故肇事后逃逸或者有其他特别恶劣情节的，处3年以上7年以下有期徒刑；因逃逸致人死亡，处七年以有期徒刑。

第一百三十四条，工厂、矿山、林场、建筑企业或者其他企业、事业单位的职工，由于不服管理、违反规章制度，或者强令工人违章冒险作业，因而发生重大伤亡事故或者造成其他严重后果的，处3年以下有期徒刑或者拘役；情节特别恶劣的，处3年以上7年以下有期徒刑。

第一百三十五条，工厂、矿山、林场、建筑企业或者其他企业、事业单位的劳动安全设施不符合国家规定，经有关部门或者单位职工提出后，对事故隐患仍不采取措施，因而发生重大伤亡事故或者造成其他严重后果的，对直接责任人员，处3年以下有期徒刑或者拘役；情节特别恶劣的，处3年以上7年以下有期徒刑。

第一百三十六条，违反爆炸性、易燃性、放射性、毒害性、腐蚀性物品的管理规定，在生产、储存、运输、使用中发生重大事故，造成严重后果的，处3年以下有期徒刑或者拘役；后果特别严重的，处3年以上7年以下有期徒刑。

第一百三十七条，建设单位、设计单位、施工单位、工程监理单位违反国家规定，降低工程质量标准，造成重大安全事故的，对直接责任人员，处5年以下有期徒刑或者拘役，并处罚金；后果特别严重的，处5年以上10年以下有期徒刑，并处罚金。

第一百三十八条，明知校舍或者教育教学设施有危险，而不采取措施或者不及时报告，致使发生重大伤亡事故的，对直接责任人员，处3年以下有期徒刑或者拘役；后果特别严重的，处3年以上7年以下有期徒刑。

第一百三十九条，违反消防管理法规，经消防监督机构通知采取改正措施而拒绝报告，造成严重后果的，对直接责任人员，处3年以下有期徒刑或者拘役；后果特别严重的，处3年以上7年以下有期徒刑。

第一百六十八条，国有公司、企业的工作人员，由于严重不负责或者滥用职权，造成国有公司、企业破产或者严重损失，致使国家利益遭受重大损失的，处3年以下有期徒刑或者拘役；致使国家利益遭受特别重大损失的处3年以上7年以下有期徒刑。

国有事业单位的工作人员有前款行为，致使国家利益遭受重大损失的，依照前款的规定处罚。

国有公司、企业、事业单位的工作人员，徇私舞弊，犯前两款的规定从重处罚。

第二百二十九条，承担资产评估、验资、验证、会计、审计、法律服务等职责的中介组织的人员故意提供虚假证明文件，情节严重的，处 5 年以下有期徒刑或者拘役；并处罚金。

前款规定的人员，索取他人财物或者非法收受他人财物，犯前款罪的，处 5 年以上10 年以下有期徒刑，并处罚金。

第一款规定的人员，严重不负责任，出具的证明文件有重大失实，造成严重后果的，处 3 年以下有期徒刑或者拘役；并处或者单处罚金。

第二百三十八条，非法拘禁他人或者以其他方法非法剥夺他人人身自由的，处 3 年以下有期徒刑、拘役、管制或者剥夺政治权利。具有殴打、侮辱情节的，从重处罚。

犯前款罪，致人重伤的，处 3 年以上 10 年以下有期徒刑；致人死亡的，处 10 年以上有期徒刑。使用暴力致人伤残、死亡的，依照本法第二百三十四条，第二百三十二条的规定定罪处罚。

为索取债务非法扣押、拘禁他人的，依照前两款的规定处罚。

国家机关工作人员利用职权犯前三款罪的，依照前三款的规定从重处罚。

第二百四十四条，用人单位违反劳动管理法规，以限制人身自由方法强迫职工劳动，情节严重的，对直接负责人员，处 3 年以下有期徒刑或者拘役，并处或者单处罚金。

第二百四十六条，生产不符合保障人身、财产安全的国家标准、行业标准的电器、压力容器、易燃易爆产品或者其他不符合保障人身、财产安全的国家标准、行业标准的产品，造成严重后果的，处 5 年以下有期徒刑，并处销售金额百分之五十以上二倍以下罚金；后果特别严重的，处 5 年以上有期徒刑，并处销售金额百分之五十以上二倍罚金。

第三百八十五条，国家工作人员利用职务上的便利，索取他人财物的，或者非法收受他人财物，为他人谋取利益的，是受贿罪。

国家工作人员在经济往来的，违反国家规定，收受各种名义的回扣、手续费，归个人所有的，以受贿论处。

第三百九十七条，国家机关工作人员滥用职权或者玩忽职守，致使公共财产、国家和人民利益遭受重大损失的，处 3 年以下有期徒刑或者拘役；情节特别严重的，处 3 年以上7 年以下有期徒刑。本法另有规定的，依照规定。

国家机关工作人员徇私舞弊，犯前款罪的，处 5 年以下有期徒刑或者拘役；情节特别严重的，处 5 年以上 10 年以下有期徒刑。本法另有规定的，依照规定。

六、建筑业安全卫生公约（第 167 号公约）

《建筑业安全卫生公约》（第 167 号公约）是国际劳工组织为规范其会员国的建筑安全卫生活动而制定的重要国际劳工条约。我国是国际劳工组织常任理事国，2001 年 10 月 27日第九届全国人民代表大会常务委员会第二十四次会议决定：批准于 1988 年 6 月 20 日经第 75 届国际劳工大会通过，并于 1991 年 1 月 11 日生效的《建筑业安全卫生公约》暂不适用于中华人民共和国特别行政区。《建筑业安全卫生公约》的内容与我国法律不相抵触；我国建筑法关于建筑安全管理的规定与该公约的要求完全相符，批准公约有利于进一步完善我国有关建筑安全的立法，提高我国的建筑安全卫生水平，从而我国建筑行业职工提供更好的劳动保护。

《建筑业安全卫生公约》共 44 条，主要内容包括：

1. 适用范围：

（1）公约适用于一切建筑活动，即建造、土木工程、安装与拆卸工作，包括从工地准备工作直到项目完成的建筑工地的一切工序、作业和运输。

（2）凡批准本公约的会员国在与最有代表性的有关雇主组织和工人组织（如存在此类组织）磋商后，可对存在较重大的特殊问题的特定经济活动部门或特定企业免于实施本公约或其某些条款，但应以保证安全卫生的工作环境为条件。

（3）本公约还适用于国家法律或条例确定的独立劳动者。

2. 一般规定的重点内容：

（1）应按照国家法律或条例规定的办法采取措施，保证雇主和工人之间的合作，以促进建筑工地的安全和卫生。

（2）国家法律或条例应规定雇主和独立劳动者有遵守工作场所安全和卫生方面的义务。

（3）凡两个或更多雇主同时在同一建筑工地从事活动时：

1）主承包商或实际控制或主要负责建筑工地全部活动的其他人员或机构，应负责协调安全和卫生方面规定的措施，并在符合国家法律或条例的情况下确保这些措施得以实施；

2）如主承包商或实际控制或主要负责建筑工地全部活动的其他人员或机构不在建筑工地，则他们应在符合国家法律或条例的情况下就地指定有必要权力和手段的主管人员或机构，以代表他们保证协调和遵守上述①提及的措施；

3）雇主应对其管辖下的工人执行规定措施负责。

（4）凡若干雇主或独立劳动者同时在同一建筑工地从事活动时，他们有责任按照国家法律或条例的要求在执行规定的安全和卫生措施方面进行合作。

（5）负责建筑项目的设计和计划工作的人员应根据国家法律、条例和惯例考虑建筑工人的安全和健康。

（6）国家法律或条例应规定工人有参与保证对他们所掌管的设备与工作方法的工作条件的安全性以及对所采用的可能影响安全和卫生的工作程序发表意见的权利和义务。

（7）国家法律或条例应规定工人有责任：

1）在实施规定的安全和卫生措施方面与其雇主尽可能密切合作；

2）适当注意自己的安全和健康以及可能受到他们工作中行为疏忽而影响其他人员的安全和健康；

3）使用由他们支配的设施，不得滥用为他们的自我保护或保护其他人而提供的任何设备；

4）及时向其直接主管人员以及工作安全代表（如存在此类代表）报告他们认为可能造成危险而他们自己又不能适当处理的任何情况；

5）遵守规定的安全和卫生措施。

（8）国家法律或条例应规定工人应有权利在有充分理由认为对其安全或健康存在紧迫的严重危险时躲避危险，并有义务立即通知其主管人。

（9）在工人安全遇到紧迫危险时，雇主应立即采取措施停止作业并按情况安排撤离。

3. 工作场所预防和保护措施：

《公约》对涉及建筑安全与卫生的工作场所：即脚手架和梯子，起重机械和升降附属装置，运输机械、土方和材料搬运设备，固定装置、机械、设备和手用工具，高空包括屋顶作业，挖方工程、竖井、土方工程、地下工程和隧道，潜水箱和沉箱，在压缩空气中工作，构架和模板，水上作业，拆除工程，照明、电，炸药，健康危害，防火，个人防护用具和防护服，急救，福利，信息与培训，事故与疾病的报告等21个方面的预防和保护措施规定了一系列详尽的条款。

4. 公约还就会员国、雇主、独立劳动者再建筑安全和卫生方面承担的义务，同一建筑工地雇主之间的合作关系，以及工人享有的权利、承担的责任和义务作了规定。

5. 公约的生效、修订和解约程序。

七、建设部行业标准《建筑施工安全检查标准》（JGJ59—99）1999年5月1日实施（以下简称"新标准"）

与《建筑施工安全检查评分标准》（JGJ59—88）相比，"新标准"采用安全系统工程原理，结合建筑施工伤亡事故规律，依据国家有关法律法规、标准和规程以及按照《建筑业安全卫生公约》（第167号公约）的要求，增设了文明施工、基坑支护、模板工程、外用电梯和起重吊装五部分检查评分表，使检查评分标准由原来的七大类五十四项，增加到十大类一百五十八项。加强了提高安全生产和文明施工的管理水平，预防伤亡事故的发生，确保职工的安全和健康。

"新标准"适用于建筑施工企业及其主管部门对建筑施工安全工作的检查和评价。

在"新标准"中对一些检查评分表的检查项目和内容作了调整和增补。主要有：（1）安全管理检查评分表中增设了目标管理检查项目。规定施工现场要实行目标管理，制定总的安全目标（如伤亡事故控制目标、安全达标、文明施工），年、月都要制定达标计划，进行目标分解到人，责任落实、考核到人。在安全生产责任制项目中增设各工种安全技术操作规程，按规定配备的专（兼）职安全员和管理人员，责任制考核检查评分内容，强调了安全生产责任制的落实和安全监督管理人员的落实。（2）在施工组织设计检查项目中规定专业性较强的项目要单独编制专项安全施工组织设计，主要指脚手架工程、施工用电、基坑支护、模板工程、起重吊装作业、塔吊、物料提升及其他垂直运输设备。（3）在安全教育检查项目中规定安全教育要有制度，施工管理人员要按规定进行安全培训，专职安全员每年集中培训40学时，经考试合格方能上岗。（4）在施工用电评分表中新增加了如下一些内容：①必须采用TN-S接零保护系统且使用五芯电缆；②严格做到"三级配电，两级保护"；③60A以上熔断器严禁用钢丝，应用合适的铜熔片：④严格做到"一机、一闸、一漏、一箱"；⑤各个用电设备或电动工具必须按时定期进行绝缘电阻测试，并记录存档。

八、建设部行业标准《施工现场临时用电安全技术规范》（JGJ46—88），1998年10月1日实施

该规范明确规定了施工现场临时用电施工组织设计的编制、专业人员、技术档案管理要求；接地与防雷、实行TN-S三相五线制接零保护系统的要求；外电路防护和配电线路、配电箱及开关箱、电动建筑机械及手持电动工具、照明等方面的安全管理及安全技术措施的要求。

九、建设部行业标准《建筑施工高处作业安全技术规范》（JGJ80—91），1992 年 8 月 1 日实施

该规范对高处作业的安全技术措施及其所需料具；施工前的安全技术教育及交底；人身防护用品的落实；上岗人员的专业培训考试持证上岗和体格检查；作业环境和气象条件；临边、洞口、攀登、悬空作业操作平台与交叉作业的安全防护设施的拆搭（包括临时移动）；以及主要受力杆件的计算、安全防护设施的验收都做出了规定。

十、建设部行业标准《龙门架及井架物料提升机安全技术规范》（JGJ88—92），1993 年 8 月 1 日实施

该规范规定：安装提升机架体人员，应按高处作业人员的要求、经过培训持证上岗；使用单位应根据提升机的类型制定操作规程，建立管理制度及检修制度；应配备经正式考试合格持有操作证的专职司机；提升机应具有相应的安全防护装置并满足其要求。该“规范”还对电气设备及电器元件的选用、绝缘及接地电阻、控制装置及电动机等做出具体规定；此外还规定：安装与拆除作业前，应根据现场工作条件及设备情况编制作业方案。使用与管理方面的要求也有比较详细的规定。

十一、建设部行业标准《建筑施工扣件式钢管脚手架安全技术规范》（JGJ130—2001），2001 年 6 月 1 日实施

为在扣件式钢管脚手架设计与施工贯彻执行国家的技术经济政策，做到技术先进、经济合理、安全适用、确保质量，该规范对工业与民用建筑施工用落地式（底撑式）单、双排扣件式钢管脚手架的设计与施工，以及水平混凝土结构工程施工中模板支架的设计与施工作了明确规定。内容包括：（1）脚手架荷载分类与荷载效应组合；（2）极限状态计算方法及设计原则；（3）受弯构件计算、立杆稳定性计算及计算长度系数；（4）连墙件计算；（5）立杆地基承载力计算；（6）模板支架计算；（7）常用设计尺寸与构造要求、施工检查、验收与安全管理等。

十二、建设部行业标准《建筑机械使用安全技术规程》（JGJ33—2001），2001 年 11 月 1 日实施

本规程是为保障建筑机械的正确、安全使用、发挥机械效能，确保安全生产而重新修订的。该规程适用于建筑安装、工业生产及维修企业中各种类型建筑机械的使用。该规程的主要内容包括总则、一般规定(明确了操作人员的身体条件要求、上岗作业资格、防护用品的配置以及机械使用的一般条件)和 10 大类建筑机械使用所必须遵守的安全技术要求。

十三、建设部行业标准《建筑施工门式钢管脚手架安全技术规范》（JGJ128—2000），2000 年 12 月 1 日实施

该规范对建筑工门式脚手架的设计、搭设与拆除、安全管理与维护、模板支撑与满堂脚手架都作了明确的要求。同时对架体搭设人员的要求，防护用品的落实，也做出了规定。

十四、《工程建设标准强制性条文》（房屋建筑施工安全部分）（2002 版），2003 年 1 月 1 日实施

《工程建设标准强制性条文》（房屋建筑部分）是根据国务院《建设工程质量管理条例》和建设部令第 81 号《实施工程建设强制性标准监督规定》在 2000 年版的基础上修订形成的。

《强制性条文》的内容，是摘录了工程建设现行国家和行业标准中涉及人民生命财产安全、人身健康、环境保护和其他公众利益的必须严格执行的强制性规定，同时考虑了提高经济效益和社会效益等方面的要求。列入《强制性条文》的所有条文都必须严格执行。

《强制性条文》是参与建设活动各方执行工程建设强制性标准和政府对执行情况实施监督的依据。

今后新批准发布的工程建设标准，凡有强制性条文的，应在文本中明确表示，并应纳入《强制性条文》。

十五、建设部第 13 号令《建筑安全生产监督管理规定》，1991 年 7 月 9 日实施

该规定指出：建筑安全生产监督管理，应当根据"管生产必须管安全"的原则，贯彻"预防为主"的方针，依靠科学管理和技术进步，推动建筑安全生产工作的开展，控制人身伤亡事故的发生。

该规定明确了各级建设行政主管部门的安全生产监督管理工作的内容和职责。

十六、建设部第 15 号令《建设工程施工现场管理规定》，1992 年 1 月 1 日实施

该规定指出：建设工程开工实行施工许可证制度；规定了施工现场实行封闭式管理、文明施工；任何单位和个人，要进入施工现场开展工作，必须经主管部门的同意。该规定还对施工现场的环境保护提出了明确的要求。

十七、建设部第 87 号令《建筑业企业资质管理规定》，2001 年 7 月 1 日起施行

1.《建筑业企业资质管理规定》是《建筑法》所确定的规范建筑活动的一系列基本制度的重要内容，也是建筑领域市场经济体制的重要组成部分。

资质管理的目的，是根据市场需要，企业的能力，来划定企业在市场中的活动范围，以此保证市场运作的主体，完全胜任其承担的建筑活动，从而保证市场的秩序，保证工程的量与安全。

《建筑业企业资质管理规定》中规定：

第十四条，建筑业企业申请晋升资质等级或者主项资质以外的资质，在申请之日前一年有下列行为之一的，建设行政主管部门不予批准：

（1）与建设单位或者企业之间相互串通投标，或者行贿等不正当手段谋取中标的；

（2）未取得施工许可证擅自施工的；

（3）将承包的工程转包或者违法分包的；

（4）严重违反国家工程建设强制性标准的；

（5）发生过三级以上工程建设重大质量安全事故或者发生过两起以上四级工程建设质量安全事故的；

（6）隐瞒或者谎报、拖延报告工程质量安全事故或者破坏事故现场、阻碍对事故调查的；

（7）按照国家规定需要持证上岗的技术工种的作业人员未经培训、考核、未取得证书上岗，情节严重的；

（8）未履行保修义务，造成严重后果的；

（9）违反国家有关安全生产规定和安全生产技术规程，情节严重的；

（10）其他违反法律、法规的行为。

第二十一条，建筑业企业资质年检的内容是检查企业资质条件是否符合资质等级标准，是否存在质量、安全、市场行为等方面的违法违规行为。

建筑业企业年检结论分为合格、基本合格、不合格三种。

第二十二条，建筑业企业资质条件符合资质等级标准，且在过去一年内未发生本规定第十四条所列行为的，年检结论为合格。

第二十四条，有下列情形之一的，建筑业企业的资质年检结论为不合格：

（1）资质条件中净资产、人员和经营规模任何一项未达到资质等级标准80%，或者其他任何一项未达到资质等级标准的；

（2）有本规定第十四条所列行为之一的。

已经按照法律、法规的规定予以降低资质等级处罚的行为，年检中不再重复追究。

第二十五条，建筑业企业资质年检不合格或者连续两年基本合格的，建设行政主管部门重新核定其资质等级。新核定的资质等级应当低于原资质等级，达不到最低资质等级标准的，取消资质。

第二十六条，建筑业企业连续三年年检合格，方可申请晋升上一个资质等级。

第三十三条，未取得《建筑业企业资质证书》承揽工程的，予以取缔，并处工程合同价款2%以上4%以下的罚款；有违法所得的，予以没收。

第三十四条，超越本单位资质等级承揽工程的，责令停止违法行为，处工程合同价款2%以上4%以下的罚款，可以责令停业整顿，降低资质等级。情节严重的，吊销资质证书；有违法所得的，予以没收。

第三十五条，转让、出借《建筑业企业资质证书》的，责令改正，没收违法所得，处工程合同价款2%以上4%以下的罚款；可以责令停业整顿，降低资质等级；情节严重的，吊销资质证书。

第三十七条，将承包的工程转包或者违法分包的，责令改正，没收违法所得，处工程合同价款0.5%以上1%以下的罚款；可以责令停业整顿，降低资质等级；情节严重的，吊销资质证书。

2. 为了更好地贯彻落实建设部第87号文《建筑业企业资质管理规定》，建设部又制定了《建筑业企业资质管理规定实施意见》，对有关问题进行说明，共十个方面59点。其中：

（1）在"资质审批"方面：

第30点：《规定》第十四条所列的九种违法违规行为，由行为发生地人民政府建设行政主管部门及有关专业部门应当将所掌握的情况，提供给资质审批部门，作为进行资质审批的依据。

第36点：建筑业企业在中国境内以及港澳台地区承包工程，发生重大质量、安全事故以及造成严重不良影响的事件的，企业注册所在地人民政府建设行政主管部门应记录在案，在对企业资质年检时按照《规定》第二十四条办理。

（2）在"处罚程序"方面：

第45点：特级、一级建筑业企业的资质处罚，按照下列出现办理：

1）企业出现重大质量、安全事故，各省、自治区、直辖市人民政府建设行政主管部门和有关专业部门应当在事故责任认定后30日内，将资质处罚的建议报告报送建设部建筑管理司。

2）企业出现涂改、伪造、转让、出借《建筑业企业资质证书》的，超越资质等级承揽工程的，以及其他违法违规行为的，各省、自治区、直辖市人民政府建设行政主管部门和有关专业部门应当在查实认定后30日内，将资质处罚的建议报告报送建设部建筑管理司。

3）建设部根据有关法律法规对企业进行资质处罚。

第46点：二级及以下建筑业企业的资质处罚程序，由各省、自治区、直辖市人民政府建设行政主管部门参照上述程序，自行确定。

（3）在"部分考核指标解释"方面：

第54点：安全评估资料。指工程所在地人民政府建设行政主管部门或其授权机构出具的企业所完成工程安全评估证明，以及其他可以证明企业安全施工状况的资料。

第55点：工程技术和经济管理人员。指与企业依法签订劳动合同且合同聘用期一年以上有职称的工程技术和经济管理人员。企业聘用退休人员应当签订聘用合同，总数不得超过企业工程技术和经济管理人员总数的15%，且不得担任总工程师、技术负责人。

工程技术和经济管理人员不得同时在两个及以上建筑业企业任职。资质审查时发现有同一人员在两个及以上单位任职的，该人员不计入单位的资质条件。

第56点：工程建设重大事故。是指在工程建设过程中由于责任过失，造成工程倒塌或报废、机械设备毁坏和安全设施失当造成人身伤亡或者重大经济损失的事故。

重大事故分为一、二、三、四级四个等级。

一级事故是指死亡三十人以上；或直接经济损失三百万元以上的事故。

二级事故是指死亡十人以上，二十九人以下；或直接经济损失一百万元以上，不满三百万元的事故。

三级事故是指死亡三人以上，九人以下；或者重伤二十人以上；或直接经济损失三十万元以上，不满一百万元的事故。

四级事故是指死亡二人以下；或者重伤三人以上，十九人以下；或直接经济损失十万元以上，不满三十万元的事故。

国家颁布有其他专业工程事故分级标准的，参照《规定》和本实施意见，按与上述分级对应的标准考核。

十八、建设部《建筑业企业职工安全培训教育暂行规定》（建教〔1997〕83 号）

该规定指出：建筑业企业职工必须定期接受安全培训教育，坚持先培训，后上岗的制度。建设部主管全国建筑业企业职工安全培训教育工作。国务院有关专业部门负责所属建筑企业职工的安全培训教育工作，其所属企业的安全培训教育工作，还应当接受企业当地建设行政主管部门及其所属建筑安全监督管理机构的指导和监督。县级以上地方人民政府建设行政主管部门负责本行政区域内建筑业企业职工安全培训教育管理工作。

1. 该规定指出：建筑业企业职工每年必须接受一次专门的安全培训。

（1）企业法定代表人、项目经理每年接受安全培训的时间，不得少于 30 学时；

（2）企业专职安全管理人员除按照建教（1991）522 号文《建设企事业单位关键岗位持证上岗管理规定》的要求，取得岗位合格证书并持证上岗外，每年还必须接受安全专业技术业务培训，时间不得少于 40 学时。

（3）企业其他管理人员和技术人员每年接受安全培训的时间，不得少于 20 学时；

（4）企业特殊工种（包括电工、焊工、架子工、司炉工、爆破工、机械操作工、起重工、塔吊司机及指挥人员、人货两用电梯司机等）在通过专业技术培训并取得岗位操作证后，每年仍须接受有针对性的安全培训，时间不得少于 20 学时；

（5）企业其他职工每年接受安全培训的时间，不得少于 15 学时；

（6）企业待业转岗、换岗的职工，在重新上岗前。必须接受依次安全培训，时间不得少于 20 学时。

2. 该规定还指出：建筑业企业新进场的工人，必须接受公司、项目（或工区、工程处、施工队、下同）、班组的三级安全培训教育，经考核合格后，方能上岗。

3. 安全培训教育实行登记制度。建筑业企业必须建立职工的安全培训教育档案，没有接受安全培训教育的职工，不得在施工现场从事作业或者管理活动。

4. 建筑业企业法定代表人、项目经理的安全培训工作，由企业所在地的建设行政主管部门或者建筑安全监督管理机构负责组织。

十九、建设部《一九九九年全国建筑安全生产检查情况的总结》（建办建〔2000〕10 号）

总结指出：建筑企业要建立健全落实安全生产责任制的各项规章制度和安全保障体系，严格执行安全生产的法律、法规和方针政策，把落实安全生产责任制的重点放在施工现场。改变现在施工现场安全管理薄弱的局面，要求工地凡职工人数超过 50 人的，必须设置专门管理安全生产工作的人员。建筑面积 10000m² 以上的工地，必须设置 2～3 名专门管理安全生产工作的人员。50000m² 以上的大型工地，要按专业设置专职安全员，组成安全管理组，负责管理安全生产工作。工地安全员原则上要求具有专业技术知识和丰富的施工管理经验，年富力强。

第三节 有关环境保护的重要法规、标准规范介绍

一、重要环境法律法规

（一）环境法

《中华人民共和国环境保护法》

是我国环境保护的基本法。第七届全国人民代表大会常务委员会第十一次会议于1989年12月26日通过并公布实施，1997年公布的《中华人民共和国环境保护法（试行）》同时废止。《环境保护法》共6章47条。

（二）污染防治法

1.《大气污染防治法》

2000年4月29日第九届十五次全国人民代表大会常委会修订通过了《大气污染防治法》，共七章66条，其主要内容如下：第十五条规定：对尚未达到规定的大气环境质量标准的区域和国务院批准划定的酸雨控制区和二氧化硫污染控制区，可以划定为大气污染物排放总量控制区。

（1）采用新工艺新设备防止大气污染。

（2）防治燃煤产生的大气污染第24条到31条对防治燃煤污染作了法律规定。

1）在锅炉产品质量标准中规定相应的环保要求，达不到规定要求的锅炉，不得制造、销售或者出口。

2）城市应当发展集中供热。

3）城市应改进能源结构，推广清洁能源的生产和使用。

4）在人口集中地区存放的煤炭、煤矸石、煤渣、石灰等物料，必须采取防尘、防燃措施。

5）推行煤炭洗选加工，降低煤的硫份和灰份，限制高硫份，高灰份煤的开采。

6）禁止开采含放射形和砷等有毒有害物质超过标准的煤炭。

7）居民使用的炉灶，应限期燃用固硫型或使用其他清洁能源。

8）新建、扩建排放二氧化硫的火电厂和其他大中型企业，超过规定的污染物排放标准或者总量控制指标的，必须建设配套脱硫、除尘装置或者采取其他控制二氧化硫排放的措施。

9）企业应当逐步对燃煤产生的碳氧化物采取控制措施。

（3）防治机动车船排放污染。

1）机动车船向大气排放污染物不得超过规定的排放标准。

2）在用机动车不符合制造当时的在用机动车污染物排放标准的，不得上路行驶。

3）国家鼓励生产和消费使用清洁能源的机动车船。

（4）防治废气、尘和恶臭污染。

《大气污染防治法》第36条到45条对防治废气、尘和恶臭作了规定：

1）向大气排放粉尘的单位，必须采取除尘措施。

2）工业生产产生的可燃气体，应回收利用，不具备回收利用条件的，应进行防治污

染处理。

3）向大气排放恶臭气体的单位，必须采取措施防止周围居民受到污染。

4）在人口集中地区和其他依法需要特殊保护的区域内，禁止焚烧沥青、油毡、橡胶、塑料、皮革、垃圾以及其他产生有毒有害粉尘和恶臭气体的物质。

5）储运、装卸能散发有毒有害气体或者粉尘物质。

6）在城市市区进行建设施工或者从事其他产生扬尘污染活动的单位，必须按照当地环境保护的规定，采取防治扬尘污染的措施。

2.《中华人民共和国环境噪声防治法》

《中华人民共和国环境噪声防治法》于1996年10月29日全国人大八届二十二次常委会通过，共八章84条。主要内容包括：

（1）环境噪声污染的监督管理。

（2）工业与建筑施工噪声污染防治。第22条到30条规定：

1）在城市范围内向周围生活环境排入工业与建筑施工噪声的，应当符合国家规定的工业企业厂界和建筑施工环境噪声排放标准。

2）产生环境噪声污染的工业企业，应当采取有效措施，减轻噪声对周围生活环境的影响。

3）国务院有关部门要对产生噪声污染的工业设备，根据噪声环境保护要求和技术经济条件，逐步在产品的国家标准和行业标准中规定噪声限值。

4）在城市市区范围内，建筑施工过程可能产生噪声污染的，施工单位须在开工15日以前向所在地县以上环境行政主管部门申报该工程采取的环境噪声污染防治措施情况。

5）在城市市区噪声敏感区域内，禁止夜间进行产生噪声污染的施工作业，但个别情况除外者，必须公告附近居民。

3.《中华人民共和国固体废物环境防治法》

《中华人民共和国固体废物环境防治法》于1995年10月全国人大八届十六次常委会通过，本法共有6章77条。内容主要包括：

（1）固体废物污染环境的防治

1）产生排放固体废物的单位和个人，应当采取措施防止或减少对环境的污染。

2）收集、贮存、运输、利用、处置固体废物的单位和个人，要采取措施防止扬散、渗漏、流失、丢弃。

3）产品应采用易回收、消纳的包装物，有关部门应加强对包装物的回收利用工作。

4）转移固体废弃物，应向移出地的省环保部门报告，并应经接受地省环保部门的许可。

5）禁止境外废物进境倾倒、堆放、处置。

6）禁止进口不能用做原料的固体废物，限制进口可以用做原料的飞网，确需进口的需经国家环境保护主管部门批准。

7）推广防治固体废物污染的先进工艺设备，淘汰落后工艺设备，有关部门应公布限期淘汰目录，有关单位和个人必须在限期内停止生产、销售、进口或使用目录中规定的设备和停止采用目录中的工艺。被淘汰的工艺设备不得转给他人使用。

8）企业事业单位应合理选择，利用原材料、能源、采用先进的工艺设备，减少工业固体废物的产生量。

9）露天堆放冶炼渣、化工渣、燃煤灰渣、废物矿石、尾矿和其他固体废物，应设置专用的贮存设施、场所并须符合环保标准的规定。

10）城市生活垃圾收集、贮存、运输和处置，应符合环境保护和环境卫生规定。

（2）危险废物污染防治

1）危险废物的包装物、以及收集、贮存、运输、处置的设施、场所必须设有识别标志。

2）产生危险废物的单位，必须按国家规定处置，不处置的，环保部门应限期改正，逾期不处置或处置不符合规定的，由环保部门指定单位代为处置，费用由生产单位承担。

3）处置危险废物不符合国家规定的，应缴纳排污费，排污费应用于危险废物污染防治，不得挪做他用。

4）从事收集、贮存、运输危险废物经营活动的单位必须申请领取经营许可证，无经营许可证不得从事上述活动。

5）收集、贮存危险废物必须按照危险废物特性分类进行，禁止混合收集、贮存、运输、处置性质不相容，且无安全处理的危险废物。禁止危险废物和非危险废物混存。

4．《中华人民共和国水污染防治法》

1996年5月15日八届十五次全国人大常委会通过共七章60条，内容主要包括：

（1）水环境的监督管理

1）城市污水应当进行集中处理与重复利用。

2）省级以上人民政府可依法规定生活饮用水源保护区，保护区可分一级保护区和其他等级保护区。

禁止向一级保护区水体排入污水；

禁止在一级保护区从事旅游、游泳和其他可能污染水源的活动；

禁止向一级保护区新建、扩建供水设施和保护水源无关的建设项目；

在一级保护区设置的排污口，由当地政府限期拆除或限期治理。

（2）防止地表水污染

《水污染防治法》第27条至40条对防止地表水污染做了规定：

1）禁止向水体排放油类、酸液、碱液或者剧毒废液。

2）禁止在水体清洗装贮过油类或有毒污染物的车辆和容器。

3）禁止将含有汞、镉、砷、铬、铅、氰化物、黄磷等可溶性剧毒废渣向水体排放，倾倒或直接埋入地下，存放上述废渣的场所，必须采取防水、防渗、防流失。

4）禁止向水体排放、倾倒工业废渣，城市垃圾和其他废弃物。

5）禁止在江河、湖泊、运河、渠道、水库最高水位线以下滩地和岸坡堆放，存贮固体废物和其他污染物。

6）禁止向水位排放、倾倒放射性固体废物或含有高、中放射性物质的废水，排放低放射性废水必须达标。

7）向水体排放热水，要保证水体水温符合水环境质量标准；排放含病原体的废水，应消毒、达标排放。

（3）防止地下水污染

《水污染防治法》第 41 条至 45 条对防止地表水污染做了规定：

1）禁止企业利用渗坑、渗井、裂隙和溶洞倾倒含有有毒物质的废水、含病原体废水和其他废弃物。

2）禁止企业在无良好隔渗地层，使用无防渗措施的沟渠，坑塘输送或存贮含有毒废水、含病原体废水。

3）地下工程一股脑采取防护性措施，防止地下水污染。

（三）国际环境保护法规

国际环境法的概念是指调整国家之间在国际环境领域中的行为关系的各种国际环境保护法律规范的总称。

国际环境法的基本原则有以下九条：

1. 地球一体原则；

2. 防治污染和公害，保护和改善全球生活环境的原则；

3. 合理开发、利用自然资源，保护地球生态环境的原则；

4. 自然资源共享原则，也称人类共同财产原则；

5. 自然资源的永久主权原则；

6. 不得损害国家管辖范围外的环境的原则；

7. 无过失责任原则；

8. 区域共同治理原则；

9. 加强协商、合作原则。

截止目前，中国已签订了 29 项国际环境与资源保护公约、条约，如：

《保护臭氧层维也纳公约》；

《关于消耗臭氧层物质蒙特利尔议定书》；

《控制危险废物越境转移及其处置的巴塞尔公约》；

（四）环境保护行政法规

1996 年，国务院通过并发布了《国务院关于环境保护若干问题的决定》，对实现"九五"环保目标提出了更具体的要求。主要规定包括：

1. 环境保护目标；

2. 环境质量责任制；

3. 认真解决区域环境问题；

4. 重点治理好淮河、海河、太湖、巢湖和滇池；

5. 重点防治燃煤产生的大气污染、控制二氧化硫和酸雨污染加重的趋势；

6. 要加强城市环境综合整治，重点防治废水、废气、废渣及噪声的污染；"九五"期间城市实现民用炉灶燃用固硫型煤和其他清洁燃料；优先发展公用交通，机动车要用清洁燃料；大中城市要逐步推进垃圾袋装化，分类收集、贮存、运输和无害化处理；积极控制噪声污染，减少噪声扰民。

二、环境管理制度

（一）环境影响评价制度

是指为了严格控制新的污染，对可能影响环境的工程建设、开发活动和各种规划项目，在工程兴建以前，对它的规划选址、设计以及在建设施工过程中和建成投产以后可能对环境造成的影响，进行调查、预测和评价，提出环境影响及防治方案报告，经主管当局批准后，进行建设的制度。它与"三同时"制度相辅相成。

在1998年11月国务院发布的《建设项目环境保护管理条例》中规定：

1．评价适用范围，除对环境有影响的建设项目外，还专门强调指出流域开发、开发区建设、城市新区建设和旧区改建等区域性开发，编制建设规划时，应当进行环境影响评价。

2．评价项目必须符合总量控制的要求的规定。

3．建设项目分类管理：

（1）建设项目对环境可能造成重大影响的，应当编制环境影响报告书；

（2）建设项目对环境可能造成轻度影响的，应当编制环境影响报告书；

（3）建设项目对环境影响很小，不需要进行环境影响评价的，应当填报环境影响登记表。

4．建设项目环境影响报告书，应当包括下列内容：

（1）建设项目概况；

（2）建设项目周围环境现状；

（3）建设项目对环境可能造成影响的分析和预测；

（4）环境保护措施及其经济、技术论证；

（5）环境影响经济损益分析；

（6）对建设项目实施环境监测的建议；

（7）环境影响评价结论。

（二）"三同时"制度

是指建设项目需要配套建设的环境保护设施，必须与主体工程同时设计、同时施工、同时投产使用的制度。

（三）征收排污费制度

是指对一切向环境排放污染物的单位和个体生产经营者，依照国家和地方法律和标准的规定，实行排污征收费用的制度。征收排污费的污染物包括污水、废气、固体废物、噪声、放射性等5大类。

对于蒸汽机车和其他流动污染源排放的废气，符合环境保护标准的贮存或处置的设施、场所内贮存、处置的工业固体废物，进入城市污水集中处理设施的污水，不征收排污费。

先行的排污收费制度的基本要求主要是：

1．缴费不免除治理责任的原则。

2．排污费强制征收原则。

3．累进制收费的原则。对缴纳排污费仍未达到排放标准的排污单位，从开征第三年起，每年提高征收标准5％。

4．下述三种违背环境法规情况从严加倍收费的原则：

新污染源收费从严的原则；

对有污染物处理设施不运行或擅自拆除，排污超标的，加倍收费；

对经限期治理逾期未完成治理任务的，加倍收费；

5．排污费与超标排污费同时征收的原则；

6．排污费可计入生产成本的原则。

（四）限期治理制度

是指国家为了保障人民利益，对现已存在危害环境、并位于环境敏感区域的污染源，或位于非敏感区域，造成严重污染或潜在严重污染的污染源，由法定机关作出决定，强令其在规定的期限内完成治理任务并达到规定要求的制度。

限期治理的范围可分为：

1．区域性限期治理。是指对污染严重的某一区域、某个水域的限期治理。如：国家重污染防治的三河（淮河、海河、辽河）、三湖（太湖、巢湖、滇池）、两区（酸雨、二氧化硫控制区、北京市、渤海湾），是限期治理的重点区域。

2．行业性限期治理。是指对某个行业性污染的限期治理。

3．限期治理的重点是：

（1）污染危害严重、群众反映强烈的污染物、污染源，治理后对改善环境质量有较大作用的项目；对汞、镉、铬、砷、铅、镍、苯并芘等类污染物应首先进行限期治理；

（2）位于居民稠密区、水源保护区、风景游览区、自然保护区、温泉疗养区、城市上风向等区域，污染物排放超标的企业；

（3）环境质量十分恶劣的区域或水域的环境综合整治项目；

（4）污染范围较广、污染危害较大的行业污染项目；

（5）其他如重大环境污染事故隐患。

限期治理的期限由决定限期治理的机构根据污染源的具体情况、治理的难度、治理能力等因素来确定。其最长期限不得超过 3 年。

（五）排污申报登记制度

是指由排污者向环境保护行政主管部门申报其污染物的排放和防治情况，接受监督管理的一项法律制度。该制度规定：现有的排污单位，必须按所在地环境保护行政主管部门指定的时间，填报《排污申报登记表》，并提供必要的资料。

凡在建筑施工中使用机械、设备，其排放噪声可能超过国家规定的环境噪声施工场界排放标准的，应当在工程开工 15 日前向当地人民政府环境保护行政主管部门提出申报，说明工程项目名称、建筑者名称、建筑施工场所及施工期限、可能排到建筑施工场界的环境噪声强度和所采用的噪声污染防治措施等。

排污单位拒报或谎报排污申报登记事项的，环境保护行政主管部门可给予 300 元以上 3000 元以下罚款，并限期补办排污申报登记手续。应当办理变更申报登记手续而未办的，视为拒报，并按拒报给予处罚。

（六）环境保护许可证制度

环境保护许可证制度，是指从事有害或可能有害环境的活动之前，必须向有关管理机关提出申请，经审查批准，发给许可证后，方可进行该活动的一整套管理措施。

环境保护许可证，从其作用看，可分为二大类。一是防止环境污染许可证。如排污许可证。二是保障自然资源合理开发和利用许可证。如林木采伐许可证。

（七）污染物排放总量控制制度

污染物排放总量控制制度正在形成过程中。目前已在全国各地进行试点工作，准备全面推广。在《中华人民共和国水污染防治法》、《中华人民共和国海洋环境保护法》、《中华人民共和国大气污染防治法》等法律中已明确规定了污染物排放总量控制。

三、施工现场涉及的几个主要环境标准

环境标准通常指为了防治环境污染、维护生态平衡、保护社会物质财富和人体健康、保障自然资源的合理利用对环境保护中需要统一规定的各项技术规范和技术要求的总称。

由国家环境保护权力机构，将全部与环境保护有关的标准，按其内在的联系，进行全面规划、统一协调、组成一个相互联系、相互依存、相互衔接又相互补充的有机整体，即环境标准体系。

总体商上环境标准分国家环境标准、地方环境标准和国家环境保护总局标准。国家环境保护总局标准又称环保行业标准。

环境质量标准和污染物排放标准分国家环境标准和地方环境标准两个层次。在两级标准的关系上，地方标准不能与国家标准相冲突，地方标准必须严于国家标准。地方标准发布后，管辖区域内的一切企事业单位执行地方环境标准。

国家环境标准有以下几类：

1．环境质量标准；

2．污染物排放标准；

3．方法标准；

4．标准样品标准；

5．基础标准。

（一）《污水综合排放标准》（GB8978—96）

1．适用范围

本标准适用于现有单位水污染物的排放管理，以及建设项目的环境影响评价，建设项目环境保护设施设计、竣工验收及其投产后的排放管理。

2．标准分级

（1）排入 GB3838（地面水环境质量标准）Ⅲ类水域（划定的保护区和游泳区除外）和排入 GB3097（海水水质标准）中二类海域的污水，执行一级标准。

（2）排入 GB3838 中Ⅳ、Ⅴ类水域和排入 GB3097 中三类海域的污水，执行二级标准。

（3）排入设置二级污水处理厂的城镇排水系统的污水，执行三级标准。

（4）排入未设置二级污水处理厂的城镇排水系统的污水，必须根据排水系统出水受纳水域的功能要求，分别执行（1）和（2）的规定。

（5）GB3838 中Ⅰ、Ⅱ类水域和Ⅲ类水域中划定的保护区和游泳区，GB3097 中一类、二类海域，禁止新建排污口，现有排污口应按水体功能要求，实行污染物总量控制，以保证受纳水体水质符合规定用途的水质标准。

3．标准值

第一类污染物如总汞、总镉、总铬、总砷、总镍、总铁、总银、总放射性等 13 项。含有此类有害物的污水，一律在车间或车间处理设施排出口取样。第二类污染物如 pH、

色度、悬浮物、BOD₅、COD、石油类、挥发酚、总氰化物、硫化物、氨氮、氰化物、磷酸盐、总铜、总锌、粪大肠菌群数等 26 项。

(二)《环境空气质量标准》(GB3095—1996)

该标准从 1996 年 10 月 1 日起实施。

本标准适用于全国范围的环境空气质量评价。

本标准分三类功能区、三级标准值，具体情况见表 6-2。

表 6-2

类	适用功能	保护对象、基准	标1	标2	标3
一	自然保护区、林区、风景名胜区和其他需要特殊保护的区域	理想环境目标，为保护自然生态和舒适美好环境要求达到的水平。采用对敏感植物和对人体尚未发现任何有害作用，以及对生活环境无影响的浓度为基本依据，在长期接触的情况下，对自然生态和人群不发生任何危害影响的空气质量要求	一级	一级	一级
二	城镇规划中确定的居住区、商业交通居民混合区、文化区、一般工业区和农村地区	为保护人群健康和城市、乡村的动植物应该达到的水平，采用植物和人体慢性危害的阈浓度为基本依据。在长期短期接触情况下，除敏感植物外，对园林、蔬菜、果树和人体健康不发生伤害的空气质量要求	二级	二级	二级
三	特定工业区	为大气污染状况已经比较严重的城镇和工业区的过渡性管理标准，是保护人群不发生急慢性中毒和城市一般动植物（敏感植物除外）正常生长的空气质量要求（在此浓度下，一般植物长期接触可能有轻度伤害，抗性植物无害）	三级	三级	三级

注：其中标 1 为大气环境质量标准；标 2 为大气污染物综合排放标准；标 3 为恶臭污染物排放标准。

(三)《大气污染物综合排放标准》(GB16297—1996)

自 1997 年 7 月 1 日起实施。

标准中规定了 33 种大气污染物的排放限值。

1. 本标准设置下列三项指标：

(1) 通过排气筒排放废气的最高允许排放浓度；

(2) 按排气筒高度规定的最高允许排放速率；

(3) 以无组织方式排放的废气，规定无组织排放的监控点及相应的监控浓度限值。

2. 排放速率标准分级：

本标准规定的最高允许排放速率，将现有污染源分为一、二、三级，新污染源分为二、三级。

(1) 位于一类区的污染源，执行一级标准（禁止新、扩建污染源）；

(2) 二类区的污染源执行二级标准；

(3) 三类区的污染源执行三级标准。

3. 对新老污染源规定了不同的排放限值；

1997 年 1 月 1 日前设立的污染源为现有（老）污染源，1997 年 1 月 1 日起设立的污染源为新污染源。

4. 其他规定：

（1）排气筒高度应高出周围200m半径范围的建筑物5m以上；

（2）新污染源的排气筒一般不应低于15m；

（3）凡不通过排气筒或进入排气系统而泄漏的，均为无组织排放，一般新污染源不应有无组织排放存在，新污染源的无组织排放，从严控制；

（4）位于酸雨控制区和二氧化硫污染控制区的污染源，其二氧化硫排放除执行本标准外，还应执行总量控制标准。

（四）《城市区域环境噪声标准》（GB3096—93）、《工业企业厂界噪声标准》（GB12348—90）

《城市区域环境噪声标准》适用我国城市区域和乡村生活区域。其功能分区和标准值见下表。《工业企业厂界噪声标准》适用于工厂及有可能造成噪声污染的企事业单位的边界。其标准分级功能分区（L_{Aeq}/dB）见表6-3。

表6-3

适 用 区 域	城市区域环境噪声标准			工业企业厂界噪声标准		
	类别	昼间	夜间	类别	昼间	夜间
疗养区、高级别墅区、高级宾馆区等特别需要安静的区域，以及城郊和乡村区域	0	50	40			
居住、文教机关为主的区域，乡村居住环境可参照执行	1	55	45		55	45
居住、商业、工业混杂区	2	60	50		60	50
工业区	3	65	55		65	55
城市中道路交通干线道路两侧区域，穿越城区的内河航道两侧区域，穿越城区的铁路主、次干线两侧区域的背景噪声限值	4	70	60		70	60

注：夜间突发噪声，其最大值不准超过标准值15dB（A）。

（五）《建筑施工场界噪声限值》（GB12523—90）

适用于城市建筑施工期间施工场地产生的噪声。

不同施工阶段作业噪声限值列于表6-4。

等效声级（L_{Aeq}/dB）　　　　　表6-4

施工阶段	主 要 噪 声 源	噪声限值	
		昼 间	夜 间
土石方	推土机、挖掘机、装载机等	75	55
打桩	各种打桩机等	85	禁止施工
结构	混凝土搅拌机、振捣棒、电锯等	70	55
装修	吊车、升降机等	65	55

注：表中噪声值是指与敏感区域相应的建筑施工场地边界线处的限值。在建筑施工场地边界线处进行。

第四节　法　律　责　任

一、法律责任的概念

法律规范是一种行为规范，职工或法人违反了安全生产法律法规的行为规范，实施了违法行为，就要引起不利于行为人的法律后果，这种法律后果就是法律责任，通常表现为违法者应承担相应的法律责任，要受到法律的相应制裁。

二、法律责任的特征

1. 法律责任是以违法行为为前提的。行为人只有违反了法律规范，实施了违法行为，才能引起法律后果，承担法律责任。

2. 法律责任以法律制裁为必然后果。违法者承担法律责任，主要表现为受到法律制裁，没有制裁便不能有效地规范人们的行为，法律规范也就会成为一纸空文。只有通过这种制裁，才能够使行为人放弃实施某种违法行为，才能对人们起到教育和威慑作用，从而达到预防和制止违法行为的目的。

3. 法律责任具有国家强制性，它只能由国家专门机关或者国家授权的机构，在法律规定的权限范围内对违法行为人实施，通过国家强制力迫使违法行为人接受不利于自己的法律后果，从而保证法律的执行。

三、法律责任的分类

法律责任分为民事责任、行政责任和刑事责任三种。

（一）民事责任

所谓民事责任，亦即民事法律责任，是指民事主体违反民事义务而依法应承担的民事法律后果。就其实质而言，民事责任是民事主体违反民事义务所应承担的法律责任，是民法上规定的保护权利的救济措施。民事责任制度在法律关系中是一个重要的问题。没有民事责任，民事义务的约束性就得不到体现，民事权利的保护也就不能实现。

我国《民法通则》第 134 条的规定，承担民事责任的方式主要有如下 10 种：（1）停止侵害；（2）排除妨碍；（3）消除危险；（4）返还财产；（5）恢复原状；（6）修理、重作、更换；（7）赔偿损失；（8）支付违约金；（9）消除影响，恢复名誉；（10）赔礼道歉。以上民事责任方式，可以单独适用，也可以合并适用。

如用人单位违反规定不支付劳动者延长工作时间工资报酬属于民事责任。

应当指出，违反民事法律的行为，可能同时违反其他法律，如刑事法律和行政法律等。在这种情况下，不能把民事责任与其他法律责任相混淆，相替代。对承担民事责任的主体，需要追究行政责任和刑事责任的应当同时追究。

（二）行政责任

行政责任，是指由国家行政机关认定的、行为人因违反行政法律规范所应当承担的法律后果。

行政责任主要分行政处分和行政处罚两大类。

1. 行政处分

行政处分，是指国家机关、企事业单位、社会团体等根据法律或者内部规章制度的规定，按照隶属关系，对其所属的工作人员犯有轻微违法失职行为尚不够刑事处分的或者违反内部纪律的一种制裁。

行政处分的对象只能是自然人，行政处分只能由其所属的单位给予。根据 1957 年国务院发布的《国家行政机关工作人员的奖惩暂行规定》。行政处分从轻到重主要有：警告、记过、记大过、降级、降职、撤职、开除留用查看和开除等八种形式。

企业单位依据法律、行政法规或者内部规章制度对其所属工作人员实施的纪律处分，属于行政处分的内容，归属于行政责任的范畴。不应当将其从行政责任或者法律责任中抽取出去，单独视为一种法律责任而不认为是一种违法后果。

2. 行政处罚

行政处罚，是指特定的行政执法部门根据法律、法规和规章的规定，对违反行政法律规范尚不构成犯罪或者已构成犯罪尚不够刑事处罚的自然人、法人或者其他组织，实施的一种行政制裁。

行政处罚主要有五种：

(1) 警戒罚，即给予违法行为人以批评、训诫、警告、通报等，使其认识到其违法行为的性质和后果，以免今后再度违反。

(2) 财产罚，即给予违法行为人以财产上的惩罚，使其经济上受到损失。财产罚主要包括罚款、没收违法所得、没收非法财物等。

(3) 行为罚，即给予违法行为人以剥夺某种行为能力的处罚，使其失去或者暂时失去从事某种行为的权力，以便引起违法行为人的重视，不再实施违法行为。行为罚主要包括责令停产停业、暂扣或者吊销许可证、暂扣或者吊销营业执照、暂停或者取消从业资格等。

(4) 人身罚，即给予违法行为人剥夺人身自由的处罚，使其在一定时间内失去人身自由，以便促使其悔过自新，改正错误。人身罚主要包括行政拘留等。

(5) 法律、行政法规规定的其他行政处罚。

3. 行政处罚和行政处分同属行政责任，二者之间的区别

(1) 二者的对象不同。行政处罚的对象是实施了违法行为的自然人、法人或者其他组织；行政处分的对象则是国家机关工作人员、社会团体工作人员、企事业单位职工。

(2) 二者的依据不同。行政处罚的依据是法律、行政法规、地方性法规和规章；行政处分的依据是法律、法规和单位内部的规章制度。

(3) 二者的程序不同。行政处罚的程序主要是按照《中华人民共和国行政处罚法》规定的程序进行；行政处分则主要是按照《国家机关工作人员的奖惩暂行规定》、《国家公务员暂行条例》、《企业职工奖惩条例》以及单位内部的规章制度进行。

(4) 二者的救济措施不同。对行政处罚决定不服的，可以依法申请行政复议或者提起行政诉讼；对行政处分决定不服的，只能向作出行政处分决定的机关或者其上级机关提出申诉。

(5) 二者的内容不同。行政处罚的内容主要是警告、罚款、责令停产停业、没收非法所得、没收违法财物、吊销营业执照、行政拘留等；行政处分的主要内容是警告、记过、记大过、降级、降职、撤职、开除等。

(三) 刑事责任

刑事责任，是一种最严厉的法律责任，是指具有刑事责任能力的人实施了刑事法律规范所禁止的行为（即犯罪行为）所必须承担的刑事法律后果。

刑事法律规范，主要是指刑法和全国人大常委会通过的一系列关于刑法的补充规定。

违反刑事法律规范的刑事责任，表现为司法机关对违法行为人因违法造成严重后果、

触犯刑律、构成犯罪而给予的法律制裁（包括对犯罪者人身的制裁和对犯罪者财产的制裁）。我国刑法中规定的刑事处罚主要包括：管制、拘役、有期徒刑、无期徒刑、死刑五种主刑和罚金、剥夺政治权利、没收财产三种附加刑。

我国现行刑法第 134、135、136、137、139 条对建筑企业的职工，由于不服从管理、违反规章制度或者强令工人违章冒险作业，因而发生重大伤亡事故或者造成其他严重后果的；或者劳动安全设施不符合国家规定，经有关部门或者单位职工提出后，对事故隐患仍不采取措施，因而发生重大伤亡事故或者造成其他严重后果的；或者违反国家规定，降低工程质量标准造成重大安全事故的；或者违反消防管理法规，经消防监督机构通知采取纠正措施而拒绝报告，造成严重后果的均作出了刑罚规定。

第七章 施工现场安全生产保证体系文件的编制

第一节 施工现场安全生产保证体系文件概述

施工现场安全生产保证体系是一套文件化的管理制度和方法，所以，编写施工现场安全生产保证体系文件是一个组织建立施工现场安全生产保证体系不可缺少的内容，是建立并保持施工现场安全生产保证体系的重要基础工作，也是工程项目经理部达到预定安全文明施工行为、评价和改进安保体系，实现持续改进，事故预防必不可少的依据。工程项目部建立安全生产保证体系的过程主要表现为安保体系文件的制定、执行、评价和不断完善。因此，如果工程项目部的安保体系文件不正确、不准确、不完整，则有可能造成安保体系的失效，影响到工程项目部安保体系的实施和效果。

施工现场安全生产保证体系所要求的文件，一般可分为适用的法律、法规、标准规范和反映其他要求的文件，以及施工现场安全生产保证体系文件两大类。

施工现场安全生产保证体系文件一般应包括：

1. 项目经理部安全目标；

2. 施工现场安全生产保证计划；

3. 施工现场重大危险源和重大不利环境因素预防控制措施如：施工组织设计、专项施工方案、专项安全措施、应急救援预案；

4. 所在企业和项目经理部自行编制的适用的安全程序、规章制度、安全技术交底文本、作业指导书等文件；

5. 工程项目经理部安全物资采购和分包合同，安全协议书等；

6. 现场的安全记录。

体系文件的多少及详略程度，主要取决于施工生产活动的复杂程度和相互作用，人员的技能水平和培训等诸多因素。在满足安保体系有效性和效率的前提下，体系文件应尽量简化，具有可操作性，让使用体系文件人员一看就知道如何做。

本章第二节、第三节、第四节给出了有关体系文件的编写要求。

第二节 施工现场安全生产保证计划的编制

安全生产保证计划是依据施工现场安全生产保证体系规范要求，围绕项目经理部的安全目标，经过安全策划、规定采取控制措施、资源和活动顺序的文件。

安全生产保证计划不仅是描述对施工过程的安全控制，同时，也是向相关方证实项目经理部的安全保证能力。

本节为工程项目经理部编制、企业审核施工现场安全生产保证计划提供参考。使其满足上海市工程建设规范《施工现场安全生产保证体系》（DGJ08-903-2003）的所有要求。

安全生产保证计划是将施工全过程安全管理的特定要求与本企业现有的安全管理通用程序和行业、政府现行安全法律、法规及标准联系在一起的方法。

安全生产保证体系可用来评判工程项目经理部是否遵循了安全保证体系要求，但本指南并不宜作为判定是否符合要求的检查清单。

一、安全生产保证计划的编制、审核、确认和修订

（一）安全生产保证计划的编制

安全生产保证计划应在施工活动开始前编制完成。

编制安全生产保证计划时，应确定适用的安全活动并形成文件。

很多必需的通用性文件可能已包含在施工企业和项目经理部的其他管理和技术文件中，对这些文件可以直接选用或加以充实，引用到安全生产保证计划中。

安全生产保证计划主要就体系各要素如何实施提出具体方案。格式与详略程度与工程项目的规模、施工难度、施工风险程度等相一致。计划应讲究实效，不搞形式，既要从总体上满足体系规范和有关法律法规要求，又要在方法上和具体控制措施上符合本施工企业、项目经理部及施工现场实际，突出对危险源和不利环境因素的控制，特别是重大危险源和重大不利环境因素的控制，并以此为主线具体描述项目经理部的安全生产保证体系，做到简练、明确、易懂、可操作。

安全生产保证计划可一次编制也可分阶段编制，阶段性计划是指针对某施工阶段的计划，如基础、结构、装饰和安装阶段的计划。

安全生产保证计划是施工组织设计的一个有机组成部份，为防止总体与局部的脱节，要求二者同步策划，以保证相互协调，内容也可相互引用，形式上可分可合，除小型工程外，一般宜单独编制。附录3给出了一个施工现场安全生产保证计划的示例，仅供参考。

（二）安全生产保证计划的审核和确认

安全生产保证计划应与施工组织设计一起，按规定程序经企业上级主管部门审核确认，并形成书面记录。

审核确认应在施工活动开始之前进行。

审核确认内容及要求：

——安全生产保证计划的完整性和可行性；

——安全生产组织机构、职责与权限是否合理，资源的配置；

——任何与安全生产保证计划不一致的事宜都已解决；

——工程项目经理部是否有安全保证的能力。

（三）安全生产保证计划的修订

当工程设计或施工条件发生变化时，往往会引起危险源和不利环境因素的变化，工程项目经理部应对这些变化可能涉及到的危险源和不利环境因素进行补充识别、评价，对原计划是否需要修订作出评审，必要时进行修订，以确保安全生产保证计划的持续适宜性。

经更改修订后的安全生产保证计划，应重新进行确认。

二、安全生产保证计划的内容

安全生产保证计划的内容应符合并覆盖 DGJ08-903-2003 规范，但不强求其必须遵循

DGJ08-903-2003规范的结构和编号的方法，本节的编制只为便于使用和理解。

安全生产保证计划可以包括下列内容，但不局限于下列内容：

附：安全生产保证计划审批表（表式可参照施工组织设计的审批表）

（一）工程概况（非独立编制时可免）

1．工程概况表；

2．危险源与不利环境因素：

（1）工程特点、难点分析；

（2）本工程的重大危险源与一般危险源的识别、评价、控制清单；

（3）本工程的重大不利环境因素与一般不利环境因素的识别、评价、控制措施清单。

3．适用法律法规、标准规范的识别、配备清单。

（二）安全生产保证体系文件

1．适用的安全支持性文件清单；

2．安全生产保证计划的适用范围；

3．安全生产保证计划的管理要求。

（三）实施

1．安全职责

（1）安全管理目标。

（2）安全管理组织：

——安保体系要素职能分配表；

——安全管理网络图；

——职责与权限；

——安全保证计划应明确施工现场组织中负责以下活动人员的管理职责；

——确保对规定安全生产保证体系所要求的活动进行实施、控制并对其进展进行监督；

——将针对特殊、危险、关键点施工中的要求通过交底与通知到部门和岗位、分包方和业主，并解决其相关接口中产生的问题；

——对任何审核实施的结果进行安全评估；

——控制纠正措施；

一般应明确下述岗位或部门的职责（部门或岗位的名称因企业和项目的不同可能会有所不同）；

A 项目经理、B 项目副经理、C 项目工程师、D 项目安全员（或安全工程师）、E 项目经济师、F 项目技术科、H 项目材设科、I 项目劳资科、J 项目综合办。

以上的职责权限等同于安全生产岗位责任制，原则上安保计划内规定的职责与权限应覆盖到岗位安全管理的所有必需的安全生产责任制。

（3）资源：

1）工程项目部称职的技术、管理人员化名册；

2）特种作业和中小型机械操作人员、监护人员花名册；

3）施工中主要安全设施的分布；

4）施工中需要的安全物资与具体费用的清单。

2．教育和培训

安全生产保证计划说明：

（1）安全教育和培训的项目领导和部门或岗位的职责与权限；

（2）对全体员工安全教育和培训的内容：

1）安全生产保证体系要求的重要性；

2）本职工作中存在的危险源和不利环境因素，以及违章指挥和违章作业可能产生的不良影响和后果；

3）从业人员上岗前所需的安全知识和技能；

——安全法律、法规和规章制度；

——安全技术操作规程和安全操作技能；

——施工现场针对性的安全防范措施，包括涉及新工艺、新技术、新材料和新设备的特定安全技术特性和规定；

——紧急情况下，预防或减少安全风险，不利环境影响和现场急救的应急措施；

——新工人的三级安全教育、进场员工、变换工种等的安全教育；

——还应明确项目内管理人员安全培训的要求。

3．文件控制

安全生产保证计划应说明：

（1）施工现场项目经理部对所收到文件的收发记录控制要求；

（2）明确收发文件的责任人和对文件处理要求。

4．安全物资采购的和进场验证

安全生产保证计划应说明：

（1）项目经理部应明确安全物资的项目领导和主管部门或岗位的职责与权限；

（2）对自行采购的安全物资或外部租赁的具体控制要求；

（3）内部转移或调拨的安全物资控制要求；

（4）对分包商采购或自带的安全物资控制要求；

（5）对进场安全物资的验证要求。

5．分包控制

项目经理部必须按分包合同规定对分包商在施工现场内的施工或服务活动实施控制，并形成记录。控制内容和方法包括：

（1）审核批准分包商编制的专项施工组织设计和施工方案，包括安全技术措施；

（2）提供或验证必要的安全物资、工具、设施、设备；

（3）确认分包商进场从业人员的资格，依据施工现场安全生产保证体系文件，进行针对性的安全教育、培训和施工交底，形成由双方负责人签字认可的记录，并确保在作业前和作业时，由分包商对其从业人员实施必要的安全教育和培训；

（4）安排专人对分包商施工和服务全过程的安全生产实施指导、监督、检查和业绩评价，对发现的问题进行处理，并与分包商及时沟通信息。

6．施工过程控制

项目经理部必须根据施工现场安全生产保证体系策划的结果和安排，确保与所识别的危险源和不利环境因素有关的活动、人员、设施、设备在施工过程中处于受控状态，以便从根本上控制和减小安全风险和不利环境影响。

项目经理部对施工过程控制的内容和方式应包括：

（1）针对施工过程中需控制的活动，制定或确认必要的施工组织设计、专项施工方案、专项安全措施、安全程序、规章制度或作业指导书，并组织落实；

（2）将采购和分包活动中需实施控制的有关要求通知供应商和分包商，并按要求对其施工和服务提供过程进行控制；

（3）对从业的管理人员和操作人员进行针对性的资格能力鉴定、安全教育和培训、安全交底，及时提供必需的劳动防护用品；

（4）对安全物资进行验收、标识、检查和防护；

（5）对施工设施、设备及安全防护设施的搭设和拆除进行交底与过程防护、监控，在使用前进行验收、检测、标识，在使用中进行检查、维护和保养，并及时调整和完善；

（6）对重点防火部位、活动和物资进行标识、防护，配置消防器材和实行动火审批；

（7）保持场容场貌、作业环境和生活设施文明卫生、规范有序，保护道路管线和周边环境，减少并有效处理废水、废气、粉尘、噪声、振动和固体废弃物，组织好施工期间的道路交通；

（8）对与重大危险源和重大不利环境因素有关的重点部位、过程和活动，组织专人监控；

（9）就施工现场危险源、不利环境因素及安全生产的有关信息，与从业人员及相关方进行交流与沟通，对涉及重大危险源和重大不利环境因素的问题及时作出处理，并形成记录和回复；

（10）形成并保存施工过程控制活动的记录。

7. 事故的应急救援

（1）项目经理部应针对可能发生的事故制定相应的应急救援预案，准备应急救援物资，并在事故发生时组织实施，防止事故扩大、以减少与之有关的伤害和不利环境影响。

（2）项目经理部应配合事故的调查、分析、并制定和实施纠正措施和预防措施。

（四）检查和改进

项目经理部应建立安全检查制度，对施工现场的安全状况和业绩进行日常检查的具体控制要求：

1. 安全检查的控制

（1）规定检查的人员及其职责权限；

（2）规定检查的对象、标准、方法和频次；

（3）对安全检查中发现的不符合规定要求和存在隐患的设施、设备、过程、行为，定人、定时间、定措施进行整改处置，并跟踪复查；

（4）对安全检查和整改处置活动进行记录，并通过汇总分析，寻找薄弱环节，确定需改进的问题及采取纠正措施或预防措施的要求；

（5）对用于检查的检测设备进行校正和维护，并保存校正和维护的记录。

2. 纠正措施和预防措施

（1）项目经理部应对严重的或经常发生的不合格，事故或险肇事故，建筑企业或政府主管部门提出的问题、隐患及整改要求，社会投诉的问题，进行调查和原因分析，针对原因制定并实施相应的纠正措施或预防措施，以防止其再次发生。

（2）所有拟订的措施应：

1）在实施前通过安全风险和不利环境因素影响评价；

2）规定实施职责和进度计划；

3）跟踪确认实施结果和有效性；

4）对措施的制定、实施和跟踪，以及导致施工现场安全生产保证体系文件的修改情况进行记录。

3. 内部审核

项目经理部必须以施工现场安全生产保证体系的业绩为重点，在各主要施工阶段，组织内部审核，以便确定其是否：

（1）项目经理部应在安全生产保证计划明确各主要施工阶段内审的时间节点安排；

（2）项目经理部明确对内审中发现的不合格提出制定、实施纠正措施和验证的有关责任部门或岗位。

4. 安全评估

（1）项目经理应对各主要施工阶段施工现场安全生产保证体系的适宜性、充分性、有效性及时组织评估，明确评估的时间安排，并编制阶段性安全评估报告；

（2）项目经理部应明确组织安全评估的责任部门或岗位的职责与权限要求；

（3）安全评估报告的内容应包括：

1）安全目标的实现情况和重大危险源和重大不利环境因素的控制状况；

2）施工现场安全生产保证体系的自我完善机制的运行情况；

3）从业人员遵纪守法和安全意识的提高情况；

4）建立、实施和改进施工现场安全生产保证体系的经验和做法；

5）为确保施工现场安全生产保证体系持续的适宜性、充分性和有效性，需要对安全目标以及施工现场安全生产保证体系进行改进的要求和措施。

（五）安全记录

1. 工程项目经理部应在安全生产保证计划中明确安全记录的主管部门或岗位的职责与权限；

2. 本项目需建立的安全记录清单；

3. 如何从哪里获得安全记录；

4. 安全记录的填写和保管要求。

第三节　应急救援预案的编制

工程项目经理部应针对可能发生的事故制定相应的应急救援预案。准备应急救援的物资，并在事故发生时组织实施，防止事故扩大，以减少与之有关的伤害和不利环境影响。

一、编制、审核和确认

（一）编制要求

应急预案的编制应与安保计划同步编写。根据对危险源与不利环境因素的识别结果，确定可能发生的事故或紧急情况的控制措施失效时所采取的补充措施和抢救行动，以及针对可能随之引发的伤害和其他影响所采取的措施。

应急预案是规定事故应急救援的工作的全过程。

应急预案适用于项目部施工现场范围内可能出现的事故或紧急情况的救援和处理。

——应急预案中应明确：应急救援组织、职责和人员的安排，应急救援器材、设备的准备和平时的维护保养。

——在作业场所发生事故时，如何组织抢救，保护事故现场的安排，其中应明确如何抢救，使用什么器材、设备。

——应明确内部和外部联系的方法、渠道，根据事故性质，制定在多少时间内由谁如何向企业上级、政府主管部门和其他有关部门、需要通知有关的近邻及消防、救险、医疗等单位的联系方式。

——工作场所内全体人员如何疏散的要求；

——应急；救援的方案（在上级批准以后），项目部还应根据实际情况定期和不定期举行应急救援的演练，检验应急准备工作的能力。

（二）审核和确认

由施工现场项目经理部的上级有关部门，对应急预案的适宜性进行审核和确认。

二、应急救援预案的内容

应急救援预案可以包括下列内容，但不局限于下列内容：

附：应急救援预案的审批表。

（一）目的

（二）适用范围

（三）引用的相关文件

（四）应急准备

领导小组组长：　　　　　　　　　　电话：

　　　　副组长：　　　　　　　　　电话：

　　　　　　组员：

办公场所（指挥中心）：　　　　　电话：

项目经理部应急救援指挥流程图：

急救工具、用具：（列出急救的器材、名称）

（五）应急响应

1. 一般事故的应急响应

（1）当事故或紧急情况发生后，应明确由谁向谁汇报，同时采取什么措施防止事态扩大；

（2）现场领导如何组织处理，同时，在多少时间内向公司领导或主管部门汇报；

2. 重大事故的应急响应

（1）重大事故发生后，由谁在最短时间内向项目领导会报，如何组织抢救、由谁指挥、配合对伤员、财物的急救处理，防止事故扩大；

（2）项目部立即汇报：向内汇报：多少时间、报告哪个部门、报告的内容；向外报告；什么事故，可以由项目部门直接向外报警；什么事故应由项目部上级公司向有关上级部门上报。

（六）演练和预案的评价及修改

1. 项目部还应规定平时定期演练的要求和具体项目；

2. 演练或事故发生后，对应急救援预案的实际效果进行评价和修改预案的要求。

第四节　安全记录（施工现场安全生产
保证体系管理资料）

安全记录是证明施工现场满足安全要求的程度或为安全生产保证体系各要素运行的有效性提供客观证据的文件；安全记录还可以为有追溯要求的各类检查、安全交底、验收和采取纠正及预防措施等提供依据。

一、安全记录的范围

安全记录包括了安全生产保证体系运行的记录。如：项目部承担的工程概况、组织机构、安全管理目标、要素分配与岗位的职责、权限、内审记录、项目部安全评估及施工现场的控制、危险源与不利环境因素的识别和控制清单、各类检查、验收和标识记录等记录。

二、安全记录的要求

1. 工程项目部应按国家、行业、地方和上级企业的规定，制定安全记录清单，确定安全记录的具体内容、要求及表式和标识的规定，按行业管理部门提供的安全记录样本进行填写和编制，但这也仅仅是安全记录的基本部分。项目部为了满足安保体系的运行要求，需增加的安全记录应在安保计划中进行明确，同时列入安全记录清单。

2. 安全记录一般又可分为三种格式：

（1）第一种称为固定表式：项目部只能按表填写，不得更改表中的栏目和填写要求；

（2）第二种称为可变动表式：即项目部可根据本工程实际变动部份的填写内容及表的格式要求；

（3）第三种为自行设计表式：项目部可根据安保体系管理要求，设计记录表式，并明确记录的归类和标识。

与规范配套的上海市施工现场安全生产保证体系管理资料（项目经理部安全管理台账）见附录5。

第五节　安全作业指导书的编制

安全作业指导书是施工现场安全生产保证计划的支持性文件，用以描述具体的岗位和操作现场如何完成某项工作任务的具体做法。为了使各项活动具有可操作性，安保计划中的现场控制程序可以分解为若干个作业指导书，但能在安全控制程序中交代清楚的活动，就不要再编制作业指导书。所以说作业指导书必须与采用要素的程序相对应，它是对安保计划中整个控制程序或某些进行补充、细化、不能脱离安保计划另搞一套安全作业指导书。由于各施工现场的规模，机构设置和重大危险因素的不同，则运行控制程序的多少，内容也不同，所以安全作业指导书的多少也不尽相同。

一、作业指导书的内容

1. 作业内容；
2. 如何操作与注意事项；
3. 出了问题怎么办。

二、编制要求

1. 作业内容

应明确作业的全部内容、工作的范围、部位、数量、负责部门或具体负责人；

2. 如何操作

（1）根据具体的作业内容如何结合工种的安全操作技术规程，对操作规程进行增或减，特别是有安全技术参数控制，更应交代清楚。主要使指导书更具针对性、适用性，使操作人员明确该怎么做。

（2）要让操作人员清楚知道，在自己作业环境中的重大危险源，一般危险源与不利环境因素有哪些。工地上采取了那些控制措施及安全防护设施，应注意如何防范这些危险因素。和工作中应加强责任心，防止无意识地损坏这些防范设施。

（3）可以根据作业的内容、工作的环境、操作者的技术熟练程度及工龄、季节原因、现场存在的危险源、不利环境因素，在作业过程中可能会发生或碰到哪些问题、遇到问题时该怎么处理等，应有所描述。

安全作业指导书的格式企业可以自行设计，关键是上面提到的作业指导书的内容不能缺少，还应履行双方各自签字手续。

第八章　施工现场安全生产保证体系的审核

第一节　施工现场安全生产保证体系审核的一般概念

一、与审核有关的术语与定义

（一）审核

"为获得审核证据，并对其进行客观的评价，以确定满足审核准则的程度所进行的系统的、独立的并形成文件的过程"。

审核的系统性体现在审核是一种正式和有序的活动。"正式"主要指外部审核是按合同进行的，内部审核是由企业和项目经理部的负责人授权的。"有序"则是指有组织、有计划并按规定的程序和规则进行，包括审核前应准备好审核文件，审核后应提出审核报告，并进行纠正措施的跟踪。

审核的独立性是指保持审核的独立和公正。包括审核应由与受审核区域无直接经济利害关系或行政隶属关系的审核员独立地进行，审核员在审核中应尊重客观事实，在外部审核的情况下，不得对受审核方既提供咨询又进行审核等。

审核过程以文件化的方式加以记录，审核结果可真实反映受审核方的安全生产状况，并具有可再现性。

（二）审核准则

"用作依据的一组方针、程序或要求"。

对施工现场安全生产保证体系进行审核的审核准则至少应包括：

（1）施工现场安全生产保证体系规范（DGJ08—903—2003）；

（2）项目的施工现场安全生产保证体系文件；

（3）适用于项目经理部相关的安全环保法律法规、标准规范和其他要求。

（三）审核证据

"与审核准则有关的并且能够证实的记录、事实陈述或其他信息"。也称为"客观证据"。

审核证据通常来自对审核范围内所进行的面谈、文件审阅、记录审阅、对活动与情况的观察、测量与试验结果或其他方法取得，包括在文件、记录审阅以及现场观察中发现的有形的客观事实，也包括能够证实的受审核方人员对口陈述。审核证核可以是定性的，也可以是定量的。审核证据的记录可以是书面形式，也可以是音像形式。

（四）审核发现

"将收集到的审核证据对照审核准则进行评审的结果"。

审核发现能表明是否符合审核准则，也能指出改进的机会。

（五）审核结论

"审核组考虑了审核目标和所有审核发现后得出的最终审核结果"。

审核结论是在审核发现的基础上作出的，是对施工现场安全生产保证体系审核的结论性意见。

（六）审核委托方

"要求审核的组织或人员"。

在施工现场安全生产保证体系外部审核时，审核委托方是指受审核项目经理部所属的建筑施工企业，当它们不在同一个地区时，也可是该建筑施工企业授权的该地区的分支机构。内部审核时，则为授权内审组进行审核的施工企业、施工企业的分支机构或项目部的负责人。

（七）受审核方

"被审核的组织"。

在施工现场安全生产保证体系审核时，指相应的项目经理部。

（八）施工现场安全生产保证体系审核

"为获得项目经理部施工现场安全生产保证体系审核证据并对其进行客观的评价，以确定满足审核准则的程度所进行的系统的、独立的并形成文件的过程"。

施工现场安全生产保证体系审核就是对项目经理部的施工现场安全生产保证体系进行系统评价的过程，通过评价以确定：

（1）项目经理部的安全生产活动及相关结果是否符合审核准则；

（2）施工现场安全生产保证体系是否得到有效实施；

（3）施工现场安全生产保证体系是否适合于完成项目经理部的安全目标。

由以上定义可以看到：

（1）施工现场安全生产保证体系审核的对象是项目经理部的施工现场安全生产保证体系。

（2）施工现场安全生产保证体系审核的目的是：

1）评价施工现场安全生产保证体系的符合性和有效性；

2）寻找施工现场安全生产保证体系的不足之处，从而完善体系，实现持续改进。

二、施工现场安全生产保证体系审核的特点

1. 被审核的施工现场安全生产保证体系必须是文件化的。

只有文件化以后，才能使施工现场安全生产保证体系规范运作，才有比较和评价的可能性，这是审核的必要条件。

2. 施工现场安全生产保证体系审核必须是一种正式、有序的活动。

无论是外部审核还是内部审核，主要体现在：

（1）需经过授权或批准，或由合同要求才能进行。

（2）从审核的策划和准备到审核的实施，纠正措施的跟踪验证都有规范的程序和方法。

（3）必须由经过培训且经资格认可的人员进行。

（4）审核计划、检查表、审核记录、问题清单、不合格项报告、审核报告等都要形成书面文件。

3. 施工现场安全生产保证体系审核必须遵循客观性、独立性和系统性三个核心原则。

（1）客观性是指审核员要以充分确凿的证据为基础，公正、客观地评价审核对象，不能带有偏见或主观地给出审核结论。

（2）独立性是指审核员要与被审核的区域无直接责任关系。在外部审核时，审核员应与受审核方无任何利益关系，在内部审核时，一般来说审核员不能审本岗位。

（3）系统性是指审核员要按规定的程序全面地审核和评价与审核对象有关的各项活动和结果。

4. 施工现场安全生产保证体系审核是一个全数检查与抽样检查相结合的过程。

施工现场是一个高风险的场所，由于时间和人员的限制以及体系运行的连续性，审核都具有不确定性因素，采用全数与抽样相结合获得样本的检查方法来收集审核证据，有利于尽可能地提高审核结论的可靠性和可信度，提高审核的有效性，降低审核风险。

（1）对部门（岗位）和要素应全数检查，对与重大危险源与重大不利环境因素有关的重点或关键部位、人员、设施、设备和活动应全数检查。

（2）对与危险源和不利环境因素有关的一般部位、人员、设施、设备和活动可抽样检查，但应有充分的抽样量，通常样本中的个体应在 3 ~ 12 之间，并做到随机抽样、分层抽样和均衡适度，具有代表性，能真实反映体系的实际情况。

三、施工现场安全生产保证体系审核的类型

施工现场安全生产保证体系审核按审核方与受审核方的关系，可分为内部审核和外部审核两种类型。

（一）内部审核

是以项目经理部、所属建筑施工企业或其授权分支机构的名义对施工现场安全生产保证体系进行的审核。这种审核是一种自我检查、自我完善的持续改进活动，可为有效的安全评估和纠正、预防或持续改进措施提供信息。其目的是：

（1）保障体系的正常运行和持续改进。

项目经理部在建立了文件化的施工现场安全生产保证体系，并进入正常运作之后，对运作过程中，文件化的体系能否正确实施，实施效果如何，是否能达到安全目标的要求，就需要项目经理部和所属上级机构建立一个自我发现问题、自我完善和自我改进的机制。事实证明，一个缺少监督检查机制的管理体系，不能保证持续有效运行，也不能持续改进提高。因此，有效的内部审核是克服项目经理部内部的惰性、促进体系良性运作的动力。

（2）为外部审核做准备。

在外部审核前，项目经理部和所属上级机构安排进行内部审核，可及早发现不合格项并进行整改，以便为顺利通过外部审核扫清障碍，也可减少不必要的经济损失。

（3）作为一种管理手段。

内部审核通过对项目经理部施工现场安全生产保证体系的运行情况进行评定，找出项目经理部施工现场安全生产保证体系存在的问题，进而找出改进的途径，可为项目经理部完善其施工现场安全生产保证体系提供依据，因而内部审核为项目经理部的安全管理提供了有效的评价和检查手段。

（二）外部审核

是由独立于项目经理部及所属上级机构、且不受其经济利益制约或不存在行政隶属关系的由政府建设行政主管部门认可的中介机构，依据审核准则，按规定的程序和方法对项目经理部的施工现场安全生产保证体系进行的审核。又称为认证审核，简称认证，其审核的权威性、公正性、客观性以及审核结论的可信度一般要高于内部审核。其目的是：

（1）向外界展示项目经理部的施工现场安全生产保证体系是符合要求的。

通过外部审核注册，为项目经理部提供符合性的客观证明和书面保证，向所有相关方证明项目经理部的施工现场安全生产保证体系是符合规范要求的，这样可以为项目经理部在社会上树立良好的形象，增强市场竞争力。

（2）实施、保持和改进项目经理部的施工现场安全生产保证体系。

通过外部审核和监督审核，促使项目经理部坚持按照规范要求，保持管理体系的有效运行，并可借助外部审核组专家的经验和专长，进一步改进和完善项目经理部的施工现场安全生产保证体系。

（3）满足相关方的要求

在项目经理部申报标准化管理工地和文明工地评审时，获得有效的施工现场安全生产保证体系认证注册证书是必要的前提。

（三）内部审核与外部审核的异同

（1）两类审核有许多方面是相似的，例如：

1）审核依据相同。都有同样的审核准则。

2）对审核员的要求基本相同。都要做到客观、公正、独立，都要具有较高的素质。

3）审核的程序、阶段大致相同。均要进行审核前的准备、首末次会议、现场审核、审核报告、不合格项报告及整改和跟踪等过程。

4）都是对项目经理部的施工现场安全生产保证体系是否符合施工现场安全生产保证体系规范进行评价。

（2）两类审核在具体实施的各个环节上存在一定的差异，表 8-1 从 11 个方面进行对比分析。

施工现场安全生产保证体系内部审核与外部审核的区别　　　　　　　表 8-1

序	项　　目	内　部　审　核	外　部　审　核
1	委托方、审核方和受审核方	委托方为施工企业各级负责人，审核方为内部审核组，受审核方为某个项目经理部	委托方是项目经理部的上级机构，审核方为认证机构，受审核方是某个项目经理部
2	审核的主要目的和重点	主要目的在于改进自身的体系，重点是发现问题，纠正和预防不合格项	主要目的在于决定是否批准认证
3	前期准备工作	由项目经理部或上级机构的最高管理层组建内审组或指定某职能机构主管审核工作，培训干部、制定程序	了解受审核方情况，决定是否受理申请，预审文件，并进行初访
4	审核计划	例行审核，可采用集中审核方式或滚动审核方式	短期内集中审核所有有关部门（岗位）和要素，进行现场审核
5	样本量及审核深度	如时间比较充裕，样本量可取得较多，审核可以较深	时间较短，样本量及深度相对较小
6	首、末次会议	虽也有较正规的首、末次会议，但由于都是同一组织内的人，不用互相介绍，其他内容也可简化，特别是首次会议较简短	正规的首、末次会议，审核组长应作全面说明，包括人员介绍、审核程序、方法以及保密原则的声明等

序	项　目	内　部　审　核	外　部　审　核
7	争执处理	如发生审核组与受审核方的争执时，可提请项目经理或上级机构主管领导仲裁	如发生争执，审核组应耐性地根据审核证据说服受审核方；如争执不能解决，最后只能请政府建设行政主管部门管委会仲裁
8	不合格项问题分类	按性质分类，目的在于抓住重点问题整改，以及评价体系改进情况	按严重程度分类，目的在于决定是否予以通过认证
9	纠正措施	重视纠正措施，对纠正措施计划可作具体咨询，可提方向性意见供参考，对纠正措施完成情况不仅要跟踪验证，还要分析研究其有效性	对纠正措施不能作咨询，对纠正措施计划的实施要跟踪验证
10	监督审核	无此内容	认证后，根据一定时间间隔进行，监督检查
11	审核员	必须取得有资格的培训机构的培训合格证书	认证机构的审核员必须取得政府建设行政主管部门管委会注册审核员资格

第二节　施工现场安全生产保证体系的审核认证

一、基本概念

（一）安全生产保证体系审核认证的含义

安全生产保证体系审核认证是指由具有一定权威，并为政府和社会公认的，独立于建筑工程发包方和承包方的第三方，依据施工现场安全生产保证体系规范和有关规定，对项目经理部的安全生产、环境保护能力进行必要的检验或审核，对安全生产保证体系及实施效果符合相应规范和规定要求的项目经理部，发给认证合格证书，以证明其具有相应能力和效果的活动。

安全生产保证体系的审核的对象是项目经理部，而不是施工企业。审核的依据是上海市施工现场安全生产保证体系规范。

安全生产保证体系审核认证实际上就是安全生产保证体系符合性和有效性的合格评定。

1. 评定的依据为现场审核中的审核发现。

2. 评定的内容为受审核项目经理部的施工现场安全生产保证体系的有效性，有效性的评价可从以下几个方面考虑：

（1）安全生产保证体系文件对施工现场安全生产保证体系规范的符合性。

（2）安全生产保证体系文件对施工现场实际情况、安全管理目标的适宜性和可操作性。

（3）安全生产保证体系文件得到认真贯彻，安全状况稳定。

（4）具有不断自我完善和改进的机制。

（二）安全生产保证体系审核认证的特点

由独立于承发包方的第三方系统地进行，它应体现公正性和客观性，为此它有一套完整、严格的程序和管理制度，用以保证其有效性，其主要特点为：

1. 被审核的安全生产保证体系必须是正规的、文件化的。

2. 审核必须是一种正式的活动，按合同进行，按规定程序实施，审核员资格得到认可。

3. 审核过程是一种全数与抽样检查相结合的过程，包括检查一定数量的文件、记录，询问一定数量的人员，检查若干设备和设施，查证若干工程部位和施工作业面等。其中抽样方法有其科学性、合理性，但也有一定风险性、局限性，审核中通过抽样方案的优化以减少风险。

（三）安全生产保证体系审核认证的作用

只有按施工现场安全保证体系规范和有关规定建立和完善施工现场安全生产保证体系，加强和改善项目安全和环境管理，并达到规定要求，才能获得相应认证证书。因此获得认证证书的过程就是施工现场建立和完善安全生产保证体系的过程，就是采取改进和纠正措施，提高安全生产和环境保护管理水平的过程，有利于施工现场安全目标的实现。从这个意义上讲，安全生产保证体系审核认证不同于旨在为确保满足规定的要求对施工现场所进行的安全监督。

二、安全生产保证体系审核认证的组织结构

施工现场安全生产保证体系规范作为上海市地方工程建设规范，其审核认证的组织结构设计，应考虑到上海市的实际情况，并借鉴质量、环境和职业健康安全管理体系审核认证的结构模式。这样做既能保证施工现场安全生产保证体系审核认证工作的正常开展，又能保证施工现场安全生产保证体系审核认证的水平和质量。其具体结构包括三个层次。

（一）第一层次——主管部门，上海市建设和管理委员会

作为政府的建设行政主管部门，依法成立上海市施工现场安全生产保证体系管理委员会，统一管理施工现场安全生产保证体系贯标认证工作，它的主要工作职能不是开展具体的认可与认证业务，而主要是：

1. 组织编制与审核施工现场安全生产保证体系地方规范；

2. 负责施工现场安全生产保证体系审核认证的管理；

3. 授权认可机构对各类涉及施工现场安全生产保证体系规范的审核认证机构、教育培训机构及人员进行认可。

（二）第二层次——认可机构，上海市施工现场安全生产保证体系管理委员会办公室（上海市建设工程安全质量监督总站）

受政府主管部门授权，组织开展认可工作的专门机构。主要职能是依据认可程序，对以下机构和人员进行资格认可的审核、注册、颁证和工作监督；

1. 施工现场安全生产保证体系审核认证机构；

2. 施工现场安全生产保证体系审核员教育培训机构；

3. 施工现场安全生产保证体系外部审核员。

（三）第三层次——认证机构、培训机构和抽查评判机构

1. 认证机构

由认可机构认可，在授权范围内可独立开展施工现场安全生产保证体系审核认证工作的实体，工作内容包括接受认证申请、派出审核组、核准注册颁证与监督检查等。

在若干具有相应管理能力的行业协会或行业专业协会内设立相对独立的审核机构，成为一个真正意义上的中介机构，一个面向所有的项目经理部开展审核认证业务的实体。

（1）认证机构必须满足以下两个条件：

1）公证性。独立于承发包方，是具有完全独立地位的机构，能够客观、公正地处理问题和做出判断，不受任何外来势力的干扰和影响。

2）权威性。具有较高信誉，被社会所公认的机构。

（2）认证机构应单独设置，具有法人资格和营业执照，具有必要的组织结构和管理人员，拥有一定数量的专职和兼职审核员。聘用从事审核认证工作的审核人员，应通过认可机构认可的培训机构培训考核合格，取得其颁发的合格证，并经认可机构专业面试合格后注册，取得注册资格证书。

2. 培训机构

由认可机构认可，在授权范围内可独立开展施工现场安全保证体系外部审核员、内部审核员及贯标认证培训工作的实体。

认可机构委托上海市建筑业联合会工程建设监督委员会负责对培训机构的设置、教学组织等实施具体管理。

（1）培训机构应单独设置，具有必要的组织结构，拥有一定数量的办学与教学人员。

（2）教学人员，即培训教师，应熟悉规范，中专以上文化程度或助工以上职称、六年以上工作经历（大专以上文化程度或工程师以上职称、四年以上工作经历），其中至少二年以上从事与安全生产和环境保护相关的工作，经认可机构培训及教学能力专门考核，取得相应的审核员培训教师合格证。

3. 抽查评判机构（各级建设工程安全监督站）

各级建设工程安全监督站对通过审核认证的施工现场进行抽查验证，重点是：

（1）安全生产保证体系的保持；

（2）安全生产保证体系的有效性；

（3）认证机构的工作质量。

发现安全生产保证体系严重失控、运行问题较多或认证质量不高时，对有关方提出整改意见，必要时提请主管部门和认可机构给予警告处分，暂停直至注销其证书或资质。

施工现场安全生产保证体系审核认证工作流程如图8-1所示。

三、施工现场安全生产保证体系审核认证的基本实施程序

安全生产保证体系审核认证是一种正式的活动，一般来讲大致分为五个阶段，即认证申请与审查、审核准备、现场审核、批准与注册、认证后的监督，每个阶段还可分为若干活动，基本实施程序如图8-2所示。

（一）申请条件

申请认证审核的项目经理部所承建工程项目，必须具备以下基本条件：

1. 施工面积 3000m^2（或工作量 1000 万元）以上，且工期在 90d 及以上；

2. 提交施工现场安全保证体系认证申请表；

政府主管部门
上海市建委
（上海市安保体系管委会）

报告（3）

报告　授权管理

认可机构
上海市安保体系管委会办公室
（上海市安质监总站）

报告（3）

认可、注册颁证、管理

报告　　报告

专业面试注册颁证监督管理（2）

认证机构　　　培训机构

（1）派出　（3）报告　　（1）派出教师培训考核

实习审核员
审核员
主任审核员

抽查验证（2）

抽查评判机构
（各级安监站）

注册颁证监督检查（4）

审核组

（2）审核

抽查验证（1）

项目经理部和
施工现场

指导、检查监督、审核

施工企业及其
分支机构

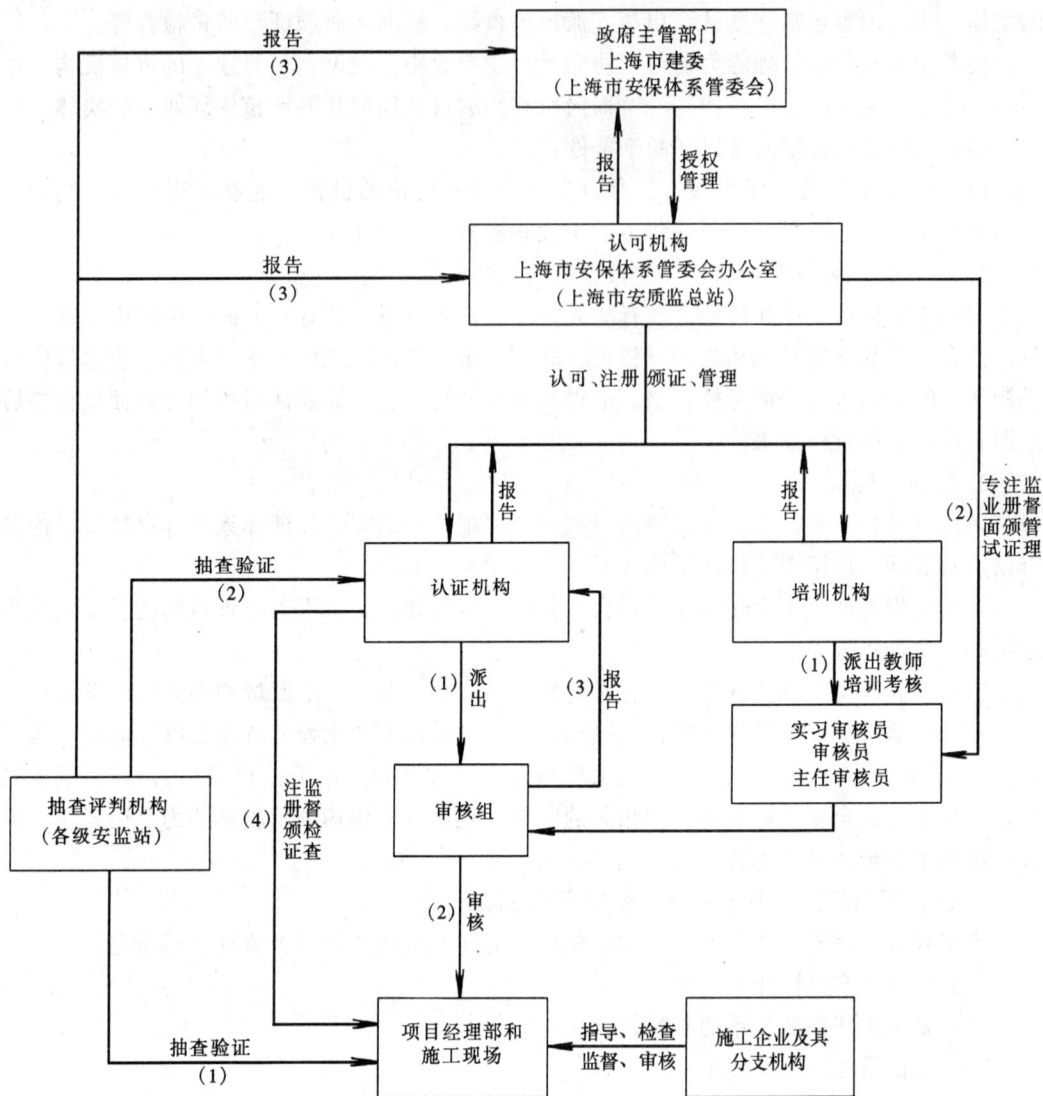

图 8-1　施工现场安全生产保证体系审核认证工作流程

3．提交施工现场安全保证体系认证审核申请证明单；

4．提交施工现场安全生产保证计划；

5．提交施工现场安全生产保证体系内审资料和内审报告；

6．提交安全受监申请表复印件和施工合同（协议）复印件；

7．提交公司资质证书、营业执照、进沪许可证，质量贯标证书等复印件；

8．工程项目基础工程工作量完成 90％ 之前，纯装饰工程或其它类型工程完成总工作量 30％ 之前；

9．有工程受监登记记录和受监安监站签署的相关证明单。

（二）申请受理

1．认证机构根据申请方的申报材料进行审阅，确认其条件是否符合，作出是否受理的决定，并通知申请方（项目经理部所在的上级机构）。

```
                    ┌──────────┐
                    │ 企业申请 │
                    └─────┬────┘
                          ↓
                    ┌──────────┐
                    │ 受理审核 │
                    └─────┬────┘
                          ↓
                    ┌──────────┐
                    │ 签订合同 │
                    └─────┬────┘
                          ↓
  ┌──────────┐   不符合   ┌──────────┐
  │ 文件修改 │◄──────────│ 文件审查 │
  └──────────┘           └─────┬────┘
                          │ 符合
                          ↓
                    ┌──────────┐
                    │ 现场初访 │
                    └─────┬────┘
                          ↓
  ┌────────────┐  不符合   ╱──────╲
  │ 受审核方改善│◄────────◄  评价  ╲
  └────────────┘           ╲──────╱
                          │ 符合
                          ↓
    复查审核         ┌──────────┐
  ───────────────►│ 现场审核 │
                    └─────┬────┘
                          ↓
  ┌──────────┐暂缓推荐注册 ╱──────╲ 不予推荐注册 ┌──────────┐
  │ 限期纠正 │◄──────────◄  评价  ╲──────────►│ 终止审核 │
  └──────────┘           ╲──────╱             └──────────┘
                          │ 推荐注册
                          ↓
                    ┌────────────┐
                    │ 纠正措施验证│
                    └─────┬──────┘
                          ↓
                      ╱──────╲  不予通过  ┌────────────┐
                     ╲  审定  ╲─────────►│ 通知受审核方│
                      ╲──────╱           └────────────┘
                          │ 通过
                          ↓
                    ┌──────────┐
                    │ 注册发证 │
                    └─────┬────┘
                          ↓
                    ┌──────────┐
                    │ 监督审核 │
                    └──────────┘
```

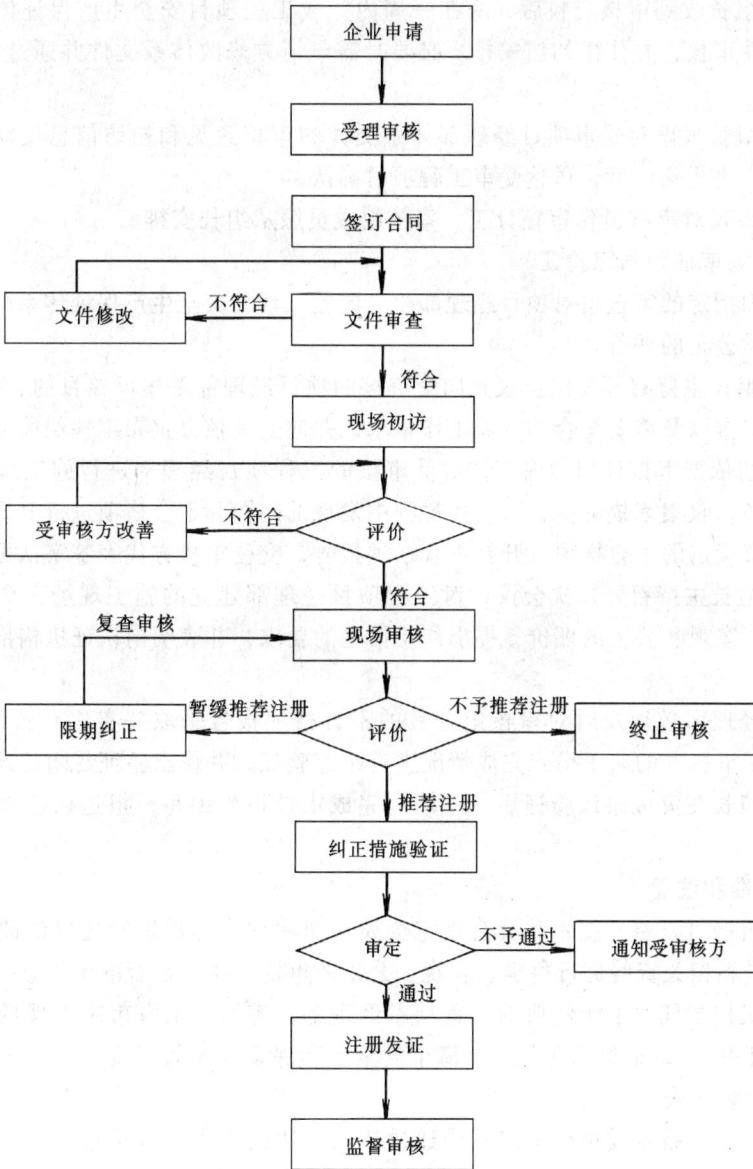

图 8-2 基本实施程序

2.认证机构在决定受理登记后，与申请方签定合同，并按合约规定进行审核认证，同时收取认证审核或监督审核费。

（三）审核准备

合同生效后，认证机构做好以下审核准备工作：

1.根据工程项目规模和特点，落实审核组长和审核人员，一般审核人员不少于2人（不包括实习审核员），审核组长一般应具备主任审核员资格；3万平方米以上的工程项目可适当增加一名审核员；对专业性强，情况特殊的工程，应聘请技术专家担任审核组顾问。

155

2．审核组长收到审核资料后，应在一周内完成工程项目安全生产保证体系计划和有关资料的文件审核，并作出初访安排。必要时需申请方修改体系文件并通过再次审核后，再进行初访。

3．审核组长根据对受审项目经理部体系文件的审核意见和初访信息反馈，编制审核计划，经认证机构确认后，送达受审工程项目确认。

4．审核组长对审核员作审核分工，审核组成员服从组长安排。

（四）现场审核和跟踪验证

认证机构指定的审核组对项目经理部建立的施工现场安全生产保证体系的符合性、有效性作出科学公正的评价。

1．审核组长主持召开首次会议，向受审核的项目经理部阐述审核目的、范围、方法、分工和时间安排以及需要配合的有关工作要求，并向受审核方宣布审核纪律和保密承诺。

2．审核组依据审核计划和内容，对受审核的工程项目经理部进行施工现场安全生产保证体系审核，收集审核证据；对审核过程中发现的问题和不合格项进行分析、记录；对经审核组合议确定的不合格项，开具不合格项报告，交受审核方代表签字认可。

3．审核组长主持召开末次会议，对工程项目经理部建立的施工现场安全生产保证体系作出科学、客观、公正的评价，提出纠正措施的要求，并表明向认证机构推荐与否的意见。

4．项目经理部必须及时对审核组开具的不合格项报告采取并实施有效的纠正措施，审核组要对受审核方的纠正措施完成情况进行跟踪验证，并作出验证封闭记录。

5．审核组长在完成跟踪验证后，一周内完成审核报告编写，报送认证机构和分送受审核方。

（五）批准和注册

1．认证机构每月召开技术委员会审定会议一至两次，对被推荐通过认证的项目经理部的审核报告和相关资料进行科学、客观、公正的审议，作出是否准予注册的决定。

2．认证机构主任对准予注册的工程项目经理部，签发《上海市施工现场安全生产保证体系认证证书》，认证机构每月向上海市安全生产保证体系管理委员会办公室报送注册发证工程项目统计表。

3．认证机构对技术委员会审定不予通过认证注册的工程项目经理部，应及时通知受审核方。

4．认证机构每月向各区安监站通报注册工程项目经理部和不予注册工程项目经理部的清单。

（六）认证审核后的监督管理

1．认证机构依据技术委员会工作程序、认证资格的批准和保持、认证资格的暂停和撤销的有关规定，对获证的工程项目经理部实施定期或不定期监督审核检查，促使其施工现场安全生产保证体系和安全生产处于受控状态。

2．认证机构对已获证的工程项目经理部，一般每隔 4～6 个月进行一次例行监督审核，对工程施工进入特殊安全风险阶段时，及时进行不定期巡回监督审核。凡未在规定期限内接受并通过监督审核的，所发认证证书为无效，认证机构予以撤销。

3．除可不进行初访外，监督审核程序与认证审核程序基本一致，即应进行文件审查和现场审核。但是现场审核应对规范的 16 个要素及覆盖的各部门（岗位）有重点地进行，每次必审的要素应包括 3.2.2、3.2.3、3.2.4、3.3.1、3.3.6、3.3.7、3.4.1 和 3.4.2，并在此基础上根据需要适当增加其他要素。

4. 认证机构根据认证资格的批准和保持、认证资格的暂行和撤销的有关规定，监督审核后，对获证的工程项目经理部作出认证资格的保持、暂停、撤销等决定。

5. 认证机构在接到各级安监站的"建议"后，及时指派审核组对"建议"工程项目经理部实施监督审核检查，并将监审检查的情况或结果向相应的安监站通报，同时报送上海市施工现场安全生产保证体系管委会办公室。

6. 认证机构与各级安监站对工程项目经理部的施工现场安全生产保证体系存在的问题有异议时，服从上海市施工现场安全生产保证体系管委员会办公室的裁定。

四、小型工程项目施工现场安全生产保证体系审核证的简化实施程序

对于达不到基本实施程序申请条件的工程项目经理部，即：施工面积 3000m² 以下（不含 3000m²）或建安工作量 1000 万元以下（不含 1000 万元），且工期在 90 天以下（不含 90 天）的工程项目，申请认证审核的其他条件都符合基本程序中申请条件的其他条件，这时可适当简化审核的程序，具体按以下规定实施：

（一）认证审核和跟踪验证

1. 认证审核工作环节应与基本程序相一致。但根据工程项目的特殊情况，在完成体系文件审核，经修改达到要求后，可不进行初访，直接进入现场实施认证审核。

2. 对实施认证审核的工程项目经理部，审核组人员不得少于 2 人（不包括实习审核员），审核组长由认证审核机构任命指派。

3. 审核过程中应做好首、末次会议的相关记录。

4. 审核的基本方法仍以全数与抽样相结合为主，但要覆盖全部要素和岗位。

5. 现场实施抽样检查时，必须重点检查：项目经理及管理人员的安全贯标职责是否落实；对危险源和不利环境因素的识别与控制策划及措施的落实；安全设施及机械设备的验收、检查、使用的控制；安全用品采购与分包方的控制；管理人员和操作人员的安全环保培训教育；事故隐患的处置和纠正、预防措施的实施等。

6. 不合格项报告封闭的形式，由审核组长根据不合格项报告的性质自行决定，但必须形成认证审核环节的封闭。

7. 审核组应在跟踪验证完成后的一周内编写审核报告，报送认证机构进行审定。

（二）批准与注册及认证审核后的监督管理

1. 批准与注册环节同基本实施程序。

2. 对批准注册的工程项目经理部，如要实施监督审核的应按基本程序要求进行。但认证机构可视工程实际状况，确定认证后的监督审核周期。

第三节　施工现场安全生产保证体系审核工作程序

施工现场安全生产保证体系的审核，无论是内部审核，还是外部审核，其审核组的审核工作程序大致相同，具体实施上稍有区别，内部审核较外部审核工作程序简化。本节主要介绍初次外部审核工作程序，监督审核工作程序与之大致相同。

一、组成审核组

审核组由认证机构确定，一般审核组审核人员，不包括实习审核员，不能少于2人。

1. 由审核组长和审核员组成，其中至少有一名主任审核员。必要时可聘请技术专家作为顾问。审核组成员不得向受审核的项目经理部提供咨询服务，并与之无直接的责任关系。

2. 审核组长。通常是注册主任审核员，主导审核全过程，对审核工作质量起关键作用，其职责为：

（1）负责文件审查（在接受申请时进行），以及文件修改的验证（在现场审核前进行），需要时负责进行初访，提交初访报告和问题清单；

（2）协助认证机构选择审核组成员；

（3）制定审核计划，对审核组进行任务分配；

（4）指导编制审核检查表，进行审核过程控制，负责对施工现场安全生产保证体系符合性、有效性的评价及作出结论；

（5）及时与受审核方负责人沟通；

（6）组织纠正措施的跟踪验证；

（7）提交审核报告。

3. 审核组组员。至少为注册实习审核员，其中注册审核员或主任审核员的职责为：

（1）在审核组长指导下编制分工范围的审核检查表；

（2）独立完成分工范围的现场审核任务，包括收集证据，开列不合格项报告，进行审核组内容交流，报告审核结果，参与对安全生产保证体系符合性和有效性的评价；

（3）配合支持审核组长和其他审核员的工作；

（4）验证所采取的纠正措施的有效性。

实习审核员不能单独承担审核任务，必须在注册审核员、主任审核员或组长的指导和帮助下开展审核活动。

二、文件审查

所谓文件审查，是指认证机构受理审核后对受审核项目施工现场安全生产保证体系文件的初步审查。文件审查主要是评价施工现场安全生产保证体系的所有过程与活动是否被确定？过程与活动程序是否被恰当地形成文件？而现场审核则是评价过程与活动是否被充分展开并按文件要求贯彻实施，并评价过程是否有效。因此，文件审查是初访和现场审核的基础和先行步骤。如果文件审查表明项目经理部描述的施工现场安全生产保证体系不能充分满足要求，可停止后续工作，如初访、现场审核等，待问题解决后再进行。

（一）文件审查的目的

文件审查的主要对象是项目经理部提供的施工现场安全生产保证计划及其有关的体系文件。其目的是：

1. 了解受审核方的施工现场安全生产保证体系文件（主要是施工现场安全生产保证计划）是否满足申请认证的施工现场安全生产保证体系规范的要求，即"规范要求的，文件是否写到"，从而确定能否进行初访、现场审核；

2. 了解受审核方的施工现场安全生产保证的特点、运行情况，以便为初访、现场审核准备。

（二）文件审查的要求

1. 文件审查一般由审核组长负责，或由审核组长指定专人审查。

2. 文件审查以施工现场安全生产保证计划为主，并涉及与其他相关体系文件的关联性和一致性。

3. 文件审查应按规范要素条款，逐项写出文件审核报告或文件审核检查表。

4. 文件审查中发现的问题点或需修改之处，应加以记录，交项目经理部澄清或补充。只有通过文件审查后，才能开始初访、现场审核工作。

5. 文件审查并修改后，还应在后续的初访、初次审核、监督审核过程中，对文件的符合性、充分性、针对性、可操作性进行评价，必要时提出问题清单，与不合格项报告一起，提交项目经理部进行整改。

（三）文件审查的内容

1. 文件结构及控制。

（1）施工现场安全生产保证计划中有无安全方针、安全目标和管理方案、组织机构及职责，是否对 16 个要素分别进行了描述。

（2）文件是否按规定权限进行审核审批。

（3）文件有无版本号，更改是否受控并有记录。

（4）有无相关支持性文件的查询途径。

2. 施工现场安全生产保证计划的内容。

（1）安全目标是否与施工现场的特点相适应，是否反映相关方的要求，是否体现对遵守法律法规、事故预防以及持续改进的承诺，是否反映全员参与，目标是否合理，是否量化并具有可操作性。

（2）项目经理部的机构设置、职责和权限的分配是否明确。体系要素规定的各项活动是否明确了责任部门（岗位）、相关部门（岗位），部门（岗位）之间的接口是否协调得当。

（3）是否覆盖了规范的全部要求，要素描述是否满足其实质性基本要求。

（4）是否提供了危险源、不利环境因素及重大危险源、重大不利环境因素清单，并按其优先顺序制定了相应的控制措施或控制文件。

（5）是否有适用的法律法规、标准规范和其他要求要求的清单，并进行了符合性评价。

（6）是否有需要建立的安全记录（管理资料）清单。

3. 施工现场安全生产保证体系其他文件的内容。

（1）一般放在现场审核时审查。

（2）特别重要的过程运行程序、作业指导书，可在文件审查时调阅，以备现场审核时有所准备。

（四）文件审查的结果和结论

文件审查的结果和结论可利用文件审查检查表进行记录。文件审查结果应对应规范要素和条款列出相应的问题点。文件审查结论一般可分为三种情况：

1. 合格。可以进行后续的初访与现场审核。

2. 基本合格。文件部分不符合施工现场安全生产保证体系规范，标明需修改或澄清之处，要求在规定期限内完成修改，待复查通过后，再进行后续的初访与现场审核。

3. 不合格。文件存在严重不符合施工现场安全生产保证体系规范要求的缺陷，退受审核的项目经理部，经修改后重新提交进行文件审查。

本节［例 8-1］给出了一个文件审查表的示例。

三、初访

初访是审核组与受审核方正式接触，面对面相互了解和沟通的第一次机会，双方均应加强合作，交流信息，以便为现场审核作好准备。

（一）初访的目的和内容

1. 为现场审核的可行性收集必要的信息。

初步了解施工现场安全生产保证体系的运行情况，确定是否具备了进行正式审核的条件：施工现场安全生产保证体系是否按体系文件运行，并能提供 3 个月以上的证实性材料；是否按规定开展了内部审核与安全评估，可信度与有效性如何。重点是确定是否已建立了一个自我发现、自我纠正、自我完善的机制。

2. 对现场重大危险源与重大不利环境因素、安全目标、施工过程控制、应急救援、安全业绩的监督检查等要素策划的一致性进行评价。

3. 有关法律法规、标准规范和相应要求的充分性，符合性。

4. 施工现场安全生产受控状况，有无重大隐患，有无业主、社会、员工投诉和安监站、劳动、安全与环保部门的处罚。

5. 为制定现场审核计划收集资料。了解项目经理部的组织机构和工程项目的规模、特点、施工工艺和流程、形象进度、保密要求、交通条件等情况，以便确定工作量与人员配备。

6. 如具备现场审核条件，初步商定现场审核的日期和计划。

（二）初访的组织

一般由审核组长进行，必要时可增加 1~2 名组员参加。在程序上与现场审核相比，可适当简化，通过巡视现场，与项目经理部领导、主要管理部门（岗位）人员交换意见、查阅有关文件与记录等方法，从大的方面了解施工现场安全生产保证体系的总体情况。

（三）初访结论

审核组在完成初访后，应对以下两个方面给予评价：

1. 施工现场安全生产保证体系是否符合审核准则。主要从以下 4 个方面进行综合考虑。

（1）文件是否完整覆盖规范的全部要求；

（2）项目经理部的组织机构和职责分配是否合理、明确；

（3）项目经理部的安全目标是否明确、恰当；

（4）专项安全施工方案是否充分、具体。

2. 施工现场安全生产保证体系是否具备进入现场审核的条件。主要从以下 3 个方面综合考虑：

（1）危险源和不利环境因素的识别是否全面、充分，并具有针对性；

（2）重大危险源和重大不利环境因素的评价是清楚、合理，并且准确无误；

（3）针对重大危险源和重大不利环境因素制定的控制措施及方案是否确定。

（四）初访报告

初访结束后，应由初访人员编制初访报告，分别送受审核项目经理部和认证机构。其内容主要有：

1. 施工现场安全生产保证体系概述：

（1）文件审查修改情况复查结论；

（2）体系建立与运行时间及基本情况；

（3）危险源和不利环境因素识别、评价和基本控制情况；

（4）适用法律法规、规程规范和相关要关获取和遵守情况；

（5）安全目标、指标和控制方案的合理性；

（6）组织机构设置与职责分工合理性；

（7）内审和安全评估的可信度与有效性。

2. 存在的主要问题，可附"问题清单"，以及整改要求及验证安排。

3. 初访结论。是否具备现场审核的条件。

4. 具备现场审核条件时，现场审核的侧重点和初步日期。

四、编制审核计划

审核计划是指审核组现场审核人员的时间安排和审核路线的确定。一般应至少提前10日给受审核项目经理部。如受审方有异议，可以通过双方协商调整。

（一）审核计划的内容

一个完整的审核计划除受审核方的名称、地址、联系人、电话、传真外，主要应包括下述内容：

1. 审核目的。

验证施工现场安全生产保证体系实施的符合性与有效性，并确定能否通过认证，获准注册。

2. 审核范围。

即界定施工现场安全生产保证体系所覆盖的活动、工程、部门（岗位）及场所的范围。

3. 审核依据。

主要是施工现场安全生产保证体系规范、受审核方的体系文件和适用的法律法规、规程规范和相关要求。

4. 审核组成员。

其中包括审核组长和组员名单及分工，需要时列出聘请的技术专家名单。

5. 审核日期。

即现场审核的起止日期。

6. 审核日程。

即审核时间安排，一般以小时或上下午为单位安排审核日程。

7. 保密承诺。

审核组所有成员应表明保密承诺，包括企业的经营、技术、管理及审核信息，在没有征得受审核方同意的情况下不得透露给无关的第三方。

8. 其他有关需要说明的问题。

审核人·日数按现场规模、工程复杂程度、施工方案难易程度、形象进度等核定。

（二）审核计划的编制要求

审核计划一般由审核组长制定，送认证机构审核批准后通知受核方。

审核计划根据审核路线的不同，通常有两种主要的类型，本节给出了两个审核计划示例，[例 8-2] 以部门（岗位）审核为主。[例 8-3] 以要素审核为主。通常大型工程宜选用以部门（岗位）审核为主的方式，中小型工程宜选用以要素审核为主的方式。

五、编制检查表

（一）检查表的作用

审核检查表实际是审核员的工作文件、审核提纲或审核工作指导。其作用是：

1. 保持审核目标的清晰和明确

审核员可以依据检查表的内容进行审核，使审核不致于偏离目标和审核主题，检查表实际起到提示作用。

2. 保持审核内容的周密和完整

审核过程是为达到审核目的而事先经过周密设计的全数和抽样相结合的过程，其中包括全数检查的对象和抽样方法及抽样数量的确定。因此，检查表是审核员的工作提纲，使审核内容周密和完整，不至于遗漏。

3. 保持审核工作的节奏和连续性

审核过程实际是一次紧张而有节奏的活动，检查表中详细地写明了审核计划和审核程序，用以指导审核员有目的、有针对性地实施审核，保持工作有节奏和连续性。

4. 树立审核员的职业形象

作为一个审核员，特别是一名新参加工作的年轻审核员，审核工作中如有一份经过周密设计编制的检查表，有针对性的提出问题，全数检查无遗漏，抽样有代表性，严格按审核程序办事，会给受审核方树立一个熟练、经过专业训练的审核员的职业形象。

5. 作为审核记录存档

审核结束，检查表与审核记录、音像资料、审核计划与审核报告均作为审核记录存入档案备查。审核机构也可以利用若干相关的检查表建立数据库，以备今后为同类型的审核编制检查表作参考。

（二）检查表的内容

检查表的主要内容有两个方面：

1. 查什么

列出审核项目的审核要点，确保审核覆盖面的完整性，即覆盖到审核范围的所有方面，包括外场与内场、硬件与软件，不要遗漏。

2. 怎么查

确定该审核项目的审核步骤和方法，对该审核项目的全数检查对象和抽样方法及抽样量的设计。

（三）检查表设计中的几个问题

1. 以施工现场安全生产保证体系规范及项目经理部安全生产保证体系文件为依据。

2. 审核项目可以以部门（岗位）审核为主进行审核，以部门（岗位）审核为主审核时，应列出该部门（岗位）所涉及到的主要要素（并非所有要素）的审核内容、步骤和方法。也可以以要素为主进行审核，以要素为主审核时，应列出到哪些部门（岗位）去查，如何查。本节给出了两个带审核记录表的审核检查表的示例，[例 8-4] 为由部门或岗位查要素，[例 8-5] 为由要素查部门或岗位。

3. 注意逻辑顺序，明确审核步骤。

4. 抓住重点，全数检查应无遗漏、抽样应有代表性。

在初次进行施工现场安全生产保证体系审核时，多采用以部门（岗位）为主的方式编制审核检查表，其特点是工作量比较少，而且覆盖面比较宽。对中小型工程也可采用以要素为主编制审核检查表。

（四）检查表使用中的问题

检查表是审核员的工作文件，不能披露给受审核方，更不能事前通报给受审核方，以使其有针对性的作好准备。

1. 检查表最好由审核员默记，并以巧妙的方式进行提问，检查表仅起备忘录的作用，切忌在受审核方面前照本宣科，生硬提问，这样作的结果，容易使受审核方感到紧张，影响取证的效果。

2. 检查表对审核员来说，仅起备忘录和提示的作用，使审核员在审核过程中不致于偏离目标和主题，但在审核过程中可能会有新的情况和新的发展，这时审核员可以在不偏离审核目标和主题的前提下，对查什么和怎么查可以适时、巧妙的调整，不要过于拘泥，但也不能抛开检查表进行随机应变式的审核。

六、现场审核

（一）现场审核的目的

现场审核的目的就是查证施工现场安全生产保证体系规范和安全生产保证体系文件实施的情况。主要查证：

1. 施工现场安全生产保证体系文件是否符合施工现场安全生产保证体系规范的规定和要求；

2. 施工现场安全生产保证体系是否有效地实施；

3. 施工现场安全生产保证体系实施后的有效性和改进的领域。

依据上述几点进行判断，并据此对受审核项目经理部建立的施工现场安全生产保证体系作出结论。施工现场安全生产保证体系审核实际是一种符合性审核，用以证实受审核方在双方确定的审核范围内，是否实施并保持了一个有效的施工现场安全生产保证体系。

（二）现场审核的内容

现场审核的内容主要包括：

1. 初次审核要覆盖施工现场安全生产保证体系的全部要素。审核中不论采用以要素为主进行审核，还是采用以部门（岗位）为主进行审核，都要覆盖规范中全部要素，不可遗漏。

2. 安全目标、指标及控制方案应重点加以审核。安全目标是否结合工程项目特点，目标是否明确、具体，指标是否量化，控制方案中的技术方案及技术措施是否有设计书与计算书，是否可行，实施经费是否落实到位，是否确定了责任部门和责任人，是否制定了相应实施计划。

3. 对识别出的危险源和不利环境因素，特别是评价出的重大危险源和重大不利环境因素是否加强了控制：对缺少程序或文件指导可能导致偏离安全方针、安全目标的安全生产和环境保护控制点，是否编制了运行程序、作业指导书或操作规程；这些安全生产和环境保护控制点是否落实了责任人。对其中可能产生意外事故、造成重大风险和影响的安全生产和环境保护关键控制点，是否制定了应急救援预案与相应的控制程序或作业指导书。

4. 结合工程的特点及识别和评价出的重大危险源和重大不利环境因素，是否已收集到了国家及地方相关法律法规、标准规范及其他要求的文件并列出清单；项目经理部管理人员是否熟悉法律法规、标准规范等适用于本项目施工现场的具体要求；是否对施工现场相关从业人员进行了法律法规、标准规范及其他要求的宣传教育。

5. 重点查阅体系运行后规定的安全生产和环境保护日常监测记录，是否发生过事故，项目经理部采取了什么对策。

6. 实施现场观察。现场观察是现场审核中重要的一环，目的是验证施工现场安全生产保证体系活动是否对施工过程的安全生产和环境保护活动起到控制作用，通过观察还可以发现体系及体系运行中存在的问题。主要观察内容为：是否有遗留的未识别出的危险源和不利环境因素，特别是重大危险源和重大不利环境因素；确定的安全生产和环境保护控制点，特别是关键安全生产和环境保护控制点，是否按相应的控制程序、作业指导书或操作规程执行；现场管理人员及操作人员是否明确自己的职责，是否经过培训，熟悉本岗位的专业技术及安全生产和环境保护知识；对可能产生事故造成重大风险和影响的人员是否掌握应急救援措施；对某些特殊岗位是否实施了上岗制度。

施工现场观察重点是施工和管理活动过程中的现场，如施工作业面、搅拌站、配电室、木工间、有毒有害或化学危险品仓库及其他有关危险源和不利环境因素的现场。安全方面主要观察现场内安全生产设施（如脚手架、"三宝四口"、作业防护设施、施工用电设施、机械维护、现场通道等）、员工作业条件及防护设施（噪声源、粉尘排放、用电操作、辐射作业、警示标识、易燃易爆与有毒物品控制、生活设施、应急救援设施、劳防用品配置等）。环境方面主要观察场内外施工环境、施工作业活动、垃圾处理、污水排放、粉尘控制、噪声防治、照明设备、生活区域、有毒有害物质使用、应急救援设施等。

7. 查看项目经理部内部审核及安全评估记录，了解对现行的施工现场安全生产保证体系的评价，对内审发现的不合格事实是否采取了纠正措施，安全评估是否体现了持续改进的思想，是否已建立了自我约束，自我调节、自我完善的运行机制。

（三）现场审核的程序

现场审核除实施现场查证外，还包含了一系列会议。主要程序包括以下 5 个环节：

1. 首次会议；

2. 现场查证；

3. 审核组内部会议；

4. 审核组与受审核方信息沟通会议；

5. 末次会议。

（四）首次会议

1. 首次会议的目的。

（1）向受审核方领导介绍审核组成员；

（2）重申并确认审核的范围和目的；

（3）简要介绍审核组实施审核的审核计划、审核方法和审核程序；

（4）确定审核组和受审核方之间的联系；

（5）确认审核组所需资源和设施，如复印机、电话、办公室等已齐备；

（6）确定审核组和受审核方之间信息沟通会议和末次会议的时间及会议的主题；

（7）确认审核工作中其他有关问题。

2. 首次会议的程序。

首次会议一般由审核组长主持，其会议程序如下（根据情况可归并或简化）：

（1）参加会议者签到。

（2）人员介绍。审核组长介绍审核组成员，出示能识别其身份的证明，并适当介绍所属认证机构的情况，以表明其权威性、公正性。受审核方介绍与会管理人员，包括各部门（岗位）负责人或其代表。

（3）重申审核目的和审核范围。说明为什么要进行审核，审核要涉及哪些部门（岗位）、工程范围、场所。

（4）审核计划。介绍审核组分组情况、审核日程安排及审核路线，并得到受审核方的确认。

（5）审核方法介绍。审核的基本方法是全数检查与抽样检查相结合，审核结果有一定的局限性。

（6）审核程序。确认审核组内部交流，审核组与受审核方信息沟通的安排，说明不合格项的记录与确认方法。

（7）审核说明。重点应说明如何正确对待审核中发现的不合格项。

（8）审核结论的报告方式。审核结论的种类，并说明审核组仅提供推荐结论，最后由认证机构决定并发布正式结论。

（9）重申审核的客观性和独立性。审核的关键是客观、独立的审核，以客观事实为依据，以规范及体系文件为准绳，不道听途说、不提供咨询，不受任何外界干扰，独立进行。

（10）确定联络及陪同人员。在首次会议上应确定陪同人员，陪同人员的主要任务是联络、向导和见证，同时协助审核组落实办公、交通及食宿安排。

（11）重申保密承诺。审核组长重申审核人员的保密守则，保守受审核方的技术秘密、管理秘密及审核信息。

（12）确认限制条件。根据受核方工程项目的类型和特点，共同确认某些区域的约束条件和要求，受审核方应给审核组创造必要的审核条件。如上述区域不是双方共同界定的审核范围，审核组成员则不应进入该区域。

（13）澄清疑问。

（14）确定末次会议时间及参加人员。

（15）确认有关问题已全部明确或澄清，表示谢意，结束会议。

（五）现场查证

这是现场审核主要实施阶段。审核组依据审核计划的规定，分组按规定的审核路线、审核方法去各部门（岗位）及施工现场进行现场查证，目的是收集审核证据。

1. 现场查证实施

查证的基本方法是全数与抽样相结合，但是如何确定全数与抽样对象、查证记录、发现问题和获取审核证据则必须掌握一定的技巧和方法。

（1）审核方式

1）顺向审核

顺向审核就是按施工现场安全生产保证体系运行的顺序进行审核，可以有两种含义。

——从体系文件审查追踪到体系运行；

——按施工生产活动过程的流程，从过程开始直到过程最终（并不是逐个过程查证，而是全数与抽样相结合），从产生安全风险的危险源和产生不利环境影响的不利环境因素查到安全生产和环境保护的控制，直到安全风险和不利环境影响得到有效的改善。

这种方式的优点是可以系统了解施工现场安全生产保证体系运行的整个过程，可以查证要素之间的衔接，思维清楚，容易发现问题，缺点就是费时间。

2）逆向审核

逆向审核就是从施工现场安全生产保证体系运行的现场开始，即从体系实施情况查到文件，从施工生产活动过程中的最后工序查证到过程的最初工序，也就是从安全风险和不利环境影响的改善查证到危险源和不利环境因素的控制。

这种审核查证方式的优点是从施工现场安全生产保证体系运行的结果来查证，有较强的针对性，因为从体系运行的有效性查起，可以较容易发现体系中存在的问题，但这种审核方式较适宜于施工现场安全生产保证体系较简单时可以采用，若问题比较多、较复杂、审核时间又有限，则不容易达到预期的目的。

3）部门（岗位）审核

部门（岗位）审核就是以部门或岗位为中心进行审核。项目经理部的一个部门或岗位往往在施工现场安全生产保证体系运行中承担若干要素的职能，因此，在审核时应以该部门或岗位主管要素（即主要业务内容）为主线进行审核，兼顾其他相关要素，但也不可能把该部门或岗位所有相关要素都查到。

这种方式的特点是审核效率高，不容易遗漏，但在一个部门或岗位审核内容比较分散，因此要求审核员思路要清晰，要有综合分析能力，一般在初次审核较普遍使用。

4）要素审核

要素审核就是以要素为中心进行审核。施工现场安全生产保证体系中的一个要素往往涉及两个以上的部门或岗位，因此一个要素的审核，除审核该要素的主要部门或岗位，还需去审核要素所涉及到的相关部门或岗位才能达到该要素审核的要求。

这种方式的特点是目标集中，容易查证施工现场安全生产保证体系的标准与体系文件的符合性，但其缺点是效率低。由于审核中 16 个要素都要覆盖到，因此利用这种方式审核要合理的分工，各审核员之间相互配合，合理地安排审核线路。一般没有审核经验的审核员常用这种方法。

（2）审核方法

现场查证时常用的方法就是通过现场观察、查阅文件和记录、提问和交谈、实际测定等方法来取证。不论采用什么方法，都要注意：

1）注意倾听

审核员要认真听取谈话对象的回答，不要随意打断和插话，并做出适当的反应。首先必须对谈话对象的回答表现出有热情、有兴趣，保持视线的接触。对方谈话时不能东张西望，并用适当的口头表达来表明自己的理解。谈话时应注意观察对方的表情，当受审核方误解了问题或答非所问时，审核员可客气地加以引导，而不要粗暴地打断。

2）善于提问

审核员在与受审核方交谈时主要的依据是事先设计的检查表，因此检查表的设计非常重要，但提问的方式也不可忽视，提问应自然和谐，表情上应有礼貌，面带微笑，这样有助于克服受审核方代表的胆怯和紧张心理。

3）仔细观察

审核员在现场检查时要仔细的观察现场环境、设备、工程、标记和有关记录。当发现问题时要进入检查以核实、收集审核证据。审核证据是指通过观察、测量、试验或其他手段所获事实的基础上，证明是真实的信息，有时也称为"客观证据"。

4）作好记录

审核员在现场调查时必须"口问手写"、"眼到手写"，对查到看到的事实作好记录，不仅是书面记录，还应有必要的摄影、摄像记录。记录中应包括调查时间、地点、人员、事实描述、相关证据（如文件名称、编号、设备标识等），特别是涉及到不合格项的记录更应翔实确凿。文字记录时应字迹清楚，音像记录要清晰，确保记录准确具体，便于重查，切忌无事实依据的"据说的内容"作为证据。因为只有完整、准确的信息记录才能作出正确的判断。记录要全面，即对符合要求、不符合要求的都应记录。记录表可与检查表合用，也可单独编制。

5）切记审核是去正面地发现"符合"而不是"不符合"，但在寻找"符合"的过程中可能会遇到"不符合"现象。审核的目标应去验证"符合"的程度，不应是去验证"不符合"的程度。

6）分析比较

审核员在获取一定的信息后，对不同来源所获取的同一问题若有矛盾的信息，要进一步查证、分析和比较，以判断体系运行的状况。特别是将现场巡视获取的信息、证据与内业资料进行核对比较，从差别中作出判断。

7）追踪验证

审核员应善于根据现场检查中发现的疑点，跟踪查证记录与文件、文件现状的符合情况，追踪同一问题的信息差异的来龙去脉，取得证据，进行判断，以便得出正确的结论，不要轻信口头答复。

（3）审核技能

1）审核方式要多样化

审核员在审核工作中，尤其是现场审核中，主要的手段是看、问、听和分析。分析判断的基础是各种信息，而信息是通过看、问、听得来的。

——少讲、多看、多问、多听。

——封闭式问题和开启式问题相结合。

——提问与索看相结合。

——注意观察易被遗忘的角落。

2）选择正确的提问对象，提出正确的问题

问题应向负责进行该项活动的部门或个人提出，即使在一个部门内，也要选择正确的提问对象。

明确地针对要了解的问题提问，不用旁敲侧击，不可提出外行的或错误的问题。

3）要善于发现审核证据

审核是一个收集审核证据的过程。这种证据既包括符合的证据，也包括不符合的证据。

——对规范有明确规定的重点控制对象和要求应尽量全数检查。

——要相信样本。

——选择样本要考虑代表性，做到随机抽样和分层抽样，样本要合理策划，尽量分布均匀。

——从问题和各种表现形式中去寻找客观证据。

——注重关键岗位和体系运行的主要问题。

——注意收集体系运行有效性的证据。

——始终以重大危险源和重大不利环境因素的控制为主线。

4）不要轻易下结论

——对不合格项要调查到一定的深度，保证获得全面、确凿的客观证据。

——对偶然性不合格项，不要轻易做出严重不合格项的判定。

——尽量取得受审核方负责人对事实的确认，并同意采取纠正措施。

——受审核方确实能出示反证据，证明结论是错误的，应收回不合格的结论。

5）创造一个良好的氛围

保持冷静、耐心和礼貌，使审核成为仿佛是在进行工作研究，而不要使对方经常意识到自己处于受审的地位。

2．不合格项和不合格项报告。

现场查证主要是依据施工现场安全生产保证体系文件，施工现场安全生产保证体系运行现状，对照体系文件、规范条款和相应法律法规的要求，查证其符合性和有效性，发现不合格项，并开具不合格项报告。

（1）什么是不合格项

不合格项就是某一客观事实不满足规范规定的要求（这里所指的规范就是施工现场安全生产保证体系规范）和所规定的要素的基本要求。通常不合格项的判定有以下几种情况：

1）施工现场安全生产保证体系文件的内容不满足规范的要求。规范要求的但未写到或写到了但内容不符合规范条款的要求，即符合性不合格。

2）施工现场安全生产保证体系文件的内容符合规范条款的要求，但在实施过程中未按施工现场安全生产保证体系文件实施。文件写到了，但未做到，即实施性不合格。未达到法律法规、标准规范与其他要求的规定也属于这种情况。

3）施工现场安全生产保证体系文件完全符合规范条款要求，也按体系文件实施了，但实施后未达到预定的目标。文件实施了但无效，即效果性不合格。

（2）不合格项的分类

不合格项性质分类的原则是依据不合格项情节的严重程度以及不纠正可能造成的后果，不合格项是系统性、全局性的过失，还是个别的或局部的问题进行。一般按严重程度分成两类：

1）严重不合格项

出现下述情况中任一种都视为严重不合格：

——体系运行出现系统性的失效。如某一要素的要求，在多个关键过程重复出现失效的现象。例如，在多个部门（岗位）或多个活动现场上均发现有不同版本的文件同时使用，这说明文件管理失控，而且在体系实施过程中也未加纠正。

——体系运行出现区域性失效。如某一部门（岗位）或活动现场，有运行程序、管理制度或作业指导书，但运行过程未按规定要求实施，以至于多次出现安全生产和环境事故，而未能加以纠正。

——体系运行是按规定要求实施，但仍多次出现安全生产和环境事故，未查明原因，也未采用有效的措施。

2）一般不合格项

出现下述情况中任一种可视为一般不合格；

——审核中的发现对满足施工现场安全生产保证体系要素、体系文件要求或体系实施有效性而言，是个别的、偶然的、独立的问题。如缺少一次培训记录等。

——对保证所审核区域的体系有效实施是次要的问题。

对审核中发现的问题，其不合格项性质的判断，对审核结论有重要的影响，关系到受审核方能否通过施工现场安全保证体系认证有决定性作用，因此，当审核员在审核过程中发现了不合格项不要急于表态、下结论，要慎重，而且要进一步查证，取得真实可靠的证据，包括现场构摄音像资料。涉及到严重不合格项尚须征求审核组长或审核组其他成员的意见，并由组长确定后，再与受审核方共同确认不合格的事实，如有出入，应勇于修正错误。

内部审核时，不合格项一般不按严重程度分类，为了抓住重点问题纠正，以及评价体系改进情况，通常按性质分为三类：

1）体系性不合格项

施工现场安全生产保证体系文件与有关规范和法律法规、规程规范及其他要求不符合。

2）实施性不合格项

未按安全生产保证体系文件规定实施。

3）效果性不合格项

施工现场安全生产保证体系文件符合规范和其他文明要求，也确实实施了，但由于实施不够认真或某些偶发原因而导致效果未能达到规定要求。

（3）不合格项报告

审核员在审核过程中所发现的不合格项，不但在审核记录中有详细记录，而且应按规定要求编写不合格项报告。不合格项报告应包括如下内容：

1）不合格事实的描述；

2）不合格条款的要求；

3）不合格性质的判定；

4）审核员签名；

5）受审核方代表确认签字。

关键是不合格事实的描述，主要要求是：准确地描述观察到的事实，包括时间、地点、人物、何种情况等，使其有可重查性和可追溯性；力求简明精炼、抓住核心的不合格加以概括提练；对统计数据要有分析和归纳；不要遗漏任何有益信息；观点、结论要从描述中自然流露、不要光写结论、不写事实；尽可能使用行业的术语。

不合格项报告没有统一的格式要求，认证审核机构或企业都可结合各自的习惯和经验自行设计，本节给出了一个不合格项报告的示例［例8-6］。

（六）审核组内部会议

随着受审核方施工工艺复杂程度和规模增大，审核组的现场查证往往是分小组实施，无论是按部门（岗位）为主进行审核还是按要素为主进行审核，均有局限性和不连续性。为了使审核工作具有完整性，举行审核组内部会议，交流信息，协调任务则十分必要。

审核组内部会议主要研究：

1. 各审核小组完成审核计划的情况，出现什么问题，有什么新情况和好的经验。

2. 无论以部门（岗位）为主的审核，还是以要素为主的审核，为了节约时间，提高审核效率，往往对相关部门（岗位）和一些综合性要素，可以委托其他审核小组协助去查证，但必须由负责该部门（岗位）或该要素的审核小组或审核员提出查证提纲，在内部会议上沟通汇总。

3. 审核中发现的不合格项事实的评价，特别是较难确认的事实的评价，以便集思广益，统一标准。

4. 对受审核方的施工现场安全生产保证体系进行总体评价。施工现场安全生产保证体系审核的任务不是为了发现一些不合格项，更重要的是收集施工现场安全生产保证体系实施的客观证据，根据所获取的查证记录和客观证据，包括符合要求的证据，不合格项的数量、性质和分布的统计分析，部门或岗位安全活动中的优缺点等，从正反两个方面对施工现场安全生产保证体系的符合性和有效性作出总体评价。

（1）符合性评价的主要内容：

1）施工现场安全生产保证体系文件对照规范的符合程度；

2）施工现场安全生产保证体系文件实施的符合程度。

（2）有效性评价的主要内容：

1）施工现场安全生产保证体系能否保证安全方针和安全目标的实施；

2）对评价出的重大危险源和重大不利环境因素能否实施有效控制；

3）通过检查和改进活动等各监督保证要素的实施，施工现场是否形成了一套自我改进、自我完善的机制；

4）全体从业人员通过体系的建立和实施是否提高了安全环保意识，并能自觉遵守与本岗位有关的程序和作业指导书等文件的规定；

5）在改进安全业绩，预防和控制工伤事故、职业病、环境污染，降低和消除安全风险和不利环境影响方面是否取得的实际成果；

6）在周围社区安全和环境的改善、其他相关方的反映等方面是否取得实际成效。

5.提出审核结论。

一般有三种可能：

（1）推荐通过认证。体系运行正常有效，审核中未发现严重不合格项、重大安全事故和严重投诉，发现的若干一般不合格项在系统、区域中分布均匀。但需对所有不合格项采取纠正措施，并验证有效。

（2）暂缓推荐通过认证。体系运行不正常，审核中发现若干一般不合格项和 1~2 个严重不合格项，或重大安全隐患，但能在短时间内纠正，尚未造成严重影响。需在规定期限内采取有效的纠正措施，并由审核组进行现场复查审核，再决定推荐通过认证与否。

（3）不推荐通过认证。体系运行失效，发现 3 个或 3 个以上的严重不合格项，或重大安全事故和隐患，并在短期内难以采取有效的纠正措施。

（七）审核组与受审核方信息沟通会议

为了有效地实施现场审核，审核过程中审核组长与受审核方的项目经理等主要责任人加强相互间的信息沟通，特别是当审核组在现场查证中发现不合格项时，除审核组内部认真核清客观事实，对照规范检验外，在开不合格项报告之前，还应得到受审核方的确认、签字，以避免在末次会议上，审核组在宣布审核结论时双方发生分歧。这个工作是个深入、细致，同时也是个比较困难的工作。

（八）末次会议

末次会议是现场审核的结论性会议，是审核组报告审核结果和审核结论的会议，末次会议仍由审核组长主持。

1.末次会议的目的

（1）审核组向受审核方说明审核情况，以使他们能够清楚地理解审核结果；

（2）宣布审核结果和审核结论；

（3）提出纠出措施的追踪和证后监督审核要求（第一种审核结论时），或复查审核安排（第二种审核结论时）；

（4）宣布结束现场审核。

2.末次会议的内容

（1）参加会议者签到。

（2）审核组长致词感谢。对现场审核过程中得到受审核方的领导及员工配合和支持，使审核工作顺利完成表示谢意。

（3）重申审核目的和审核范围。尽管在首次会议上已经申明了审核目的和审核范围，但是参加末次会议的人员未必都参加过首次会议。此外，末次会议是总结性会议，要宣布审核总体评价结果，因此重申审核目的和审核范围是有必要的。

（4）宣布审核结果，包括宣布现场审核中的不合格项报告。可以由审核组成员分别介绍后，再由组长总结，也可以由审核组长集中宣布。宣布过程中，如果受审核方有异议，可待不合格报告宣读完毕后再提问题，以使受审核方与参加会议的所有人员对项目经理部的不合格项有个全貌认识。

（5）宣布审核结论。依据审核证据，特别是不合格项报告的内容、严重程度、及按部门（岗位）分布、按要素分布的统计和分析，对受审核方的施工现场安全生产保证体系的有效性作出基本评价，同时应指明施工现场安全生产保证体系运行中的薄弱环节和重点问题。在此基础上提出审核组的审核结论。

（6）提出纠正措施要求。对推荐通过认证或暂缓推荐通过认证的项目经理部，审核组应对所发现的不合格项，特别是施工现场安全生产保证体系运行中的薄弱环节和重点问题，对受审核方提出纠正措施要求，说明抽样的局限性，要求举一反三进行整改，包括改进的时间、追踪验证和监督审核的要求。只有审核组对不合格项的整改情况实施跟踪验证，确认其采取了纠正计划与纠正措施，并有实施有效后，才能向认证机构正式提交审核报告。

（7）再次重申保密承诺。

（8）欢迎对审核组工作提出改进意见。

（9）受审核方领导表态。这点非常重要，表明了对此次审核双方是否达成共识，其关键就是在末次会议之前要开好审核方与受审核方的沟通会，使审核工作、审核结果和审核结论能充分达成共识。

（10）宣布末次会议结束。

七、纠正措施及跟踪验证

审核员在现场审核中所发现不合格项，审核组对每个不合格项均应在不合格报告中明确提出纠正计划和纠正措施要求，报告规定需要纠正计划的，应制定具体的处置措施，规定需要采取纠正措施的，要认真确定不合格原因，原因有几条，纠正措施必须对应有几条具体措施，对不合格的原因分析，应从"是否有相应的规定"和"是否执行了规定"这两个方面确定。由受审核方制定出纠正措施计划并加以实施，审核组应对纠正措施的实施情况进行跟踪检查。

注意纠正措施计划应明确具体，避免纲领式或口号式，如"加强管理……，加强学习……"之类的笼统词句，也就是说加强管理应有具体管理办法，加强学习应明确什么时间组织培训和培训的具体对象及内容；如果不合格的原因是"没有相应规定"或"规定不详细"，则应制定或修改相应的规定文件；如果原因是"责任心不强"、"工作不认真"，则应有对责任人员如何处理和处罚的规定。

（一）纠正措施及跟踪验证的重要性

提出纠正措施的要求以及跟踪其落实情况，对施工现场安全生产保证体系的正常运行和不断完善有重大意义，具体表现在：

1. 受审核方通过对发现的不合格项进行原因分析，彻底根治已发现的不合格项或尚未在审核中查出的不合格项，防止这种不合格项给从业人员和环境带来的影响。

2. 通过实施纠正措施，可以使这类不合格项今后不再发生。

3. 强化受审核方的"预防为主"的意识，避免在某一部门或岗位出现的不合格项在其他部门或岗位中出现，从而有效地防止潜在的安全事故的发生。

（二）双方职责

1. 审核组的责任

（1）确认不合格项并提出纠正措施要求。

（2）审查受审核方提出的纠正措施计划。

（3）纠正措施的跟踪评价。

2. 受审核方的责任

（1）分析不合格项产生的原因；

（2）制定纠正措施计划，包括纠正计划和纠正措施；

（3）实施纠正措施计划，并形成实施记录；

（4）接受审核组的现场验证。

（三）跟踪检查的方式

根据不合格项的性质和严重程度，可采用以下三种不同的纠正措施计划跟踪检查方式：

（1）对受审核方的不合格项所涉及的某些要素或部门（岗位）组织一次现场审核。这一般是针对严重不合格项或只有到现场才能验证的一般不合格项。

（2）受审核方按要求提供纠正措施计划的实施记录（包括书面和音像资料）。审核员根据实施记录验证其是否已有效完成纠正措施计划。这一般适用于一般不合格项，并且不需要去现场跟踪验证的情况。

（3）在监督审核时再予跟踪验证。这适用于短期内无法完成的一般不合格项。但是已在整改过程中采取了必要的防范措施，经过安全论证是有效的。

（四）纠正措施期限

（1）性质非常轻微而且便于纠正的一般不合格项可在现场审核期间由受审核方立即完成纠正和纠正措施，审核员可以及时进行纠正和纠正措施跟踪。

（2）一般不合格项通常规定要 1 周内完成。

（3）严重不合格项通常规定在 1 个月内完成。根据纠正措施完成情况，审核组再派审核人员去进行现场复查审核。

（五）纠正措施计划跟踪验证的要求

1. 纠正措施计划的审查

审核组在对纠正措施计划进行审查时，应评价措施是否针对以下三个方面制定：

（1）纠正已发现的不合格项；

（2）消除产生不合格项的原因；

（3）举一反三地找出并且纠正其他类似的不合格项。

只有满足以上三项要求时，并且具体明确、可操作时，纠正措施计划才能通过。否则应要求调整后再审查。

2. 纠正措施计划实施验证

审核组在跟踪验证时，应逐一核查并证实：

（1）已采取的措施与拟定的纠正措施计划是一致的；

（2）纠正措施已消除了事故隐患和产生不合格项的相应原因；

（3）纠正措施充分有效，并可防止同类不合格项的产生。

只有满足以上三项要求时，并且封闭证明资料与纠正措施计划、原因分析一一对应时，不合格项才能封闭。否则应要求继续整改后，再次进行验证。

八、编制审核报告

在不合格项纠正措施计划的充分性、有效性跟踪验证通过后，审核组长负责组织编写审核报告，对其准确性与完整性负责。一般在一周之内送交认证机构评审，通过后正式分发到受审核方。审核报告属机密文件，审核组成员和收到审核报告的各方应为受审核方保守秘密。

（一）审核报告的主要内容

1. 受审核方基本情况。

主要包括受审核方名称、地址、工程概况等。

2. 受审核方的施工现场安全生产保证体系概述。

包括体系建立和运行的时间，文件的结构和整体情况。

3. 审核概况。

包括审核组成员、审核准则、审核日期、文件审查概述、审核发现。

4. 审核综述：

（1）施工现场安全生产保证体系符合规范的情况；

（2）施工现场危险源和不利环境因素识别、评价的适宜性；

（3）适用法律法规、标准规范和其他要求识别和登记的充分性和遵守情况；

（4）施工现场安全生产保证体系是否正确实施和保持的情况，包括安全目标的实现情况，控制措施和各种文件的执行情况；

（5）内审和安全评估是否按规定执行，能否实现自我发现、自我纠正、自我完善的运行机制；

（6）施工现场安全生产保证体系实施的持续适宜性和有效性，包括重大危险源和重大不利环境因素控制、持续改进的安全绩效；

（7）发现的不合格项概述以及纠正措施有效性验证情况。

5. 对受审核方施工现场安全生产保证体系的总体评价结果，主要存在问题和方向性改进建议。

6. 审核组结论

本节［例8-7］给出了一个审核报告的格式示例。

（二）审核报告的附件

1. 文件审查表与复查记录；

2. 初访报告、问题清单和整改验证记录；

3. 现场审核计划；

4. 现场审核检查表与审核记录（包括音像记录）；

5. 不合格项报告及纠正措施证明材料和验证记录（包括音像记录）；

6. 不合格项分布表；

7. 首、末次会议签到表。

【例 8-1】 ××××× 审核认证机构
施工现场安全生产保证计划及体系文件审查表（示例）

受审核工程项目 经理部上级单位						审核编号	

工程项目名称				工程项目地址			

电话		传真		邮编		联系人	

安全体系规范	DGJ08-903-2003	安全生产保证计划版本		编制 日期	

条款号		安保体系要求	符合程度			问 题 点
			符合	需 改进	不 符合	
3.2 策划	3.2.1	安全目标				
	3.2.2	危险源与不利环境因素识别、评价和控制策划				
	3.2.3	法律法规、标准规范和其他要求				
	3.2.1	施工现场安全生产保证计划				
......	......	......	......	......	......	....
3.4 检查 和改进	3.4.1	安全检查				
	3.4.2	纠正措施和预防措施				
	3.4.3	内部审核				
	3.4.4	安全评估				
	3.4.5	安全记录				
其 他						

审核结论：
□通过。符合规范要求。
□基本符合规范要求，请按审核意见修改，并在规定时间内送交验证确认。
□不通过，存在严重不符合规范要求的缺陷，修改后重新提交审查。

审核员：　　　　　年　月　日

修改后验证确认结论：

审核员：　　　　　年　月　日

【例8-2】　　　　　　　　　　×××××审核认证机构
施工现场安全生产保证体系审核计划（示例）
（由部门或岗位查要素）

审核编号：A2003—18

受审核方上级单位：×××××××公司

受审核方：×××××工程项目经理部

工程项目地址：上海市×××路××号

审核日期：××××年×月×日～×月×日

审核目的：确定受审核方的施工现场安全生产保证体系是否满足了规定的要求，并是否有效地实施了这些要求。

审核依据：DGJ08—903—2003规范、施工现场安全生产保证计划（第×版）、适用法律法规与标准规范

审核组组长：李××

审核组组员：A组—李××（主任审核员）、陈××（实习审核员），B组—王××（审核员）、朱××（审核员）

具体安排

×月×日	08：00～08：30	首次会议
（星期×）	08：30～10：30	现场巡查
	10：30～11：30	与项目经理部主要负责人交谈
	11：30～12：30	午餐　休息
	12：30～15：30	A组　综合（3.2.1　3.3.1　3.3.2　3.3.3　3.4.3　3.4.4）
		B组　施工（3.3.6　3.3.7）
		技术（3.2.4）
	15：30～16：30	审核组内部交流
	16：30～17：00	与受审核方沟通信息
×月×日	08：00～11：30	A组　材设（3.3.4　3.3.6　3.3.7）
（星期×）		劳资（3.3.5）
		B组　安全（3.2.2　3.2.3　3.3.6　3.3.7　3.4.1　3.4.2　3.4.5）
		经营（3.3.5）
	11：30～12：30	午餐　休息
	12：30～13：30	补充调查
	13：30～15：30	审核组内部小结
	15：30～16：00	与受审核方交换意见
	16：00～17：00	末次会议

注：除对部门（岗位）主管要素审核外，对计划中未注明的3.2.1　3.2.2　3.2.3　3.3.1　3.3.3　3.4.2　3.4.3　3.4.5等综合性要素结合主管要素进行审核。

×××××工程项目经理部　　　　　　　　　　　　×××××审核认证机构审核组

负责人（签字）：张××　　　　　　　　　　　　　　组长（签字）：李××

××××年×月×日　　　　　　　　　　　　　　　××××年×月×日

【例 8-3】

×××××审核认证机构

施工现场安全生产保证体系审核计划（示例）

（由要素查部门或岗位）

审核编号：A2003—18

受审核方上级单位：×××××××公司

受审核方：×××××工程项目经理部

工程项目地址：上海市×××路××号

审核日期：××××年×月×日～×月×日

审核目的：确定受审核方的施工现场安全生产保证体系是否满足了规定的要求，并是否有效地实施
了这些要求。

审核依据：DGJ08—903—2003规范、施工现场安全生产保证计划（第×版）、适用法律法规与标准
规范

审核组组长：李××

审核组组员：A组—李××（主任审核员）、陈××（实习审核员），B组—王××（审核员）、朱××
（审核员）

具体安排

×月×日	08：00～08：30	首次会议
（星期×）	08：30～10：30	现场巡查
	10：30～11：30	与项目经理部主要负责人交谈
	11：30～12：30	午餐　休息
	12：30～15：30	A组　3.2.1（综合）
		3.2.2（安全、材设、施工、技术、综合）
		3.2.3（安全、综合）
		B组　3.3.4（材设、技术、安全）
		3.2.4（技术、安全、材设、综合）
		3.3.5（经营）
	15：30～16：30	审核组内部交流
	16：30～17：00	与受审核方沟通信息
×月×日	08：00～11：30	A组　3.3.1（综合、安全）
（星期×）		3.3.2（综合、安全、材设）
		3.3.3（综合、安全、材设）
		3.3.6（施工、安全、材设）
		3.3.7（施工、安全、材设）
		B组　3.4.1（安全、综合、施工、材设）
		3.4.2（安全、综合）
		3.4.3（综合、安全）
		3.4.4（综办、安全）
		3.4.5（安全、综合）
	11：30～12：30	午餐　休息
	12：30～13：30	补充调查
	13：30～15：30	审核组内部小结
	15：30～16：00	与受审核方交换意见
	16：00～17：00	末次会议

注：对各要素的其他相关部门（岗位）结合主管和主相关部门（岗位）进行审核。

××××工程项目经理部	××××审核认证机构审核组
负责人（签字）：张××	组长（签字）：李××
××××年×月×日	××××年×月×日

【例 8-4】

施工现场安全生产保证体系审核检查表（示例）

（由部门或岗位查要素）

受审核方上级单位	×××××公司	审核编号	A2003—18
受审核方	××××工程项目经理部	检查表编号	Y—03
受审核部门（岗位）	安全部门（安全员）	审核依据	DGJ08—903—2003 施工现场安保计划（第×版）适用法律法规、标准规范
审核要素	3.2.2 3.2.3 3.4.1 3.4.2 3.2.4	准备人/日期	陈×× ××年×月×日
审核部门（岗位）负责人	沈××	批准人/日期	李×× ××年×月×日

序	审核项目和内容	观察检查结果记录
3.2.2	危险源与不利环境因素识别、评价和控制策划	
1	查阅该要素的实施程序是否符合规范规定，并可操作	
2	询问如何进行危险源与不利环境因素的识别、评价和控制措施的策划活动	
3	结合现场巡查，检查危险源和不利环境因素识别是否充分考虑到三种状态、三种时态，以及进入现场的所有人员、设施、设备和活动	
4	查证是否已建立了危险源和重大危险源清单，内容是否具体、全面、合理	
5	查证是否已建了不利环境因素和重大不利环境因素清单，内容是否具体、全面、合理	
……	………………………	
陪同人员	刘××	审核员/日期	陈×× ××年×月×日

×××××审核认证机构
施工现场安全生产保证体系审核检查表（示例）
（由要素查部门或岗位）

受审核方上级单位	×××××公司	审核编号	A2003—18
受审核方	×××工程项目经理部	检查表编号	Y—03
受审核部门 （岗位）	材设、技术、安全	审核依据	DGJ08—903—2003 施工现场安保计划（第×版） 适用法律法规、标准规范
审核要素	3.3.4	准备人/日期	陈×× ××年×月×日
受审核部门（岗位） 负责人	沈××、张××、 王××	批准人/日期	李×× ××年×月×日

序	审核项目和内容	观察检查结果记录
1	与材料部门负责人谈话。了解安全物资、设备与防护用品采购是否按安全保证计划和采购程序进行控制，本部门的职责和目标是否明确	
2	抽查供应商的评价记录。向有关部门负责人了解参与评定的情况，核对《合同供应商名录》或评价记录	
3	抽查采购文件与合同。内容是否正确齐全、是否按规定进行适当的审批，并在合格供应商名录中选择供应商	
4	向相关部门主管人员索看有效的检验与试验标准或规定。 抽查采购物资的进货检验与试验记录	
……	…… …… …… …… …… ……	

陪同人员	刘××	审核员/日期	陈×× ××年×月×日

【例8-6】

×××××审核认证机构

施工现场安全生产保证体系审核不合格项报告（示例）

受审核方上级单位	××××公司	审核编号	A2003—18
受审核方	××××工程项目经理部	不合格项报告编号	A2003—18—07
发生地点（部门、岗位）	安全部门	陪同人员	刘××

不合格事实：

　　要求：安全生产保证计划规定，对主楼悬挑脚手架应按施工组织设计要求进行搭设和验收，合格挂牌后方可使用。

　　缺陷：主楼七层悬挑脚手架尚进行验收，就已用作木工支模的脚手架投入使用。

不符合：　　DGJ08—903—2003 标准　　条款号　3.3.6

　　　　　　施工现场安全保证计划　　第×版　条款号　4.6.7

严重程度：□严重　　☒一般

　　项目经理部代表（签字）　　　　　　　　审核员（签字）

　　张××　××××年×月×日　　　　　　　王××　××××年×月×日

原因分析：1. 施工员交底时没对特殊脚手架的验收使用规定作书面交底。

　　　　　　2. 施工员以进度为由，擅自决定先行使用。

☒纠正计划：立即停止七层挑脚手架上的作业活动，按规定组织验收，合格后挂牌恢复使用。

☒纠正措施：1. 对施工和技术人员进行一次针对性的安全意识和安全交底要求教育。

　　　　　　2. 项目副经理负责加强对施工交底工作的检查，明确设施验收标准，落实验收责任。

　　　　　　3. 制定奖罚条例，强化约束机制，按月考核兑现。

　　　　　　　　　　　　　　　　　　　　　　项目经理部代表（签字）

　　　　　　　　　　　　　　　　　　　　　　　张××　××××年×月×日

计划完成日期：××××年×月×日

纠正措施验证评价：

纠正计划与纠正措施充分合理，已得到认真执行，实施有效。

验证结论：☒转为合格　　□转为一般不合格　　□保持原水平，继续整改

　　　　　　　　　　　　　　　　　　　　　　审核员（签字）

　　　　　　　　　　　　　　　　　　　　　　　王××　××××年×月×日

再次验证结论：□转为合格　　□转为一般不合格　　□保持原水平，继续整改

　　　　　　　　　　　　　　　　　　　　　　审核员（签字）

　　　　　　　　　　　　　　　　　　　　　　　年　　月　　日

施工现场安全生产保证体系审核报告（格式示例）

委托方：＿＿＿＿＿＿＿＿＿＿＿＿＿＿＿＿＿＿＿＿＿＿＿＿＿＿＿＿＿＿＿

工程项目：＿＿＿＿＿＿＿＿＿＿＿＿＿工程地址：＿＿＿＿＿＿＿＿＿＿＿＿

结构类型：＿＿＿＿层次：＿＿＿＿建筑面积：＿＿＿＿m² 工程造价＿＿＿＿万元

开工日期：200　　年　　月　　日　　形象进度：＿＿＿＿＿＿＿＿＿＿＿

电话：＿＿＿＿＿＿＿＿＿＿传真：＿＿＿＿＿＿＿邮编：＿＿＿＿＿＿＿＿＿＿

受监安监站：＿＿＿＿＿＿＿＿＿＿＿＿＿项目经理：＿＿＿＿＿＿＿＿＿＿＿

审核目的：

确定工程项目经理部施工现场安全生产保证体系是否满足了规定的要求，并且是否有效地实施了这些要求。

审核依据：

　　1. DGJ08—903—2003 标准

　　2. 项目经理部施工现场安全生产保证计划（第　版）及体系文件

　　3. 适用法律法规、标准规范及其他要求

　　4. 特殊规定：＿＿＿＿＿＿＿＿＿＿＿＿＿＿＿＿＿＿＿＿＿＿＿＿＿＿＿

审核日期：

　　200　年　月　日～200　年　月　日

项目经理部代表（签字）：

审核组成员（签名）：

主任审核员　　　　审核员　　　　实习审核员　　　技术专家

　　　　　　　　　　　　　　　　　　　　审核组长（签字）：

报告日期：200　年　　月　日

1. 审核概述

1.1 概况

• 项目经理部组建时间200　　年　　月　　日

• 项目经理部管理人员＿＿＿＿＿人

• 项目经理部获奖情况＿＿＿＿＿＿＿＿＿＿＿＿＿＿＿＿＿＿＿＿＿＿＿＿

————————————————————————————————————

1.2 文件审查情况

• 修改情况：□根据文审意见已修改到位　　□现场审核发现尚需修改

• 文件的符合性：□基本符合　　□修改后验证符合

1.3 初访日期200　年　　月　　日

• 问题整改：□一次验证通过　　□二次验证通过

1.4 现场审核的主要参加部门（岗位）与人员：

————————————————————————————————————

1.5 体系运行情况

• 贯标开始日期200　　年　　　月　　日

- 贯标培训_____人次，专业技术_____人次
- 安全目标：□适宜　□较适宜　□尚需调整
- 危险源与不利环境因素识别、评价与控制策划：
□充分　□较充分　□尚需改进
- 法律法规、标准规范和其他要求识别与配置：
□到位　□较到位　□尚需改进
- 领导作用：□重视　□一般　□尚需加大力度
- 职责分配：□合理　□较合理　□尚需改进
- 资源配置：□满足　□基本满足　□尚需补充
- 施工过程：□受控　□基本受控　□尚需强化控制
- 监视测量：□满足　□基本满足　□尚需改进
- 内部审核：已进行_____次，其中上级单位_____次、项目部_____次，项目部最近一次时间为200　年　月　日～200　年　月　日，不合格项_____项，发现的不合格项：□已封闭验证　□正在进行整改

内审的可信度：□可信　□基本可信　□尚需改进
- 安全评估：已进行_____次，最近一次时间为200　年　月　日，改进决议____项

改进活动：□已实施　□正在实施
- 安全记录：□齐全有效　□基本齐全有效　□尚需改进
- 存在的主要问题：

_____
_____
_____
_____
_____

- 改进的建议：

_____
_____
_____
_____
_____

2．总体评价

2.1　符合性评价

_____
_____
_____

2.2　有效性评价

_____
_____
_____

3．不合格项整改验证

- 不合格项共＿＿＿＿个，其中严重＿＿＿＿个、一般＿＿＿＿个；涉及部门（岗位）＿＿＿＿个，要素＿＿＿＿个（详见不合格项分布统计表）
- 不合格项纠正计划与纠正措施评审：□一次通过　□二次通过
- 不合格项整改措施实施效果验证：

书面验证　□一次封闭　□二次封闭

现场验证　□一次封闭　□二次封闭

- 不合格项最后封闭日期：200　　　年　　　月　　　日

4.审核结论

□推荐通过认证，上报审核认证机构技术委员会审议

□暂缓推荐通过认证，需进行复查审核，整改期限＿＿＿＿天。

□不予推荐通过认证

5.本审核报告一式二份：

送委托方一份

送认证机构技术委员会审议后，审核认证机构留档一份

6.附不合格项报告＿＿＿＿份

7.附不合格项分布统计表

部门（岗位）〜要素							合计
3.2.1							
3.2.2							
………							
3.4.4							
3.4.5							
合　计							

第四节　施工现场安全生产保证体系审核员

在施工现场安全生产保证体系审核和认证活动中，无论是内部审核还是外部审核，都需由具备从事审核活动资格的人员进行，这些人员称为施工现场安全生产保证体系审核员。通常把实施内部审核的称为内审员，实施外部审核的称为外审员。本章主要针对外审员而言，内审员可以作为参与。

由于认证对象的因素复杂性和处于不断变化中，加之全数和抽样结合进行审核评估的风险性，为提高审核认证的有效性，改善和提高审核员的素质，规定审核员的培训、资格认可及其保持，就成为施工现场安全生产保证体系审核认证成败的关键因素之一。

一、安全生产保证体系审核员的作用

（一）内审员

是安全生产保证体系内部审核的实施人员，并在安全生产保证体系运行和改进中发挥重要的作用：

1．监督安全生产保证体系的运行；

2．对保持和改进安全生产保证体系起参谋作用；

3．在安全生产保证体系的有效实施中起模范带头作用，企业的内审员还起到企业与工程项目经理部之间的桥梁和纽带作用；

4．在外部审核中起内外接口的作用。

（二）外审员

是安全生产保证体系认证审核的实施人员。

1．对受审核方运行的安全生产保证体系进行审核；

2．对受审核方的安全生产保证体系给出客观、公正和独立的评价；

3．向审核认证机构提出审核报告，提出是否对受审核方颁发认证证书的推荐意见。

二、安全生产保证体系审核员的资格、素质、能力和注册管理

（一）资格条件

1．学历和职称

（1）大专及以上学历，具有助理工程师（或助理经济师）及以上职称；

（2）中专学历，具有工程师（或经济师）及以上职称。

2．工作经历

应具有六年以上工作经历（大专及以上学历者为四年及以上），其中至少两年从事与安全和环境管理相关的工作经历。

3．培训要求

（1）应接受安全生产与环境保护和审核知识两个方面的正规培训，其中课堂教学时间不少于 40 课时。

1）安全生产与环境保护知识；

——安全和环境法律法规、标准规范和有关要求；

——安全和环境管理知识与相关文件要求；

——施工现场安全环保技术与施工技术。

2）安全生产保证体系审核知识：

——施工现场安全生产保证体系规范；

——审核程序、过程与方法。

（2）审核员候选人接受正规培训和能力考核，全部合格后才能申请注册为审核员。而这种能力应得到保持，因此要求审核员不断学习，尤其是学习有关安全环保方面的法律、法规、方法和技术以及体系规范的更新状况。

（3）审核员的正规培训应由经认可机构认可的培训机构实施，为保证培训质量及保证审核员水平的一致性，实行培训教材、培训师资、培训计划、考试试题、注册管理五个统一。

（二）素质要求

1．为了正确地履行职责，审核员应具备一定的素质。所谓素质，主要是指个人的知识、基本能力和具体工作能力以及道德修养等在某一工作领域中的综合表现。只有具备一定的素质才能思路开阔、成熟，具有很强的判断和分析能力，坚韧、客观地观察情况，全面地理解复杂的形势。

2．素质的体现：

（1）正当地获取和公正地评定审核证据；

（2）不卑不亢，忠实于审核的目的；

（3）在审核过程中，不断地注意审核、观察、发现和人际关系的影响；

（4）处理好有关人员的关系，以取得最佳的审核效果；

（5）审核过程中，排除干扰，认真进行；

（6）审核过程中，全神贯注，全力以赴；

（7）在严峻情况下作出有效反应；

（8）以审核观察记录为基础，得出能为大多数人所接受的结论；

（9）忠实于自己的结论，不屈从于无事实根据而要求改变结论的压力。

（三）能力要求

1．清晰地陈述概念和意见的口头与书面表达能力。

2．有效开展审核工作所需的人际交往能力。如交际能力、应变能力、倾听能力等。

3．履行审核员职责所需的保持充分独立性与客观的能力。

4．有效开展审核工作所需的个人组织能力。

5．根据审核证据作出正确判断的能力。

6．从审核准备到跟踪验证的审核认证全过程各工作环节的具体操作能力。

（四）行为准则

1．忠于职守，做到诚实、准确公正。

2．努力提高审核技能。

3．除非法律要求或经受审核方和认证机构书面授权，不讨论或披露任何有关审核的信息。

4．不接受审核方的任何回扣、佣金、礼品或其他形式的好处。

5．不得对受审核方既进行咨询又进行认证审核。

6．尊重对方，尊重别人。

7．接受认证机构、认可机构和各级安监站的监督。

（五）外审员的注册管理

1．上海市施工现场安全生产保证体系管理委员会办公室具体负责安全生产保证体系外部审核员的注册管理。

2．审核员分为实习审核员、审核员和主任审核员三个级别：

（1）实习审核员。经培训考核合格，只能在审核员、主任审核员的指导下进行审核实习，不能单独进行审核的人员。

（2）审核员。经培训考核和审核经历考核合格，能单独或作为审核组成员对安全生产保证体系进行全面或部分审核的人员。

（3）主任审核员。除具备审核员的条件外，还具有相当的审核实践经验，具备管理审核组并能协调整个安全生产保证体系审核各方面工作能力的人员。

3．对审核员进行动态管理。各级别审核员的任职必须经上海市安全生产保证体系管理委员会办公室批准、注册，持证上岗，并按规定复审、保持、晋级、暂停或撤销其资格。

附录 1

上海市工程建设规范

施工现场安全生产保证体系

Safety production and assured
systems on construction site

DGJ 08—903—2003

主编单位：上海市建筑业联合会
批准部门：上海市建设和管理委员会
施行日期：2003 年 7 月 1 日

2003　上海

上海市建设和管理委员会

沪建建［2003］137 号

关于批准《施工现场安全生产保证体系》
为上海市工程建设规范的通知

各有关单位：

　　由上海市建筑业联合会主编的《施工现场安全生产保证体系》，经有关专家审查和我委审核，现批准为上海市工程建设规范，其中 3.2.1 第 1 款、3.2.2 第 1、2、3 款、3.2.3 第 1 款、3.2.4 第 1 款、3.3.1、3.3.2 第 2 款、3.3.5 第 4 款、3.3.6 第 1 款、3.4.3 第 1 款为强制性条文。该规范统一编号为 DGJ 08—903—2003，自 2003 年 7 月 1 日起实施，原《施工现场安全生产保证体系》（DBJ 08—903—98）同时废止。

　　该规范由上海市建设工程标准定额管理总站负责组织实施，上海市建筑业联合会负责解释。

上海市建设和管理委员会

二○○三年三月八日

前　　言

为了适应加强城市建设和管理的需要，进一步规范建设工程施工现场安全管理，根据上海市建设和管理委员会沪建建（2002）第 0210 号文《关于同意 2002 年上海市工程建设地方规范和标准设计编制计划的批复》和上海市工程建设标准化办公室沪标（2002）第 026 号文《关于转发市建委〈关于同意 2002 年上海市工程建设地方规范和标准设计编制计划的批复〉的通知》的要求，上海市建筑业联合会工程建设监督委员会在总结近年来的实践经验、广泛听取有关单位和专家意见的基础上，对上海市标准《施工现场安全生产保证体系》（DBJ 08—903—98）进行了全面修编。

修编后的标准列为上海市工程建设规范，名称仍为《施工现场安全生产保证体系》，编号改为 DGJ08—903—2003。本规范共分三章。本规范在第三章除了对施工现场安全生产保证体系总要求作出规定外，还按照系统安全性思想，重点规定了对施工现场安全生产保证体系的十六项基本要求（也称"要素"）。通过贯彻本规范，使建筑企业的项目经理部能充分有效地识别、评价施工现场所有施工过程和场所存在的危险源和不利环境因素，采取适当的技术和管理措施，控制和减小安全风险和不利环境影响，为工程施工创造良好的条件，最大限度地预防和减少安全事故的发生。

本规范以黑体字标志的条文为强制性条文，必须严格执行。

本规范由上海市建筑业联合会工程建设监督委员会负责解释（通讯地址：上海市四平路 827 弄 1 号 1007 室，邮政编码：200092）。

主编单位：上海市建筑业联合会工程建设监督委员会
主要起草人：刘　军　张国琮　孙锦强　姜　敏
　　　　　　潘延平　叶伯铭　徐福康
参加起草人：张继丰　汤学权　施仁发　邱　震
　　　　　　陈纪峰　王樾樾　余康华　沈　祺

上海市建设工程标准定额管理总站
二〇〇三年二月

目　　次

1 总 则

1.0.1 本规范规定了施工现场安全生产保证体系的基本要求，以便于建筑企业的项目经理部贯彻"安全第一、预防为主"的方针，自觉遵守适用法律法规、标准规范和有关要求，控制和减小施工现场的安全风险和不利环境影响，并持续改进安全业绩。

1.0.2 本规范适用于建筑企业所属项目经理部的下述活动：

1 建立、实施和持续改进施工现场安全生产保证体系，有效地控制和减少员工和其他相关方因工程施工可能遭受的安全风险和不利环境影响。

2 对施工现场安全生产保证体系进行自我评价。

3 寻求认证审核中介机构对施工现场安全生产保证体系的认证。

1.0.3 本规范应用时涉及的四种关系

1 本规范与适用法律法规、标准规范的关系

按本规范要求建立施工现场安全生产保证体系时，应同时满足适用法律法规、标准规范的要求，本规范规定的施工现场安全生产保证体系要求是对规定的技术要求的补充，而不是替代。

2 本规范和 GB/T 24000、GB/T 28000 系列标准的关系

本规范与 GB/T 24000、GB/T 28000 系列标准遵循共同的管理体系原则和系统管理思想，具有相同的结构和运行模式，项目经理部贯彻本规范是建筑企业按照 GB/T 24000、GB/T 28000 系列标准建立、实施和保持环境管理体系、职业健康安全管理体系的基础，建筑企业贯标为项目经理部贯标创造了更适宜的条件。

3 项目经理部与建筑企业在贯彻本规范时的关系

项目经理部施工现场安全生产保证体系是建筑企业安全生产保证体系的组成部分，建筑企业应对项目经理部的贯标工作加强指导、帮助、监督、检查和审核。

4 工程项目总包单位和分包单位在贯彻本规范时的关系

施工现场安全生产保证体系必须由总包单位项目经理部负责在其承包工程范围内建立并统一协调管理，与其签订分包合同的各分包单位项目经理部应结合分包工程的范围、特点和总包单位项目经理部的要求，建立相应的施工现场安全生产保证子体系。

2 术 语

2.0.1 危险源 hazard

可能导致死亡、伤害、职业病、财产损失、工作环境破坏或这些情况组合的根源或状态，包括人的不安全行为、物的不安全状态、管理上的缺陷和环境上的缺陷等。

2.0.2 环境因素 environmental aspect

生产活动中能与环境发生相互作用的要素。根据其对环境造成的影响是否有利，可分为不利环境因素和有利环境因素。本规范中的不利环境因素仅指施工过程中产生的废水、

废气、粉尘、噪声、振动和固体废充物的排放。

2.0.3 事故 accident

造成死亡、伤害、职业病、财产损失、工作环境破坏或超出规定要求的不利环境影响的意外情况。

2.0.4 险肇事故 near-miss

可能导致事故而实际未造成事故的意外情况。

2.0.5 隐患 hidden peril

未被事先识别或未采取必要防护措施的可能导致事故的危险源和不利环境因素。

2.0.6 风险 risk

某一特定危险情况发生的可能性和后果的结合。

2.0.7 安全生产 safety production

为了预防生产过程中发生事故而采取的各种措施和活动。

2.0.8 项目经理部 construction project management team

由项目经理在建筑企业支持下组建并领导、负责承建项目管理的组织机构。

2.0.9 施工现场安全生产保证体系 safety production and assured systemson construction site

总的管理体系的一个部分,便于项目经理部和建筑企业对承建项目相关安全风险和不利环境影响的管理。它包括为制定、实现和保持项目经理部安全目标所需的组织结构、策划活动、职责、程序、过程和资源。

2.0.10 安全策划 safety planning

致力于识别和评价危险源和不利环境因素,制定安全目标并规定必要的控制措施、资源和活动顺序要求,以实现安全目标的活动。编制安全生产保证计划是其输出结果的重要组成部分。

2.0.11 施工现场安全生产保证计划 safety production and assured plan on construction site

依据施工现场安全生产保证体系规范要求和安全策划结果,规定项目经理部的安全目标、控制措施、资源和活动顺序的文件。

2.0.12 审核 audit

为获得审核证据并对其进行客观评价,以确定满足审核准则的程度所进行的系统的、独立的并形成文件的过程。

2.0.13 不合格 non-conformance

任何能够直接或间接造成事故、险肇事故的违背作业标准、规章制度、程序、法律法规、标准规范的行为或偏差。

2.0.14 相关方 interested parties

与施工现场安全生产保证体系业绩有关或受其影响的个人或团体。

2.0.15 业绩 performance

项目经理部根据其安全目标,在控制和消除安全风险和不利环境影响方面所取得的可测量的结果。业绩测量包括施工现场安全生产管理活动和结果的测量。

3 施工现场安全生产保证体系要求

3.1 总 要 求

3.1.1 项目经理部应建立和实施施工现场安全生产保证体系，并不断改进其有效性。本章描述了对施工现场安全生产保证体系的要求。

3.1.2 施工现场安全生产保证体系应围绕实现项目安全目标和持续改进安全管理活动及其业绩，按照尺划（P）、实施（D）、检查（C）、改进（A）的循环模式运行。

3.2 策 划

3.2.1 安全目标

1 项目经理部必须制定安全目标，并形成文件。安全目标应：

1） 与所在建筑企业的安全方针、安全目标协调一致；

2） 包括安全指标、管理达标的要求；

3） 可测量考核。

2 项目经理部在制定安全目标时，应综合考虑下述各因素：

1）项目自身的危险源与不利环境因素识别和评价结果（见3.2.2）；

2）适用法律法规、标准规范和其他要求识别结果（见3.2.3）；

3）可供选择的技术方案；

4）经营和管理上的要求；

5）相关方的要求和意见。

3.2.2 危险源与不利环境因素识别、评价和控制策划

1 项目经理部必须根据工程对象的特点和条件，充分识别各个施工阶段、部位和场所需控制的危险源与不利环境因素，它们涉及到：

1） 正常的、周期性和临时性的、紧急情况下的活动；

2） 进入施工现场所有人员的活动；

3） 施工现场内所有的物料、设施、设备。

2 项目经理部必须采用适当的方法，评价已识别的全部危险源和不利环境因素对施工现场场界内外产生的安全风险和不利环境影响，从中确定重大危险源与重大不利环境因素。对其中风险较大或专业性较强的施工过程、阶段或部位的活动，还应进行安全论证。评价和论证的结果应形成文件，其内容包括危险源与不利环境因素识别、评价结果和清单。

3 为实现安全目标，项目经理部必须根据评价结果和法律法规、标准规范及其他要求，对需控制的危险源和不利环境因素的控制方式进行策划并形成文件。其中重大危险源与重大不利环境因素的控制方式应包括制定施工组织设计、专项施工方案或专项安全措施。

4 项目经理部应及时评审和更新关于危险源与不利环境因素识别、评价和控制策划的结果。

3.2.3 适用法律法规、标准规范和其他要求

1 项目经理部必须建立有效渠道，以识别并获取适用于施工现场安全生产的法律法规、标准规范和其他应遵循的要求。

2 项目经理部应编制适用法律法规、标准规范和其他要求的清单，及时更新，并将有关信息传达给有关人员和相关方。

3.2.4 施工现场安全生产保证计划

1 项目经理部在施工前必须策划并编制施工现场安全生产保证计划。

2 施工现场安全生产保证计划应针对工程项目的类型和特点，依据危险源、不利环境因素识别、评价和控制策划结果，以及适用法律法规、标准规范和其他要求，确定安全目标，并以实现安全目标为目的，描述本规范各项要求以及适用法律法规、标准规范和其他要求在施工现场具体应用实施的途径，内容包括：

1）项目安全目标及为实现安全目标而规定的相关部门或岗位的职责和权限；

2）危险源与不利环境因素识别、评价、论证的结果和相应的控制方式；

3）适用法律法规、标准规范和其他要求的识别结果及清单；

4）实施阶段有关各项要求的具体控制活动和方法；

5）检查、审核、评估和改进活动的安排，以及相应的运行程序和准则；

6）实施、控制和改进施工现场安全生产保证体系所需的资源与提供方式；

7）施工现场安全生产保证体系文件清单，包括施工现场安全生产保证计划及计划所引用的所在建筑企业与项目经理部的通用或专用的安全程序、规章制度、施工组织设计、专项施工方案、专项安全措施、作业指导书等支持性文件；

8）提供证据所需的安全记录清单，包括直接采用或自行设计的记录表式。

3 施工现场安全生产保证计划应与施工组织设计同步策划，形式上可单独编制，也可在施工组织设计中体现，实施前应经上级机构审核确认，并形成记录，以确保：

1）安全生产职责、权限和相互关系明确、适宜；

2）覆盖本规范的全部要求，与重大危险源和重大不利环境因素有关活动的安全程序、规章制度、施工组织设计、专项施工方案、专项安全措施、作业指导书切实可行；

3）与施工现场安全生产保证计划不一致的问题得到解决；

4）项目经理部有能力满足要求；

5）查询相关文件的途径清楚。

4 应针对工程设计、施工条件的变化，对施工现场安全生产保证计划及时进行评审，必要时进行修订，送上级机构备案。

3.3 实　　施

3.3.1 组织机构与职责权限

1 项目经理为施工现场安全生产的第一责任人，并在项目安全管理活动中起领导作用。

2 必须确定项目经理部与安全风险和不利环境影响有关的管理、执行和验证人员的作用、职责、权限和相互关系，形成文件并予以传达沟通，以确保施工现场安全生产保证体系各项要求的正确实施。

3 为了建立、实施和改进施工现场安全生产保证体系，项目经理部必须有计划地及时配置必要的资源：

1）称职的技术、管理人员和操作人员，包括专职安全生产管理人员；

2）适用于工程施工特点的专项技能和技术；

3）应当具备的安全设施、检验设备和防护用品；

4）安全生产所需的资金。

3.3.2 安全教育和培训

1 项目经理部应把安全教育和培训贯穿于施工生产的全过程，应有计划地对施工现场的所有从业人员，包括分包单位的从业人员，进行相应的安全教育和培训，只有经安全生产教育和培训并且合格的从业人员才能上岗。通过安全教育和培训使得：

1）从业人员上岗前应了解：

——遵章守纪，服从管理，以及落实施工现场安全生产保证体系要求的重要性；

——本职工作中存在的危险源和不利环境因素，以及违章指挥和违章作业可能产生的不良影响和后果；

——本岗位在施工现场安全保证体系中的作用与职责。

2）从业人员上岗前应熟悉和掌握本职工作所需的安全知识和技能（包括与本规范有关的环境保护知识和技能）：

——安全法律法规和规章制度；

——安全操作规程和安全操作技能；

——施工现场针对性的安全防范措施，包括涉及新工艺、新技术、新材料和新设备的特定安全技术特性和规定；

——紧急情况下，预防或减少安全风险、不利环境影响和现场急救的应急措施。

2 项目经理、专职安全生产管理人员和特种作业人员应按法律法规规定通过有关部门对其安全生产知识、管理能力、安全操作技能进行的考核或复试，取得要求的证书，持证上岗。

3 安全教育和培训应根据从业人员的职责对意识、能力要求分层分类进行。除经常性的安全教育和培训外，上岗前、节假日前后、事故后、工作对象改变时，还应按规定进行针对性的安全教育和培训，包括新进从业人员三级安全教育、分包方从业人员进场安全教育。

4 项目经理部应建立和保持安全教育和培训记录以及从业人员的劳动保护记录卡。

3.3.3 文件控制

1 施工现场安全生产保证体系所要求的文件应予控制，包括适用法律法规、标准规范及其他的外来文件、施工现场安全生产保证体系文件。

2 对文件的控制应做到：

1）发布前由授权人员确认其适宜性，必要时予以修订，并重新确认；

2）文件的收发记录、标识和修订状态清楚，易于查找；

3）编制项目经理部所需现行有效文件的清单，并确保与施工现场安全生产保证体系运行有关的重要岗位，都能得到相关文件的现行有效版本；

4）及时将失效文件从发放和使用场所撤回，或采取其他措施防止误用。

3.3.4 安全物资采购和进场验证

1 项目经理部应对用于施工现场安全生产保证措施的物料、设备及防护用品予以控制，以确保这些安全物资的质量符合规定的要求。

2 自行采购或外部租赁。

1）项目经理部应持有所在建筑企业的形成文件的合格供应商名录、评价与选择安全物资供应商的准则。必须向合格的供应商采购或租赁所需的安全物资。

项目经理部被授权自行实施采购或租赁前，应对不在名录中的供应商提供符合要求的安全物资的能力进行评价，并形成记录。评价内容应包括：

——技术、生产管理和质量保证能力；

——生产许可证和营业执照；

——法律法规要求提供的准用或经营证明文件；

——市场信誉和履约能力。

2）采购或租赁计划、协议、合同应：

——注明规格、型号、等级；

——明确适用的生产制造规程和标准；

——规定验收准则和方法；

——由项目经理对其充分性和适宜性审核签认，并按所在建筑企业规定进行审批。

3）项目经理部应对采购、租赁的安全物资实施验证，并形成记录。验证方法包括：

——查验供应商提供的合格证明，包括出厂质量检验和有效期证明文件；

——查验实物质量，包括外观检查和规格检查；

——按规定要求抽样复试。

3 内部转移或调拨。

应对企业内部转移或调拨的安全物资进行外观、规格检查，必要时可抽样复试，并形成记录。

4 分包方采购或自带。

分包方采购或自带安全物资时，项目经理部应在分包合同中明确规定并实施下述控制要求：

1）对采购资料或合同进行签认；

2）对进场的安全物资共同验证。

5 应对进场安全物资的验证状态进行标识和记录，防止误用或错用。严禁未经验收或验收不合格的安全物资投入使用。

3.3.5 分包控制

1 项目经理部应对劳务、专业工程、机械租赁与安装拆除分包商予以控制，以确保分包活动符合规定的要求。

2 项目经理部应持有所在建筑企业的形成文件的合格分包商名录、评价与选择分包商的准则。必须向合格的分包商发包施工或服务业务。

项目经理部被授权实施分包前，应对不在名录内的分包商的资质和安全保证能力进行评价，并形成记录。评价内容应包括：

1）合法的资质，法律法规要求提供的经营许可证明文件；

2）与本企业或其他企业合作的市场信誉和业绩；

3）技术、质量、生产和安全管理能力；

4）承担本项目特殊要求的能力。

3 分包合同应：

1）明确各自安全职责权限，规定分包商应满足施工现场安全生产保证体系的要求，并附有安全生产、治安、消防、环保、卫生等协议文件；

2）明确对分包商施工或服务方案、过程、程序和设备的批准要求；

3）规定分包商从业人员资格的要求；

4）符合有关法律法规、标准规范和所在建筑企业规定，审核审批与签署手续齐全、有效。

4 项目经理部必须按分包合同规定对分包商在施工现场内的施工或服务活动实施控制，并形成记录。控制内容和方法包括：

1）审核批准分包商的专项施工组织设计和施工方案，包括安全技术措施；

2）提供或验证必要的安全物资、工具、设施、设备；

3）确认分包商进场从业人员的资格，依据施工现场安全生产保证体系文件，进行针对性的安全教育、培训和施工交底，形成由双方负责人签字认可的记录，并确保在作业前和作业时，由分包商对其从业人员实施必要的安全教育和培训；

4）安排专人对分包商施工和服务全过程的安全生产实施指导、监督、检查和业绩评价，对发现的问题进行处理，并与分包商及时沟通信息。

3.3.6 施工过程控制

1 项目经理部必须根据施工现场安全生产保证体系策划的结果和安排，确保与所识别的危险源和不利环境因素有关的活动、人员、设施、设备在施工过程中处于受控状态，以便从根本上控制和减小安全风险和不利环境影响。

2 项目经理部对施工过程控制的内容和方式应包括：

1）针对施工过程中需控制的活动，制定或确认必要的施工组织设计、专项施工方案、专项安全措施、安全程序、规章制度或作业指导书，并组织落实；

2）将采购和分包活动中需实施控制的有关要求通知供应商和分包商，并按要求对其施工和服务提供过程进行控制；

3）对从业的管理和操作人员进行针对性的资格能力鉴定、安全教育和培训、安全交底，及时提供必需的劳动防护用品；

4）对安全物资进行验收、标识、检查和防护；

5）对施工设施、设备及安全防护设施的搭设和拆除进行交底与过程防护、监控，在使用前进行验收、检测、标识，在使用中进行检查、维护和保养，并及时调整和完善；

6）对重点防火部位、活动和物资进行标识、防护，配置消防器材和实行动火审批；

7）保持场容场貌、作业环境和生活设施文明卫生、规范有序，保护道路管线和周边环境，减少并有效处理废水、废气、粉尘、噪声、振动和固体废弃物，组织好施工期间的道路交通；

8）对与重大危险源和重大不利环境因素有关的重点部位、过程和活动，组织专人监控；

9）就施工现场危险源、不利环境因素及安全生产的有关信息，与从业人员及相关方进行交流与沟通，对涉及重大危险源和重大不利环境因素的问题及时作出处理，并形成记录和回复；

10）形成并保存施工过程控制活动的记录。

3.3.7 事故的应急救援

1 项目经理部应针对可能发生的事故制定相应的应急救援预案，准备应急救援物资，并在事故发生时组织实施，防止事故扩大，以减少与之有关的伤害和不利环境影响。应急救援预案应：

1）包括以下内容：

——应急救援组织和人员安排，应急救援器材、设备的配备与维护；

——在作业场所发生事故时，保护现场、组织抢救的安排；

——建立内部和外部联系的方法、渠道，根据事故性质，按规定在相应期限内报告上级、政府主管部门和其他有关部门，通知有关的近邻及消防、救险、医疗等单位；

——作业场所内全体人员的疏散方案。

2）根据实际情况可定期演练应急救援预案。

3）在演练后或事故发生后，对应急救援预案的实际效果进行评价，必要时进行修订。

2 项目经理部应配合事故的调查、分析，并制定和实施纠正措施和预防措施（见3.4.2）。

3.4 检 查 和 改 进

3.4.1 安全检查

1 项目经理部应建立安全检查制度，对施工现场的安全状况和业绩进行日常的检查，掌握施工现场安全生产管理活动和结果的信息。

2 安全检查的内容应包括：

1）项目安全目标的实现程度；

2）安全职责的落实情况；

3）遵守适用法律法规、标准规范和其他要求的情况；

4）施工活动符合施工现场安全生产保证体系文件和规定的情况；

5）具有重大安全风险或重大不利环境影响的活动的关键特性、设施和设备的状态、人员的意识和行为；

6）现行建筑施工安全检查标准的达标情况。

3 项目经理部应：

1）规定检查的人员及其职责权限；

2）规定检查的对象、标准、方法和频次；

3）对安全检查中发现的不符合规定要求和存在隐患的设施、设备、过程、行为，定人、定时间、定措施进行整改处置，并跟踪复查；

4）对安全检查和整改处置活动进行记录，并通过汇总分析，寻找薄弱环节，确定需改进的问题及采取纠正措施或预防措施的要求（见3.4.2）；

5）对用于检查的监测设备进行校正和维护，并保存校正和维护的记录。

3.4.2 纠正措施和预防措施

1 项目经理部应对严重的或经常发生的不合格，事故或险肇事故，建筑企业或政府主管部门提出的问题、隐患及整改要求，社会投诉的问题，进行调查和原因分析，针对原因制定并实施相应的纠正措施或预防措施，以防止其再次发生或发生。

2 所有拟定的措施应：

1）在实施前通过安全风险和不利环境影响评价；

2）规定实施职责和进度计划；

3）跟踪确认实施结果和有效性；

4）对措施的制定、实施和跟踪，以及导致施工现场安全生产保证体系文件的修改情况进行记录。

3.4.3 内部审核

1 项目经理部必须以施工现场安全生产保证体系的业绩为重点，在各主要施工阶段，组织内部审核，以便确定其是否：

1）符合施工现场安全生产保证体系策划的安排，包括本规范的要求；

2）得到正确实施和保持；

3）有效地满足项目安全目标。

2 内部审核应：

1）由具有资格的人员进行；

2）编制计划，包括审核的范围、方法和审核人员能力；

3）对发现的不合格，有关责任部门或岗位应制定并实施纠正措施；

4）验证、评价纠正措施的结果和有效性；

5）编制审核报告；

6）形成并保存内部审核活动的记录。

3.4.4 安全评估

1 项目经理应对各主要施工阶段施工现场安全生产保证体系的适宜性、充分性、有效性及时组织评估，并编制阶段性安全评估报告。

2 安全评估报告的内容应包括：

1）安全目标的实现情况和重大危险源和重大不利环境因素的控制状况；

2）施工现场安全生产保证体系的自我完善机制的运行情况；

3）从业人员遵纪守法和安全意识的提高情况；

4）建立、实施和改进施工现场安全生产保证体系的经验和做法；

5）为确保施工现场安全生产保证体系持续的适宜性、充分性和有效性，需要对安全目标以及施工现场安全生产保证体系进行改进的要求和措施。

3.4.5 安全记录

项目经理部应及时形成安全记录，包括供应商和分包商的各类安全管理资料，以提供施工现场安全生产保证体系符合要求并有效运行的证据。安全记录应：

1 符合国家、行业、地方的法律法规与标准规范和上级的有关规定；

2 填写完整准确、字迹清楚、标识明确，并可追溯相关的活动；

3 编目立卷，便于查询；

4 妥善保存，避免损坏、变质或遗失，直至工程竣工交付后分类留存或归档。

本 规 范 用 词 说 明

1 执行本规范条文时，对于要求严格程度的用词说明如下，以便执行中区别对待。

1）表示很严格，非这样做不可的用词：

正面词采用"必须"；

反面词采用"严禁"。

2）表示严格，在正常情况下均应这样做的用词：

正面词采用"应"或"方准"；

反面词采用"不应"或"不准"。

3）对表示允许稍有选择，在条件许可时首先应这样的用词：

正面词采用"宜"；

反面词采用"不宜"。

表示有选择，在一定条件下可以这样做的，采用"可"。

2 条文中指明应按其他有关标准规范执行时的写法为"应按……执行"或"应符合……的要求（或规定）"，非必须按指定的标准规范执行的写法为"可参照……执行"。

上海市工程建设规范

施工现场安全生产保证体系

DGJ 08—903—2003

条 文 说 明

2003 上海

目　次

1 总　　则

1.0.1　由于建筑产品的固定性、建筑施工的特殊性以及从业人员的流动性，使建筑业成为仅次于矿山开采业的一个重大事故多发的高风险行业，施工现场成为建筑企业发生事故的重点场所。统计表明，违法、违规和管理缺陷是导致施工现场事故发生的主要原因，制定本规范的根本目的就是用于指导项目经理部建立一套系统化、程序化和具有自我约束、自我完善机制的施工现场安全生产保证体系，自觉遵循适用法律法规、标准规范和有关要求，改善和优化安全生产管理状况，创造良好的施工生产环境条件，形成安全生产良性循环机制，有效预防事故发生，控制和减小安全风险和不利环境影响，确保施工过程中的人身、财产安全和环境质量。

1.0.2　本规范的适用对象是各类建筑企业在上海市负责承建工程项目的项目经理部，而不是建筑企业。项目经理部贯彻本规范，建立、实施和持续改进施工现场安全生产保证体系的根本出发点，应该是通过控制和尽可能减少安全风险和不利环境影响，减少重大安全事故的发生。对施工现场安全生产保证体系进行自我评价或认证只是推进深入贯标的重要手段和措施。施工现场安全生产保证体系必须经过建筑企业内审，确认其符合本规范要求并且有效后才能寻求认证。

1.0.3　本规范应用时涉及的四种关系。

1　本规范要求项目经理部建立的施工现场安全生产保证体系虽然是一个管理体系，但必须确保遵守适用法律法规、标准规范和有关规定。本规范是对其他标准规范涉及的技术要求的补充，而不是替代。贯彻本规范更有利于法律法律、标准规范和有关要求的贯彻和落实。

2　项目经理部贯彻本规范与建筑企业贯彻 GB/24000、GBT/T28000 系列标准的要求是相互衔接、相互协调的，项目经理部贯标的有效性是建筑企业贯标有效性的根本保证和前提条件。在建筑企业内各个项目经理部施工现场安全管理水平发展不很平衡的情况下，从项目经理部贯标着手，由点到面，逐步推开，更有利于从总体上缩小这种内部的不平衡，夯实建筑企业安全管理的基础，促进建筑企业的贯标。

3　项目经理部建立的施工现场安全生产保证体系是建筑企业安全生产保证体系的一个重要组成部分，必须有机地纳入建筑企业的管理之中，不应另搞一套。建筑企业在项目经理部施工现场安全生产保证体系建立、实施和保持的过程中，应始终给予必要的关注和支持，包括组织施工现场安全生产保证体系的贯标培训、策划指导、运行监督以及内部审核等。

4　根据法律法规的规定，施工现场安全生产保证体系的牵头责任单位是总包单位，分包单位的施工现场安全生产保证体系是整个工程项目施工现场安全生产保证体系的一个有机组成部分，应纳入总包单位的管理之中，不得游离在外、自成系统。

2 术　　语

2.0.1～2.0.15　本节中的十五个术语借鉴和综合了 GB/T 24001—1996《环境管理体系规范及使用指南》、GB/T28001—2001《职业健康安全管理体系　规范》和 GB/T50326—2001《建设工程项目管理规范》三个国家标准的相关定义和术语的表述。需要特别注意本规范所指"安全生产"的含义，不仅是指为防止施工过程中发生死亡、伤害、职业病、损坏或其他损失而采取的各种措施和活动，还包括为防止施工过程中因废水、废气、粉尘、噪声、振动或固体废弃物排放超标而采取的各种措施和活动。

3　施工现场安全生产保证体系要求

3.1　总　要　求

本章是关于建立和保持施工现场安全生产生产保证体系的总体性要求，强调了 PDCA 循环的系统安全管理模式，明确了本规范提出的十六项要求（也称"要素"）之间的关系。

施工现场安全生产保证体系是一套科学的管理机制，其运行模式体现了预知预控、突出重点、点面结合、动态控制和持续改进的现代管理思想，按本规范建立施工现场安全生产保证体系并不意味着对建筑企业传统的项目安全管理组织机构、制度、手段等的否定，而是将两者结合起来，对传统的项目安全管理组织机构、制度、手段进行规范化、系统化、文件化的优化改进，使其更加科学有效、更加充分适宜。

项目经理部建立和实施施工现场安全生产保证体系是指本规范的所有要求在施工现场都能得到实施。各要素相互依存、相互支撑、相互作用、相互补充，有机结合成一个完整的管理体系，并体现危险源和不利环境因素识别、安全目标、施工现场安全生产保证计划、运行控制的一致性。

建立和实施符合本规范要求且具有工程项目各自特点的施工现场安全生产保证体系，改善安全业绩，预防安全事故，最终实现项目安全目标是项目经理部贯标的基本任务。

本规范的十六个要求是通用的，不是专为某一建设工程而制定的，它只是提出了相关要求，而不是具体措施和做法，因此施工现场安全生产保证体系的策划和实施应与各个建设工程项目的特定情况相适应，确定如何满足这些要求的方法和途径，使其具有针对性，防止盲目照搬照套、流于形式。

3.2　策　　划

3.2.1　项目经理部的安全目标是建筑企业安全方针和安全目标的具体体现，应向全体人员进行宣传，并作为评价项目经理部安全业绩的依据。因此在内容上应包括事故负伤频率、各类重大安全事故频率、各类污染排放控制指标等安全控制指标以及安全标准化管理、文明工地达标等安全管理的主要目标，指标和目标的水平既要有激励作用又要适当，为便于检查考核，必须是可测量的，应做到定量化，为便于过程控制，可考虑分解为若干阶段性指标和目标。

为了确保安全目标的针对性、符合性、合理性和可行性，制定项目安全目标时需综合考虑以下问题：

1 项目自身的重大危险源和重大不利环境因素是制定安全目标的主攻方向，要与本规范 3.2.2 条相衔接和协调一致；

2 项目遵守法律法规、标准规范和其他要求应在安全目标中落实，安全目标的水平应符合法律法规、标准规范的相关要求，要与本规范 3.2.3 条相衔接和协调一致；

3 可供选择的技术方案、经营和管理上的要求涉及到安全目标的可实现性和时间性；

4 从业人员、分包商、上级及行业机构的要求也应纳入安全目标之内。

为了确保安全目标的持续适宜性，安全目标在必要时应予以调整。

3.2.2 危险源与不利环境因素的识别、评价和控制策划是建立施工现场安全保证体系的开端、基础、主线和核心，它的目的是为项目经理部建立并有效运行施工现场安全生产保证体系提供各项决策的信息，并为改进安全业绩提供衡量标准。因此危险源和不利环境因素的识别、评价和控制策划必须具备主动性、针对性、系统性、充分性和合理性，并需要全体从业人员共同参与。

1 要对所有施工过程、部位和场所，按不同施工工序或部位（如打桩、土方挖运、盾构掘进、模板支设、混凝土浇捣、预应力涨拉、吊装、焊接、塔机安装、机械维修等工序），按不同场所（如木工间、仓库、办公区、生活区等场所），逐项寻找和识别危险源和不利环境因素。对每个施工过程或场所内所有的人员、物料、设施、设备、施工方法、作业活动，包括供应商、分包商及其他外来单位的人员、物料、设施、设备、施工方法、作业活动，从正常、异常、紧急三种状态和过去、现在、将来三种时态，根据工程和现场特点及适用法律法规、标准规范等要求，从不同方面和角度，全面细致地考虑可能存在的各种类型的危险源、不利环境因素，以及其可能造成的安全风险和不利环境影响，如高处坠落、物体打击、机械伤害、触电、坍塌、火灾、爆炸、中毒、中暑等安全事故和职业危害，废水、废气、粉尘、噪声、振动、固体废弃物等超标排放。识别方法可采用直观经验法、专家调查法，对识别出的所有危险源和不利环境因素要分类列出清单。

2 应在考虑项目经理部的管理经验、实际控制措施与控制能力的前提下，对已识别的危险源和不利环境因素进行评价。评价活动应在综合危险源导致事故发生的可能性和产生的后果，以及不利环境因素对环境影响的范围、程度、频次、社区关注程度、法律法规和标准规范的符合性的基础上，根据安全风险和不利环境影响的大小，把危险源和不利环境因素区分为一般和重大两大类，一般危险源和不利环境因素又可分为若干小类。评价方法应科学、合理、实用，做到定性与定量相结合，可采用直接判断法、专家评估法、打分判断法等方法。评价结果应形成文件（可与危险源和不利环境因素识别清单综合在一起），为项目经理部制定具体的控制方法和措施提供信息（如确定对设施设备的要求、明确培训的需求、制定施工过程的安全程序和准则），为如何检查、监测各类施工过程控制活动的效果提供信息（如检查、监测的指标、频次、方法等）。

3 控制策划就是针对危险源和不利环境因素确定适宜的预防、防护方式的过程，控制和减小安全风险和不利环境影响，以最大限度地保护从业人员的安全、健康和施工场界内外环境。可按以下顺序从四个方面选择和确定控制方式，并对这些活动进行监督检查：

　　1）消除危险源和不利环境因素发生的根源；

　　2）通过专门工程技术措施或组织管理措施方案，从源头控制安全风险和不利环境影响；

　　3）制定安全作业制度，包括制定管理性的安全程序、作业指导书等控制措施来降低安全风险和不利环境影响；

　　4）采用积极有效的个体防护措施。

　　一般危险源和不利环境因素的控制方式，主要通过保持和改进现有控制措施来实现，如制定或执行安全程序、规章制度或作业指导书，进行培训与教育，加强现场监督检查，组织整改复查等。

　　重大危险源和重大不利环境因素的控制方式，除保持和改进现有控制措施外，还需通过制定具体目标、指标和专门的控制方案来实现，如施工组织设计、专项施工方案、专项安全措施计划，包括应急救援预案等。

　　4　施工过程中由于法律法规、标准规范和有关要求、工程设计、施工方案和施工条件发生变化，可能导致原有危险源和不利环境因素识别、评价和控制策划结果的不适应，因此，需及时对这些结果的适用性进行评审，必要时应对这些结果进行补充、修改或更新，以适应这些变化的需要。

3.2.3　适用法律法规、标准规范和其他要求是评价重大危险源和重大不利环境因素的主要依据之一，也是项目经理部必须承诺遵守的基本要求。本条的目的是要求项目经理部确立充分的法制意识，主动了解法律法规、标准规范和其他要求，以约束自己的安全行为，做到有法必依，杜绝违法违规、违反工程建设强制性标准的现象。

　　1　本规范中所说的适用法律法规，主要包括国家、地方政府或相关部门颁布的与施工现场安全生产相关的法律、法规、条例、规章等；标准规范，主要包括国家标准、行业标准和地方标准规范；其他要求，主要包括非官方的行业协会、民间机构制定的各种规范或实施指南、集团公司和所在建筑企业的规定，建筑企业和项目经理部签署的有关计划、协议，相关方的要求等。适用法律法规、标准规范和其他要求清单的内容应包含现行有效版本的名称、发布日期、编号等信息。

　　2　关于适用法律法规、标准规范和其他要求及其变化的有关信息，应及时与有关人员和相关方充分交流，以确保其对施工现场所有人员、活动和场所的运行要求得到持续有效遵守。

3.2.4　施工现场安全生产保证计划用以描述工程项目施工现场安全生产保证体系各个要素及其相互作用，以文件形式使施工现场安全生产保证体系得到充分展示，并提供查询相关文件的途径，是规范项目经理部安全管理活动的指导性文件和具体行动计划。策划并编制施工现场安全生产保证计划有利于提高项目经理部安全管理活动规范化和系统化的水平，有利于施工现场安全生产保证体系得到充分理解并有效运行。

　　1　导致施工现场安全生产事故的因素涉及诸多相互联系和相互制约的具体问题，主要是人的不安全行为、物的不安全状态、管理上的缺陷和环境上的缺陷等。为了确保施工现场安全生产保证计划的针对性、充分性和可操作性，项目经理部应根据工程项目的规模、结构、环境、承包性质、技术特点，以施工现场危险源、不利环境因素识别、评价和控制策划的结果，以及适用法律法规、标准规范和其他要求识别的结果为主线，就如何遵纪守法，具体满足本规范的各项要求，有效控制重大危险源和重大不利环境因素等问题，进行深入的分析和研究，并以计划形式反映策划的结果。

2 施工现场安全生产保证计划应体现项目的施工特点，与项目经理部的管理能力相适应，并覆盖本规范和适用法律法规、标准规范和其他要求的所有要求，具体说明本规范的各项要求、各相关的通用与专用安全程序、施工组织设计、专项施工方案、专项安全措施、作业指导书等，如何运用到本工程项目施工现场的安全管理活动中来，包括对它们的直接引用。计划要突出重点内容，具有可操作性。不要求对本规范的各个要求都独立编制形成文件的程序或规定，可以通过施工现场安全生产保证计划，或在计划中引用支持性文件等形式对本规范各个要求的具体实施程序作出规定。各个要求的具体内容见本规范各条文与条文说明。

3 施工现场安全生产保证计划是施工组织设计的一个有机组成部分，为防止总体与局部的脱节，要求二者同步策划，一起按规定程序审核确认，并形成书面记录，以保证相互协调。内容也可相互引用，形式上可分可合，除小型工程外，一般宜单独编制。

4 工程设计或施工条件发生变化时，往往会引起危险源和不利环境因素的变化，为了确保施工现场安全生产保证计划的持续适宜性，始终发挥计划在工程项目施工全过程的指导作用，要对涉及的危险源和不利环境因素进行补充识别、评价，并根据新的结果，对原计划是否需要修订作出评审。

3.3 实　　施

3.3.1 健全的组织机构、合理的职责分工和权限、适当的资源是施工现场安全生产保证体系有效实施、安全目标如期实现的前提和关键环节。

1 由于安全生产在施工现场处于特殊的重要地位，安全与生产矛盾处理难度大，施工现场安全生产的第一责任人必须是项目经理，只有这样才能把安全与生产从组织领导上统一起来，使施工现场安全生产保证体系得到顺利实施。项目经理作为施工现场安全生产的第一责任人，其领导作用体现在：

1）确定项目安全目标和管理职责；
2）组织施工现场安全生产保证体系的策划和实施；
3）确保施工现场安全生产保证体系所需资源的提供；
4）定期组织内部审核和安全评估。

2 安全生产、人人有责，施工现场安全问题多与职责不清、权限不明有关，只有建立健全安全责任制，分清职责、严格界线，并使每个有关岗位人员做好本职工作，共同参与施工现场安全生产保证体系的活动，才能真正实现事故预防和环境保护。项目经理部与施工现场安全生产保证体系有关的管理、执行和验证人员的作用、职责、权限与相互接口，可在施工现场安全生产保证计划中用矩阵图与文字描述相结合的形式，对其主管职责和相关职责与活动予以界定，并传达到各有关人员，以利于各项工作的正确实施和落实。

3 施工现场安全生产保证体系正常运行需要有必要的资源保障，本条从人力资源、专项技能和技术、设施用品、财力资源四个方面规定了要求，强调了资源提供的计划性、充分性和及时性。

1）所谓称职是措施工现场的从业人员都必须经过必要的上岗培训，并具有能胜任本职工作的能力。项目经理和技术、管理人员必须按建设行政主管部门要求经培训考核或复训合格后持证上岗；特种作业人员必须经劳动部门培训考核或复训合格后持证上岗；一般操作人员也须经过技能培训，取得上岗资格证。应对各岗位人员的工作能力从教育、培训、经历等方面作出规定。

2）专项技能和技术包括先进、可靠的施工作业技能和安全技术。

3）安全设施包括各类安全防护设施和物料、施工用电安全装置和设施、消防器材和设施、施工机械安全装置等；检测设备包括用于力矩、厚度、长度、接地电阻、绝缘电阻、噪声等检测的工具和仪器；防护用品包括安全帽、安全带、安全网、绝缘手套、绝缘鞋、防护面罩等劳动保护用品。

4）安全生产的资金和支出要纳入项目经理部的资金成本计划，优先考虑并保证及时到位。

3.3.2 违章指挥和违章作业是施工现场众多事故发生的主要原因，通过教育和培训来提高从业人员的安全意识和能力，做到从业人员遵章守纪，不仅是预防各类事故发生的基本手段，也是确保施工现场安全生产保证体系有效运行的基本前提和基础性工作。

1 安全教育和培训要制定计划，计划要做到全员、全面。在对象上应包括施工现场上的所有从业人员（包括分包方人员），既有一般从业人员，又有项目经理、专职安全生产管理人员和特种作业人员等关键管理和操作岗位的人员；在内容上既有安全法制和意识，又有安全知识和技能，既有一般常规教育和岗前教育，又有针对新工艺、新技术、新材料、新设备、新岗位的专项教育和事故案例分析。没有接受安全教育和培训并且合格的人员，不得在施工现场从事管理和作业活动。

2 对关键岗位和人员提出考核与持证上岗要求。

3 安全教育和培训活动的开展要贯穿在施工生产全过程，并体现层次性、针对性。考虑到施工现场从业人员的职责、能力、文化程度以及所涉及安全风险和不利环境影响的不同，在要求上要有所区别，不能一刀切；考虑到施工过程各个时期、各个阶段的安全生产环境和特点的不同，在内容上应有针对性，不同管理岗位、不同操作岗位有不同的内容，不能千篇一律；考虑到建筑施工从业人员流动分散和工作岗位多变的状况，在安排上要做到全面及时，体现动态性。

4 安全教育和培训的记录包括现场全部从业人员接受安全教育和培训的实施记录、合格证书、上岗证书及确认记录等。

3.3.3 文件具有传递信息、沟通意图、统一行动的价值。文件作为施工现场安全生产保证体系的重要载体，主要可用于满足法律法规、标准规范和其他要求、进行安全教育和培训、用作客观证据、评价施工现场安全生产保证体系的有效性和持续适宜性。文件的合理形成和正确执行能使施工现场安全生产保证体系的要求得到有效实施，并产生增值的效果。

1 文件控制的对象是施工现场安全生产保证体系所要求的文件，一般可分为适用的法律法规、标准规范和反映其他要求的文件，以及施工现场安全生产保证体系文件两大类。其中施工现场安全生产保证体系文件是一整套的文件体系，一般应包括：

1）项目安全目标和施工现场安全生产保证计划；

2）描述本工程项目施工现场重大危险源和重大不利环境因素预防控制措施的施工组织设计、专项施工方案、专项安全措施，包括应急救援预案；

3）所在建筑企业集团、建筑企业、直属分支机构的适用的安全程序、规章制度、作业指导书等文件；

4）涉及本工程项目安全生产的采购与分包合同。

文件的多少及详略程度取决于施工生产活动的复杂程度和相互作用、人员的技能水平和培训等诸多因素，在满足有效性和效率的前提下，应尽量简化，具有可操作性，让使用的人员一看就懂。承载媒体可以是书面形式，也可以是电子形式。

2 文件控制的目的是确保施工现场安全保证体系所使用的文件是适宜和充分的。为方便使用，文件要保管有序，易于查找和获得，并防止误用失效文件，控制方法要注重实效，不要过于繁琐。

3.3.4 安全物资是指用于落实施工现场安全生产条件所需的物料、设备、防护用品，如钢管和扣件、安全网、安全帽、安全带、漏电保护器、行程开关等。安全生产硬件设施条件的好坏，很大程度上决定于所使用安全物资的质量的好坏。

1 为了防止假冒、伪劣或存在质量缺陷的安全物资从不同渠道流入施工现场，造成安全隐患，对安全物资必须从源头抓起，进行全过程控制，并根据不同情况确定相应的控制方法和要求。

2 由项目经理部自行采购或者从外部租赁时，需从供应商的资质评价和选择，采购或租赁计划内容、协议及合同条款约定，安全物资进场验证三个环节进行控制。

3 对由建筑企业内部转移或调拨的安全物资，项目经理部重点进行外观和规格验证，有疑问时抽样复试，并记录相应的结果。

4 分包方采购安全物资时，项目经理部要对分包商的采购计划、协议和合同进行签认，对进场的物资共同验证，验证方法与自行采购安全物资相同。分包方自带安全物资时，要对进场的物资共同验证，验证方法与内部转移或拨调安全物资相同。以上控制要求都需在分包合同中作出具体条款规定。

5 不论从什么渠道进入施工现场，安全物资都要按规定进行验证把关，除验证出厂合格和质量检验记录外，必要时应根据规定验证生产许可和经营许可证书，作好记录与标识。严禁未经验证或验证不合格的安全物资投入使用。

3.3.5 通过分包来完成施工任务是项目经理部经营管理的重要方式，分包过程是整个施工过程的重要组成部分，无论是劳务分包、专业工程分包，还是机械设备的租赁或安装拆除分包，为了防止资质低劣的分包商和从业人员进入施工现场，对分包过程必须从源头抓起，进行全过程控制，即项目经理部需要从分包商的资格评价和选择、分包合同的条款约定、分包履约过程控制和验证三个环节进行控制。

3.3.6 施工过程控制是施工现场安全生产保证体系的实际运作过程，是有效控制安全风险和不利环境影响的重要措施和保障，控制的对象是与所识别的危险源和不利环境因素有关并且需要加以控制的运行过程和活动。

1 施工过程控制的思路：针对与已识别的危险源和不利环境因素有关的工艺、组织、管理和作业活动及安全设施、机械设备等，根据施工现场安全生产保证体系策划的结果和施工现场安全生产保证计划的要求及安排，编制或确定安全程序、规章制度、施工组织设计、专项施工方案、专项安全措施、作业指导书、应急救援预案等控制文件和措施（如果某些措施不形成文件，可能导致运行过程和活动失控时，则这些措施必须形成文件），并在施工过程中有效执行以上控制文件和措施，做到标本兼治，防治结合，使过程和活动，特别是与重大危险源和重大不利环境因素有关的过程和活动，在控制文件和措施规定的条件下运行，并处于受控状态，最终实现项目安全目标，并满足适用法律法规、标准规范和其他要求。

2 本条结出了施工过程中需加以控制的十个方面的内容和方式。项目经理部应结合实际情况和从业人员的能力，确定需控制的具体运行过程和活动，以及需要的控制文件和措施。特别要注意将有关要求通知供应商和分包商、开展内外信息交流沟通活动对于确保施工过程的全面、持续受控的是至关重要的。

3.3.7 应急救援的对象是指在危险源和不利环境因素识别、评价时所确定的可能发生的事故或紧急情况，如火灾、爆炸、触电、高处坠落、物体打击、坍塌、中毒、特殊气候影响等。

1 应急救援是针对已确定的可能发生的事故或紧急情况的控制措施失效时所采取的补充措施和抢救行动，以及针对可能随之引发的伤害和其他影响所采取的措施，目的是预防和减少伤害和其他影响。

应急救援预案是实施应急措施和行动的方案，一般可通过演练或事故发生后的评价来检验和修订完善，这对提高项目经理部的实际应变能力和控制能力是十分必要的。

2 为了吸取教训，防止事故的重复发生，一旦出现事故，项目经理部除按法律法规规定配合事故调查处理小组调查、分析外，还应按本规范3.4.2条要求，主动分析事故原因，制定并实施纠正措施或预防措施。

3.4 检 查 和 改 进

3.4.1 安全检查是指对施工现场安全生产保证体系活动和结果的符合性和有效性进行的常规监视和测量活动，贯穿施工全过程的安全检查是施工现场安全生产保证体系持续有效运行的重要保障。本条要求是施工现场安全生产保证体系自我约束、自我完善改进机制的第一种形式。

1 项目经理部应通过安全检查掌握施工现场安全生产保证体系运行的动态，发现并纠正施工现场安全生产保证体系运行活动或结果的偏差，并为确定和采取纠正措施或预防措施提供信息。

2 日常的安全检查可以是综合检查，也可以是有重点的专项检查，可以是例行性检查，也可以是临时性检查，但在一定时期内，应覆盖本条规定的六个方面内容，不应有所偏废。

3 为了提高安全检查的效率和效益，项目经理部安全检查和整改活动的组织工作和检查活动要做到制度化、标准化、规范化，防止随意性，并应与本规范3.4.2条的要求相衔接。同时要配备用于安全检查的监测设备，并按规定落实校准、送检、标识和维护管理要求，保持设备完好、准确、有效。

3.4.2 对发生的事故、险肇事故，以及项目经理部、所在建筑企业或相关方发现的不合格，除了对当时事态进行处置外，还应迅速查清原因，吸取教训，确定是否需要进一步制定和实施针对性的标本兼治措施，即纠正措施或预防措施。本条要求是施工现场安全生产保证体系自我约束、自我完善改进机制的的第二种形式。

1 纠正措施主要是指针对事故、险肇事故或不合格发生的原因采取的措施，目的是防止同类问题再次发生。预防措施主要是指通过对事故、险肇事故和不合格原因、安全检查结果、相关方信息的综合、分类、统计和分析，确定今后需防止或减少发生的潜在事故或不合格，并针对可能导致其发生的原因所采取的措施，目的是防止潜在问题的发生。

2 为了确保纠正措施和预防措施的有效性，本条对制定和实施措施时的评价、计划、跟踪与文件修改都作出了相应规定。

3.4.3 对施工现场安全保证体系的内部审核是一种全面正式的自我评价和验证活动，这里指的是项目经理部组织的自我审核，而不是所在建筑企业对项目经理部进行的内部审核。本条要求是施工现场安全生产保证体系自我约束、自我完善改进机制的第三种形式。

1 在工程施工各主要阶段，项目经理部都要有计划地组织内部审核，如基础工程、结构工程、装饰工程等施工阶段。审核的目的在于评价施工现场安全生产保证体系与体系文件的符合性和有效性，即判断是否符合本规范的要求，是否得到正确实施并有效地满足项目安全目标、促进全体从业人员的参与、形成自我约束和自我完善的改进机制。因此内部审核主要应侧重于评价施工现场安全生产保证体系活动和结果方面的业绩，包括实现项目安全目标的程度。内部审核结果可用于项目的安全评估。

2 为了规范审核活动，本条对内部审核的策划、实施、报告和记录提出明确要求。审核过程应涉及施工现场安全生产保证体系的全部要求，范围应包括施工现场的所有施工过程和场所，抽样应合理和具有代表性，对重大危险源和重大不利环境因素应全数检查。一般由项目经理部人员组成内审组，当项目经理部内审员数量不足时，可以从所在建筑企业内聘请有内审员资格的人员作为项目经理部内审组成员参加审核。

3.4.4 在项目经理部组织内部审核并有效实施纠正措施以后，项目经理应及时组织阶段性项目安全评估会议，作出评估结论。安全评估与内部审核在目的、对象、依据、实施者、方法、输出结果等方面均有所不同，不能相互替代。本条要求是施工现场安全生产保证体系自我约束、自我完善改进机制的第四种形式。

1 安全评估的依据是认证机构、所在建筑企业与项目经理部的审核结果、事故与险肇事故调查结果、安全检查结果以及来自内部和外部的其他有关施工现场安全生产保证体系运行状况的信息，包括内部和外部环境的变化。安全评估的目的是评价施工现场安全生产保证体系的持续充分性、有效性和适宜性，以便不断调整和改善施工现场安全生产保证体系。因此安全评估主要应侧重于评价施工现场安全生产保证体系的总体业绩，而非具体细节问题。项目阶段性安全评估的结果又是施工现场安全生产保证体系下一轮 PDCA 循环和持续改进的起点。

2 安全评估报告要围绕施工现场安全生产保证体系运行的持续充分性、有效性和适宜性，以及项目安全目标和施工现场安全生产保证体系的改进要求而展开。

3.4.5 安全记录是项目经理部开展施工现场安全生产保证活动不可缺少的客观事实的文字或数字记载，包括书面形式或电子形式的台账、报表、原始记录等。

1 安全记录有利于规范各项安全活动，并使施工现场安全生产保证体系运行过程具有可追溯性，是确定施工现场安全生产保证体系是否处于有效运行状态的重要客观证据之一。安全记录涉及到施工现场安全生产保证体系整个运行过程中的每个重要环节。项目经理部要确保本规范规定的记录都应与相关的过程与活动同步形成，防止缺漏和滞后。

2 安全记录管理的主要环节是填写、标识、收集、立卷、保管。记录的范围、格式、标识、填写要求、保管处置，首先要执行国家、行业、地方的法律法规与标准规范和上级的有关规定，没有规定时，施工现场安全生产保证计划应根据本规范的要求作出补充规定。

施工现场适用主要安全环境法律法规、标准规范目录

A. 安全生产、文明施工方面

一、国家法律

中华人民共和国安全生产法
  国家主席令 第 70 号

中华人民共和国建筑法
  国家主席令 第 91 号

中华人民共和国劳动法
  国家主席令 第 28 号

中华人民共和国消防法
  国家主席令 第 4 号

中华人民共和国职业病防治法
  国家主席令 第 60 号

中华人民共和国未成年人保护法
  国家主席令 第 50 号

中华人民共和国妇女权益保障法
  国家主席令 第 56 号

中华人民共和国行政处罚法
  国家主席令 第 63 号

中华人民共和国行政诉讼法
  （1996 年 3 月 17 日第八届全国人大第四次会议修正）

中华人民共和国行政复议法
  国家主席令 第 16 号

中华人民共和国刑法
  国家主席令 第 83 号

建筑业安全生产公约（167 公约）

二、国家法规

特别重大事故调查程序暂行规定
  国务院令 第 34 号

企业职工伤亡事故报告和处理规定
  国务院令 第 75 号

国务院关于特大安全事故行政责任追究的规定

  国务院令 第 302 号

危险化学品安全管理条例

  国务院令 第 344 号

使用有毒物品作业场所劳动保护条例

  国务院令 第 352 号

禁止使用童工规定

  国务院令 第 364 号

特种设备安全监察条例

  国务院令 第 373 号

三、上海市地方法规

上海市建筑市场管理条例

  （1997 年 10 月 21 日市人大常委会第 39 次会议通过）

上海市劳动保护监察条例

  （市人大常委会公告第 68 号）

上海市标准化条例

  （2001 年 12 月 28 日市人大常委会第 35 次会议通过）

上海市市容环境卫生管理条例

  （市人大常委会公告第 56 号）

上海市劳动合同条例

  （2001 年 11 月 15 日市人大常委会第 33 次会议通过）

上海市消防条例

  （1995 年 10 月 27 日市人大常委会第 22 次会议通过）

四、国家部委规章

工程建设重大事故报告和调查程序规定

  建设部令 第 3 号

建筑安全生产监督管理规定

  建设部令 第 13 号

建设工程施工现场管理规定

  建设部令 第 15 号

建设行政处罚程序暂行规定

  建设部令 第 66 号

实施工程建设强制性标准监督规定

  建设部令 第 81 号

工程建设若干违法违纪行为处罚办法

  建设部 监察部令 第 68 号

建筑业企业资质管理规定

  建设部令 第 87 号

建筑工程施工许可管理办法

建设部令　第 91 号

安全生产违法行为行政处罚办法

　　国家安全生产监督管理局令　第 1 号

特种作业人员安全技术培训考核管理办法

　　国家经济贸易委员会令　第 13 号

安全生产行政复议暂行办法

　　国家经济贸易委员会令　第 49 号

特种设备质量监督与安全监察规定

　　国家质量技术监督局令　第 13 号

五、上海市地方规章

上海市城市道路与地下管线施工管理暂行办法

　　上海市人民政府令　第 53 号

上海市建设工程施工安全监督管理办法

　　上海市人民政府令　第 54 号

上海市城市道路与地下管线施工管理暂行办法的补充规定

　　上海市人民政府令　第 97 号

上海市城市道路架空线管理办法（节录）

　　上海市人民政府令　第 106 号

上海市禁止非法制造销售使用简陋锅炉的若干规定

　　上海市人民政府令　第 115 号

六、规范性文件

关于认真落实安全生产责任制意见的通知

　　国务院办公厅　国办发〔1997〕　第 36 号

关于印发《建筑工程预防高处坠落事故若干规定》和《建筑工程预防坍塌事故若干规定》的通知

　　建设部　建质〔2003〕　第 82 号

关于开展起重机械安全专项整治的通知

　　国家质量监督检验检疫总局　建设部　国质检锅〔2003〕　第 17 号

关于加强公路沿线地质灾害防治工作的紧急通知

　　交通部　交公路发〔2003〕　第 191 号

关于建设行业生产操作人员实行职业资格证书制度有关问题的通知

　　建设部　劳动和社会保障部　建人教〔2002〕73 号

关于发布 2002 年版《工程建设标准强制性条文》（房屋建筑部分）的通知

　　建设部　建标〔2002〕219 号

关于印发《建设部推广应用新技术管理细则》的通知

　　建设部　建新〔2002〕　第 222 号

关于印发《建设领域安全生产行政责任规定》的通知

　　建设部　建法〔2002〕　第 223 号

关于加强国有大中型企业安全生产工作的意见

国家安全生产监督管理局　国家煤矿安全监察局　安监管办字〔2002〕第106号

关于有效控制城市扬尘污染的通知

　　国家环境保护总局　建设部　环发〔2001〕第56号

关于加强施工现场围墙安全深入开展安全生产专项治理的紧急通知

　　建设部　建建〔2001〕141号

关于颁发《建筑施工附着式升降脚手架管理暂行规定》的通知

　　建设部　建建〔2000〕230号

关于进一步加强塔式起重机管理预防重大事故的通知

　　建设部　建标〔2000〕第237号

关于加强《工程建设标准强制性条文》实施工作的通知

　　建设部　建标〔2000〕第248号

关于防止施工坍塌事故的紧急通知

　　建设部　建建〔1999〕173号

关于防止发生施工火灾事故的紧急通知

　　建设部建设监理司　建监安〔1998〕12号

关于印发《施工现场安全防护用具及机械设备使用监督管理规定》的通知

　　建设部、国家工商局、国家质量技术监督局　建建〔1998〕第164号

关于进一步加强建筑安全生产管理工作遏制重大伤亡事故发生的紧急通知

　　建设部　建建〔1998〕176号

建筑业企业职工安全培训教育暂行规定

　　建设部　建教〔1997〕83号

关于印发《塔式起重机拆装管理暂行规定》的通知

　　建设部　建建〔1997〕第86号

关于印发《加强建筑幕墙工程管理的暂行规定》的通知

　　建设部　建建〔1997〕第167号

关于防止施工中毒事故发生的紧急通知

　　建设部　建监〔1997〕第206号

关于学习和推广上海市文明工地建设经验的通知

　　建设部　建监〔1996〕第484号

关丁在建设工作中进一步加强防火管理的通知

　　建设部　建设〔1995〕334号

关于开展施工多发性伤亡事故专项治理工作的通知

　　建设部　建监〔1995〕第525号

关于印发《建设职工伤亡事故报告统计问题解答》的通知

　　建设部　建建安〔1994〕第04号

关于防止拆除工程中发生伤亡事故的通知

　　建设部　建监安〔1994〕第15号

关于印发《建设职工伤亡事故统计办法》的通知

　　建设部　建监〔1994〕第96号

关于确保玻璃幕墙质量与安全的通知

    建设部   建设〔1994〕第776号

关于防止建筑施工模板倒塌事故的通知

    建设部   建建安〔1993〕第41号

关于转发市环卫局《关于加强本市建筑垃圾和工程渣土处置管理的办法》的通知

    上海市人民政府   沪府发〔1995〕45号

上海市人民政府关于发布《上海市建设工程文明施工管理暂行规定》的通知

    上海市人民政府   沪府发〔1994〕20号

上海市化学危险品安全管理办法

    上海市人民政府   沪府发（1982）19号

关于进一步加强建筑工程现场消防安全管理工作的通知

    上海市消防局   沪消发〔2003〕第110号

关于进一步加强建设工程吊装施工安全专项整治的通知

    市安监局、市建管委、市总工会、市公安局、市技监局   沪安监监二〔2002〕87号

关于印发《上海市文明工地（场站）管理规定》的通知

    上海市建设管理委员会   沪建建〔2002〕第0263号

上海市建筑工程施工现场消防安全管理规定

    上海市公安局 上海市建设和管理委员会   沪公发〔2002〕399号

关于加强建筑施工吊装作业安全管理的通知

    上海市建设和管理委员会   沪建建〔2002〕第0369号

关于进一步加强建设工地饮食饮水卫生管理的通知

    上海市建设和管理委员会   沪建建〔2002〕515号

关于在本市建设工程使用预拌（商品）砂浆的通知

    上海市建设管理委员会 上海市环保局   沪建建〔2002〕656号

关于开展外来施工企业从业人员综合保险工作的通知

    上海市建设和管理委员会 上海市劳动和社会保障局   沪建建〔2002〕893号

关于重申职工伤亡事故、重大险肇事故报告、处理规定的通知

    上海市安全生产监察局   沪安监监〔2002〕79号

关于转发国家安全生产监督管理局、国家煤矿安全监察局《关于加强国有大中型企业安全生产工作的意见》的通知

    上海市安全生产监督局   沪安监监〔2002〕第119号

关于实施安全生产警示与黄牌警告制度的通知

    上海市经济委员会   沪经安〔2001〕度91号

关于在中、高考期间加强环境噪声污染监督管理的通知

    上海市建设管理委员会、市公安局、市环保局、市教委   沪环保办〔2000〕第219号

关于加强建筑装饰装潢工程文明施工管理的通知

    上海市建设委员会   沪建建〔1999〕第0309号

关于批准《建筑物、构筑物拆除技术规程》为上海市标准的通知

    上海市建设委员会   沪建建〔1998〕底0276号

关于保护地下管线的工作的通知

　　上海市建设委员会　　沪建建［1998］0331 号

关于印发《上海市深基坑工程管理暂行规定》的通知

　　上海市建设委员会　　沪建建［1998］第 0796 号

关于印发《上海市建筑施工附着升降脚手架管理暂行规定》的通知

　　上海市建设委员会　　沪建建［1998］第 0897 号

关于加强上海城市道路、地下管线工程文明施工管理的通知

　　上海市建设委员会　　沪建建［1998］第 0929 号

关于建筑行业开展创建文明场、站、基地活动的通知

　　上海市建设委员会　　沪建建［1997］第 016 号

关于本市范围内采用钻孔灌注工艺的桩基工程全面实行硬地施工法的通知

　　上海市建设委员会　　沪建建［1997］第 0157 号

关于印发《上海市建设工程实行预拌（商品）混凝土浇捣的规定》的通知

　　上海市建设委员会　　沪建建［1997］第 0193 号

关于加强本市建构筑物拆除工程管理工作的通知

　　上海市建设委员会　　沪建建［1997］第 0359 号

关于印发《上海市建设工程施工现场塔式起重机安装拆卸管理暂行规定》的通知

　　上海市建设委员会　　沪建建［1996］第 0326 号

关于在本市内环线以外地区建设工程工地扩大实行围挡封闭施工的通知

　　上海市建设委员会　　沪建建［1996］第 1081 号

关于加强活动房管理的紧急通知

　　上海市建设委员会　　沪建建［1995］第 210 号

关于印发《上海市建筑工程工地卫生管理若干规定（试行）》的通知

　　上海市建设委员会　　沪建建管［1994］第 0647 号

关于加强建筑装饰工程安全质量管理的若干规定

　　上海市建设委员会　　沪建建［1994］第 1043 号

关于颁发《上海市房屋拆除工程施工安全管理规定（试行）》的通知

　　上海市建设委员会　　沪建施［1993］第 688 号

关于印发《上海市建设工程工地文明施工的若干规定》（试行）的通知

　　上海市建设委员会　　沪建施［93］第 0989 号

关于重申加强中、高考期间建设工程施工管理的通知

　　上海市建筑业管理办公室　　沪建建管［2003］第 085 号

关于对在沪建设工程施工项目经理安全管理职责考核的通知

　　上海市建筑业管理办公室　　沪建建［2002］第 048 号

关于加强本市新建、改建道路的交通安全设施设计管理的通知

　　上海市建筑业管理办公室　　上海市公安局交巡警总队　　沪建建管［2002］第 54 号

关于加强建设工程防台、防汛工作的紧急通知

　　上海市建筑业管理办公室　　沪建建管［2002］第 086 号

关于进一步加强文明施工管理的通知

上海市建筑业管理办公室　　沪建建管〔2002〕第 105 号

关于进一步加强道路、管线工程文明施工管理的通知

上海市道路管线监察办公室　　沪道监办计〔2002〕第 49 号

关于全面推行《施工现场安全生产保证体系》标准的通知

上海市建筑业管理办公室　　沪建建管〔2001〕第 053 号

关于贯彻落实市政府办公厅加强本市传染病预防和控制工作的通知

上海市建筑业管理办公室　　沪建建管〔2001〕第 077 号

关于加强建设工程防台、防汛工作的紧急通知

上海市建筑业管理办公室　　沪建建管〔2001〕第 081 号

关于加强台风、潮汛期间建设工地安全生产管理的通知

上海市建筑业管理办公室　　沪建建管〔1999〕第 155 号

关于加强停止施工工地管理的通知

上海市建筑业办公室　　沪建建管〔1999〕第 246 号

关于印发《上海市文明工地（重大工程）评选实施细则》（试行）的通知

上海市重大工程建设办公室　　沪重建〔1999〕第 19 号

关于加强对因故中止施工工地管理的通知

上海市建筑业管理办公室　　沪建建管〔1998〕第 161 号

关于控制本市建设工地施工泥浆任意排放的通知

市防汛指挥部　市政局　市建设管理办公室　　沪建建管〔1996〕第 97 号

关于加强建设工程突发性事故、事件报告和处理工作的通知

上海市建筑业管理办公室　　沪建建管〔1995〕0111 号

关于建设工地卫生检查实行统一评分标准的通知（检查表格式）

上海市建筑业管理办公室　　沪建建管〔1995〕第 0155 号

关于建设工地实用围挡封闭施工若干事宜的通知

上海市建筑业管理办公室　　沪建建管〔1995〕第 0249 号

关于颁发《市政》公路工程起重安全吊装令》和《市政、公路工程起重安全吊装动态过程控制表》的通知

上海市市政工程管理局　　沪市政建〔2003〕第 159 号

关于进一步开展上海市道路桥梁大中修工程创建文明养护工地工作的通知

中共上海市市政工程管理局委员会　　沪市政精〔2002〕第 6 号

关于转发《关于重申职工伤亡事故、重大险肇事故报告、处理规定的通知》的通知

上海市市政工程管理局　　沪市政建转〔2002〕43 号

关于颁发燃气管道施工安全检查评分标准的通知

上海市市政工程管理局　　沪市政建〔2002〕第 217 号

关于颁布《上海市文明工地（市政工程）检查评分表》的通知

上海市市政工程管理局　　沪市政建〔2002〕第 325 号

关于执行市政、公路、燃气工程强制性标准有关规定的通知

上海市市政工程管理局　　沪市政建〔2001〕第 223 号

关于实施安全生产黄牌警告制度的通知

上海市市政工程管理局　沪市政建〔2001〕第 367 号

关于颁发《地下燃气管线、设备监护职责规定》的通知

　　上海市市政工程管理局　沪市政建〔2001〕583 号

关于印发《上海市市政工程建设管理推行代建制试行规定》的通知

　　上海市市政工程管理局　沪市政建〔2001〕930 号

关于颁发顶管、桥梁、盾构施工安全检查评分标准的通知

　　上海市市政工程管理局　沪市政建〔2001〕第 1072 号

关于开展市政、公路工程深基坑（沟槽）施工安全专项治理的通知

　　上海市市政工程管理局　沪市政建〔2001〕第 631 号

关于委托市政协会安全专业委员会实施潜水作业安全认证管理的通知

　　上海市市政工程管理局安全生产委员会　沪市政安办〔1999〕第 4 号

关于沥青混凝土摊铺机操作工实行持证上岗制度的通知

　　上海市市政工程管理局　沪市政劳〔1999〕第 40 号

关于加强市政公路行业安全生产工作的通知

　　上海市市政工程管理局　沪市政施〔1999〕第 458 号

关于颁发道路施工安全检查评分标准的通知

　　上海市市政工程管理局　沪市政施〔1999〕第 584 号

关于对本市桥梁养护作业操作人员操作实行持证上岗制度的通知

　　上海市市政工程管理局　沪市政劳〔1999〕第 843 号

市政工程施工现场防火工作规范

　　上海市市政工程管理局　沪市政保〔1998〕第 402 号

上海市市政建设工程文明管理暂行规定

　　上海市市政工程管理局　沪市政施〔1998〕第 568 号

上海市挖掘公路管理暂行规定

　　上海市市政工程管理局　沪市政施〔1998〕第 576 号

上海市市政工程重大伤亡事故报告和调查程序规定

　　上海市市政工程管理局　沪市政施〔1998〕第 789 号

关于颁发《上海市市政公路工程承发包工程安全管理规定》的通知

　　上海市市政工程管理局　沪市政施〔1998〕第 878 号

关于颁发《上海市市政公路施工机具在电力线路保护区内安全作业管理规定》的通知

　　上海市市政工程管理局　沪市政施〔1998〕第 886 号

关于印发《上海市"市政"道路机动施工机具、车辆及操作人员管理办法》的通知

　　上海市市政工程管理局　沪市政施〔1998〕第 891 号

上海市市政（公路）施工安全检查评分标准

　　上海市市政工程管理局　沪市政施〔1998〕第 969 号

关于颁发《上海市市政（公路）工程潜水作业安全证管理办法》的通知

　　上海市市政工程管理局　沪市政施〔1998〕第 1060 号

市政工程承包单位消防安全资格审查若干规定

　　上海市市政工程管理局　沪市政保〔1995〕第 527 号

关于加强井架物料提升机安全管理工作的通知

　　上海市建设工程安全监督总站　　沪建安质监〔2003〕第 022 号

关于加强施工机械设备安全管理工作的通知

　　上海市建设工程安全质量监督总站　　沪建安质监〔2003〕第 057 号

悬挑式脚手架安全管理细则

　　上海市建设工程安全质量监督总站　　沪建安质监〔2002〕第 003 号

关于将电梯安装工程纳入建设工程施工安全监督范围的通知

　　上海市建设工程安全质量监督总站　　沪建安监〔2002〕第 004 号

关于进一步加强建设工程安全管理的通知

　　上海市建设工程安全质量监督总站　　沪建安质监〔2002〕第 004 号

关于进一步加强建设工程因工伤亡事故管理的通知

　　上海市建设工程安全监督总站　　沪建安质监〔2002〕第 005 号

关于加强工地临时用房专项检查的紧急通知

　　上海市建筑工程安全质量监督总站　　沪建安质监〔2002〕第 006 号

关于对在沪建设工程施工项目经理安全不良行为记分管理的实施细则

　　上海市建设工程安全监督总站　　沪建安监总〔2002〕第 018 号

关于进一步推进建设工程文明施工工作的通知

　　上海市建设工程安全质量监督总站　　沪建安质监〔2002〕第 031 号

关于印发《上海市文明工地土建装饰安装专业工程管理块初评实施细则》的通知

　　上海市建设工程安全质量监督总站　　沪建安质监〔2002〕第 076 号

关于防止施工中有毒、有害气体中毒事故的通知

　　上海市建设工程安全监督总站　　沪建安监总〔2001〕第 009 号

关于加强本市重大工程安全监督工程的通知

　　上海市建设工程安全监督总站　　沪建安监总〔2001〕第 010 号

关于加强重大工程安全生产、文明施工管理工作的通知

　　上海市建设工程安全监督总站　　沪建安监总〔2001〕第 022 号

关于进一步加强施工现场安全管理的通知

　　上海市建设工程安全监督总站　　沪建安监总〔2001〕第 011 号

关于加强建设工程非因工伤亡事故管理的通知

　　上海市建设工程安全监督总站　　沪建安监总〔2001〕第 015 号

关于开展防止高处坠落事故专项治理工作的通知

　　上海市建设工程安全监督总站　　沪建安监总〔2000〕第 024 号

关于加强夏季建设工地安全卫生工作的通知

　　上海市建设工程质量监督总站　　沪建安监总〔2000〕第 029 号

关于切实做好建设工地防汛、防台、防署降温工作的通知

　　上海市建设工程安全监督总站　　沪建安监总〔1999〕第 021 号

关于《建筑施工安全检查标准》(JGJ59—99)实施要求的通知

　　上海市安全监督总站　　沪建安监总〔1999〕第 035 号

关于加强本市建设工程施工现场安全标准化管理工作的通知

上海市建设工程安全监督站　沪建安监〔1998〕第 008 号

关于加强本市建设工程装饰施工安全管理的通知

上海市建设工程安全监督站　沪建安监〔1998〕第 013 号

关于加强施工现场的安全管理的紧急通知

上海市建设工程安全监督站　沪建安监总〔1998〕第 035 号

关于加强建设工地夏季卫生工作预防传染疾病的紧急通知

上海市建设工程安全监督站　沪建安监〔1997〕第 041 号

关于加强施工现场塔式起重机和施工电梯安装、拆卸管理的规定

上海市建设工程安全监督站　沪建安监〔1997〕第 058 号

进一步加强施工现场安全管理若干规定的通知

上海市建设工程安全监督站　沪建安监〔1997〕第 059 号

关于加强施工现场安全生产保证体系监审工作的通知

上海市安保体系管委会办公室　沪施安保办〔2003〕第 02 号

施工现场安全生产保证体系外审员资格管理细则

上海市安保体系管委会办公室　沪施安保办〔2002〕第 002 号

上海市施工现场安全生产保证体系认证审核补充程序（试行）

上海市安保体系管委会办公室　沪施安保办〔2002〕第 003 号

关于公布《施工现场安全生产保证体系审核认证机构和审核认证要求》的通知

上海市安保体系管委会办公室　沪施安保办〔2001〕第 001 号

关于印发《上海市施工现场安全生产保证体系外审员管理办法》的通知

上海市安保体系管委会办公室　沪施安保办〔2001〕第 007 号

关于印发《上海市施工现场安全生产保证体系认证审核基本程序》（试行）的通知

上海市安保体系管委会办公室　沪施安保办〔2001〕第 009 号

七、标准、规范

（一）综合类

建筑安装工程安全技术规程

国务院国议周字（56）第 40 号

建筑安装工人安全技术操作规程

国家建工总局　建工劳字（80）第 24 号

特种作业人员安全技术考核管理规则（GB 5306—85）

液压滑动模板施工安全技术规程（JGJ 65—89）

建筑基坑支护技术规程（JGJ 120—99）

建筑施工安全检查标准（JGJ 59—99）

（二）施工用电

安全电压（GB 3805—83）

剩余电流动作保护器的一般要求（GB 6829—95）

施工现场临时用电安全技术规范（JGJ 46—88）

漏电保护器安装和运行（GB 1395—92）

手持式电动工具的管理、使用、检查和维修安全技术规程（GB 3787—93）

（三）高处作业

高处作业分级（GB/T 3608—93）

建筑施工高处作业安全技术规范（JGJ 80—91）

高处作业吊篮安全规则（JGJ 5027—92）

高处作业吊篮（JG/T 5032—93）

（四）脚手架

建筑施工附着升降脚手架管理暂行规定（建建〔2000〕230号）

建筑施工门式钢管脚手架安全技术规范（JGJ 128—2000）

建设施工扣件式钢管脚手架安全技术规范（JGJ 130—2001）

（五）垂直运输机械

建筑机械技术试验规程（JGJ 34—88）

建筑机械使用安全技术规程（JGJ 33—2001）

塔式起重机安全规程（GB 5144—94）

起重机械安全规程（GB 6067—85）

起重吊运指挥信号（GB 5082—85）

起重机械超载保护装置安全技术规范（GB 12602—90）

塔式起重机操作使用规程（JG/T 100—99）

建筑卷扬机安全规程（GB 13329—91）

龙门架及井架物料提升机安全技术规范（JGJ 88—92）

施工升降机分类（GB/T 10052—96）

施工升降机检验规则（GB 10053—96）

施工升降机技术条件（GB/T 10054—96）

施工升降机安全规则（GB 10055—96）

（六）安全防护

安全帽（GB 2811—89）

安全帽试验方法（GB 2812—89）

安全带（GB 6095—85）

安全带检验方法（GB 6096—85）

安全网（GB 5725—97）

安全网力学性能试验方法（GB 5726—85）

密目式安全立网（GB 16909—97）

安全色（GB 2893—82）

安全标志（GB 2894—96）

建筑施工场界噪声限值（GB 12523—90）

B. 环 境 保 护 方 面

一、国家法律

中华人民共和国宪法

五届五次会议通过　主席团公告
中华人民共和国刑法
　　83 号主席令
中华人民共和国标准化法
　　11 号主席令
中华人民共和国民法通则
　　37 号主席令
中华人民共和国行政处罚法
　　63 号主席令
中华人民共和国行政复议法
　　16 号主席令
中华人民共和国行政诉讼法
　　16 号主席令
中华人民共和国刑事诉讼法
　　五届二次会议通过
中华人民共和国国家赔偿法
　　23 号主席令
中华人民共和国行政监察法
　　八届二十五次会议通过
中华人民共和国建筑法
　　91 号主席令
中华人民共和国公司法
　　八届五次会议通过　16 号主席令
中华人民共和国公司法（修正案）
　　29 号主席令
中华人民共和国个人独资企业法
　　20 号主席令
中华人民共和国全民所有制工业企业法
　　3 号主席令
中华人民共和国乡镇企业法
　　76 号主席令
中华人民共和国中外合作经营企业法
　　40 号主席令
中华人民共和国中外合资经营企业法
　　27 号主席令
中华人民共和国外资企业法
　　39 号主席令
中华人民共和国职业教育法
　　96 号主席令

中华人民共和国消防法
　　　　4 号主席令
中华人民共和国环境保护法
　　　　22 号主席令
中华人民共和国水法
　　　　61 号主席令
中华人民共和国清洁生产促进法
　　　　72 号主席令
中华人民共和国大气污染防治法
　　　　57 号主席令
中华人民共和国固体废物污染环境防治法
　　　　58 号主席令
中华人民共和国环境噪声污染防治法
　　　　八届二十二次会议通过
中华人民共和国水污染防治法
　　　　12 号主席令
中华人民共和国环境影响评价法
　　　　77 号主席令
保护臭氧层维也纳公约
　　　　89.12.10 对中国生效
《关于消耗臭氧层物质的蒙特利尔议定书》的修正稿
　　　　92.8.20 对中国生效
气候变化框架公约
　　　　93.1.5 对中国生效
持久性有机污染物（POPs）斯德哥尔摩公约
　　　　2001.5.22 对中国生效

二、行政法规、规章

工厂安全卫生规程
　　　　国务院二十九次会议 40 号文
建设工程施工现场管理规定
　　　　建设部 15 号令
实施工程建设强制性标准监督规定
　　　　建设部 81 号令
建筑工程施工许可管理办法
　　　　建设部 91 号令
全民所有制工业交通企业设备管理条例
　　　　国发（1987）68 号
中华人民共和国城镇集体所有制企业条例
　　　　国务院 88 号令

中华人民共和国私营企业暂行条例

　　国务院第 4 号令

中华人民共和国标准化法实施条例

　　国务院 53 号令

中华人民共和国民用爆炸物品管理条例

　　国发（1984）5 号

化学危险物品安全管理条例

　　国发（1987）14 号

化学危险物品安全管理条例实施细则

　　化劳发（1992）677 号

工作场所安全使用化学危险品管理规定

　　劳动部 423 号文

化学危险物品经营许可证管理办法

　　国家经贸委 36 号令

危险化学品安全管理条例

　　国务院第 344 号令

危险化学品登记管理办法

　　国家经贸委 35 号令

危险化学品包装物、容器定点生产管理办法

　　国家经贸委 37 号令

使用有毒物品作业场所劳动保护条例

　　国务院 352 号令

建设项目环境保护管理条例

　　国务院 235 号令

关于有效控制城市扬尘污染的通知

　　环保总局、建设部环发（2001）56 号

城市排水许可管理办法

　　建设部建城（1994）330 号文

中华人民共和国大气污染防治法实施细则

　　国家环保局 5 号令

中华人民共和国水污染防治法实施细则

　　国务院 284 号令

关于实施《污水综合排放标准》国家标准的通知

　　97.4.15 国家环保局

环境标准管理办法

　　99.4.1 国家环保总局

环境保护行政处罚办法

　　99.7.8 国家环保总局

关于建筑施工夜间作业噪声污染防治监督管理问题的复函

98.2.18 国家环保局

关于征收建筑灌浆废水超标排污费问题的复函

三、地方法规、规章

上海市建筑市场管理条例

　　市人大 73 号公告

上海市建设工程材料管理条例

　　市人大十一届十四次会议通过

上海市排水管理条例

　　市人大 10 届常委会 321 次会议发布，11 届常委会 301 次会议修正

上海市消防管理条例

　　市人大 24 号公告

上海市建设工程施工现场安全标准化管理标准

　　年市建管办 242 号文

关于颁发《上海市建设工程施工现场安全标准化管理检查评分标准》通知

　　沪建安监（97）063 号

上海市建设工程文明施工安全管理暂行规定

　　94.5.24 市政府

关于本市建设工程实行围档封闭施工若干事宜的通知

　　沪建管（95）第 249 号

关于加强建筑装潢工程文明施工管理的通知

　　沪建建（99）第 0309 号

关于加强上海城市道路、地下管线工程文明施工管理的通知

　　沪建建（98）第 0929 号

上海市建设工程实行预拌（商品）混凝土浇捣的规定

　　沪建建（97）第 0193 号

关于在本市建设工程使用预拌（商品）砂浆的通知

　　市建委（2002）656 号文

上海市建设工程工地卫生管理若干规定（试行）

　　市建委 674 号文

关于建设工地卫生检查实行统一评分标准的公告

　　沪建管（95）155 号

上海市城市道路与地下管线施工管理暂行办法

　　沪府发（1998）44 号

上海市城市道路与地下管线施工管理暂行办法实施细则

　　88.12 市建委

上海市城市道路与地下管线施工管理暂行办法的补充规定

　　89.7.27 市政府

上海市建筑工程施工现场消防安全管理规定

　　市公安局、建委 399 号文

上海市市容环境卫生管理条例

    市人大十一届三十三次会议通过 56 号公告

关于本市范围内采用钻孔灌注桩工艺的桩基工程全面实行硬地坪施工法的通知

    沪建建 (97) 第 0157 号

上海市排污收费和罚款管理办法

    市府 54 号令修正

上海市固定源噪声污染控制管理办法

    市府 53 号令修正

关于加强本市建筑垃圾和工程渣土处置管理的公告

    95.9.28 市府发布

上海市建设工地施工扬尘控制若干规定

    沪建建 [2003] 504 号

四、标准、规范

生活饮用水卫生标准 (GB 5749—1985)

公共场所卫生标准 (GB 9663～9673—1996，GB 16153—1996)

公共场所卫生监测技术规范 (GB/T 17220—1998)

人防工程平时使用环境卫生标准 (GB/T 17216—1998)

建筑施工场界噪声限值 (GB 12523—1990)

建筑施工场界噪声测量方法 (GB12524—1990)

工业企业设计卫生标准 (GBZ 1—2002)

城市区域环境噪声标准 (GB 3096—1993)

土壤环境质量标准 (GB 15618—1995)

环境空气质量标准 (GB 3095—1996)

地表水环境质量标准 (GHZB 1—1999)

机动车辆允许噪声 (GB 1495—1979)

工作场所有害因素职业接触限值 (GBZ 2—2002)

工业企业场界噪声标准 (GB 12348—1990)

地面水环境质量标准 (GB 3838—88)

污水综合排放标准 (GB 8978—1996)

大气污染物综合排放标准 (GB 16297—1996)

环境保护图形标志 排放口 (源) (GB 15562.1—1995)

环境保护图形标志 固体废物贮存 (处置) 场 (GB15562.2—1995)

室内装饰装修材料溶剂型木器涂料中有害物质限量 (GB 18581—2001)

室内装饰表修材料内墙涂料中有害物质限量 (GB18582—2001)

室内装饰装修材料胶粘剂中有害物质限量 (GB18583—2001)

上海市污水综合排放标准 (DB31/199—1997)

污水排入合流管道的水质标准 (DBJ08—904—98)

上海市轻型汽车排气污染物排放标准 (DB31/29—98)

施工现场安全生产保证计划（示例）

安 1—2

编号：＿＿＿＿＿＿＿

安全生产保证计划

主　　编：

日　　期：　　年　月　日

版 本 号：第　　版

修改状态：

＿＿＿＿＿＿＿＿＿＿＿＿＿＿＿＿＿＿＿＿＿＿＿＿＿＿＿＿＿＿＿＿＿＿项目经理部

发布日期：　　年　月　日　　　　实施日期：　　年　月　日

01 目　录

安全生产保证计划审批表

建设单位：_____ 监理单位：_____ 编制人：_____

设计单位：_____ 施工单位：_____ 编制日期：_____

项目部审核	审核意见： 项目部： 　该安全生产保证计划按照上海市工程建设规范 DGJ08—903—2003《施工现场安全生产保证体系规范》进行编制，请予审批。 　　　　　　　　　　　　　　　　　　　　　年　月　日 　　　　　　　　　　　　　　　　　　　　　项目经理： 　　　　　　　　　　　　　　　　　　　　　　　年　月　日
公司审核确认	技术负责人：　　　　　审核意见： 公司有关科（部）室： 　　　　　　　　　　　　　　　　　　　　年　　月　　日
备注	

02 发布令

为贯彻"安全第一、预防为主"的方针，提高本工程项目部安全管理水平，更好地遵守国家、地方以及公司有关安全生产的法令、法规、规章要求，依据上海市《施工现场安全生产保证体系》规范，结合我项目部的实际情况，编制本工程《安全生产保证计划》（第A版）。该计划是指导本工程施工现场安全生产管理标准化、规范化的纲领性文件，同时也为审核认证提供依据，现予以发布，项目部全体员工及本工程项目合作的分包商们，必须严格遵照执行。本计划从　　年　　月　　日起开始实施。

　　　　　　　　　　　　　　　　　　_____工程

　　　　　　　　　　　　　　　　　　　　项目经理：

　　　　　　　　　　　　　　　　　　　　年 月 日

03　项目管理部承诺

项目管理部根据公司的安全方针和环境方针的指导下本项目部对业主和社会的承诺：

我们在生产建设施工过程中，根据危险源辨识的各类危险和客观存在的粉尘、污水、噪声等不利环境因素，在生产的全过程中贯彻安全第一，以人为本全面实施控制。尽可能地减少或预防不利的环境影响。

预防为主、加强宣传、全面策划、合理防范、改进工艺。保证安全资源的落实，保证安全管理目标实现，为企业争取最佳经济效益。

严格遵守国家和地方政府部门颁布的有关安全管理、环境管理法律、法规、规范和标准。

　　　　　　　　　　　　　　　　　　　　项目经理：

　　　　　　　　　　　　　　　　　　　　年 月 日

1. 工程概况：

简　　介：

机械设备：

脚 手 架：

2. 危险源与不利环境因素

（1）工程特点、难点分析；

（2）重大危险源与一般危险源的识别、评价、控制清单；

(3) 重大不利环境因素与一般不利环境因素的识别、评价、控制清单。

3. 适用的安全法律、法规、标准和规范的识别、配备控制清单。

1. 工 程 概 况

工程名称			工程地址				
邮政编码		所属区、县		所属街道			
建设单位		负责人		电话			
监理单位		负责人		资质等级		电话	
总承包单位		负责人		资质等级		电话	
施工单位		负责人		资质等级		电话	
施工单位		负责人		资质等级		电话	
施工单位		负责人		资质等级		电话	
施工单位		负责人		资质等级		电话	
施工单位		负责人		资质等级		电话	
建筑面积或工作量 （万元）		层次	地上		结构		
			地下				
工程总造价							
开工日期				计划竣工日期			
受监登记日期			受监安监站		电话		

2. 引 用 标 准

本安保计划书的编制条文是根据 DGJ 08—903—2003 所包含的条文。通过对本工程的安保计划书的引用而构成的安保计划书的条文，在安保计划书发布时所示版本均为有效，在本工程安保体系运行一个阶段后自行组织安全评估时，所有条文都可能会被修订。

3. 施工现场安全生产保证体系要求

3.1 总 要 求

本公司×××项目建立和实施安全生产保证体系，旨在通过体系所提供的结构化和系统化的运行机制，基于策划(P)实施(D)检查(C)改进(A)构成的动态循环过程，能够有效地自我控制在建项目施工活动中可能对安全、环境有负影响的各种危害和环境因素，使本项目结构实现和系统地控制自身设立的安全绩效水准，从而达到持续改进的最终目的。

安全保证体系与环境管理体系之间的关系。

安全保证体系在运行时涉及环境活动及过程中，本保证体系将侧重于安全管理。由于环境因素导致安全管理的内容，本安保计划书描述对某些环境因素实施控制。

3.2 策 划

3.2.1 安全目标

1. 企业安全方针：

"安全责任、重于泰山"

内涵：安全生产责任制是安全管理工作的核心，早在20世纪50年代国务院即提出建立安全生产责任制的规定，之后又提出了安全生产责任"横向到边、纵向到底"的要求，并明确"项目经理是项目安全生产"第一责任人，对安全生产负全面的领导责任，要求对从事与安全有关的管理、执行和检查人员，都明确其具体职责、权限和相互关系，以使所有有关人员能够按照其规定的职责、权限开展工作和及时有效地采取纠正和预防措施，以消除事故隐患和防止事故的发生。故"安全责任、重于泰山"。

2. 安全目标

（1）目的：制定安全管理目标，对全体员工及分包单位进行动员，使全体人员理解并付诸实施。

（2）职责：项目经理组织安全管理目标制定、发布、评估和改进。

（3）安全管理目标：

1）年事故负伤频率控制在 0.6‰~1‰以内；

2）重大伤亡事故为零；

3）杜绝火灾、设备、管线、食物中毒等重大事故；

4）没有业主、社会相关方和员工的重大投诉；

5）施工现场安全检查达到 JGJ 59—99 合格以上标准；

6）安保体系通过 DGJ 08—903—2003 规范的审核认证，创优目标项目部可自定；

7）粉尘、污水、噪声达到城市管理要求；

8）创建上海市文明工地（区文明工地）。

（4）本工程的重点部位：

1）××××；

2）××××；

3）××××；

4）××××。

3.2.2 危险源与不利环境因素识别、评价和控制策划

1. 目的：

本项目部就识别在施工过程中存在的危险源和重要环境因素，并依此制定目标及管理方案，从而有效地控制事故和污染。

2. 职责：

（1）项目经理组织项目部全体管理人员识别各领域中的危险源和环境因素。

（2）安全员负责将危险源汇总得出重点部位控制定位及排列重要环境因素。

3. 程序概念：

（1）危险源和重要环境因素辨别。

1）项目经理组织所有管理人员（分包单位）以施工过程中的所有活动（正常的、周

期性和临时性的；紧急情况下的活动；进入施工现场所有人员的活动；施工现场所有的物料、设施、设备）进行危险源分析和重要环境因素的分析。

2）危险源和重要环境因素识别从以下各方面考虑：

a. 依据存在时态分过去、现在、将来三种；

b. 依据存在状态分正常、异常和紧急三种；

c. 依据类型分为深基坑开挖与支护（市政沟槽开挖）、脚手架搭拆、模板支架搭拆、大型机械装拆及作业（机具设备）、结构施工、地下工程作业（非开挖技术及办公场所）、交通运输等八类。

（2）风险评价、重要环境因素评价和控制：

对辨识出的危险源和重要环境因素应逐一作出风险评价；

a. 项目部组织人员对辨识出的危险源按"风险评价标准"（见附表）（环境因素分 A、B、C 三类，A 类列重要环境因素）填写（风险评价表）确定风险级别和重要控制部位。

b. 项目部安排人员进行核定评价，对违反法律、法规及过去五年中曾发生过的重大事故的类别均评为二级以上（含二级）的风险，列入《重要风险汇总表》中。对评为三级且经评定诊断是主要的也要列入《重要风险汇总表》；

c. 对以下情况，需要时对《重要风险汇总表》、《重要风险因素表》予以更新。

（a）法律、法规有变化涉及时；

（b）设备、设施新增主改造时；

（c）安全检查中发现问题时；

（d）施工方案改变时和相关方要求时；

（e）自然灾害等无法预计事故发生时。

d. 重要部位控制及主要因素变更后，应重新制定或修订相关管理方案及作业指导予以控制。

4. 记录

3.2.3 适用法律法规、标准和其他要求

1. 目的：

本节规定了安全法律、法规、标准规范和其他要求的识别、获取及相关的管理内容。

2. 职责：

项目副经理组织有关人员对适用本项目的相关安全法律、法规、标准规范进行收集、识别。

安全员负责将其识别出的有关法律、法规列出清单、登记和保存。

3. 程序：

（1）收集范围：

·国家有关的安全法律；

·国务院发出的有关安全规定；

·建设部颁布的有关安全的规范及标准；

·上海市有关的安全规定和要求及通知。

（2）获取途径：

·上级来文；

·标准出版机构；

·专业杂志发布的信息；

·其他有关的政府主管部门。

（3）获取方法：

·通过电话、信函、传真渠道联系及时地了解安全法律、法规的新动向；

·购买及订阅有关安全专业报刊；

（4）安全法律、法规、标准规范和其他要求的识别与评价；

1）当获取了有关安全法律法规标准、规范后，项目副经理组织项目部有关人员对法律、法规、标准、规范进行识别、评价；

2）安全员根据识别评价列出选用的法律、法规、标准规范清单；

3）安全员将识别的文件，按照公司文件管理要求进行受恐标识。

4．记录

3.2.4 施工现场安全生产保证体系

1．总则：

为安全生产保证体系有效运行，应建立和维护文件化安全生产保证体系，描述其相应要素及其相互作用的以及与相关文件的关系。

2．安全生产保证体系文件（安保计划）

（1）安全生产保证体系结构

1）安全生产保证体系计划（安保计划），为第一层次程序起纲领性作用；

2）法律、法规、规范、标准文件，为第二层次程序起指导和支持性作用；

3）作业指导书，管理规定及安全记录，为第三层次程序起证实行作用。

（2）作业指导书、管理规定、安全记录

1）作业指导书

施工组织设计、专项施工方案、专项安全技术措施，本公司的各种工种操作规程均为作业指导书。

2）管理规定：

公司对项目管理部制定各项管理制度和规定。

3）安全记录

DGJ 08—903—2003 规范规定的记录全部表式。

3.3 实 施

3.3.1 组织机构与职责权限

1．总则：

项目管理部制定并执行安全生产保证体系计划，以明确安全生产保证体系组织机构以及体系中各职能部门的安全职责，以确保安全生产保证体系正常，保证安全管理目标和承诺的实现。

（1）安全管理组织

确定安全生产保证体系第一责任人：项目经理

确定安全生产领导小组成员：

组长：

副组长：

组员：

领导小组的作用：

1）拟定落实安全管理目标，制定安全生产保证计划，根据保证计划的要求，落实资源的配置；

2）负责安保体系实施过程中的运行实施监督、检查；

3）对安体系运行过程中，出现不符合要素的要求，施工中出现的隐患，制定纠正和预防措施，并对上述措施进行复查。

（2）安全管理网络图

安全管理网络图

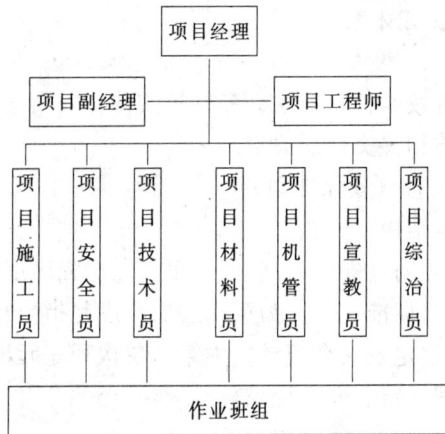

（3）×××项目部管理部职能分配表

序号	安全保证 体系要素	项目 经理	项目 副经理	项目 工程师	项目部管理人员				
					施工员	技术员	材料员	安全员	综治员
3.2.1	安全目标								
3.2.2	危险环境辨识								
3.2.3	法律法规								
3.2.4	保证体系								
3.3.1	组织								
3.3.2	教育培训								
3.3.3	文件控制								
3.3.4	采购及验收								
3.3.5	分包控制								
3.3.6	施工过程控制								
3.3.7	应急救援								
3.4.1	安全检查								
3.4.2	纠正和预防措施								
3.4.3	内部审核								
3.4.4	安全评估								
3.4.5	安全记录								

☆主管领导　　○主管部门　　△相关部门

236

2. 职责与权限：

A. 项目经理：

1. 对承包项目工程生产经营过程中的安全生产负全面领导责任；

2. 贯彻落实安全生产方针、政策、法规和各项规章制度，结合项目工程特点及施工全过程的情况，建立项目部的安全生产保证体系，确立安全管理目标，组织安全策划及编制安全生产保证计划，或提出要求，并监督其实施；

3. 在组织项目工程业务承包，聘用业务人员时，必须本着安全工作只能加强的原则，根据工程特点确定安全工作的管理体制和人员，并明确各业务承包人的安全管理目标责任和考核指标，支持、指导安全管理人员的工作；

4. 健全和完善用工管理手续，严格用工制度与管理，适时组织上岗安全教育，要对分包队伍的健康与安全负责，加强劳动保护工作；

5. 组织落实施工组织设计和安全生产保证计划中安全技术措施，组织并监督项目工程施工中安全技术交底制度和设备、设施验收制度的实施；

6. 领导、组织施工现场定期的安全生产检查，发现施工生产中不安全问题，组织制定措施，及时解决。对上级提出的安全生产与管理方面的问题，要定时、定人、定措施予以解决；

7. 适时组织对工程项目部的安全生产保证体系进行安全评估，并组织人员落实安全评估中提出的改进要求和措施；

8. 主持参与安全生产保证体系的内审，积极配合外审认证机构的审核工作；

9. 定期召开项目部安全生产领导小组会议，布置落实安全生产保证计划控制措施，加强员工的安全培训教育；

10. 发生事故，要做好现场保护与抢救工作，及时上报，组织配合事故的调查，认真落实制定的防范措施，吸取事故教训。

B. 项目副经理：

1. 根据项目安全生产保证计划组织有关管理人员制定针对性的安全技术措施，并参与交底，同时经常监督检查；

2. 落实施工组织计划中的各项安全技术措施，协调安全保证体系运行中的重大问题，组织召开安全生产工作会议。认真执行安全生产规章制度，定期组织项目管理人员进行各项安全规章制度学习，杜绝违章指挥现象；

3. 负责安全物资采购计划的审核及批准，指导、监督材料、设备部的采购工作，确保从合格供应商处进行采购，保证所购置安全物资符合安全使用的标准要求；

4. 组织现场有关人员依据合同内容向分包方进行施工交底；安排专人对分包方施工过程的安全生产、文明施工进行全程监控。对各分包单位制定例会制度，建立会议纪要。做好各项记录和原始资料的收集整理；

5. 组织对安全设施、机械设备的验收。理顺和协调总包与分包、工种与工种间在施工中的相互配合关系；从技术和管理上采取措施，使施工过程中的安全生产、文明施工始终处于受控状态；

6. 经常组织参与对工程项目进行定期和不定期的安全检查。对施工安全状况进行持续的整改和完善。将检查验证的状态进行记录和标识，防止安全设施、设备的非预期使用留下事故隐患；

7. 对存在隐患的安全设施、安全防护用品及时组织整改，落实纠正和预防措施，必要时组织有关人员对其进行复查验证；当确定险情排除并采取可靠措施后方可恢复施工；

8. 组织对全体职工安全知识和遵章守纪的教育，提高职工自我保护和防范事故的能力。做好施工全过程的安全检查、控制、检验、标识、隐患控制、职工培训教育等安全管理记录；

9. 处理一般工伤事故，并协助处理重大工伤、机械事故。处理事故时遵循"四不放过"原则，并采取有效整改措施，防止类似事故重复发生。

C. 项目工程师：

1. 对项目工程生产经营中的安全生产负技术责任；

2. 贯彻、落实安全生产方针、政策，严格执行安全技术规程、规范、标准。结合项目工程特点，主持工程项目的安全策划、评价识别、确定危险源和不利环境因素，制定安全保证计划；

3. 参加或组织编制施工组织设计，编制、审查专项施工方案时，应制定、审查针对性的安全技术措施，保证其可行与针对性，并随时检查、监督、落实及主持工程项目的安全技术交底；

4. 主持制定技术措施计划和季节性施工方案的同时，制定相应的安全技术措施监督执行。及时解决执行中出现的问题；

5. 项目工程应用新材料、新技术、新工艺，要及时上报，经批准后方可实施，同时要组织上岗人员的安全技术培训、教育。认真执行相应的安全技术措施与安全操作工艺、要求，预防施工中因化学物品引起的火灾、中毒或其新工艺实施中可能造成的事故；

6. 主持安全防护设施和设备的验收。发现设备、设施的不正常情况应及时采取措施。严格控制不合格要求的防护设备、设施投入使用；

7. 参加安全生产检查，对施工中存在的不安全因素，从技术方面提出整改意见和办法予以消除；

8. 参加、配合因工伤亡及重大未遂事故的调查，从技术上分析事故原因，提出防范措施、意见。

D. 项目施工员（工长）：

1. 认真执行上级有关安全生产规定，对所管辖的工程项目和班组（特别是分包队）的安全生产负直接领导责任；

2. 在项目经理的领导下，参与对编制项目安全生产保证计划的策划，按照安保计划要求，合理组织安排施工任务，并对施工现场安全生产过程进行控制。对施工现场重点危险源的预防监控措施必须落实到位，有权拒绝不符合安全操作的施工任务，并及时向项目经理反映；

3. 认真执行安全技术措施及安全技术措施及安全操作规程，针对生产任务特点，向班组（包括分包队）进行书面安全技术交底，履行签字手续，并对规程、措施、交底要求执行情况经常检查，随时纠正作业违章；

4. 经常检查所辖班组（包括分包队）作业环境及各种设备、设施的安全状况，发现问题及时纠正解决。对重点、特殊部位施工，必须检查作业人员及各种设备设施技术状况是否符合安全要求；

5. 组织对安全设施及机械设备的检查验收工作，合格后方可使用，严禁随意拆除；

6. 对安全部门或上级提出的事故隐患整改要求，按照技术人员制定的纠正预防措施，及时整改或停工整改，待复查合格后方可复工；

7. 定期和不定期组织所辖班组（包括分包队）学习安全操作规程，开展安全教育活动，接受安全部门或人员的安全监督检查，及时解决提出的不安全问题；

8. 对分管工程项目应用的新材料、新工艺、新技术严格执行申报、审批制度，发现问题，及时停止使用，并上报有关部门或领导；

9. 发生因工伤亡及未遂事故要保护现场，立即上报。

E. 项目安全员：

1. 积极参与策划与编制施工现场安全生产保证计划；

2. 严格执行安保计划中支持性文件、法规、条例及强制性规范的要求。积极配合项目经理加强对工人安全操作规程的教育及安全技术交底工作，严格施工全过程的安全控制，并做好安全记录；

3. 加强对重点部位危险源的安全监督、控制、确保安保计划中各项安全技术措施落到实处；

4. 配合技术、施工管理人员组织对安全设施的验收、检查、维护、保养；

5. 深入施工现场，掌握安全动态，对人、机物、环境及自然的不安全行为和不安全动态，及时采取纠正预防措施；

6. 参与各有关部门组织的安全检查，如实汇报本项目的安全状况，发现隐患及时采取纠正措施，并监督落实。发现重大隐患，有权停工。待整改复查合格后复工；

7. 负责一般事故的调查、分析，提出处理意见，协助处理重大工伤机械事故，并遵循"四不放过"的原则，执行和落实纠正预防措施，杜绝类似事故的发生；

8. 针对安保计划实施过程中发现的问题，及时向项目经理、项目工程师反映，对安保计划进行修订、再版。同时，配合做好安保体系的内审、外审工作。

F. 项目技术员：

1. 认真学习贯彻执行上级有关安全生产的法律、法规以及有关安全生产的强制性规范；

2. 参与并编制施工现场安全生产保证计划，根据施工现场的特点与要求制订各项方案；

3. 根据施工现场特点与施工需要及时编制各重点部位危险源的专项施工组织设计报项目工程师经总工批准后实施；

4. 制订各分部分项工程的安全技术交底内容，向项目生产负责人、施工员、安全员、作业班组长交底；

5. 针对特殊施工工艺，负责编制安全技术操作规程；

6. 参与项目的安全检查，发现事故隐患及时制订纠正预防措施，并报项目经理审核后实施，并复查实施效果；

7. 参与对安全物资的进场的验收。同时参加对施工现场的基坑支护、脚手架搭设、施工用电、中小型机械、模板支撑，洞口临边防护等的验收工作；

8.对安保计划在实施过程中发现的问题，及时提出调整修改的意见，并配合做好内、外审工作。

G.项目材料员：

1.按照项目安全生产保证计划要求，组织各种安全物资的供应工作；

2.对供应商进行分析，建立合格供应商名录；

3.负责对合格供应商供应的安全物资的验收取证工作，并做好验收状态标识，储藏保管好安全防护用品（具）；

4.负责对进场材料按现场平面布置图堆放，达到文明施工要求；

5.对现场使用的脚手架材料、马凳、吊钩、安全网等安全设施应验收合格入库，并定期检查和试验，对不合格和破损者，要及时进行更新替换，做好记录；

6.对重点部位、危险物品（包括易燃易爆物品）进行重点保管，执行有关危险品运输、储存、发放等规定，做好防火工作。

H.项目机管员：

1.认真执行有关安全生产的规定要求，对现场的机、电、起重设备、受压容器及自制机械设备的安全运行负责；

2.按照安全技术规范对机械组织好使用前的验收与日常保养维修工作；

3.对设备的租赁，要建立安全管理制度，确保租赁设备完好、安全可靠；

4.对新购进的机械、受压容器及大修、维修、外借回现场后的设备必须严格检查和把关，新购进的要有出厂合格证及完整的技术资料，使用前制定安全操作规程，组织专业技术培训，向有关人员交底，并进行鉴定验收；

5.参加施工组织设计、安保计划的编制，提出涉及安全的具体意见，同时负责督促班组落实，保证实施；

6.对特种作业及中小型机操人员定期培训、考核；

7.参加因工伤亡及重大未遂事故的调查，从事故设备方面，认真分析事故原因，提出处理意见，制定防范措施。

I.项目宣教员：

1.配合项目经理抓好现场的安全宣传、培训教育工作；制定项目安全培训教育计划；

2.主管对职工的安全三级、进场技能、操作规程、变换工程，经常性的安全教育；

3.负责开展多样化的安全教育，结合形势的需要，定期用黑板报、标语、宣传画等形式开展安全宣传工作；

4.负责对进场的劳务人员进行安全规章、文明施工制度的教育。

J.项目综治员：

1.做好施工现场动用明火和宿舍的防火安全工作；

2.对食堂的用电、用气进行安全管理；

3.负责工地及项目管理临时办公室的安全保卫工作，特别是财务室、资料室、电脑室等场所；

4.组织务工人员进行培训考核发证工作；

5.对施工过程中劳务人员的进出场进行记录，做好动态管理；

6.对执行安全生产奖惩条例后的奖金发放和罚款收入进行监督检查；

7. 检查、确认项目部特殊作业人员持证情况，确保持有效证件上岗；

8. 做好施工现场的消防安全工作，特别对电焊、气割作业进行检查、监督，对不安全因素、事故隐患及时纠正，并报告项目经理；

9. 做好现场保卫工作，现场上有闲杂人员的出现，及时核对、清理，做到不发生意外事故。

3.3.2 安全教育培训

1. 目的：

通过对项目部管理人员及全体施工人员进行培训，提高全体施工人员的安全管理意识，保护自己及不伤害他人的技能，共同实现项目部提出的安全管理目标及承诺。

2. 职责：

(1) 项目副经理负责制定本项目的安全教育培训计划；

(2) 安全员负责制定施工作业人员中特殊作业人员的培训计划；

(3) 技术员、施工员负责编制分部分项工作的安全技术交底材料。

3. 程序概要：

(1) 培训目的

通过培训应确保有关人员：

1) 尊章守纪，服从管理，执行施工现场安全生产保证体系规定的重要性；

2) 本职工作中存在实际的或潜在危害及重大的环境影响，以及违章作业可能造成自己或对他人的不良影响和后果。

(2) 培训对象

1) 新工人、普通工人、特种作业人员；

2) 一般管理人员、技术人员、项目部各级领导；

3) 特种作业人员以及管理人员资质培训均由专门机构负责培训。

(3) 培训内容

1) 安全管理、环境管理基础知识；

2) 施工管理人员的安全专业知识；

3) 施工现场安全规章、文明施工制度；

4) 特定环境中的安全技能及注意事项；

5) 监护和监测技能；

6) 对潜在的事故隐患或发生紧急情况时如何采取防范及自我解救措施。

(4) 其他有关教育的规定

1) 节假日前后、上岗前、事故后、工作环境改变时，应进行针对性的安全教育；（分管人员：   ）

2) 负责对分包队伍进行安全教育及平时安全教育；（分管人员：   ）

3) 新进职工必须经过三级安全教育和建立劳动保护教育卡才能上岗；（分管人员：   ）

4) 做好培训教育记录。

4. 记录。

3.3.3 文件控制

1．目的

本项目应对安全生产保证体系有关的文件和资料进行控制，确保各有关作业场所使用有效版本的文件，防止使用失效或作废文件。

2．职责

（1）项目副经理是文件控制的主要领导；

（2）项目经理办公室是文件管理的主要部门，负责登记、传阅及分发；

（3）项目安全员是收集文件并汇编的责任人员。

3．程序概要

（1）不得文件和资料的分类

1）安全保证体系手册，作业指导书，安全记录；

2）法律、法规、规范；

3）技术文件、标准、施工组织设计、专项施组、各项施工方案；

4）其他管理文件、合同、协议、管理规章制度。

（2）文件和资料的受控、非受控、标识及有效版本。

1）受控

受控文件，经过受控标识，在项目部执行的文件，均属受控文件。

2）非受控

非受控文件，不需本项目部执行的文件，均属非受控文件。

3）标识

凡文件都需标识，加盖受控章，非受控文件不加盖受控章，作废文件在左上角加盖"作废"以示标识。

（3）所有文件均须字迹清楚，注明日期（包括修订日期），标识明确，妥善保管，以便查找，并在规定期内留存。

（4）文件的批准

1）安全标准体系手册由项目经理批准后，报公司各部门审批后，由公司副总经理或管理者代表批准后发布。

2）施工组织设计，由公司总工程师审批。

（5）文件的销毁

本项目无权销毁任何资料和文件。

（6）文件的归档及保管

涉及工程类的有关资料竣工后，办理归档手续，有关部门安全记录竣工后保存壹年。

4．记录。

3.3.4 安全物资采购与进场验收

1．目的

为了保证施工现场安全管理目标的实现，加强对源头控制，使施工现场采购的各类安全防护用品，安全设施符合要求。

2．职责

（1）项目副经理是本要素的主要责任人，负责采购要料计划的审批；

（2）材设员负责编制安全防护用品采购计划（分包单位）报项目部；

（3）安全员配合验收。

3．程序概要

项目部或项目部上一级采购的安全防护设施及用品必须按公司颁布的合格供应商名录优先采购，离开名录的要对供应商进行评价，报公司主管部门批准。

（1）供应商评价条件

a．生产技术、生产管理和质量保证能力；

b．营业执照、生产许可证；

c．进沪许可证；

d．市场信誉和履约能力。

（2）进场验收

1）自行（公司或上一级）采购验收

a．对照规格、型号、数量；

b．目测外观；

c．检查质量保证书，合格证及检验报告；

d．查核供应商是否在合格供应商名录中。

2）租赁设备材料机械验收

a．按合同或协议签订的规格、型号、等级；

b．质量保证书，合格证或检验报告、复印件；

c．目测外观。

3）调拨进场验收

a．调拨单复印件；

b．质保书、合格证或检验报告复印件；

c．必要时抽样送检。

4）分包方自带或自购材料的验收

a．项目部安全员、材料员（机管员）会同分包方安全员、材料员（机管员）进行共同验收；

b．分包方必须提供质量保证书、合格证或检验报告。

5）对进场的物资验证后进行标识，防止误用。

4．记录

3.3.5 分包控制

1．目的

为了保证在生产过程的安全管理活动正常，对选用劳务和分包单位实施控制和管理，保证安全保证体系运行正常。

2．职责

（1）项目副经理是本要素的主要负责人

（2）综合办是本要素的主要负责人（分管分包）

3．程序概要

（1）分包队伍的选择应在公司颁布的合格分包方名录中优先挑选，由于专业需要在名录外挑选，要对分包单位进行评价，报公司主管部门批准录用。

评价条件：

a．营业执照、企业资质、进沪许可证；

b．分包方的业绩；

c．分包方人员的技术、质量、安全管理能力；

d．承担本项目的生产能力。

（2）分包合同

1）同分包方签订分包合同的原则，各项条款必须符合工程承包合同的规定。

2）签定分包合同的同时签订安全生产、文明施工、消防治安、廉正等协议。

3）在合同中明确分包方进场人员的资质要求。

4）在合同中明确分包方所提供具备的设备要求。

（3）项目部对分报管理规定。

1）确认分包方进场管理人员和作业人员的资格和有关证件。

2）对分包进场的物资、工具设施、设备进行验收。

3）对分包方编制的专项施组和方案（包括安全技术措施）进行确认。

4）项目经理对分包进行进场安全总交底，双方签字。

5）施工员（技术员）负责分部分项安全技术教育，安全员负责安全操作规程教育，综合办负责文明施工教育。

（4）对分包单位做好合同履约过程中的监督、管理和业绩考评。

4．记录。

3.3.6 施工过程控制

1．目的

根据施工现场安全生产保证体系策划的结果和安排，确保与所识别的危险源与不利环境因素有关的活动、人员、设施、设备在施工过程中处于受控状态，以便从根本上控制和减少安全风险和不利环境影响。

2．职责

（1）项目经理是本要素的第一责任人，负责安全保证体系运行过程控制。

（2）项目工程师（技术负责人）负责编制专项施工方案、安全措施和重点部位（重大环境因素）控制方案及程序。

（3）项目工程师负责分部、分项安全技术交底。

（4）施工员负责安全作业指导书交底。

（5）安全员负责安全操作规程的培训教育。

（6）综合办负责消防及文明施工交底。

（7）项目副经理负责动火审批。

3．程序概要

（1）管理要求

项目管理部遇过制订施工组织设计，专项安全技术、安全施工方案并执行公司的各项管理制度和安全作业指导书，对重点部位和重要环境因素有关的运动活动制定相应的控制程序和措施，并进行有效管理。

（2）重点部位管理

1）项目部根据危险源辨识和环境因素识别所列入的重点部位和重要环境因素的管理。

2）编制专项安全技术方案和环境管理方案。

3）对作业人员和监护人员进行交底并形成记录。

（3）环境运行管理

a．制定文明施工措施和实施计划，保持场容场貌和生活设施文明卫生。

b．各类管线保护：

· 有方案，交底；

· 同管线单位签定协议；

· 有管线单位专人到现场实施监护；

c．消防管理；

· 重点防火部位配置规定数量和适用的灭火器材；

· 定期组织检查；

· 参加公司组织的消防演习，成立义务消防队；

· 动火按规定申报程序报批，派人监护及配置消防器材。

d．施工控制

· 施工废水控制；

· 施工粉尘控制；

· 施工噪声控制；

· 废物控制、电焊条头收集、废油处置及油漆空罐的收集；

· 危险化学品管理；

· 危险仓库的管理；

· 防汛防台及该时间的周边下水道的通畅。

（4）管理内容

运行控制严格执行国家、地方和公司制定的各项管理条例、规定、制度及作业指导书。规范安全管理及重要环境因素相关活动及过程。本项目部组织操作者通过培训、学习、理解和掌握程序，工作方法，确保运行符合要求。

1）监护人员持证上岗（该证由公司统一培训发证）

2）监护人员要记录当时现场的实际情况

如吊装：进场的吊车型号、吨位、年检证明和准用证、驾驶员复印件、现场的环境（场地是否平整、临近有否高压线）、钢索和吊钩是否良好、限位及指挥人员作业环境、第一吊试吊情况等……。

（5）常规情况

本项目部必须严格地按照国家有关的法律、法规、规范和标准的要求，对项目管理和生产活动全过程中，可能导致事故和环境灾害发生的常规管理活动制定程序化的规定，以有效地控制安全事故和削减施工活动中产生的环境因素，同时确保施工活动符合国家及地方的安全、环境管理要求。

（6）安全运行管理

a．总包对分包进行进场安全总交底（责任人　　　　）

b. 防护设施及安全防护用品进场、按采购管理要求执行

c. 核实项目部管理人员及作业人员的资格能力鉴定，按规定对所有的员工进行教育，按建设部《建筑企业职工安全培训教育暂行规定》（建教〔1997〕83号）规定，安排项目部有关人员及特殊工种培训，根据职责分配组织各项安全交底，按规定提供作业人员必须的劳动防护用品（责任人　　　）

d. 对进场的物资、小型设备组织专人进行验收、标识（责任人　　　）

e. 对现场搭设设施及大型机具设备装拆及使用组织专人进行验收标识（责任人　　　）

脚手架、模板支架搭拆及使用，需有方案、交底、监护、书面资料（责任人　　　）

井架、人货两用梯、塔吊、龙门吊安装后必须经上海市建筑机械检测中心检测后，出具检验合格证，方可使用（责任人　　　）

大型移动吊车必须具有年检证书方可使用（责任人　　　）

f. 各种防护设施投入使用前必须组织验收（责任人　　　）

4. 记录。

3.3.7　事故的应急救援

1. 目的

本程序规定了项目部的生产活动过程中可能发生的各类紧急事故的应急救援方法及程序、以明确各类事故在发生后所应及时采取的对策及措施，控制和缓减事故所可能产生的影响。

2. 职责

（1）项目副经理负责制定工伤应急救援预案，本工程消防应急预案，防汛防台应急预案。

（2）相关人员配合应急预案实施

3. 程序概要

（1）确定应急事故的类型

1）确定应急事故的原则为：

a. 异常运行条件下，可能会产生危害作业人员（相关人员）生命及环境影响；

b. 紧急情况下，可能导致产生较大范围的人员生命及环境影响。

2）项目生活活动可能涉及的潜在事故或紧急状况，主要有以下类型：

a. 由于管理及违章引起的安全事故；

b. 由于偶然、突发、意外引起的安全事故；

c. 不可抗拒的引起安全和环境污染事故；

d. 潜在的火灾事故；

e. 由于施工引起的各类管线事故。

（2）应急救援预案及措施

1）应急救援预案内容：

a. 应急措施及职责；

b. 首先抢救伤员及国家财产，保护现场；

c. 根据受伤部位送专科医院，火灾立即报告消防，水灾立即通知有关部门；

d. 根据灾情制定组织人员疏散预案。

2）应急措施

根据施工现场实际情况可定期不定期演习预案，定期检查施工先茶馆内设施、机具及消防器材。

3）事故发生后或演习后，对应急救援预案的实际效果进行评价，必要时进行修订。

4．预案

上海市工伤事故急救特色医院清单

医疗专长	医院名称	地 址	电 话
骨 科	瑞金医院	瑞金二路 197 号	
	金山医院	金一路 91 金山医院	
	纺一医院	江宁路 1291 号	
	长征医院	凤阳路 415 号	
断肢再植	市六医院	宜山路 600 号	
	中山医院	枫林路 180 号	
	杨浦区中心医院	腾越路 450 号	
伤 科	市中医院	芷江中路 274 号	
	瑞金医院卢湾分院	重庆南路 149 号	
手外科	华山医院	乌鲁木齐中路 12 号	
	市一医院	武进路 85 号	
脑外科	长征医院	凤阳路 415 号	
	华山医院	乌鲁木齐中路 12 号	
心内外科	仁济医院	山东中路 145 号	
	胸科医院	淮海西路 241 号	
	纺一医院	江宁路 1291 号	
烧伤外科	瑞金医院	瑞金二路 197 号	
	金山医院	金一路 91 号	
	长海医院	长海路 174 号	
电击抢救	上海电力医院	延安西路 937 号	
一氧化碳中毒急救	市五医院	闵行鹤庆路 801 号	
眼 科	市眼科中心防治所	常德路 225 号	
	眼耳鼻喉科医院	汾阳路 83 号	
	宝钢医院	漠河路 50 号	
其 他	上海医疗救护中心	宜山路 638 号	

3.4 检 查 和 改 进

3.4.1 安全检查

1．目的

项目部建立安全检查制度，对施工现场的安全状况和业绩进行日常的例行检查，以掌握施工现场安全生产活动和结果的信息，是保证安全管理目标实现重要手段。

2．职责

（1）项目经理是安全检查的组织人，负责制定本项目安全检查规定。

（2）安全员是本要素的责任人，配合项目经理、组织定期和不定期的安全检查。

3．程序概要

（1）安全检查制度内容：

1）明确本项目的检查范围和检查类型；

2）明确定期的时间概念；

3）明确有哪些人参加检查及负责人；

4）明确检查内容，明确检查标准和记录方法；

5）明确检查和检验的分类；

6）做好检查和验收后的标识；

7）规定色标和管理和使用。

（2）安全检查内容：

1）项目安全目标的实现程序；

2）安全检查落实情况；

3）遵守适用法律法规、规范标准和其他要求的情况；

4）生产活动是否符合施工现场安全生产保证体系文件的规定；

5）重点部位和重大环境因素监控、措施、方案、人员、记录的落实；

6）安全检查，对人的意识和行为、物的不安全状态及符合安全标准进行分析，发现不符合规定和存在隐患的设施、设备制定措施进行纠正处置，并跟踪复查。

4．记录。

3.4.2 纠正措施和预防措施

1．目的

本要素规定政府、上级机构、社会相关方的投诉、监理和内部发现各种不合格项采取纠正及预防措施的原则。

2．职责

（1）项目经理负责内部审核，出现的不合格组织纠正；

（2）项目工程师负责生产过程中各类不合格组织纠正；

（3）施工员（技术员）负责编制纠正措施（方案）；

（4）安全员监控纠正措施落实过程，记录纠正措施的有效性。

3．程序概要

（1）不合格的种类：

1）违反施工现场安全生产保证体系规范的条款；

2）违反国家法律法规、规范标准和其他要求；

3）与本企业的管理规章制度要求不符合。

（2）发现不合格的途径：

1）来自于政府监督机构的检查；

2）来自于上级及监理的检查；

3）社会相关方的投诉；

4）定期检查和不定期检查（项目自身）；

5）外部审核；

6）内部审核；

7）安全评估。

（3）不合格程度

1）严重不合格：

a. 体系运行出现系统性失效。例如某一要素、某一关键过程重复出现失效现象，即多次重复发生，而又未能采取有效的纠正措施加以纠正，因而形成系统失效的不符合现象；

b. 体系运行出现的区域性失效，一级要素较大失控；

c. 体系运行后造成了严重安全和环境危害的恶劣影响。

2）一般不合格

对满足安全生产保证体系和环境要求而言，是个别的、偶然的、孤立的、性质轻微的问题。

（4）不合格的处理、分类

• 一般不合格处理

• 一般事故和重大事故隐患的处理

• 内审不合格

• 外审不合格

1）一般不合格处理：

在安全检查中发现的不合格则由对口管理人员同班组或分包单位制定纠正措施报工程项目部，由项目工程师组织评价审批。

2）当一般事故和重大事故发生后：

a. 抢救伤员及国家财产；

b. 保护现场；

c. 按报告程序报告主管领导和上级主管部门；

d. 项目工程师组织有关人员对事故发生的原因进行调查分析，提出纠正建议；

e. 由有关人员建议编制纠正措施报工程项目部；

f. 项目工程师组织有关领导和邀请有关专家对纠正措施进行评价；

g. 安全员监控纠正措施的落实，记录纠正措施的实施过程；

h. 项目经理组织有关人员对施工现场进行检查，防止同类事故再发生。

3）内审不合格（按外审要求实施）

4）外审不合格

a. 项目经理组织有关人员对不合格报告对照文件进行对照，是程序问题还是管理问题；

b. 由责任人员编制纠正措施，由项目经理评价及审批；

c. 安全员监控纠正措施落实，记录纠正措施实施过程。

4. 记录

3.4.3 内部审核

1. 目的

本项目进行安全生产保证体系内部审核是执行上级企业的安全管理方针及本项目的安全管理目标提供依据。

2. 职责

（1）项目经理组织有关人员整理汇编有关资料，迎接内审并做好协调工作。

（2）相关人员各自做好安全生产保证体系各要素所需资料，交安全员或资料员。

（3）安全员（资料员）负责收集汇编装订成册。

3. 程序概要

（1）安全保证体系的内审

内审在工程项目基础阶段完成或占总进度的 25％左右，申报第一次内审（以后按审核要求展开例行和特殊审核）。

（2）审核人员

审核人员必须有一定的专业知识，经过培训持证，需公司任命，审核人员与被审领域无直接责任关系。

（3）审核准备

1）项目经理在安全生产保证体系运行一个阶段后，组织人员进行安全评估。

2）审核计划

a. 审核目的

b. 审核人员

c. 审核依据

d. 审核日期

e. 审核人员的要素分配

3）审核实施

a. 首次会议

b. 审核检查

c. 收集证据

d. 审核观察结果

e. 末次会议

宣读审核综述，判定安全生产保证体系是否符合 DGJ 08—903—2003 规范，施工现场是否得到了正确的实施和保持，发现多少个不合格问题。

f. 审核报告

出具不合格报告得到纠正后，由原出具人进行封闭后，内审组长拟写审核报告，报公司批准后，发至项目部，审核报告内容：

• 安全生产保证体系文件是否符合 DGJ 08—903—2003 规范

• 现场使用的法律法规清单符合情况

• 职能设置同职责条款是否合理，特殊工种和施工人员是否符合要求

• 施工现场安全设施，施工机具等是否符合要求并得到控制；

• 发现的不合格报告，纠正措施是否有效

• 评价安全保证体系的运行是否有效、适宜、适合

• 同意外审

g. 审核报告发至项目部

4. 记录。

3.4.4　安全评估

1. 目的

项目部对主要施工阶段的安全生产保证体系的有效性、适宜性、适合性进行评估，确保后一阶段的施工能顺利完成各项安全管理目标。

2. 职责

（1）项目经理在安全生产保证体系文件颁布后，安全生产保证体系运行一段时间项目经理组织项目部全体管理人员和班组长进行安全评估。

（2）相关人员提供相应的资料

3. 程序概要

（1）会议程序

1）项目经理是会议主持人

2）出席人员签名

（2）安全评估内容

1）安全管理目标实施情况

2）重点部位和重要环境因素控制情况

3）安全生产保证体系文件的符合性

4）要素分配同职责权限设置中是否明确合理，作业人员的遵章守纪情况

5）进入施工现场的各类施工机具及安全防范设施的搭设是否满足标准

6）对安全生产保证体系运行的有效性、适宜性和合适性进行评价

4. 记录。

3.4.5　安全记录

1. 目的

本项目通过对安全管理和重要环境因素控制的标识、收集、编目、查阅、归档、储存、保管和处理的控制。为安全生产保证体系运行提供客观证据。

2. 职责

（1）项目工程师是本要素的领导人负责监督、检查

（2）相关人员各自做好安好保证体系运行记录

（3）安全员（资料员）负责做好本人记录外，做好记录的收集和汇编工作

3. 程序概要

（1）安全记录的分类

1）分类：

a. 安全生产保证体系运行产生的记录；

b. 施工过程中产生的各类记录；

c. 其它与安全生产保证体系工作相关记录。

2）形式

以四本台账为主，记录可以是任何媒介形式，如硬件或电子媒体。

（2）安全记录的管理

项目部产生和收集的安全记录进行管理：

a. 当天所产生的记录由产生的部门和个人自行保管管理；

b. 由于执行相关法律法规而产生的各种记录，如申报资料、验收资料、各类营业执照、许可证由相关人员负责收集、整理、保管；

c. 安全保证体系运行中产生的各种记录由安全员负责收集、整理、保管。

（3）安全记录的标识

项目部的安全记录标识由项目工程师统一标识。

（4）安全记录的要求

填写人员对记录应填写完整、清晰、保管应便于存取和检查，保管应符合要求。

（5）安全记录收集

安全员（资料员）相隔一段时间后，负责收集、整理、汇编四本台账。

（6）安全记录编目立卷

每本台账都必须编目，台账中查阅时有明显标识便于翻阅，四本台账要设立台账目录，立卷必须符合要求，能满足地方和行业的检查。

（7）安全记录处理

安全记录在竣工后由工程项目部保存一年，处理按文件管理要求执行。

附录 4

施工现场安全生产交底文本（示例）

目　　录

一、挖 土 工 程

1. 挖土前根据安全技术交底了解地下管线，人防及其他构筑物情况和具体位置，地下构筑物外露时，必须进行加固保护。作业工程中应避开管线和构筑物。在现场电力、通信电缆 2m 范围内和现场燃气、热力、给排水等管道 1m 范围内挖土时，必须在主管单位人员监护下采取人工开挖。

2. 开挖槽、坑、沟深度超过 1.5m，必须根据土质和深度情况按安全技术交底放坡或加可靠支撑，遇边坡不稳、有坍塌危险征兆时，必须立即撤离现场。并及时报告施工负责人，采取安全可靠排险措施后，方可继续挖土。

3. 槽、坑、沟必须设置人员上下坡道或安全梯。严禁攀登固壁支撑上下，或直接从沟、坑边壁上挖洞攀登爬上或跳下。间歇时，不得在槽、坑坡脚下休息。

4. 挖土过程中遇有古墓、地下管道、电缆或其他不能辨认的异物和液体、气体时应立即停止作业，并报告负责人，待查明处理后，再继续挖土。

5. 槽、坑、沟边 1m 以内不得推土、堆料停放机具。堆土高度不得超过 1.5m。槽、坑、沟与建筑物、构筑物的距离不得小于 1.5m。开挖深度超过 2m 时，必须在周边设两道牢固护身栏杆，并张挂密目式安全网。

6. 人工挖土、前后操作人员横向间距离不应小于 2~3m，纵向间距不得小于 3m。严禁掏洞挖土，搜底挖槽。

7. 每日或雨后必须检查土壁及支撑稳定情况，在确保安全的情况下继续工作，并且不得将土和其他物件堆在支撑上，不得在支撑上行走或站立。混凝土支撑梁底板上沾粘物必须及时清除。

8. 机械挖土，启动前应检查离合器、液压系统及各绞接部分等，经空车试运转正常后再开始作业，机械操作中进铲不应过深，提升不应过猛，作业中不得碰撞支撑。

9. 机械不得在输电线路和线路一侧工作，不论在任何情况下，机械的任何部位与架空输电线路的最近距离应符合安全操作规程要求（根据现场进输电线路的电压等级定）。

10. 机械应停在坚实的地基上，如基础过差，应采取走道板等加固措施，不得将挖土机履带与挖空的基坑平行 2m 停、驶。运土汽车不宜靠近基坑平行行驶，防止坍方翻车。

11. 配合挖土机的清坡、清底工人，不准在机械回转半径下工作。

12. 向汽车上卸土应在车子停稳定后进行，禁止铲斗从汽车驾驶室上越过。

13. 场内道路应及时整修，确保车辆安全畅通，各种车辆应有专人负责指挥引导。

14. 车辆进出门口的人行道下，如有地下管线（道）必须铺设厚钢板，或浇筑混凝土加固。车辆出大门口前，应将轮胎冲洗干净，不污染道路。

15. 在开挖杯基坑时，必须设有确实可行的排水措施，以免基坑积水，影响坑土结构。

16. 基坑开挖前，必须摸清基坑下的管线排列和地质开采资料，以利考虑开挖过程中的意外应急措施（流砂等特殊情况）。

17．清坡清底人员必须根据设计标高作好清底工作，不得超挖。如果超挖不得将松土回填，以免影响基础的质量。

18．开挖出的土方，要严格按照组织设计堆放，不得堆于基坑外侧，以免引起地面堆载超荷引起土体位移、板桩位移或支撑破坏。

19．开挖土方必须有挖土令。

20．补充交底内容：

二、回 填 土 工 程

1．装载机作业范围不得有人平土。

2．打夯机工作前，应检查电源线是否有缺陷和漏电，机械运转是否正常，机械是否装置漏电开关保护，二级漏电保护要求按"一机、一闸、一漏、一箱"，安全使用，机械不准带病运转，操作人员应带绝缘手套，并有专人负责电源线的移动。

3．基坑（槽）的支撑，应按回填的速度，按施工组织设计及时要求依次拆除，即填土时应从深到浅分层进行，填好一层拆除一层，不能事先将支撑拆掉。

4．补充交底内容：

三、模板安装与拆除工程

1．进入施工现场人员必须戴好安全帽，高空作业人员必须佩带安全带，并做到高挂低用及系牢固。

2．经医生检查认为不适宜高空作业的人员，不得进行高空作业。

3．模板安装应遵守下列规定：

（1）作业前应认真检查模板、支撑等构件是否符合要求，钢模板有无锈蚀或变形，木模板及支撑材质是否合格。

（2）地面上的支模场地必须平整夯实，并同时排除现场的不安全因素。

（3）工作前应先检查使用的工具是否牢固，扳手等工具必须用绳练系挂在身上，钉子必须放在工具袋内，以免掉落伤人。工作时要思想集中，防止钉子扎脚和空中滑落。

（4）安装与拆除 2m 以上的模板，应搭脚手架，并设防栏杆，防止上下在同一垂直面操作。支设高度在 3m 以上的模板，四周应设斜撑，并应设立操作平台。如柱模在 6m 以上，应将几个柱模连成整体。

（5）操作人员登高必须走人行梯道，严禁利用模板支撑攀登上下，不得在墙顶、独立梁及其他高处狭窄而无防护的模板面上行走。

（6）二人抬运模板时要互相配合，协同工作。传递模板，工具应用运输工具或绳子系牢后升降，不得乱抛。组合钢模板装拆时，上下应有人接应。钢模板及配件应随装拆随运送，严禁从高处掷下，高空拆模时，应有专人指挥及监护。并在下面标出工作区，用红白旗加以围栏，暂停人员过往。

（7）不得在脚手架上堆放大批模板等材料。

（8）支撑、牵杠等不得搭在门窗框和脚手架上。通路中间的斜撑、拉杆等应设在1.8m高以上。模板安装过程中，不得间歇、柱头、搭头、立柱顶撑、拉杆等必须安装牢固成整体后，作业人员才允许离开。

（9）模板上有预留洞者，应在安装后将洞口盖好。

（10）基础及地下工程模板安装，必须检查基坑土壁边坡的稳定状况，基坑上口边沿1m以内不得堆放模板及材料。向槽（坑）内运送模板构件时，严禁抛掷。使用溜槽或起重机械运送，下方操作人员必须远离危险区域。

（11）高空、复杂结构模板的安装与拆除，事先应有切实的安全措施。

（12）遇六级以上的大风时，应暂停室外的高空作业，雪霜雨后应先清扫施工现场，略干不滑时再进行工作。

4．模板拆除应遵守下列规定：

（1）模板必须满足拆模时所需混凝土强度的试压报告，并提出申请，经工程技术领导同意，不得因拆模而影响工程质量。

（2）拆模的顺序和方法。应按照后支先拆、先支后拆的顺序；先拆非承重模板，后拆承重的模板及支撑；在拆除小钢模板支撑的顶板模板时，严禁将支柱全部拆除后，一次性拉拽拆除。已拆活动的模板，必须一次连续拆除完，方可停歇，严禁留下不安全隐患。

（3）拆模作业时，必须设警戒区，严禁下方有人进入。拆模作业人员必须站在平稳牢固可靠的地方，保持自身平衡，不得猛撬，以防失稳坠落。

（4）严禁用吊车直接吊除没有撬松动的模板，吊运大型整体模板时必须拴结牢固，且吊点平衡，吊装、运大钢模时必须用卡环连接，就位后必须拉接牢固方可卸除吊环。

（5）拆除电梯井及大型孔洞模板时，下层必须支搭安全网等可靠防坠落措施。

（6）拆除模板一般用长撬棒，人不许站在正在拆除的模板上，在拆除楼板模板时，要注意模板掉下，尤其是用定型模板做平台模板时，更要注意，拆模人员要站在门窗洞口外拉支撑，防止模板突然全部掉落伤人。

（7）在组合钢模板上架设的电线和使用电动工具，应用36V安全电压或采取其他有效的安全的措施。

（8）装、拆模板时禁止使用50mm×100mm木材、钢模板作立人板。

（9）高空作业要搭设脚手架或操作台，上、下要使用梯子，不许站立在墙上工作，不准在大梁底模上行走。操作人员严禁穿硬底鞋及有跟鞋作业。

（10）装拆模板时，作业人员要站立在安全地点进行操作，防止上下在同一垂直面工作；操作人员要主动避让吊物，增强自我保护和相互保护的安全意识。

（11）拆摸必须一次拆清，不得留下无撑模板。拆下的模板要及时清理，堆放整齐。混凝土土板上的预留孔，应在施工组织设计时就作好技术交底（预设钢筋网架），以免操作人员从孔中坠落。

5．封柱子模板时，不准从顶部往下套。

6．禁止使用50mm×100mm木料作顶撑。

7．补充交底内容：

四、滑升模板工程 (一)

1. 滑模平台在提升前应对全部设备装置进行检查，调试妥善后方可使用，重点放在检查平台的装配、节点，电气及液压系统。

2. 平台内，外吊脚手架使用前，应一律安装好轻质牢固的小眼安全网，并将安全网从外吊脚手底部包到靠紧筒壁的吊脚手里栏杆上，经验收合格后方可使用。

3. 为了防止高空物体坠落伤人，筒身内底部，一般在 2.5m 高处搭设双层保护棚，双层间距不小于 600mm，并在上部宜铺一层 6～8mm 钢板防护，或 5cm 厚木板。

4. 避雷设备应有接地线装置，平台上振动器、电机等应接地或接零。

5. 通讯设备除电铃和信号灯外，还应配备对讲通讯器材。

6. 滑升模板在施工前，技术部门必须做好确实可行的施工方案及流移示意，操作人员必须严格遵照执行。

7. 滑模在提升时，应统一指挥，并有专人负责测量千斤顶，平台应保持水平，升高时出现不正常情况时，应立即停止滑升，再找出原因，并制定相应措施后方准继续滑升。

8. 补充交底内容：

滑升模板工程 (二)

1. 滑模施工设计时，必须注意施工过程中结构的稳定和安全。

2. 滑模施工工程操作人员的上下，应设置可靠楼梯或在建筑物内及时安装楼梯。

3. 采用降模法施工现浇楼板时，各吊点应加设保险钢丝绳。

4. 滑模施工中，应严格按施工组织设计要求分散堆载，平台不得超载且不应该出现不均匀堆载的现象。

5. 施工人员必须服从统一指挥，不得擅自操作液压设备和机械设备。

6. 滑模施工场地应有足够的照明，操作平台上的照明采用 36V 安全电压。

7. 凡患有高血压、心脏病及医生认为不适于高空作业者，不得参加高空滑模施工。

8. 补充交底内容：

五、大模板堆放、安装、拆除工程

1. 平模存放时应满足地区条件要求的自稳角，两块大模板应采取板面对板面的存放方法，长期存放模板，宜将模板换成整体。大模板存放在施工楼层上，必须有可靠的防倾倒措施，不得沿外墙围边放置，并垂直于外墙存放。

没有支撑或自稳角不足的大模板，要存放在专用的堆放架上，或者平堆放，不得靠在其他模板或物件上，严防下脚滑移倾倒。

2. 模板起吊前，应检查吊装用绳索、卡具及每块模板上的吊环是否完整有效，并应先拆除一切临时支撑，经检查无误后方可起吊。模板起吊前，应将吊车的位置调整适当，做到稳起稳落，就位准确，禁止用人力搬动模板，严防模板大幅度摆动或碰到其他模板。

3. 筒模可用拖车整体运输，也可拆成平模用拖车水平叠放运输，垫木必须上下对齐，绑扎牢固，用拖车运输，车上严禁坐人。

4. 在大模板拆装区域周围，应设置围栏，并挂明显的标志牌，禁止非作业人员入内。组装平模时，应及时用卡具或花篮螺丝将相邻模板连接好，防止倾倒。

5. 全现浇结构安装作模板时，必须将悬挑担固定，位置调整准确后，方可摘钩，外模安装后，要立即穿好销杆，紧固螺栓。安装外模板的操作人员必须挂好安全带。

6. 在模板组装或拆除时，指挥、拆除和挂钩人员，必须站在安全可靠的地方方可操作，严禁人员随大模板起吊。

7. 大模板必须有操作平台、上下梯道，走道和防护栏杆等附属设施，如有损坏，应及时修理。

8. 拆模起吊前，应复查穿墙销杆是否拆净，在确无遗漏且模板与墙体完全脱离后方可起吊，拆除外墙模板时，应先挂好吊钩，紧绳索，再行拆除销杆和担。吊钩应垂直模板，不得斜吊，以防碰撞相邻模板和墙体，摘钩时手不离钩，带吊钩吊起超过头部方可松手，超过障碍物以上的允许高度，才能行走或转臂。模板就位和拆除时，必须设置缆风绳，以利模板吊装过程中的稳定性。在大风情况下，根据安全规定，不得作高空运输，以免在拆除过程中发生模板间与其他障碍物之间的碰撞。

9. 模板安装就位后，要采取防止触电的保护措施，要设专人将大模板串连起来，并同避雷网接通，防止漏电伤人。

10. 大模板拆除后，应及时清除模板上的残余混凝土，并涂刷脱板模剂，在清扫和涂刷脱离剂时，模板要临时固定好，板面相对停放的模板之间，应留出 50～60cm 宽人行道，模板上方要用拉杆固定。

11. 补充交底内容：

六、大模外墙板存放、安装工程

1. 预制外墙板运到现场后，要将起重卡环卡紧后，方可拆开墙板与平板车的连接件，以避免卸车时因平板车停放不平而发生墙板倾倒事故。

2. 墙板应竖直插放与墙板固定架内，严禁依靠其他物体存放墙板，固定架下脚应有可靠的连接固定措施，插放墙板时先将板两侧卡好，再摘掉卡环，固定架高度不小于墙板高度的四分之三。要经常检查固定架的稳定情况，发现问题及时加固，插板架上面应搭设宽度不小于50cm的走道和上下扶梯道，以利操作。

3. 墙板就位前，必须根据设计标高作好照平，然后根据墙板平面布置就位，就位后应用花篮卡具卡在横墙板上，预留钢筋要同预埋铁件焊牢，方可摘掉吊环卡具。

4. 补充交底内容：

七、钢 筋 工 程

1. 一般规定:

1.1 作业前必须检查机械设备、作业环境、照明设施等,并试运行符合安全要求。作业人员必须经安全培训考试合格,上岗作业。

1.2 脚手架上不得集中堆放钢筋,应随使用随运送。

1.3 操作人员必须熟悉钢筋机械的构造性能和用途。并应按照清洁、调整、紧固、防腐、润滑的要求,维修保养机械。

1.4 机械运行中停电时,应立即切断电源。收工时应按顺序停机,拉闸,锁好电箱门,清理作业场所。电路故障必须由专业电工排除,严禁非电工接、拆修电气设备。

1.5 操作人员作业时必须扎紧袖口,理好衣角,扣好衣扣,严禁戴手套。

1.6 电动机械转动齿轮、皮带盘等高速运转部分,必须安装防护罩或防护板。

1.7 电动机械的电箱必须按规定安装漏电保护器的专用开关箱。

1.8 工作完毕后,应用工具将铁屑、钢筋头清除,严禁用手擦抹或嘴吹。切好的钢材,半成品必须按规格堆放整齐。

2. 钢筋断料、配料、弯料等工作应在地面进行,不准在高空操作。

3. 搬运钢筋要注意附近有无障碍物、架空电线和其他临时电气设备,防止钢筋在回转时碰撞电线或发生触电事故。

4. 钢筋绑扎安装:

(1) 在高处(2m或2m以上),深基坑绑扎钢筋和安装钢筋骨架,必须搭设脚手架或操作平台,临边应搭设防护栏杆。

(2) 绑扎立柱和墙体钢筋时,不得站在钢筋内架上或攀登骨架上下。

(3) 绑扎在建施工工程的圈梁、挑梁、挑檐、外墙和边柱等钢筋时,应站在脚手架或操作平台上作业,无脚手架必须搭设水平安全网。悬空大梁钢筋的绑扎,必须站在满铺脚手板或操作平台上操作。

(4) 绑扎基础钢筋,应设钢筋支架或马凳。深基础或夜间应使用低压照明灯具。

(5) 钢筋骨架安装,下方严禁站人,必须待骨架降落至楼、地面1m以内方准靠近,就位支撑好,方可摘钩。

5. 起吊钢筋时,规格必须统一,不准长短参差不一,细长钢筋不准一点吊。

6. 绑扎和安装钢筋,不得将工具、箍筋或短钢筋随意放在脚手架或模板上。

7. 在雷雨时或必须停止露天操作,预防雷击钢筋伤人。

8. 钢筋骨架不论其固定与否,不得在上行走,禁止从柱子上的钢箍上下。

9. 补充交底内容:

八、钢筋冷拉工程

1．根据冷拉钢筋的直径选择卷扬机。卷扬机出绳应经封闭式导向滑轮和被拉钢筋方向成直角。卷扬机的位置必须使操作人员能见到全部冷拉场地，距冷拉中线不得少于5m。

2．冷拉场地两端地锚以外应设置警戒区，装设防护挡板及警告标志，严禁非生产人员在冷拉线两端停留，跨越或触动冷拉钢筋。操作人员作业时必须离开冷拉钢筋2m以外。

3．作业前应检查冷拉夹具夹齿是否完好，滑轮、拖拉小跑车应润滑灵活，拉钩，地锚及防护装置应齐全牢靠。确认后方可操作。

4．每班冷拉完毕，必须将钢筋整理平直，不得相互乱压和单头挑头，未拉盘筋的引头应盘住，机具拉力部分均应放松。

5．导向滑轮不得使用开口滑轮。维修或停机，必须切断电源，锁好电箱门。

6．补充交底内容：

九、钢筋机械操作

1．使用钢筋调直机应遵守以下规定：

（1）调直机安装必须平稳，料架料槽应平直，对准导向筒、调直筒和下刀切孔的中心线。电机必须设可靠接零保护和漏电保护装置。

（2）按调直钢筋的直径，选用调直块及速度。调直短于2m或直径大于9mm的钢筋应低速进行。

（3）在调直块未固定，防护罩未盖好前不得穿入钢筋。作业中严禁打开防护罩及调整间隙。严禁戴手套操作。

（4）喂料前应将不直的料头切去，导向筒前应装一根1m长的钢管，钢筋必须先通过钢管再送入调直机前端的导孔内。当钢筋穿入后，手与压辊必须保持一定距离。

（5）机械上不准搁置工具、物件、避免振动落入机体。

（6）圆盘钢筋放入圈架上要平稳，乱丝或钢筋脱架时，必须停机处理。

（7）已调直的钢筋，必须按规格、根数分成小捆，散乱钢筋应随时清理堆放整齐。

2．使用钢筋切断机应遵守以下规定：

（1）操作前必须检查切断机刀口，确定安装正确，刀片无裂纹，刀架螺栓紧固，防护罩牢靠，然后手扳动皮带轮检查齿轮啮合间隙，调整刀刃间隙，空运转正常后再进行操作。

（2）钢筋切断应在调直后进行，断料时要握紧钢筋。多根钢筋一次切断时，总截面积应在规定范围内。

（3）切断钢筋，手与刀口的距离不得少于15cm。断短料手握端小于40cm时，应用套管或夹具将钢筋短头压住或夹住，严禁用手直接送料。

（4）机械运转中严禁用手直接清除刀口附近的断头和杂物。在钢筋摆动范围内和刀口附近，非操作人员不得停留。

（5）发现机械运转异常、刀片歪斜等，应立即停机检修。

3. 使用钢筋弯曲机应遵守以下规定：

（1）工作台和弯曲工作盘台应保持水平，操作前应检查芯轴、成型轴、挡铁轴、可变挡架有无裂纹或损坏防护罩、板牢固、待空运转正常后，方可作业。

（2）操作时要熟悉定向开关控制工作盘旋转的方向，钢筋放置要和挡架、工作盘旋转方向相配合，不得反放。

（3）改变工作盘旋转方向时必须在停机后进行，即从正转—停—反转，不得直接从正转—反转或从反转—正转。

（4）弯曲机运转中严禁更换芯轴、成型轴和变换角度及调速，严禁在运转时加油或清扫。

（5）弯曲钢筋时，严禁超过该机对钢筋直径、根数及机械转速的规定。

（6）严禁在弯曲钢筋的作业半径内和机身不设固定销的一侧站人。弯曲好的钢筋应堆放整齐，弯钩不得朝上。

4. 使用对焊机应遵守下列规定：

（1）对焊机应有可靠的接零保护和漏电保护装置，多台对焊机并列安装时，间距不得小于3m，并应接在不同的相线上，有各自的控制开关。

（2）作业前应进行检查，对焊机的压力机构应灵活，夹具必须牢固，气、液压系统应无泄漏，正常后方可施焊。

（3）焊接前应根据所焊钢筋截面，调整二次电压，不得焊接超过对焊机规定直径的钢筋。

（4）应定期磨光短路器上的接触点、电极、定期紧固二次电路全部连接螺栓，冷却水温度不得超过40℃。

（5）焊接较长钢筋时应设置托架，焊接时必须防止火花烫伤其他人员。在现场焊接竖向柱钢筋时，焊接后应确保焊接牢固后再松开卡具，进行下道工序。

5. 使用点焊机应遵守下列规定：

（1）作业前，必须清除上、下两电极的油污。通电后，检查机体外壳应无漏油。

（2）启动前，应首先接通控制线路的转向开关调整极数，然后接通水源、气源、最后接通电源。电极、触头应保持光洁，漏电应立即更换。

（3）作业时气路、水冷系统应畅通。气体保持干燥，排水温度不得超过40℃。

（4）严禁加大引燃电路中的熔断器。当负载过小使引燃管内不能发生电弧时，不得闭合控制箱的引燃电路。

（5）控制箱如长期停用，每月应通电加热30min，如更换闸流管亦要预热30min，正常工作的控制箱的预热时间不得少于5min。

6. 补充交底内容：

十、预应力钢筋张拉工程

1. 一般要求:

(1) 必须经过专门培训,掌握预应力张拉的安全技术知识并经考试合格后方可上岗。

(2) 必须按照检测机构检验、编号的配套组使用张拉机具。

(3) 张拉作业区域应设明显警示牌,非作业人员不得进入作业区。

(4) 张拉时必须服从统一指挥,严格按照安全技术交底要求读表。油压不得超过安全技术交底规定值。发现油压异常等情况,必须立即停机。

(5) 高压油泵操作人员应戴护目镜。

(6) 作业前应检查高压油泵与千斤顶之间的连接件,连接件必须完好、紧固,确认安全后方可作业。

(7) 钢筋张拉时,严禁敲击钢筋、调整施力装置。

2. 先张法:

(1) 张拉后座两端必须设置防护墙,沿台座外侧纵向每隔 2~3m 设一个防护架。张拉时,台座两端严禁有人,任何人不得进入张拉区域。

(2) 油泵必须放在台座的侧面,操作人员必须站在油泵的侧面。

(3) 敲紧夹具时,作业人员应站在横梁的上面或侧面,击打夹具中心。

3. 后张法:

(1) 作业前必须在张拉端设置 5cm 厚的防护木板。

(2) 操作千斤顶和测量伸长值的人员应站在千斤顶侧件操作。千斤顶顶力作用线方向不得有人。

(3) 张拉力时千斤顶行程不得超过安全技术交底的规定值。

(4) 两端分段张拉时,作业人员应明确联系信号,协调配合。

(5) 高处张拉时,作业人员应在牢固、有防护栏的平台上作业,上下平台必须走安全通道。

(6) 张拉完成后应及时灌浆、封锚。

(7) 孔道灌浆作业,喷嘴插入孔道口,喷嘴后面的胶皮垫圈必须紧压在孔口上,胶皮管与灰浆泵必须连接牢固。

(8) 堵灌浆孔时应站在孔的上面。

4. 补充交底内容:

十一、混 凝 土 工 程

1. 材料运输:

(1) 搬运袋装水泥时,必须逐层从上层往下阶梯式搬运,严禁从下抽拿。存放水泥时，必须压磋堆放，并不得堆放过高（一般不超过 10 袋为宜），水泥袋堆放不得靠近墙壁。

（2）使用手推车运料，向搅拌机料斗内倒砂石时，应设挡掩，不得撒把倒料；运送混凝土时，装运混凝土量应低于车厢 5～10cm。不得抢跑，空车应让重车；并及时清扫遗撒落地材料，保持现场环境整洁。

（3）垂直运输使用井架、龙门架、外用电梯运送混凝土时，车把不得超出吊盘（笼）以外，用塔吊运送混凝土时，劳动车必须焊有牢固吊环，吊点不得少于 4 个，并保持车身平衡；使用专用吊斗时吊环应牢固可靠，吊索具应符合起重机械安全规程要求。

（4）用塔机吊运料斗浇捣混凝土时，起重指挥、扶斗人员与塔吊驾驶员应密切配合，当塔吊放下料斗时，操作人员应主动避开，应随时注意料斗碰头，并站立稳当，防止料斗碰人坠落。

2. 混凝土浇灌

（1）浇灌混凝土使用的溜槽节间必须连接牢靠，操作部位应设护身栏杆，不得直接站在溜放槽帮上操作。

（2）离地面 2m 以上浇捣过梁、雨篷、小平台等，不准站在搭头上操作，如无可靠的安全设施时，必须戴好安全带，并扣好保险钩。

（3）浇灌弓形结构，应自两边拱脚对称同时进行；浇灌圈梁、雨篷、阳台应设置安全防护设施。

（4）使用输送泵输送混凝土时，应由 2 人以上人员牵引布料杆。管道接头、安全阀、管架等必须安装牢固，输送前试送，检修时必须卸压。

（5）预应力灌浆应严格按照规定压力进行，输浆管道应畅通，阀门接头应严密牢固。

（6）混凝土振捣器使用前必须经电工检验确认合格后方可使用。移动开关箱内必须装设漏电保护器，插座插头应完好无损，电源线不得破皮漏电；操作者必须穿绝缘鞋（胶鞋），戴绝缘手套。

（7）夜间施工时，应有足够的照明，并经二级漏电保护。灯具应架空或用固定支架，离地不低于 2.4m。

3. 混凝土养护

（1）使用覆盖物养护混凝土时，预留孔洞必须按规定设牢固盖板或围栏，并设安全标志。

（2）使用电热法养护应设警示牌、围栏、无关人员不得进入养护区域。

（3）用软管浇水养护时，应将水管接头连接牢固，移动皮管不得猛拽，不得倒行拉移皮管。

（4）蒸汽养护、操作和冬季施工测温人员，不得在混凝土养护坑（池）边沿站立和行走。应注意脚下孔洞与磕绊物等。

（5）覆盖物养护材料使用完毕后，必须及时清理并存放到指定地点，堆放整齐。

4. 补充交底内容：

十二、水磨石地面工程

1. 在室内推运输小车时，特别是在过道拐弯时要注意车把挤手。人推小车不准倒退。

2. 夜间作业要有足够的照明必须使用 36V 以下安全电压。灯具应架空或用支架固定离地不低于 2.4m。不得随便移动临时照明。

3. 使用磨石子机，应戴绝缘手套、穿胶鞋，电源须经过二级漏电保护并用橡皮套电缆线，不准有接头。三角磨石必须安装牢固并有防护罩，经试运转正常后方可操作，不得在运转时进行保养、维修。

4. 现制水磨石地面及墙裙作业时，清扫地面的垃圾杂物，严禁由窗口、阳台等处往外抛扔。

5. 水磨石的磨石水不得直接排入下水道污染水源，必须经沉淀后排出或回收利用。

6. 擦草酸时要戴胶皮手套。

7. 磨石机上方不准站人或堆物。

8. 补充交底内容：

十三、砌 筑 工 程

1. 在操作之前必须检查操作环境是否符合安全要求，道路是否畅通，机具是否完好，安全设施和防护用品是否齐全，经检查符合要求后才可施工。

2. 砌筑深度 1.5m 基础时，应检查和经常注意基坑土质变化情况，有无崩裂现象，堆放砖块材料应离开坑边 1m 以上，当深基坑装设挡板支撑时，操作人员应设梯子上下，不得攀跳，运料不得碰撞支撑，也不得踩踏砌体和支撑上下。送料、砂浆要设有溜槽，严禁向下猛倒和抛掷物料和工具等。

3. 墙身砌体高度超过地坪 1.2m 以上时，应搭设脚手架，脚手未经交接验收不得使用。验收使用后不准随便拆改。

4. 在架子上斩砖，操作人员必须面向里，把砖头斩在架子上。挂线用的坠物必须绑扎牢固。作业环境中的碎料、落地灰、杂物、工具集中下运，做到日产日清、自产自清、工完料净场地清。

5. 脚手架上堆放料量不得超过规定荷载（均布荷载每 1m² 不得超过 3kN，集中荷载不超过 1.5kN）。

6. 不准站在墙顶上做划线、刮缝和清扫墙面或检查大角垂直等工作。

7. 不准用不稳固的工具或物体在脚手板面垫高操作，更不准在未经过加固的情况下，在一层脚手架上随意再叠加一层，脚手板不允许有探头现象，不准用 50mm×100mm 木料或钢模板作立人板。

8. 采用里脚手架砌墙时，不准站在墙上清扫墙面和检查大角垂直等作业。不准在刚砌好的墙上行走。

9. 在同一垂直面上上下交叉作业前，必须设置安全隔离层。

10. 用起重机吊运砖时，当采用砖笼往楼板上放砖时，要均匀分布，并必须预先在楼板底下加设支柱及横木承载。砖笼严禁直接吊放在脚手架上。垂直运输的吊笼、绳索具等，必须满足负荷要求，牢固无损，吊运时不得超载，并须经常检查，发现问题及时修理。

11. 用起重机吊砖应用砖笼，吊砂浆的料斗不能装的过满，吊物回转范围内不得有人停留。

12. 砖料运输车辆两车前后距离平道上不小于 2m，坡道上不小于 10m，装砖时要先取高处后取低处，防止倒塌伤人。

13. 砌好的山墙，应临时系联系杆（如檩条等）放置各跨山墙上，使其联系稳定，或采取其他有效的加固措施。

14. 冬期施工时，脚手板上有冰霜、积雪，应先清除后才能上架子进行操作。

15. 如遇雨天及每天下班时，要做好防雨措施，以防雨水冲走砂浆，使砌体倒塌。

16. 人工垂直向上或往下（深坑）传递砖块，架子上的站人板宽度应不小于 60cm。

17. 补充交底内容：

十四、门 窗 安 装 工 程

1. 经常检查所用工具是否牢固，防止脱柄伤人。

2. 安装二层楼以上外墙门窗扇时，外侧防护应齐全可靠，操作人员必须系好安全带，工具应随手放进工具袋内。

3. 立门窗时必须将木楔背紧，作业时不得 1 人独立操作，不得碰触临时电线。

4. 安装上层窗扇，不要向下乱扔东西，工作时注意脚要踩稳，不要向下看。

5. 搬运门窗时应轻放，不得使用木料穿入框内吊运至操作位置。

6. 门窗不得平放，应该竖立，其竖立坡度不大于 20°，并不准人字型堆放。

7. 操作地点杂物，工作完毕后，必须清理干净运至指定地点，集中堆放。

8. 补充交底内容：

十五、构 件 安 装 工 程

1. 在坡度大于 25°的屋面操作，应设防滑板梯，系好保险绳，穿软底防滑鞋，檐口处应按规定设安全防护栏，高度符合高处作业防护要求，并张立挂密目安全网。操作人员移动时，不得直立着在屋面上行走，严禁背向檐口边倒退。

2. 钉房檐板应站在脚手架上，严禁在屋面上探身操作。

3. 在没有望板的轻型屋面上安装石棉瓦等，应在屋架下弦支设水平安全网或采用满堂脚手架。

4. 拼装屋架应在地面进行，经技术、质量人员检查，确认合格，才允许吊装就位。

屋架就位后必须及时安装有脊檩、拉杆或临时支撑，以防倾倒。

5. 吊运屋架及构件材料所用索具必须事先检查，确认符合要求，方准使用。绑扎屋架及构件材料必须牢固稳定。安装屋架时，下方不得有人穿行或停留。

6. 板条天棚或隔音板上不得通行和堆放材料，确因操作需要，必须在大楞上铺设通行脚手板。

7. 补充交底内容：

十六、木工机械的使用

1. 使用木工机械应遵守以下规定：

（1）操作人员应经过培训，熟悉使用的机械设备构造、性能和用途，掌握有关使用、维修、保养的安全操作知识。用电故障必须由专业电工排除。

（2）作业前应试机，各部件运转正常后方可作业。开机前必须将机械周围及脚下作业区的杂物清理干净，必要时应在作业区铺垫板。

（3）作业时必须扎紧袖口、理好衣角、扣好衣扣，不得戴手套。

（4）机械运转过程中出现故障时，必须立即停机，切断电源。

（5）链条、齿轮和皮带等传动部分，必须安装防护罩或防护板。

（6）电源必须使用二级漏电保护，严禁使用倒顺开关。

（7）清理机械台面上的刨花、木屑，严禁直接用手清理。

（8）每台机械应挂机械验收牌和安全操作规程牌。

（9）作业后必须断电拉闸，箱门锁好。

2. 使用平刨必须遵守下列规定：

（1）必须设置可靠的安全防护装置。

（2）木工机械的基座必须稳固，部件必须齐全，机械的转动和危险部位按规定安装防护装置，不准任意换粗保险丝，特别对机械的刀盘部分要严格检查，刀盘螺丝必须旋紧，以防刀片飞出伤人。

（3）刨料时应保持身体平衡，双手操作。刨大面时，手应按在木料上面；刨小面时，手指应不低于料高的一半，并不得小于3cm。

（4）每次刨削量不得超过1.5mm。进料速度应均匀，严禁在刨刀上方回料。

（5）被刨木料的厚度小于3cm，长度小于40cm时，应用压板或压棍推进。厚度小于1.5cm，长度小于25cm的木料不得在平刨上加工。

（6）刨旧料时必须先将铁钉、泥砂等清除干净。遇节疤、戗茬时应减慢送料速度，严禁手按节疤送料。

（7）二人操作时，进料速度应配合一致。当木料前端越过刀口30cm后，下手操作人员方可接料。木料刨至尾端时，上手操作人员应注意早松手，下手操作人员不得猛拉。

（8）换刀片前必须拉闸断电、并挂"有人操作，严禁拉闸"的警示牌。

（9）同一台平刨机的刀片重量、厚度必须一致，刀架与刀必须匹配，严禁使用不合格的刀具。紧固刀片的螺钉应相嵌入槽内，且距离刀前不得小于10mm。

3. 使用压刨必须遵守下列规定：

（1）二人操作，必须配合一致，接送料应站在机械的一侧，操作人员不得戴手套。

（2）进料必须平直，发现木料走偏或卡住，应停机降低台面，调正木料。遇节疤应减慢送料速度。送料时手指必须与滚筒保持 20cm 以上距离。接料时，必须待料出台面方可上手。

（3）刨料长度小于前后滚中心距的木料，禁止在压刨机上加工。

（4）木料厚度差 2mm 的不得同时送料，刨削吃刀不得超过 3mm。

（5）清理台面杂物时必须停机（停稳）、断电，用木棒清理。

4. 使用圆盘锯（包括吊截锯）作业必须遵守下列规定：

（1）圆盘锯必须装设分料器，锯片上方应有防护罩和滴水设备，开料锯与截料锯不得混用。

（2）作业前应检查锯片不得有裂纹，不得连续缺齿，螺帽必须拧紧。

（3）必须紧贴靠尺送料，不得用力过猛，遇硬节疤应慢推，必须待出料超过锯片 15cm 方可上手接料，不得用手硬拉。

（4）短窄料应用推棍，接料使用刨钩。严禁锯小于 50cm 长的短料。

（5）木料走偏时，应立即切断电源，停机调正后再锯，不得猛力推进或拉出。

（6）锯片运转时间过长应用水冷却，直径 60cm 以上的锯片工作时应喷水冷却。

（7）必须随时清除锯台面上的遗料，保持锯台整洁。清除遗料时，严禁直接用手清除。清除锯末及调整部件，必须先拉闸断电，待机械停止运转后方可进行。

（8）严禁使用木棒或木块制动锯片的方法停机。

5. 木工机械必须有专人负责，操作人员必须熟悉该机械性能，熟悉操作技术做到持证上岗，严禁机械无人负责或随便动用。

6. 木工车间、木库、木料堆场严禁吸烟或动用明火，废料应及时清理归堆，做好落手清，以免发生意外。

7. 补充交底内容：

十七、钢结构及铁件制作工程

1. 打锤时禁止戴手套，手和手柄均不得有油污，甩锤方向附近不得有人停留，二人打锤严禁相对站立。

2. 锤柄应采用胡桃木、檀木或腊木等，不得有虫蛀、节疤、裂纹、锤的端头内要用楔铁楔紧，使用中应经常检查，发现木柄有裂纹必须更换。

3. 多人抬材料和工件时要有专人指挥，精力集中，行动一致。互相照应，轻抬轻放，以免伤人，并应将道路清理好。

4. 使用各种机械，要先进行各传动机构检查，设备必须经漏电保护，试运转正常，方可正式使用。操作人员必须了解机械的性能及安全操作规程。

5. 电焊工作地点 5m 以内不得有易燃、易爆材料。

6. 为防止触电必须遵守有关电气安全规程。

7. 气焊、电焊应遵守气焊安全操作规程，焊工必须持证上岗。

8. 使用气焊、电焊时边上无监护人不得进行操作。

9. 补充交底内容：

十八、构件吊装工程

1. 吊装前应检查机械、索具、夹具、吊环等是否符合要求并应进行试吊。

2. 吊装时必须有统一的指挥，并配备必要的通讯器材。

3. 高空作业人员必须系安全带，安全带生根处应做到高挂低用及安全可靠。

4. 高空作业人员上班前严禁喝酒，在高空不得开玩笑。

5. 高空作业穿着要灵便，禁止穿硬底鞋、高跟鞋、易滑的鞋和带钉的鞋。

6. 吊车行走道路和工作地点应坚实平整，以防沉陷发生事故。

7. 六级以上大风和雷雨、大雾天气，应暂停露天起重和高空作业。

8. 拆卸千斤绳时，下方不应站人。

9. 使用撬棒等工具，用力要均匀、要慢、支点要稳固，防止撬滑发生事故。

10. 构件在未经校正、焊牢或固定之前，不准松绳脱钩。

11. 起吊笨重物件时，不可中途长时间悬吊、停滞。

12. 起重吊装所用之钢丝绳，不准触及有电线路和电焊搭铁线或与坚硬物体摩擦。

13. 遵守有关起重吊装"十不吊"中的有关规定。

14. 吊装区域应设置警戒线，危险点须设专人监护。

15. 补充交底内容：

十九、钢结构吊装工程

1. 在柱、梁安装后而未设置浇筑板楼用的压型钢板时，为了便于柱子螺栓等施工的方便，需在钢梁上铺设适当数量的走道板及防护设施。

2. 在钢结构吊装时，为防止人员、物料和工具坠落或飞出造成安全事故，需铺设安全网。安全平网设置在梁面上 2m 处，当楼层高度小于 4.5m 时，安全平网可隔层设置。安全平网要求在建筑平面范围内满铺。安全竖网铺设在建筑物外围，防止人和物飞出造成安全事故。竖网铺设的高度一般为两节柱的高度，宜采用全封闭。

3. 为了便于接柱施工，在接柱处要设操作平台，平台周边应有操作人员的护身圈或护栏装置。平台固定在下节柱的高度。

4. 需在刚安装的钢梁上设置存放电焊机、空压机、氧气瓶、乙炔瓶等设备用的平台。放置距离符合安全生产的有关规定。

5. 为便于施工登高，吊装柱子前要先将登高钢梯固定在钢柱上，为便于进行柱梁节点紧固高强螺栓和焊接，需在柱梁节点下方安装挂篮脚手。

6. 施工用的电动机械和设备均须接地或接零并实行二级漏电保护，绝对不允许使用破损的电线和电缆，严防设备漏电。施工用电设备和机械的电缆，须集中在一起，并随楼层的施工而逐节升高。每层楼面须分别设置配电箱，供每层楼面施工用电需要。

7. 六级以上大风和雷雨、大雾天气，应暂停露天起重和高空作业。

8. 施工时还应该注意防火，提供必要的灭火设备和防火监护人员。

9. 补充交底内容：

二十、扣件式双排钢管脚手架搭设工程

1. 一般要求

1.1 建筑登高作业（架子工），必须经专业安全技术培训，考试合格，持特种作业操作证上岗作业。架子工的徒工必须办理学习证。在技工带领、指导下，非架子工未经同意不得单独进行作业。

1.2 架子工必须经过体检，凡患有高血压、心脏病、癫痫病、晕高或高度近视以及不适合于登高作业的，不得从事高架设工作。

1.3 正确使用个人安全防护用品，必须着装灵便（紧身紧袖），在高处（2m 以上）作业时，必须佩戴安全带与已搭好的立、横杆挂牢，穿防滑鞋。作业时精神要集中，团结协作、互相呼应、统一指挥，不得翻爬脚手，严禁打闹玩笑、酒后上班。

1.4 班组（队）接受任务后，必须组织全体人员，认真学习领会脚手架专项安全施工组织设计和安全技术措施交底，研讨搭设方法，明确分工，并派 1 名技术好、有经验的人员负责搭设技术指导和监护。

1.5 风力六级以上（含六级）强风和高温、大雨、大雪、大雾等恶劣天气，应停止高处露天作业。风、雨、雪过后要进行检查，发现倾斜下沉、松扣、崩扣要及时修复，合格后方可使用。

1.6 脚手架要结合工程进度搭设，搭设未完的脚手架，在离开岗位时，不得留有未固定构件和不安全隐患，确定架子稳定。

1.7 在带电设备附近搭、拆脚手架时，宜停电作业。在外电架空线路附近作业时，脚手架外侧边缘与外电架空线路的边线之间的最小安全操作距离不得小于表 1.7。

表 1.7 在建筑工程（含脚手架具）的外侧边缘与外电架空线路的边缘之间的最小安全操作距离。

在建筑工程（含脚手架具）的外侧边缘与外电
架空线路的边线之间的最小安全操作距离　　　　　　　　　　表 1.7

外电线路电压	1kV 以下	1～10kV	35～110kV	154～220kV	330～500kV
最小安全操作距离（m）	4	6	8	10	15

1.8 各种非标准的脚手架，跨度过大、负载超重等特殊架子或其他新型脚手架，按专项安全施工组织设计批准的意见进行作业。

1.9 脚手架搭设到高于在建建筑物顶部时，里排立杆要低于沿口40～50mm，外排立杆高出沿口1～1.5m，搭设两道护身栏，并挂密目安全网。

1.10 脚手架搭设、拆除、维修必须由架子工负责，非架子工不得从事脚手架操作。

2. 材料

2.1 钢管：钢管采用外径48～51mm的管材。钢管应平直光滑，无裂缝、分层、硬弯、毛刺、压痕和深的划道。钢管应有产品质量合格证，钢管必须涂有防锈漆并严禁打孔。

脚手架钢管的尺寸应按表2.1采用，每根钢管的最大重量不应大于25kg。

脚手架钢管尺寸（mm） 表2.1

截面尺寸		最大长度	
外径 ϕ，d	壁厚 t	横向水平杆	其他杆
48	3.5	2200	6500
51	3.0		

2.2 扣件：采用可锻造铁制作的扣件，其材质应符合现行国家标准《钢管脚手架扣件》（GB 15831—1995）的规定。新扣件必须有产品合格证。

旧扣件使用前应进行质量检查，有裂缝、变形的严禁使用，出现滑牙的螺栓必须更换。

2.3 脚手板：脚手板可采用钢、木材料两种，每块重量不宜大于30kg。

冲压新钢脚手板，必须有产品质量合格证。板长度为1.5～3.6m，厚2～3mm，肋高5cm，宽23～25cm，其表面锈蚀斑点直径不大于5mm，并沿横截面方向不得多于3处。脚手板一端应压连接卡口，以便铺设时扣住另一块的端部，板面应冲有防滑圆孔。

木脚手板应采用衫木或松木制作，其长度为2～6m，厚度不小于5cm，宽23～25cm，不得使用有腐朽、裂缝、斜纹及大横透节的板材。两端应设直径为4mm的镀锌钢丝箍两道。

2.4 安全网：宽度不得小于3m，长度不得大于6m，网眼按使用要求设置，最大不得大于10cm，必须使用维纶、锦纶、尼龙等材料，严禁使用损坏或腐朽的安全网和丙纶网。密目安全网只准做立网使用。

3. 扣件式钢管脚手架

3.1 扣件式钢管脚手架：按其搭设位置分为外脚手架、里脚手架；按立杆排数分为单排、双排脚手架（上海地区不容许使用单排脚手）；按高度分为一般、高层脚手架，以及分为结构、装修脚手架，具体搭设的操作规定，其基本要求如下：

（1）脚手架应由立杆（冲天）、纵向水平杆（大横杆、顺水杆）、横向水平杆（小横杆）、剪刀撑（十字盖）、抛撑（压栏子）纵、横扫地杆和拉接点等组成，脚手架必须有足够的强度、刚度和稳定性，在允许施工荷载作用下，确保不变形、不倾斜、不摇晃。

（2）脚手架搭设前应清除障碍物、平整场地、夯实基土、作好排水，根据脚手架专项安全施工组织设计（施工方案）和安全技术措施交底的要求，基础验收合格后，放线定位。

（3）垫板宜采用长度不少于2跨，厚度不小于5cm的木板，也可采用槽钢，底座应准确在定位位置上。

3.2 结构承重的单、双排脚手架：

（1）搭设高度不超过20m的脚手架，构造主要参数见表3.2

常用敞开式双排脚手架的设计尺寸（m）　　　表3.2

连墙件设置	立杆横距 l_b	步距 h	下列荷载时的立杆纵距 l_a（m）				脚手架允许搭设高度 [H]
			$2+4×0.35$ （kN/m²）	$2+2+4×0.35$ （kN/m²）	$3+4×0.35$ （kN/m²）	$3+2+4×0.35$ （kN/m²）	
二步三跨	1.05	1.20～1.35	2.0	1.8	1.5	1.5	50
		1.80	2.0	1.8	1.5	1.5	50
	1.30	1.20～1.35	1.8	1.5	1.5	1.5	50
		1.80	1.8	1.5	1.5	1.2	50
	1.55	1.20～1.35	1.8	1.5	1.5	1.5	50
		1.80	1.8	1.5	1.5	1.2	37
三步三跨	1.05	1.20～1.35	1.8	1.8	1.5	1.5	50
		1.80	2.0	1.5	1.5	1.5	34
	1.30	1.20～1.35	1.8	1.5	1.5	1.5	50
		1.80	1.8	1.5	1.5	1.2	30

注：1. 表中所示 $2+2+4×0.35$（kN/m²），包括下列荷载：

　　　$2+2$（kN/m²）是二层装修作业层施工荷载；

　　　$4×0.35$（kN/m²）包括二层作业层脚手板，另两层脚手板是根据JGJ 130—2001规范第7.3.12条的规定确定；

　　2. 作业层横向水平间距，应按不大于 $l_a/2$ 设置。

（2）立杆应纵成线、横成方，垂直偏差不得大于1/200。立杆接长应使用对接扣件连接，相邻的两根立杆接头应错开500mm，不得在同一步架内。立杆下脚应设纵、横向扫地杆。

（3）纵向水平杆在同一步架内纵向水平高差不得超过全长的1/300，局部高差不得超过50mm。纵向水平杆应使用对接扣件连接，相邻的两根纵向水平接头错开500mm，不得在同一跨内。

（4）横向水平杆应设在纵向水平杆与立杆的交点处，与纵向水平杆垂直。横向水平杆端头伸出外立杆应大于100mm，伸出里立杆为450mm。

（5）剪刀撑的设置应在外侧立面整个高度上连续设置。剪刀撑斜杆的接长宜采用搭接，应用2只旋转扣件搭接，接头长度不小于500mm，剪刀撑与地面夹角为45°～60°。

（6）剪刀撑斜杆应采用旋转扣件固定在与之相交的横向水平杆（小横杆）的伸出端或立杆上，旋转扣件中心线至主节点的距离不宜大于150mm。

（7）十字型、开口型双排脚手架的两端均必须设横向斜撑，中间宜每隔6跨设置一道。（高度在24mm以下的封闭型脚手架可不设横向斜撑，24m以上脚手架，除拐角应设置横向斜撑外，中间应每隔6跨设置一道）。

（8）脚手架与在建建筑物拉结点，对高度在24m以下的脚手架宜采用刚性连墙件与建筑物可靠连接，亦可采用拉筋和顶撑配合使用的附墙连接方式。严禁使用仅有拉接的柔性连墙件。上海地区要求是二步二跨拉接。

(9) 脚手底笆必须铺满，并四角扎牢。四角作好防雷接地保护。

4. 脚手架的基础除按规定设置外，必须做好排水处理。

5. 所有扣件紧固力矩，应达到 45～55N·m。

6. 同一立面的小横杆，应对等交错设置，同时立杆上下对直。

7. 补充交底内容。

二十一、扣件式钢管脚手架拆除工程

1. 拆除现场必须设警戒区域，张挂醒目的警戒标志。警戒区域内严禁非操作人员通行或在脚手架下方继续施工。地面监护人必须履行职责。高层建筑脚手架拆除，应配备良好的通讯装置。

2. 仔细检查吊运机械包括索具是否安全可靠。吊运机械不准搭设在脚手架上，应另立设置。

3. 如遇强风、雨、雪等特殊气候，停止进行脚手架的拆除。夜间一般应停止拆除作业，除特殊情况并经领导审批同意后，方可进行拆除。拆除中应具备良好的照明设备，配备监护人员。

4. 所有高处作业人员，应严格按高处作业规定执行和遵守安全纪律，拆除工艺及方案要求。

5. 建筑内所有窗户必须关闭锁好，不允许向外开启或向外伸挑物件。

6. 拆除人员进入岗位后，先进行检查，加固松动部位，清除步层内留的材料、物件及垃圾块。所有清理物应安全输送至地面，严禁高处抛掷。

7. 按搭设的反程序进行拆除，即密目安全网→踢脚板→防护栏杆→搁棚→斜拉杆→连墙杆→大横杆→小横杆→立杆。

8. 不允许分立面拆除或上、下二步同时拆除（踏步式）。认真做到一步一清，一杆一清。

9. 所有连墙杆、斜拉杆、隔离措施、登高措施必须随脚手架步层拆除同步进行下降。不准先行拆除。

10. 所有杆件与扣件，在拆除时应分离，不允许杆件附着扣件输送地面，或两杆同时拆下输送地面。

11. 所有垫铺笆拆除，应自外向里竖立、搬运，防止自里向外翻起后笆面垃圾物件直接从高处坠落伤人。

12. 脚手架内必须使用电焊气割工艺时，应严格按照国家特殊工种的要求和消防规定执行。增派专职人员，配备料斗（桶），防止火星和切割物溅落。严禁无证动用焊割工具。

13. 当日完工后，应仔细检查岗位周围情况，如发现留有隐患的部位，应及时进行修复或继续完成至一个程序、一个部位的结束，方可撤离岗位。

14. 输送至地面的所有杆件、扣件等物件，应按类堆放整理。

15. 补充交底内容。

二十二、室内满堂脚手架搭设工程

1. 室内满堂脚手架搭设应严格按施工组织设计要求搭设。

(1) 承重的满堂脚手架，立杆的纵、横向间距不得大于1.5m。纵向水平杆（顺水杆）每步间距不得大于1.4m。檀杆间距不得超过750mm。操作层应满铺竹笆，必须留空洞者，应设围栏保护。立杆底部应夯实，设置垫板。

(2) 装修用的满堂脚手架，立杆纵、横向间距不得超过2m。靠墙的立杆应距墙面500~600mm，纵向水平杆每步间隔不得大于1.7m，檩杆间距不得大于1m。

2. 满堂脚手架应设登高措施，保证操作人员上下安全。

3. 大型条形内脚手架，操作步层两侧，应设防护栏杆保护。

4. 满堂脚手架步距，应控制在2m内，必须高于2m时，应有技术措施保护。

5. 满堂脚手架的稳固，应采用斜杆（剪刀撑）保护。

6. 补充交底内容：

二十三、电梯井道内架子、安全网搭设工程

1. 脚手架所有横楞两端，均与墙面撑紧，四角横楞与墙面距离，平衡对重一侧为600mm，其他三侧均为400mm，离墙空档处应加隔排钢管，间距不大于200mm，隔排钢管离四周墙面不大于150mm。

2. 脚手架柱距不大于1.8m，步距为1.8m，每低于楼层面200mm处加搭一排横楞，横向间距为350mm，满铺竹笆，竹笆一律用铅丝与钢管四点绑扎牢固。

3. 从二层楼面起张设安全网，往上每隔二层最多隔10m设置一道安全网，保持完好无损、牢固可靠。

4. 拉结必须牢靠，墙面预埋张网钢筋不小于$\phi14$，钢筋埋入长度不少于$30d$。

5. 电梯井道防护安全网，待安装电梯搭设脚手架时，每搭到安全网高度时方可拆除。

6. 脚手架拆除顺序应自上而下进行，拆下的钢管、竹笆等须妥善运出电梯井道，禁止乱扔乱抛。

7. 电梯井道内的安全防护设施，必须由脚手架保养人员定期进行检查、保养，发现隐患及时消除。

8. 张设安全网及拆除井道内设施时，操作人员必须戴好安全带，挂点必须安全可靠，并设专人监护。

9. 补充交底内容：

二十四、门式脚手架搭设工程

1. 脚手架搭设前必须对门架、配件、加固件应按规范进行检查验收，不合格的严禁使用。

2. 脚手架搭设场地应进行清理、平整夯实，并做好排水。

3. 地基基础施工应按门架专项安全施工组织设计（施工方案）和安全技术措施交底进行基础上应先弹出门架立杆位置线、垫板、底座安放位置应准确。

4. 不配套的门架与配件不得混合使用于同一脚手架。门架安装应自一端向另一端延伸，不得相对进行。搭完一步后，应检查、调整其水平度与垂直度。

5. 交叉支撑、水平架和脚手板应紧随门架的安装及时设置（当采用挂扣式脚手板时，可不设置水平架），连接门架与配件的锁臂、搭钩必须锁住、锁牢。水平架和脚手板应在同一步内连续设置，脚手板必须铺满、铺严，不准有空隙。

6. 底层钢梯的底部应加设钢管并用扣件扣紧在门架的立杆上，钢梯的两侧均应设置扶手，每段梯可跨越两步或三步门架再行转折。

7. 护身栏杆、立挂密目安全网应设置在脚手架作业层外侧，门架立杆的内侧。

8. 加固杆、剪刀撑必须与脚手架同步搭设。脚手架高度超过 20m，每隔四步设置一道，剪刀撑宽度为 4～8m，与地面夹角为 45°～60°。剪刀撑杆件接长按落地脚手要求。水平加固杆应设于门架立杆内侧，剪刀撑应设于门架立杆外侧，并扣接牢固。

9. 连墙件的搭设必须随脚手架设同步进行，严禁滞后设置或搭设完毕后补做。当脚手架作业层高出相邻连墙件已两步的，应采取确保稳定的临时拉接措施，直到连墙搭设完毕后，方可拆除。

10. 连墙件设置：架高 45m 以下时，垂直≤6m，每二层设一处，水平≤8m；架高 45～60m 时，垂直≤4m，每层设一处，水平≤6m，并应符合规范规定。

11. 加固件、连墙件等与门架采用扣件连接，扣件规格必须与所连钢管外径相匹配，扣件螺栓拧紧，扭力矩宜为 50～60N·m，并不得小于 40N·m。

12. 脚手架搭设完毕或分段搭设完毕必须进行验收检查，合格签字后，交付使用。

13. 脚手架拆除必须按拆除方案交底规定进行。拆除前应清除架子上材料、工具和杂物，拆除时应设置警戒区和挂警戒标志，并派专人负责监护。

14. 拆除的顺序，应从一端向另一端，自上而下逐层地进行，同一层的构配件和加固件应按先上后下，先外后里的顺序进行，最后拆除连墙件、通长水平杆和剪刀撑等必须在脚手架拆除到相关门架时，方可拆除。

15. 拆除的工人必须站在临时设置的脚手板上进行拆卸作业。拆除作业中，严禁使用榔头等硬物击打、撬挖。拆卸连接部位时，应先将锁座上的锁板与卡钩上的锁片旋转至开启位置，然后拆除，不得硬拉、敲击。

16. 拆下的门架、钢管和配件，应成捆用机械吊运或由井架传送至地面，防止碰撞，严禁抛掷。

17. 补充交底内容：

二十五、附着式升降脚手架（整体提升架或爬架）工程

1. 安装、使用和拆卸附着升降脚手架的工人必须经过专业培训，考试合格，做到持证上岗。未经培训任何人（含架子工）严禁从事此操作。

2. 附着升降脚手架安装前必须认真组织班组学习"专项安全施工组织设计"（施工方案）和安全技术措施交底，研究安装方法，明确岗位责任。控制中心必须设专人负责操作，严禁未经同意人员操作。

3. 组装附着升降脚手架的水平梁及竖向主框架，在两相邻附着支撑结构处的高差应不大于20mm；竖向主框架和防倾导向装置的垂直偏差应不大于5‰和60mm；预留穿墙螺栓孔和预埋件应垂直于工程结构外表面，其中心误差小于15mm。

4. 附着支撑与工程结构每个楼层都必须设连接点，架体主框架沿竖向侧，在任何情况下均不得少于两处。附着支撑装置做到严密、平整、牢固。当起用附着支撑或钢挑梁时，其设置处混凝土强度符合设计规定，并不得小于C10。

5. 脚手架外侧用密目网封闭，底部作业层下方应采用密目网及平网挂牢封严。

6. 附着升降脚手架组装完毕，（对防坠防倾斜安全装置应进行检查和试验）必须经企业技术负责人组织进行检查验收后交付专业检测中心检测。

7. 升降操作必须严格遵守升降作业程序；严格控制并确保架子的荷载，不得超过2kN/m²；所有妨碍架体升降的障碍物必须拆除；仔细检查各种拉杆、吊具、索具的完好状态，严禁任何人（含操作人员）停留在架体上，特殊情况必须经过领导批准，采取安全措施后，方可实施。

8. 升降脚手架过程中，架体下方严禁有人进入，设置安全警戒区，并派人负责监护。

9. 电动升降脚手架时，施工升降机及塔吊严禁使用。

10. 架体升降到位后，必须及时按使用状况进行附着固定。在架体没有完成固定前，作业人员不得擅离岗位或下班。在未办理交付使用手续前，必须逐项进行点检，验收合格后，方准交付使用。

11. 在装饰施工中，整体电动升降脚手架的支撑、拉结、螺栓、螺帽等不得擅自拆除，如施工时必须拆除，应报告项目负责人，由专业单位负责换撑、拆除。

12. 严禁利用架体吊物料和拉接吊装缆绳（索）；不准在架体上推车，不准任意拆卸结构件或松动连接件、移动架体上的安全防护设施。

13. 架体螺栓连接件、升降动力设备、防倾装置、防坠装置、电控设备等应定期（至少半月）检查维修保养1次和不定期的抽检，发现异常，立即解决，严禁带病使用。

14. 六级以上强风停止升降或作业，复工时必须逐项检查后，方准复工。

15. 附着升降脚手架的拆卸工作，必须按专项安全施工组织设计（施工方案）和安全技术措施交底规定要求执行，拆卸时必须按顺序先搭后拆、先上后下，先拆附件、后拆架体，必须有预防人员、物体坠落等措施，严禁向下抛扔物料。

16. 补充交底内容：

二十六、刷（喷）浆工程

1. 活动架子应牢固、平稳，移动时人要下来。移动式操作平台面积不应超过 $10m^2$，高度不超过 5m，平台作业面不得超出底脚。

2. 喷浆设备使用前应检查，使用后应洗净，喷头堵塞，疏通时不准对人。

3. 喷浆要戴口罩、手套和保护镜、穿工作服，手上、脸上最好抹上护肤油脂（凡士林等）。

4. 喷浆要注意风向，尽量减少污染及喷洒到他人身上。

5. 使用人字梯，拉绳必须结牢，并不得站在最上一层操作，不准站在梯子上移位，梯子脚下要绑胶布防滑。

6. 补充交底内容：

二十七、外檐装饰抹灰工程

1. 高空作业时，应检查脚手架底笆是否破损，挡脚板、拉结等确认合格，方可作业。

2. 对脚手板不牢固之处和跷头板等及时处理。

3. 在架子上工作，工具和材料要放置稳当，不准随便乱扔。

4. 用塔吊上料时，要有专职指挥，遇六级以上大风时暂停作业。

5. 砂浆机应有专人操作维修，保养，电器设备应绝缘良好并接地，并做到二级漏电保护。

6. 严格控制脚手架施工负载。

7. 不准随意拆除、斩断脚手架软硬拉结，不准随意拆除脚手架上的安全设施，如妨碍施工必须经项目部负责人批准后，方能拆除妨碍部位。

8. 补充交底内容：

二十八、室内水泥砂浆抹灰工程

1. 室内抹灰使用的木凳、金属支架应搭设平稳牢固，脚手板离地高度不大于 2m，宽度不得少于两块（50cm）脚手板，架子上堆放材料不得过于集中，存放砂浆的灰斗，灰桶等要放稳。

2. 搭设脚手不得有跷头板，并严禁脚手板支搁在门窗及非承重的物器上。

3. 操作前应检查架子、高凳等是否牢固，如发现不安全地方立即加固等处理，不准用 50mm×100mm、50mm×200mm 木料（2m 以上跨度）、钢模板等作为立人板。

4. 搅拌与抹灰时（尤其在抹顶棚时），注意灰浆溅落眼内。

5. 在室内推运输小车时，特别是在过道中，拐弯时要注意小车挤手。在推小车时不准倒退。

6. 严禁从窗口向下随意抛掷东西。

7. 使用井架时，井架吊篮起吊或放下时，必须关好井架安全门，头、手不得伸入井架内，待吊篮停稳，方能进入吊篮内工作。

8. 夜间或阴暗处作业，应用36V以下安全电压照明。

9. 补充交底内容：

二十九、卷材屋面施工工程

1. 装卸、搬运、熬制、铺涂沥青，必须使用规定的防护用品。所有参加沥青工作的人员必须穿工作服、戴手套、穿翻毛皮鞋并有帆布护盖等，使皮肤不和沥青接触。

2. 熬制沥青的地点不得设在电线的垂直下方，地下5m内不得有电缆，一般应距建筑物25m以外。沥青、燃料的堆放场地，离锅不小于5m。

3. 熬油前应清除锅内杂质和积水。

4. 熬油的作业人员必须坚守岗位，熬油量不得超过锅容量3/4。下班熄火，一定要将余火熄灭，关闭炉门，盖好锅盖。

5. 锅内沥青着火，应立即用铁板盖住，停止鼓风，封闭炉门，熄灭炉火。严禁向燃烧的沥青浇水，应用干砂或湿麻袋灭火。

6. 装运沥青的勺、桶、壶等工具，不得用焊锡，盛油量不得超过容器的2/3。肩挑或手推车，道路要平坦畅通，跳板要搁牢，要有防滑措施，绳具要结实。垂直运输时附近10m范围内禁止站人，屋面上的油桶、油壶必须放置平稳。

7. 屋面铺贴卷材，四周应设置1.2m高的围栏如遇斜屋面周边防护的高度视坡度增高，靠近屋面四周沿边应侧身操作。

8. 六级以上大风时，应停止操作。

9. 患有皮肤病、眼病、刺激过敏者，不得参加防水作业。施工过程中发生恶心、头晕、过敏等，应停止作业。

10. 补充交底内容：

三十、涂料防水屋面工程

1. 配制材料的现场应通风良好，有安全防火措施。

2. 配制胶泥的稳定剂，有的是有毒粉末，应防止吸入鼻内。

3. 施工操作时，应戴手套、防毒口罩和防护镜、穿工作服等。

4. 搅拌材料时，加料口及出料口要关严，传动部件加防护罩。

5. 患有皮肤病、眼病、刺激过敏者，不得参加防水作业。施工过程中发生恶心、头晕、过敏等，应停止作业。

6. 六级以上大风时，应停止操作。

7. 补充交底内容：

三十一、瓦屋面施工工程

1. 凡患有严重心脏病、高血压、神经衰弱及贫血症等不适合高空作业者不得进行屋面工程施工。上屋面前检查有关安全设施，如栏杆、安全网等是否牢固，检查合格后，才能进行高空作业。

2. 用屋架承重结构时，运瓦上屋面要两坡同时进行，脚要踏在椽条或桁条上，不要踏在挂瓦条中间，不要穿硬底易滑的鞋上屋面操作；在屋面踩踏行动时应特别注意安全，谨防绊脚跌倒，在平瓦屋面上行走，要踩踏在瓦头处，不能在瓦片中间部位踩踏。

3. 冬期施工要有防滑措施，屋面有霜雪必须清扫干净，不要时系好安全带。

4. 碎瓦、杂物工具等应集中下运，不能随意乱丢乱掷。

5. 其他安全事项按有关安全技术规定执行。

6. 补充交底内容：

三十二、石棉水泥、玻璃钢波形屋面工程

除应遵守有关屋面高空操作安全要求外，由于波形瓦面积大，特别是石棉波瓦薄而脆，施工时必须搭设临时走道板，走道板宜长一些，搁支在桁条上。架设和移动走道板时，必须特别注意安全，屋面上操作人员不宜过多在波瓦上行走时，应踩踏在钉位或桁条上边，不应在两桁之间的瓦面上行走，严禁在瓦上跳动、踩踏或随意敲打等。石棉波瓦质量应严格检查，凡裂纹超过质量要求规定者不得使用，在边缘操作人员必须带好安全带。

补充交底内容：

三十三、薄钢板和波形薄钢板屋面工程

1. 在坡屋面上工作，首先检查屋面檩条是否平稳、牢固。波瓦要顺坡堆放，每垛不得超过三张，禁止将材料放置在不固定的横椽上，以免滚下或被大风吹落，发生事故。

2. 在坡屋面上钉铺薄钢板时，必须用带楞的防滑板梯，没有屋面板的工程，必须将防滑板反面两头钉牢挂钩及木楞。

3. 在有霜、结冰或刮六级以上大风时禁止进行工作。

4. 无论何时剪下的碎钢板，都应及时进行清除，以免刺伤腿脚。

5. 补充交底材料：

三十四、地下防水工程渗漏的修堵工程

1. 堵漏施工照明用电应将电压降到 36～12V 以下的安全电压。
2. 配制促凝剂时，操作人员要戴口罩、手套。
3. 处理漏水部位，需用手接触掺促凝剂的砂浆时，需戴胶皮手套或胶皮手指套。
4. 补充交底内容：

三十五、灌 浆 堵 漏 工 程

1. 灌浆施工前应严格检查工具、管路及接头处的牢靠程度，以防超过压力发生爆炸伤人。
2. 有机化工材料均具有一定的刺激性和腐蚀性，操作人员在配制浆液和灌浆时应戴防护眼镜、口罩、手套等劳保用品，以防浆液误入口中或溅至皮肤上。
3. 丙凝浆液溅至皮肤上应立即用肥皂洗涤，氰凝浆液溅至皮肤上先用丙酮或酒精清洗，再用稀氨水或肥皂水洗净，涂上油脂膏。溅至眼睛里，需立即请医生处理。
4. 在通风不良的地方进行灌浆施工时，应有通风设备或排气设备。
5. 氰凝浆液具有可燃性，故施工现场要远离火源和禁止吸烟，并设置消防器材，注意防火。
6. 补充交底内容：

三十六、油 漆 工 程

1. 各种油漆材料（汽油、漆料、稀料）应单独存放在专用库房内，不得与其他材料混放。库房应通风良好。易挥发的汽油、稀料应装入密闭容器中，严禁在库内吸烟和使用任何明火。
2. 施工场地应有良好的通风条件，如在通风条件不好的场地施工时必须安装通风设备，方能施工
3. 在用钢丝刷、板锉、气动、电动工具清除铁锈、铁磷时为避免眼睛沾污和受伤，需戴上防护眼镜。
4. 在涂刷或喷漆对人体有害的油漆时，需戴上防护口罩，如对眼睛有害，需戴上密闭式眼镜进行保护。
5. 在涂刷红丹防锈漆及含铅颜料的油漆时，应注意防止铅中毒，操作时要戴口罩。
6. 在喷涂硝基漆或其他挥发性、易燃性溶剂稀释的涂料不准使用明火。
7. 高空作业需戴安全带。
8. 为了避免静电集聚引起事故，对罐体涂漆或喷涂应安装接地线装置。

9.涂刷大面积场地时，（室内）照明和电气设备必须按防火等级规定进行安装。

10.操作人员在施工时感觉头痛、心悸和恶心时，应立即离开工作地点，到通风处换换空气。如仍不舒畅，应去医院治疗。

11.工作完毕，各种油漆涂料的溶剂桶（箱）要加盖封严。

12.在配料或提取易燃品时严禁吸烟，浸擦过清油、清漆、油的棉纱、擦手布不能随便乱丢。

13.操作人员应进行体检，患有眼病、皮肤病、气管炎、结核病者不宜从事此项作业。

14.使用人字梯不准有断档拉绳必须系牢并不得站在最上一层操作，不要站在高梯上移位，在光滑地面操作时，梯子脚下要绑布或胶皮。

15.外墙、外窗、外楼梯等高处作业时，应系好安全带。安全带应高挂低用，挂在牢靠处。油漆窗户时，严禁站在或骑在窗栏上操作，刷封沿板或水落管时，应利用脚手架或专用操作平台架上进行。

16.油漆仓库明火不准入内，须配备灭火机。不准装小太阳灯。

17.补充交底内容：

三十七、防 腐 蚀 工 程

1.树脂类防腐蚀工程中的许多原料都具有程度不同的毒性或刺激性，使用时或配制时要有良好的通风。操作人员应在施工前进行体格检查，患有气管炎、心脏病、肝炎、高血压者以及对某些物质有过敏反应者均不得参加施工，研磨筛分、搅拌粉状填料最好在密封箱内进行。操作人员应穿戴防尘口罩、防护眼镜、手套、工作服等防护用品，工作完毕后冲洗淋浴。

2.施工过程中不慎与腐蚀或刺激性物质接触后，要立即用水或乙醇擦洗。采用毒性较大的材料施工时，应适当增加操作人员的工间休息。施工前制定有效的安全防护措施，并应遵照安全技术及劳动保护制度执行。

3.在配制使用乙醇、苯丙酮等易燃材料施工现场，应严禁烟火并应备置消防器材，还要有适当的通风。

4.配硫酸时应将酸注入水中，禁止将水注入酸中，在配酸现场应备有10%碱液和纯碱水溶液，以备中和洒出的酸液之用。配制硫酸乙酯时，应将硫酸慢慢注入酒精中，并充分搅拌，温度不可超过60℃，以防止酸雾飞出。配制量较大时设有间接冷却装置（如循环水浴）。

5.生漆毒性较大，能使接触者产生过敏性皮炎。严重者手脚、面部形成水肿、生出疮疹，即所谓漆疹。操作人员必须穿戴好防护用品，操作时严防生漆同皮肤接触，面部可涂防护油膏保护。

6.使用毒性或刺激性较大的涂料时，操作人员应穿戴防护用品，执行有关安全技术及劳动保护制度外，现场应注意通风，并适当采取操作人员轮换、工间休息、下班后冲洗、淋浴等安全防护措施。

7. 施工现场应注意防火，严禁吸烟和使用电炉等。

8. 材料库应能适当通分并备置消防器材。

9. 补充交底内容：

三十八、玻 璃 工 程

1. 搬运玻璃要戴手套或用布、纸垫住边口锐利部分。散装玻璃运输必须采用专门夹具（架），玻璃应直立堆放，不得水平堆放。

2. 安装窗扇玻璃时，不能在垂直方向的上下两层间同时安装，以免玻璃破碎时掉落伤人。安装天窗及高层房屋玻璃时，作业下方严禁行走和停留。

3. 门窗安装玻璃完毕后，随时将风钩挂好或插上插销，以防风吹碰坏玻璃。

4. 高空作业必须戴安全带，严禁腋下夹住玻璃，另一手攀登扶梯上下。

5. 玻璃幕墙安装应用外脚手架或吊篮架子从上往下逐层安装，抓拿玻璃时应采用橡皮吸盘。

6. 不准将碎玻璃随意乱抛。

7. 补充交底内容：

三十九、倒链（神仙葫芦、手拉葫芦）使用

1. 倒链使用前应仔细检查吊钩、链条、轮轴、链盘等部件是否有损伤，传动部分是否灵活；挂上重物后，先慢慢拉动牵引链条，等起重链受力后再检查一次，看齿轮啮合是否妥当，链条自锁装置是否起作用。确认部分情况良好后，方可继续工作。

2. 倒链在使用中不得超过额定的起重量。在 – 10℃ 以下使用时，只能以额定起重量之半进行工作。

3. 手拉动链条时，应均匀和缓，并与链轮盘方向一致，不得猛拉。不得在与链轮不同平面内进行曳动，以免造成跳链、卡环现象。

4. 如起重量不明或构件重量不详时，只要一个人可以拉动，就可继续工作。如个人拉不动，应检查原因，不宜几人猛拉，以免发生事故。操作时严禁站在倒链的正下方。

5. 齿轮部分应经常加油润滑，棘爪、棘轮和棘爪弹簧应经常检查，发现异常情况应予以更换，防止制动失灵使重物自坠。

6. 重物需在空间停留时间较长时，必须将小链栓在大链上。

7. 起重时如需在建筑物构件上拴挂倒链葫芦，必须经技术负责人负荷量计算，确认安全方可进行作业。

8. 倒链使用完毕后，应拆卸清洗干净，重新上好润滑油，并安装好送仓库妥善保管，防止链条锈蚀。

9. 补充交底内容：

四十、千斤顶的使用

1. 千斤顶应保持定期拆洗，检查各部件是否灵活，有无损伤；液压千斤顶的阀门、活塞、皮碗是否良好，液压油是否干净。

2. 使用千斤顶时，应放在平整坚实的地面上，如松软地面，应铺设垫板，物件的被顶点应选择坚实的平面部位，还需加垫木块，以免损坏物件。

3. 应严格按照千斤顶的额定起重量使用，每次顶升高度不得超过活塞上的标志，无如标志，每次顶升高度不得超过螺杆丝扣或活塞总高度的 3/4，以免将螺杆或活塞全部升起而损坏千斤顶。

4. 顶升时，先将物件稍微顶起一点后暂停，检查千斤顶、地面垫木和物件等情况是否良好，如发现千斤顶偏斜和垫木不稳等不良情况，必须进行处理后才能继续工作。顶升过程中，应设保险垫，并要随顶随垫，其脱空距离应保持在 50mm 以内，以防千斤顶倾倒或突然回油而造成事故。

5. 用两台或两台以上的千斤顶同时顶升一个物件时，要统一指挥和喊号，使动作一致，不同型号的千斤顶应避免放在同一端使用。

6. 补充交底内容：

四十一、履带起重机的操作

1. 履带吊司机必须持证上岗，必须严格遵守起重机械操作的一般规定要求，执行规定的各项检查与保养后，方可启动发动机。注意各种仪表指示，认为正常后，才可开始工作。

2. 开始工作前，应先试运转一次，检查各限位保险是否齐全正常，各机构的工作是否正常，制动器是否灵敏可靠，必要时应加以调整或维修。

3. 起重机工作前检查距尾部的回转范围 50cm 内无障碍物。

4. 起重机吊起满载荷重物时，应先吊起离地面 20~50cm，检查起重机的稳定性，制动器的可靠性和绑扎的牢固性等，确认可靠后，才能继续起吊。起吊重物下方严禁有人停留或行走。

5. 作业时变幅应缓慢平稳。严禁在起重臂未停稳前变换挡位，满载荷或接近满载荷时，严禁同时进行两种操作动作和降落臂杆。

6. 起重臂最大仰角不得超过制造厂规定。无资料可查，不得超过 78°。

7. 起吊重物左右回转时，应平稳进行，不得使用紧急制动或在没有停稳前作反向旋转。起重机行驶时，回转、臂杆、吊钩的制动器必须刹住。

8. 起重机需带载荷行走时，载荷不得超过额定重量的 70%，行走时，吊物应在起重机行走正前方向，离地高度不得超过 50cm，行驶速度应缓慢。严禁带载荷长距离行驶。

9. 起重机吊起重物时，应严格注意起吊重物的升降，不使起重吊钩到达顶点。

10.起重机必须置于坚硬而水平的地面上,如地面松软不平时,应采取措施整实整平。起吊时的一切动作要以缓慢速度进行,严禁同时进行两个动作。

11.起重机工作完毕后起重臂停在约45°处,离开作业面,停在坚硬可靠的地基上。然后将发动机熄火关闭电门,操纵杆推进空挡位置,制动器处于制动制动状态。冬季应将水箱、水套中的水放尽,水门打开。锁住驾驶室门窗后,驾驶员方可离开。

12.如遇重大构件必须使用两台起重机同时起吊时,构件的重量不得超过两台起重机所允许起重量总和的3/4。绑扎时注意负荷的分配,每台起重机分担的负荷不得超过该机允许负荷的80%,以免任何一台负荷过大造成事故。在起吊时必须对两台机进行统一指挥,是两台机动作协调互相配合,在整个吊装过程中,两台起重机的吊钩滑车组都应基本保持垂直状态。起重机操作时必须由持有有效起重指挥证的挂钩工进行指挥。

13.补充交底内容:

四十二、汽车起重机械的操作

汽车司机必须持证上岗,严格遵守起重机械操作的一般规定,工作中:

1.不准载荷行驶或不放下支腿就起重。在不平整的场地工作前,应先平整场地,支腿伸出应在吊臂起升之前完成,支腿的收入应在吊臂放下搁稳后进行。支腿下要垫硬木块,在支点不平的情况下,应加厚垫木调整高低,以保持机身水平。

2.起重工作完毕后,在行驶之前,必须将稳定器送开,四个支腿返回原位。起重臂靠在托架上时需垫50mm厚的橡胶块。吊钩挂在汽车前端时钢丝绳不要收得太紧。

3.工作中如遇故障,应按规定顺序查清原因予以排除。如本人不能排除,应及时报修。

4.操作前应检查距尾部迥转范围50cm内无障碍物。

5.操作中必须遵守"十不吊"等有关安全规定。

6.补充交底内容:

四十三、轨道式塔式起重机的操作

1.塔式起重机的司机必须持证上岗。并应配备专职挂钩工持证指挥。

2.必须遵守起重机械操作的"一般规定"和"十不吊"等有关安全规定。

3.塔式起重机安装之后,必须按规定进行验收和经有关部门检测通过后,方可使用。

4.夜间作业必须有充足的照明。

5.起重机必须有可靠接地,所有电气设备外壳都应与机体妥善连接。

6.起重机行驶轨道不得有障碍物或下沉现象。轨道压板螺栓完整有效,轨道末端应有止挡装置和限位器撞杆。

7.工作前应认真做好例保工作,检查传动部分润滑油量,钢丝绳磨损情况及各种限位和保险装置等,如有不符合要求,应及时修整,经试运转正常后方可正式施工。

8. 司机必须得到确切指挥信号后，方可进行操作，操作前司机必须按电铃，发信号。

8.1 机上各种安全保护装置运转中发生故障、失效或不准确时，必须立即停止修复，严禁带病作业和在运转中进行维修保养。

8.2 司机必须在佩有指挥标记的人员指挥下严格按照指挥信号、旗语、手势进行操作。操作前应发出音响信号，对指挥信号辩不清时不得盲目操作。对指挥错误有权拒绝执行或主动采取防范或相应的紧急措施。

8.3 起重量、起升高度、变幅等安全装置显示或接近临界警报值时，司机必须严密注视，严禁强行操作。

8.4 操作时司机不得闲谈、吸烟、看书、报和做其他与操作无关事情。不得擅离操作岗位。

8.5 当吊钩滑轮组起升到接近起重臂时应采用低速起升。

8.6 严禁重物自由下落，当起重物下降接近就位点时，必须采取慢速就位。重物就位时，可用制动器使之缓慢下降。

8.7 使用非直撞式高度限位器时，高度限位器调整为：吊钩滑轮组与对应的最低零件的距离不得小于1m，直撞式不得小于1.5m。

8.8 严禁用吊钩直接悬挂重物。

8.9 操纵控制器时，必须从零点开始，推到第一档，然后逐级加档，每档停 1~2s，直至最高档。当需要传动装置在运动中改变方向时，应先将控制器拉到零位，待传动停止后再逆向操作，严禁直接变换运转方向。对慢就位档有操作时间限制的塔式起重机，必须按规定时间使用，不得无限制使用慢就位档。

8.10 操作中平移起重物时，重物应高于其所跨越障碍物高度至少100mm。

8.11 起重机行走到接近轨道限位时，应提前减速停车。

8.12 起吊重物时，不得提升悬挂不稳的重物，严禁在提升的物体上附加重物，起吊零散物料或异形构件时必须用钢丝绳捆绑牢固，应先将重物吊离地面约 200~500cm 停住，确定制动、物料绑扎和吊索具，确认无误后方可指挥起升。

8.13 起重机在停机、休息或中途停电时，应将重物卸下，不得把重物悬吊在空中。

8.14 操作室内，无关人员不得进入，禁止放置易燃物和妨碍操作的物品。

8.15 起重机严禁乘运或提升人员。起落重物时，重物下方严禁站人。

8.16 起重机的臂架和起重物件与高低压架空输电线路的安全距离，必须遵守有关的规定。

8.17 两台塔式起重机在同一条轨道上或两条相平行的或相互垂直的轨道上进行作业时，应保持两机之间任何部位的安全距离，最小不得低于5m。

8.18 多机作业时，应避免两台或两台以上塔式起重机在回转半径内重叠作业。特殊情况，需要重叠作业时，必须保证臂杆的垂直安全距离和起吊物料时相互之间的安全距离，并有可靠安全技术措施经主管技术领导批准后方可施工。

8.19 动臂式在重物吊离地面后起重、回转、行走三种动作可以同时进行，但变幅只能单独进行，严禁带载变幅。允许带载变幅的起重机，在满负荷或接近满负荷时，不得变幅。

8.20 起升卷扬不安装在旋转部分的起重机，在其重作业时，不得顺一个方向连续回转。

8.21 装有机械式力矩限制器的起重机，在多次变幅后，必须根据回转半径和该半径的额定负荷，对超负荷限位装置的吨位指示盘进行调整。

8.22 弯轨路基必须符合规定，起重机拐弯是应在外轨面上撒上沙子，内轨轨面及两翼涂上润滑脂。配重箱应转至拐弯外轮的方向。严禁在弯道上进行吊装作业或吊重物转弯。

8.23 司机必须经由扶梯上下、上下扶梯时严禁手携工具物品。

8.24 严禁由塔机上向下抛掷任何物品或便溺。

8.25 冬季在塔机操作室取暖时，应采取防触电和火灾的措施。

9. 遇有下列情况时，应暂停吊装作业：

9.1 遇有恶劣气候如大雨、大雪、大雾和施工作业面有六级（含六级）以上的强风影响安全施工时。

9.2 起重机发生漏电现象。

9.3 钢丝绳严重磨损，达到报废标准。

9.4 安全保护装置失效或显示不准确。

10. 停机后检查：

10.1 塔式起重机停止操作后，必须选择塔式起重机回转时无障碍物和轨道中间合适的位置及臂顺风向停机，并锁紧全部的夹轨器。

10.2 凡是回转机构带有常闭或制动装置的塔式起重机，在停止操作后，司机必须搬开手柄，松开制动，以便起重机能在大风吹动下顺风向转动。

10.3 应将吊钩起升到距起重壁最小距离不大于 5m 位置，吊钩上严禁吊挂重物。在未采取可靠措施时，不得采用任何方法，限制起重臂随风转动。

10.4 必须将各控制器拉到零位，拉下配电箱总闸，收拾好工具，关好操作室及配电室（柜）的门窗，拉断其他闸箱的电源，打开高空指示灯。

10.5 在无安全的防护栏杆的部位进行检查、维修、加油、保养等工作时，必须系好安全带。

10.6 作业完毕后，吊钩小车及平衡重应移到非工作状态位置上。

11. 遇有台风警报，下旋式塔机应夹轨器夹紧撑住转台后部，放下起重臂，用缆风绳拉住塔身上部或将整机放倒在地面上，上旋行走式塔机应用四根缆风拉住塔身上部，夹紧夹轨器。

12. 填写机构履历书及其规定的报表。

13. 补充交底内容：

四十四、下旋式塔机起板工程

1. 塔式起重机的安装必须编制专项安装方案，安装人员须持证上岗。

2. 认真勘察地形及进场路线。

3. 路基处理必须符合施工组织设计的规定。

4. 路轨的铺设必须符合塔机的设计和安全规定。

5. 认真做好对塔机的防腐除锈及润滑工作。

6. 检查各金属结构的焊缝及疲劳状况（主要受力部位）。

7. 检查绳索、电气设备、制动器的安全可靠性。

8. 设置安全警戒区域，并有专人进行安全监护。

9. 起板过程应有专人负责指挥，禁止多头指挥。

10. 起板前须检查确认绳进滑轮槽，各部位置正确到位，夹轨器夹紧，增加的压重部位，结合部的紧固等情况应可靠。

11. 起板前重臂时，须检查起重臂头部与塔身的固定是否接除，各部绳索、滑轮是否都在位。

12. 起板结束应进行试运转及检查调整各部的紧固及间隙情况，以确保起板后的正常运行。

13. 补充交底内容：

四十五、下旋式塔机拆除工程

1. 塔式起重机的拆除须编制专项拆卸方案，拆除人员须持证上岗。

2. 设置安全警戒区域，并有专人进行安全监护。

3. 检查各工作机构的润滑及紧固情况。

4. 检查各金属结构的疲劳状况和连接状况。

5. 检查起重、变幅机构的刹车装置，必要时进行调整。

6. 检查塔机的吊索及辅助吊索具的可靠性。

7. 转台后部增加规定的压重或攀绳，并夹紧所有夹轨钳。

8. 放起重臂时必须先将吊钩放到地面。

9. 准备倾倒塔身时，必须将起重臂头部与塔身固定牢靠，塔身下方不得站人。

10. 塔身放倒后，必须分段垫实后再行解体。

11. 运输时注意托架车的调整紧固及塔机转台支腿的绑扎固定，防止自行脱出，钩物伤人；将基础吊放平，以免运输中超高。

12. 塔机拆除过程中应有专人负责指挥，禁止多头指挥。

13. 补充交底内容：

四十六、外用电梯装拆工程

1. 外用电梯的装拆须编制装拆方案，装拆人员必须持证上岗。

2. 安装与拆除

2.1 安装前，应按要求做好基础、电源、光源、工具和电梯进场道路及堆放场地的准备工作。

2.2 清点和检查施工电梯的内外梯笼、配重、钢丝绳、井架、横竖支撑、过桥、围栏等应齐全完好，不符合应更换或修理。

2.3 检查电梯井架与建筑物连接处的预埋件的强度，必须符合规定。

2.4 在梯笼下面作业时，必须用枕木支撑牢固。

2.5 安装、拆卸必须专人统一指挥，作业区上方及地面10m范围内设禁区并设专人监护。

2.6 电梯在重新安装以前（转移施工现场）必须认真检修和调试限速器。若使用期满1年，应重新检修、调试。

2.7 在梯笼顶部进行安装，拆卸和检修作业时，必须使用可移动按钮开关。

2.8 在安装拆卸时，严禁超过架设载荷量（即无配重时的载荷量）的规定。

2.9 用起重机安装、拆卸井架时，组装井架不得超过四节。

2.10 安装吊杆有悬挂物时不得开动梯笼。

2.11 拆卸井架时，必须先吊井架，再松下螺栓梯笼上部，导向轮必须降到应拆下井架之下。

2.12 横竖支撑的安装与拆卸，必须随井架高度同步进行。

2.13 安装时，底笼与建筑物的距离；附着支撑的间隔，前后支撑的间隔；井架悬挑高度；齿轮、齿条的间隙均应符合说明书的规定。

2.14 雨天、雾天及五级风以上的天气，不得进行安装与拆卸。

2.15 安装拆卸和维修的人员在井架上作业时，必须穿防滑鞋，系安全带，不得以投掷方法传递工具和器件，紧固和松开螺栓时，严禁双手操作，应一手扳扳手，一手握住井架杆件。

3.在装拆时，必须设置安全警戒区域，并有专人进行安全监护。

4.补充交底内容：

四十七、（内爬式）塔式起重机的操作

1.塔吊整体安装或每次爬升后，均须经规定程序验收通过后，才可使用。

2.起重机必须有安全可靠的接地。

3.工作前应检查钢丝绳、安全装置、制动装置传动机构等，如有不符合要求的情况，应予修整，经试运转确认无问题后才能投入施工。

4.操作工应持证上岗，应由持证的指挥工实施指挥。

5.禁止越级调速和高速时突然停车。

6.当机构出现不正常时，应及时停车，将重物放下，切断电源，找出原因，排除故障后才能继续工作，禁止在工作过程中调整或检修。

7.必须遵守"十不吊"等有关安全规程。

8.爬升操作时，应按说明书规定步骤进行，还应遵守以下要求：

8.1 风力在四级以上时不得进行顶升、安装、拆卸作业，作业时突然遇到风力加大，必须立即停止作业，并将塔身固定。

8.2 顶升前必须检查液压顶升系统各部件的连接情况，并调整好爬升架滚轮与塔身的间隙，然后放松电缆，其长度略大于总的顶升高度，并紧固好电缆卷筒。

8.3 顶升操作的人员必须是经专业培训考试合格的专业人员，并分工明确，专人指挥，非操作人员不得登上顶升套架的操作台，操作室内只准一人操作，必须听从指挥。

8.4 顶升作业时，必须使塔机处于顶升平衡状态，并将回转部分制动住。严禁旋转臂杆及其他作业。顶升发生故障，必须立即停止，待故障排除后方可继续顶升。

8.5 顶升到规定自由高度时必须将塔身附着在建筑物上再继续顶升。

8.6 顶升完毕应检查各连接螺栓按规定的预紧力矩紧固，爬升套架滚轮与塔身应吻合良好，左右操纵杆应在中间位置，并切断液压顶升机构电源。

9. 加节爬升后应注意校正垂直度，使之偏差不大于千分之一。

10. 塔机在顶升拆卸时，禁止塔身标准节未安装接牢以前离开现场，不得在牵引平台上停放标准节（必须停放时要捆牢）或把标准节挂在器重钩上就离开现场。

11. 工作完毕后，应把吊钩提起，小车收进，所有操作手把置于零位，切断电源，锁好配电箱，关闭司机室门窗。

12. 补充交底内容：

四十八、挂钩工的安全操作

1. 作业时必须执行安全技术交底，听从统一指挥。

2. 使用起重机作业时，必须正确选择吊点，合理穿挂索具、试吊，除指挥及挂钩人员外，严禁其他人员进入吊装作业区。

3. 使用两台吊车抬吊大型构件时，吊车性能应一致，单机荷载应合理分配，且不得超过额定荷载的80%，作业时必须统一指挥，动作一致。

4. 基本操作

4.1 穿绳：确定吊物重心，选好挂绳位置。穿绳应用铁钩，不得将手臂伸到吊物下面。吊运棱角坚硬或易滑的吊物，必须加衬垫，用套索。

4.2 挂绳：应按顺序挂绳，吊绳不得相互挤压、交叉、扭压、绞拧。一般吊物可用兜挂法，必须保护吊物平衡，对于易滚、易滑或超长货物，宜采用绳索方法，使用卡环锁紧吊绳。

4.3 试吊：吊绳套挂牢固，起重机缓慢起升，将吊绳绷紧稍停，起升不得过高。试吊中，指挥信号工、挂钩工、司机必须协调配合。如发现吊物重心偏移或其他物件粘连等情况时，必须立即停止起吊，采取措施并确认安全后方可起吊。

4.4 摘绳：落绳、停稳、支稳后方可放松吊绳。对易滚、易滑、易散的吊物，摘绳要用安全钩。挂钩工不得站在吊物上面。如遇不易人工摘绳时，应选用其他机具辅助，严禁攀登吊物及绳索。

4.5 抽绳：吊钩应与吊物重心保持垂直，缓慢起绳，不得斜拉、强拉，不得旋转吊臂抽绳。如遇吊绳被压，应立即停止抽绳，可采取提头试吊方法抽绳。吊运易损、易滚、易倒的吊物不得使用起重机抽绳。

4.6 吊挂作业应遵守以下规定：

（1）兜绳吊挂应保持吊点位置准确、兜绳不偏移、吊物平衡。

（2）锁绳吊挂应便于摘绳操作。

（3）卡具吊挂时应避免卡具在吊装中被碰撞。

（4）扁担吊挂时，吊点应对称于吊物中心。

4.7 捆绑作业应遵守以下规定：

（1）捆绑必须牢固。

（2）吊运集装箱等箱式吊物装车时，应使用捆绑工具将箱体与车连接牢固，并加垫防滑。

（3）管材、构件等必须用紧线器紧固。

5. 新起重工具、吊具应按说明书检验，试吊后方可正式使用。

6. 长期不用的起重、吊挂工具，必须进行检验、试吊，确认安全后方可使用。

7. 钢丝绳、套索等的安全系数不得小于 8～10。

8. 构件及设备的吊装

8.1 作业前应检查被吊物、场地、作业空间等，确认安全后方可作业。

8.2 作业时应缓起、缓移、缓转，并用控制绳保持吊物平稳。

8.3 移动构件、设备时，构件、设备必须和拍子连接牢固，保持稳定。道路应坚实平整，作业人员必须听从统一指挥，协调一致。使用卷扬机移动构件或设备时，必须用慢速卷扬机。

8.4 码放构件的场地应坚实平整。码放后应支撑牢固、稳定。

8.5 吊装大型构件使用千斤顶调整就位时，严禁两端千斤顶同时起落；一端使用两个千斤顶调整就位时，起落速度应一致。

8.6 超长型构件运输中，悬出部分不得大于总长的 1/4，并采取防护倾覆措施。

8.7 暂停作业时，必须把构件、设备支撑稳定，连接牢固后方可离开现场。

9. 吊索具

9.1 作业时必须根据吊物的重量、体积、形状等选用合适的吊索具。

9.2 严禁在吊钩上补焊、打孔。吊钩表面必须保持光滑，不得有裂纹。严禁使用危险断面磨损程度达到原尺寸的 10%、钩口开口度尺寸比原尺寸增大 15%，扭转变形超过 10%、危险断面或颈部产生塑性变形的吊钩。板钩衬套磨损达原尺寸的 50% 时，应报废衬套。板钩心轴磨损达原尺寸的 5% 时，应报废心轴。

9.3 编插钢丝绳索具宜用 6×37 的钢丝绳。编插段的长度不得小于钢丝绳直径的 20 倍，且不得小于 300mm。编插钢丝绳的强度应按原钢丝绳强度的 70% 计算。

9.4 吊索的水平夹角应大于 45°。

9.5 使用卡环时，严禁卡环侧向受力，起吊前必须检查封闭销是否拧紧。不得使用有裂纹、变形的卡环。严禁用焊补方法修复卡环。

9.6 凡有下列情况之一的钢丝绳不得继续使用：

（1）在一个节距的断丝数量超过总丝数的 10%。

（2）出现拧钮死结、死弯、压扁、松股明显、波浪形、钢丝外飞、绳芯挤出以及断股等现象。

（3）钢丝绳直径减少7%～10%。

（4）钢丝绳表面钢丝磨损或腐蚀程度，达表面钢丝直径的40%以上，或钢丝绳被腐蚀后，表面麻痕清晰可见，整根钢丝绳明显变硬。

9.7　使用新购置的吊索具前应检查其合格证，并试吊，确认安全。

10.补充交底内容：

四十九、卷扬机的操作

1.卷扬机的使用：

1.1　卷扬机司机必须经专业培训，考试合格，持证上岗作业，并应做到定人定机。

1.2　卷扬机安装的位置必须选择视线良好，远离危险作业区域的地点。卷扬机距第一导向轮（地轮）的水平距离应在15m左右。"从卷筒中心线到第一导向轮的距离，带槽卷筒应大于卷筒宽度的15倍，无槽卷筒应大于卷筒宽度的20倍。钢丝绳在卷筒中间位置时，滑轮的位置与卷筒中心垂直"。导向滑轮不得用开口拉板（俗称开口葫芦）。

1.3　卷扬机后面应埋设地锚与卷扬机底座用钢丝绳牵牢，并应在底座前面打桩。

1.4　卷筒上的钢丝绳应排列整齐，应至少保留3～5圈。导向滑轮至卷扬机卷筒的钢丝绳，凡经过通道处必须遮护。

1.5　卷扬机安装完毕必须按标准进行检验，并进行空载、动载、超载试验。

（1）空载试验：即不加荷载，按操作中各种动作反复进行，并试验安全防护装置灵敏可靠。

（2）动载试验：即按规定的最大载荷进行动作运行。

（3）超载试验：一般在第一次使用前，或经大修后按额定载荷的110%～125%逐渐加荷进行。

1.6　每日上班前应对卷扬机、钢丝绳、地锚、地轮等进行检查，确认无误后，试空车运行，合格后方可正式作业。

1.7　卷扬机在运行中，信号操作人员（司机）不得擅离岗位。

1.8　卷扬机司机必须听清信号或看清楚作业情况，当信号不明或可能引起事故时，必须停机待信号明确后方可继续作业。必要时应设置专门的信号联系装置。

1.9　吊物在空中停留时，除用制动器外并应用棘轮保险卡牢（没有该装置除外）。作业中如遇突然停电必须先切断电源，然后按动刹车慢慢地放松，将吊物匀速缓缓地放至地面。

1.10　保养设备必须在停机后进行，严禁在运转中进行维修保养或加油。

1.11　夜间作业，必须有足够的照明装置。

1.12　卷扬机不得超吊或拖拉超过额定重量的物件。

1.13　司机离开时，必须切断电源，锁好闸箱。

2.补充交底内容：

五十、电梯安装工程

1. 一般规定

1.1 电梯安装操作人员，必须经身体检查，凡患心脏病、高血压病者，不得从事电梯安装操作。

1.2 进入施工现场，必须遵守现场安全制度，操作时精神集中，并按规定穿戴个人防护用品。

1.3 电梯安装井道内使用的照明灯，其电压不得超过36V，操作用的手持电动工具必须绝缘良好，须经二级漏电保护，漏电保护器灵敏、有效。

1.4 梯井内操作必须系安全带，上、下走爬梯，不得爬脚手架，操作使用的工具用毕必须装入工具袋，物料严禁上、下抛扔。

1.5 电梯安装使用脚手架必须经组织验收合格，办理交接手续后方可使用。

1.6 焊接动火应办理动火证，备好灭火器材和监护人员，严格执行消防制度。施焊完毕必须检查火种，确认已熄灭方可离开现场。

1.7 设备拆箱、搬运时，拆箱板必须及时清运，在指定地点码放。拆箱板钉子应打弯。抬运重物前后呼应，配合协调。

1.8 长形部件及材料必须平放，严禁立放。

2. 电梯安装

2.1 样板架设应遵守以下规定：

(1) 样板应牢固准确，制做样板时，样板架木方的木质，强度必须符合规定要求。

(2) 样板架木方应按工艺规定牢固地安装在井道壁上，不允许承重它用。

(3) 放钢丝线时，钢丝线上临时所拴重物重量不得过大，必须捆扎牢固。放线时下方不得站人。

2.2 导轨及其部件安装前应遵守以下规定：

(1) 剔墙、打设膨胀螺栓，操作时应站好位置，系好安全带，戴防护眼镜，持拿榔头不得戴手套，不得上下交叉作业。

(2) 电锤应用保险绳拴牢，打孔不得用力过猛，防止遇钢筋卡住。

(3) 剔下的混凝土块等物，应边剔边清理，不得留在脚手架上。

(4) 用气焊切割后的导轨支架必须冷却后，再焊接。

(5) 导轨支架应随稳随取，不得大量堆积于脚手板上。

(6) 导轨支架与预埋铁先行点焊，每侧必须上、中、下三点焊牢，待导轨调整完毕之后，再按全位置焊牢。

(7) 在井道内紧固膨胀螺栓时，必须站好位置，扳手口应与螺栓规格协调一致，紧固用力不得过猛。

2.3 导轨安装应遵守以下规定：

(1) 做好立道前的准备，应根据操作需要，由架子工对脚手板等进行重新铺设，准备导轨吊装的通道，挂滑轮处进行加固等，必须满足吊装轨道承重的安全要求。

（2）采用卷扬机立道，起吊速度必须低于 8m/min。必须检查器重工具设备，确认符合规定方可操作。

（3）立轨道应统一行动，密切配合，指挥信号清晰明确，吊升轨道时，下方不得站人，并设专人随层进行监护。

（4）轨道就位连接或轨道暂时立于脚手架时，回绳不得过猛，导轨上端未与导轨支架固定好时，严禁摘下吊钩。

（5）导轨凸凹榫头相接入槽时，必须听从接道人员信号，落道要稳。

（6）紧固压道螺栓和接道螺栓时，上下配合好。

2.4 轨道调整应遵守以下规定：

（1）轨道调整时，上下必须走梯道，严禁爬架子。

（2）所用的工具器材（如垫片、螺栓等）应随时装入工具袋内，不得乱放。

（3）无围墙梯井，如观光梯，严禁利用后沿的护身栏当梯子，梯外必须按高处作业规定进行。

2.5 厅门及其部件安装应遵守以下规定：

（1）安装上坎时（尤其货梯）必须互相配合，重量大宜用滑轮等起重工具进行。

（2）厅门门扇的安装必须按工艺防坠落的安全技术措施执行。

（3）井道安全防护门在厅门系统正式安装完毕前严禁拆除。

（4）机锁、电锁的安装，用电钻打定位销孔时，必须站好位置，工具应按规定随身携带。

2.6 机房内机械设备安装应遵守以下规定：

（1）搬抬钢架、主机、控制柜等应互相配合，在尚无机房地板的梯井上稳装钢梁时，必须站在操作平台上操作。

（2）对于机房在下面，其顶层钢梁正式安装前，禁止将绳轮放在上面；钢梁应稳装在梯井承重墙或承重梁的上方，在此之前，不允许将主机、抗绳轮置于钢梁上。

（3）曳引机吊装前，必须校核吊装环的载荷强度。

（4）安装抗绳轮应采用倒链等工具进行，可先安装轴承架，再进行全部安装，操作时下方严禁站人。

2.7 井道内运行设备安装应遵守以下规定：

（1）安装配重前检查倒链及承重点应符合安全要求。

（2）配重框架吊装时，井道内不得站人，其放入井道应用溜绳缓慢进行。

（3）导靴安装前，安装中不可拆除倒链，并应将配重框架支牢固，扶稳。

（4）安装配重块应放入一端再放入另一端，两人必须配合协调，配重块重量较大时，宜采用吊装工具进行。

（5）轿厢安装前，轿厢下面的脚手架，必须满铺脚手板。

（6）倒链固定要牢固，不得长时间吊挂重物。

（7）轿厢载重量在 1000kg，井道井深不大于 2.3m 可用两根不小于 200mm×200mm 坚硬木方支撑；载重量在 3000kg 以下，井道深度不大于 4m，可用两根 18 号工字钢或 20 号槽钢作支撑，如载重量及井道进深超过上述规定时，应增加支撑物规格尺寸。

（8）两人以上抬杠重物应密切配合（如：上下底盘），部件必须拴牢。

（9）吊装底盘就位时，应用倒链或溜绳缓慢进行，操作人员不得站在井道内侧。

（10）吊装上梁，轿顶等重物时，必须捆绑牢固，操作倒链，严禁直立于重物下面。

（11）轿厢调整完毕，所有螺栓必须拧紧。

（12）钢丝绳安装放测量绳线时，绳头必须拴牢，下方不得站人。

（13）使用电炉熔化钨金时，炉架应做好接地保护；绳头灌钨金时，应将勺及绳头进行预热，化钨金的锅不得掉进水点，操作时必须戴手套及防护眼镜。

（14）放钢丝绳时，要有足够的人力、人员严禁站于钢丝绳盘线圈内，手脚应远离导向物体，采用直接挂钢丝绳工艺，制作绳头时，辅助人员必须将钢丝绳拽稳，不得滑落。

（15）对于复线式电梯，用大绳等牵引钢丝绳，绳头拴绑处必须牢固，严禁钢丝绳坠落。

2.8 电线管，电线槽的制作安装应遵守以下规定：

（1）使用砂轮锯切割电线管，应将工件平放，压力不得过猛。管槽锯口应去掉毛刺。

（2）在井道进行线槽及铁管安装时，应随用随取，不得大量堆于脚手板上，使用电钻，严禁戴手套。

（3）穿线、拉送线双方呼应联系要准确，送线人员的手应远离管口，双方用力不可过急过猛。

（4）机房内采用沿地面厚板明线槽，穿线后确认没有损伤导线，必须加盖牢固。

3．电梯调试

3.1 慢车准备及慢车运行应遵守以下规定：

（1）慢车运行之前，必须具备以下条件：

①缓冲器安装调整完毕，液压缓冲器注油。

②限速器调速完毕。

③抱闸调整完毕，其动作可靠无误。

④急停回路中各开关作用准确可靠。

⑤上下极限开关安装调整完毕，并投入使用。

（2）轿顶护身栏安装完毕，轿顶照明应完备。

（3）井道内障碍物应清除，孔洞盖严，存储器运行中不碰撞。

（4）因故厅门暂不能关闭，必须设专人监护，装好安全防护门（栏），挂警告牌。

（5）若总承包单位（客户）在初次运行之前未装修好门套部分，必须将门厅两侧空隙封严，物料不得伸入梯井。

（6）暂不用的按钮应用铁盖等措施保护封闭。

（7）慢车运行，任何人在任何地方使轿厢运行时（机房、轿顶、轿内）必须取得联系，方可运行。

（8）在轿顶操作人员应选好位置，并注意井道器件，建筑物凸出结构、错车（与对重交错0位置，以及复绕绳轮）。到达预定位置开始工作前，必须扳断电轿顶（或轿内）急停开关，再次运行前，方可恢复。

（9）在任何情况下，不得跨于轿厢与厅门门口之间进行工作。严禁探头于中间梁下、门厅口下、各种支架之下进行操作。特殊情况，必须切断电源。

（10）对于多部并列电梯，各电梯操作人员应互相照顾，如确难以达到安全时，必须使相邻电梯工作时间错开。

（11）轿厢上行时，轿顶上的操作人员必须站好位置，停止其他工作，轿厢行驶中，严禁人员出入。

（12）轿厢因故停驶，轿厢底坎如高于厅门底坎600mm，轿内人员不得向外跳出，外出必须从轿顶进行。

（13）在机房内，应注意曳引绳、曳引轮、抗绳轮、限速器等运动部分，必须设置围栏或防护装置，严禁手扶。

3.2　快车准备及快车运行（试车）应遵守下列规定：

快车运行之前，上述慢车运行的各条必须全部满足，安装工作全部结束后，快车运行还必须具备以下条件：

（1）经过慢车全程试车，各部位均正常无误。

（2）各种安全装置、安全开关等经模拟动作试验均动作灵敏可靠。

（3）各层厅门完全关闭，机、电锁作用可靠。

（4）快车运行中，轿顶不得站人。

（5）电梯试车过程中严禁携带乘客。

3.3　电梯局部检查及调整应遵守以下规定：

（1）在机房工作时，应将主电源切断，挂好标志牌，并设专人监护。

（2）盘车时，应将主电源切断，并采取断续动作方式，随时准备刹车。无齿轮电梯不准盘车。

（3）在各层操作时，进入轿厢前必须确认其停在本层，不得只看楼层灯即进入。在底坑操作时应切断停车开关或将动力电源切断。

（4）电梯的动力电源有改变时，再次送电之前，必须核对相序，防止电梯失控或电机烧毁。

（5）冬季试梯，曳引机应加低温齿轮油，若停梯时间较长，检查润滑油有凝结现象时，必须采取措施处理后，方可开车。

（6）检查线路、换接端子或修理电器时，尽量做到不带电，带电作业时，要有人监护，在通电电器接线端子裸露处附近，禁止使用没有绝缘柄的工具。

4．每天工作结束人离去前，必须切断电源，锁好开关箱，防止他人随意开动。

5．补充交底内容：

五十一、混凝土搅拌机的操作

1．混凝土搅拌机的操作人员（司机）必须经安全技术培训，考试合格，持证上岗。严禁无证操作。

2．混凝土搅拌机安装必须平稳牢固，轮胎应卸下保存（长期使用），并应搭设防雨、防砸的保温工作棚，二侧用定型钢丝网片作围栏。操作台应保持整洁，棚内设给水设施，棚外应设沉淀池，排水畅通，并应装设除尘设备。

3．搅拌机应实施二级漏电保护。

4. 每日必须进行班前、班中、班后"三检制"，其检查内容：

(1) 每日上班前应检查机棚内环境和机械是否有障碍物。检查钢丝绳、离合器、制动器和安全防护装置，应灵敏可靠，轨道滑轮良好正常，机身平稳。确认无误方可合闸试车。经 2~3min 运转，滚筒转动平稳，不跳动、不跑偏、无异常响声后，方可正式操作。

(2) 班中司机不得擅离岗位，应随时观察发现不正常现象或异常音响，应将搅拌筒内存料放出。停机拉闸断电（挂有人操作，严禁合闸警示牌）后进行检查修理。

(3) 班后应将机械内外洗刷干净，并将料斗升起，挂牢双保险钩后，拉闸断电并锁好电箱门。

5. 搅拌机不得超负荷使用。运转中严禁维修保养，严禁用工具伸入搅拌机内扒料。若遇中途停电时，必须将料卸出。

6. 强制式搅拌机的骨料必须按规定粒径的允许值供料，严禁使用超大骨料。

7. 砂堆板结需要捣松时，必须两人，一人操作，一人监护，必须站在安全稳妥的地方，并有安全措施。严禁盲目冒险作业。

8. 机械运转中，严禁将头或手伸入料斗与机架之间查看或探摸等作业。

9. 料斗提升时，严禁在料斗下操和或穿行。清理料斗基坑时，必须将料斗挂牢双保险钩后方可清理。

10. 冬季停机后，必须将水泵及贮水罐的水放净。

11. 运输搅拌机应办理通行证，按规定速度行驶，牵引时一般不得超过 20km/h。人力转移时，上下坡时应前转向、后制动、设专人指挥，密切配合，协调一致。

12. 补充交底内容：

五十二、牵引式混凝土输送泵的使用

1. 混凝土输送泵应安放在坚实平整的地面，放下支腿，将机身放平稳。

2. 混凝土输送泵管，水平泵送管道宜直线敷设，接头应密封严紧，管卡应连接牢固。应在垂直管前端加装长度不小于 20m 的水平长管，并在水平管近泵处加装逆止阀，严禁将垂直管直接接在混凝土输送泵的输出口。

3. 敷设向下倾斜的管道时，应在输出口上加装一段水平管，其长度不应小于倾斜管高低差的 5 倍。当倾斜度较大时，应在坡度上端装设排气活阀；

4. 泵送管道应有支承固定，在管道和固定物之间应设置木垫作缓冲，不得直接与钢筋或模板相连，管道与管道间应连接牢靠；管道接头和卡箍应扣牢密封，不得漏浆；不得将已磨损管道装在后端高压区；

5. 泵送管道敷设后，应进行耐压试验。

6. 机械部分紧固点牢固、可靠、链条和皮带松紧度符合规定要求，传动部位运转正常。

7. 疏通堵塞管道时，应疏散周围人员。拆卸管道清洗前应采取反抽方法，清除输送管道的压力。拆卸时严禁管口对人。

8. 作业时不得取下料斗格栅网和其他安全装置。不得攀登和骑压输送管道，不得把手伸入阀体内工作，严禁在泵送时拆卸管道。

9. 清洗管道时，操作人员应离开管道出口弯管接头处。如用压缩空气清洗管道时，管道出口处 10m 内不得有人和设备。

10. 作业后，将液压系统卸压，将全部控制开关回到原始位置。

11. 补充交底内容：

五十三、灰浆搅拌机的操作

1. 灰浆搅拌机操作人员（司机）应经过安全技术培训，考试合格，持证上岗。

2. 灰浆搅拌机的安装应平稳牢固，行走轮应架空，机座应垫高出地面。并搭设防砸、防雨棚。

3. 作业前检查电气设备、漏电保护器和可靠的接零和重交接地保护；传动部分、安全防护装置齐全有效，确认无异常后方可试运转。

4. 操作时先启动，待运转正常后，方可加料和水进行搅拌，不得先加足料后再起动。沙子应过筛，投料严禁超量。

5. 加料时使用工具应高于搅拌叶，严禁运转中把工具伸进搅拌筒内扒料。

6. 搅拌筒内落入大的杂物时，必须停机后再检查，严禁运转中伸手去捡捞。

7. 运转中严禁维修保养，发现卡住或异常时，应停机拉闸断电后再排除故障。

8. 作业完毕，必须切断电源，拔去电源插头（销），并用水将灰浆搅拌机内外清洗干净（清洗时严禁电气设备进水），方可离开。

9. 补充交底内容：

五十四、蛙式打夯机的操作

1. 每台夯机的电机必须是加强绝缘或双重绝缘电机，并装有漏电保护装置。

2. 夯机操作开关必须使用定向开关，并保证动作灵敏，且进线口必须加胶圈，每台夯机必须单独使用闸具或插座。并实施二级漏电保护。

3. 必须使用四芯橡套电缆线。电缆线在通过操作开关线口之前应与夯机机身用卡子固定。电源开关至电机段的电缆线应穿管固定敷设，夯机的电缆不得长于 50m。

4. 夯机的操作手柄必须加装绝缘材料。

5. 每班前必须对夯机进行以下检查：

(1) 各部电气部件的绝缘及灵敏程度，接零线是否完好。

(2) 偏心块连接是否牢固，大皮带轮及固定套是否有轴向窜动现象。

(3) 电缆线是否有扭结、破裂、折损等可能造成漏电现象。

(4) 整体结构是否有开焊和严重变形现象。

6. 每台夯机应设两名操作人员，一人操作夯机，一人随机整理电线。操作人员均必须戴绝缘手套和穿胶鞋。

7. 操作夯机者应根据现场情况和工作要求确定行夯路线，操作时按行夯路线夯机直线行走。严禁强行推进、后拉、按压手柄、强行猛拐弯或撒把不扶，任夯机自由行走。

8. 随即整理电线者应随时将电缆整理通顺，盘圈送行，并应与夯机保持 3~4m 的余量，发现电缆线有扭结缠绕、破裂及漏电现象，应及时切断电源，停止作业。

9. 夯机作业前方 2m 内不得有人。多台夯机同时作业时，其并列间距不得小于 5m，纵列距不得小于 10m。

10. 夯机不得打冻土、坚石、混有砖石碎块的杂土以及一边偏硬的回填土。在边坡作业时应注意保持夯机平稳，防止夯机翻倒坠夯。

11. 经常保持机身整洁、托盘内落入石块、杂物、积土较多或底部粘土过多，出现啃土现象时，必须停机清除，严禁在运转中清除。

12. 搬运夯机时，应切断电源，并将电线盘好，夯头绑住。往坑槽下运送时，应用绳索送，严禁推、扔夯机。

13. 停止操作时，应切断电源，锁好电源闸箱。

14. 夯机用后必须妥善保管，应遮盖防雨布，并将其底部垫高。

15. 补充交底内容：

五十五、井架搭拆工程

1. 井架塔设高度和起重量必须按设计规定要求，严禁超负荷使用。

2. 高架提升机的基础应进行设计，基础应能可靠的承受作用在其上的全部荷载。基础的埋深与做法，应符合设计和提升机出厂使用规定。低架提升机的基础，当无设计要求时，应符合下列要求：

(1) 土层压实后的承载力，应不小于 80kPa；

(2) 浇注 C20 混凝土，厚度 300mm；

(3) 基础表面应平整，水平度偏差不大于 10mm。

3. 高度为 20m 以下的井架应设缆风一组 (4~8 根)；每增高 10m 加设一组。缆风绳上端要用吊耳和卸甲连接，并用 3 只以上的钢丝绳夹头紧固。

4. 井架采用附墙时应用刚性支撑与建筑物牢固连接，连接点必须经过计算，井架附墙杆不得附着脚手架上，附墙杆材质应与架体的材质相同。每道附墙间隔不得大于 9m。

5. 井架搭至 11m 高度必须设临时缆风，待固定缆风或附墙支撑设置后，方可拆除。缆风绳与地面夹角应为 45°~60°，与地锚或桩头必须牢固连接。地锚、桩头要安全可靠，桩头后须有拖桩。如使用木桩，木桩直径不得小于 15cm，埋深不少于 1.5m。禁止将缆风绳拴在树木、电杆上。

6. 提升高度在 30m 以上的井架，其缆风绳上的花篮螺丝，必须加以保险。穿越马路时，要采取可靠的安全措施。还应增设超载限制器、下极限限位、缓冲器等安全装置。

7. 缆风绳不准在高压线上方通过，与高压架空线必须保持规定的安全距离。

8. 井架的立柱应垂直稳定，其垂直偏差应不超过高度的千分之一，接头应相互错开，同一平面的接头不应超过 2 个。井架导向滑轮与卷扬机绳筒的距离，无槽光筒应大于卷筒长度的 20 倍。

9. 井架运输通道宽度不小于 1m，搁置点必须牢靠，通道两边必须装设防护栏杆，密目网和挡脚板，并装有定型的安全门高低不低于 1.8m。

10. 井架吊篮必须装有防坠装置和定型化的停靠装置，超高限止器和安全门；吊篮提升应使用双根钢丝绳；吊篮两侧装有安全挡板或网片，高度不得低于 1m，防止手推车等物件滑落；吊篮的焊接必须符合规范。

11. 井架底层周围及通道口，必须装设定型化的隔离防护栅，高度 1.8m，井架高度超过 30m，须搭设双层安全棚，井架的三面全高包小眼网。

12. 井架必须装设可靠的避雷和接地装置；卷扬机应单独接地并装设防雨罩。

13. 卷扬机应采用点动开关。

14. 井架吊篮与每层楼面必须有醒目的层楼标志及信号通讯装置。

15. 装设起重把杆的井架，把杆底座要高出建筑物，把杆顶部不得高于井架；起重把杆与井架的夹角应在 45°~70°之间，并设保险钢丝绳。起重钢丝绳应装设限位装置。把杆不得碰到缆风绳。

16. 井架吊篮内严禁乘人。

17. 井架进行保养维修工作时，必须停止使用。

18. 井架的平撑、斜撑、缆风绳等严禁随意拆除。

19. 拆除井架，应先设置临时缆风。遇没有两层缆风绳的井架，应对下层缆风绳采取可靠的安全措施后，方可拆除顶层缆风绳。

20. 搭拆井架要设警戒区，并指定专人负责，操作人员必须佩带安全带。

21. 补充交底内容：

五十六、大型高处作业吊篮工程

1. 吊篮操作工，必须经市认定的机构培训合格，持证上岗。无操作上岗证的人员，严禁操作吊篮。

2. 进入吊篮，必须戴好安全帽，戴好安全带、钩牢保险钩（拴在安全保险绳上）。

3. 吊篮操作工和上篮人员，应严格遵守吊篮"使用说明书"和"安全技术规定"。

4. 上吊篮人员必须身体健康，无高血压病、贫血病、心脏病、癫痫病和其他不适宜高空作业的疾病，严禁酒后操作，禁止在吊篮内玩笑戏闹。

5. 吊篮搭设构造必须遵照专项安全施工组织设计（施工方案）规定，组装或拆除时，应 3 人配合操作，严格按搭设程序作业，任何人不允许改变方案。

6. 吊篮的负载不得超过 $1176N/m^2$（$120kg/m^2$），吊篮上的作业人员和材料要对称分布，不得集中在一头，保持吊篮负载平衡。

7. 承重钢丝绳与挑梁连接必须牢靠，并应有预钢丝绳受剪的保护措施。

8. 吊篮的位置和挑梁的设置应根据建筑物实际情况而定。挑梁挑出的长度与吊篮的吊点必须保持垂直，安装挑梁时，应使挑梁探出建筑物一端稍高于另一端。挑梁在建筑物内外的两端应用钢管连接牢固，成为整体。

9．每班第一次升降吊篮前，必须先检查电源、钢丝绳、屋面悬、臂架，悬臂架压铁是否符合要求，检查安全锁和升降电机是否完好。

10．吊篮升降范围内，必须清除外墙面的障碍物。

11．严禁将吊篮作为运输材料和人员的"电梯"使用，严格控制吊篮内的荷载：

12．上篮作业人员必须在上、下午离开吊篮前，对安全锁、升降机及钢丝绳等沾污的水泥浆等杂物垃圾作一次清除，以确保机械的安全可靠性。

13．上吊篮人员在操作前必须做到下列几点：

(1) 检查电源线连接点，观察指示灯；

(2) 按启动按钮，检查平台是否处于水平；

(3) 检查限位开关；

(4) 检查提升器与平台的连接处；

(5) 检查安全绳与安全锁连接是否可靠，动作是否正常。

14．每天下班停用吊篮，应将吊篮下降到二层楼窗厅口，并用拉杆将吊篮拉牢在建筑物窗洞口上，不使吊篮随风飘动。

15．电动升降吊篮必须实施二级漏电保护。

16．补充交底内容：

五十七、管 道 工 程

1．使用机电设备、机具前应检查确认性能良好，施工机具须经二级漏电保护，不得"带病"运转。

2．在拉设临时电源时，电线均应架空，过道须用钢管保护，不得乱拖乱拉，电线被车辗物压。

3．操作机电设备，严禁戴手套，袖口扎紧，机械运转中不得进行维修保养。

4．使用砂轮锯，压力均匀，人站在砂轮片旋转方向侧面。

5．使用切割机时，首先检查防护罩是否完整，后部严禁有易燃易爆物品，切割机不得代替砂轮磨物，必须将洞口周围清理干净，严禁向下抛掷物料。作业完毕必须将洞口盖板盖牢。

6．绞丝机工作台压力案上不得放重物和立放丝板、手工套丝，应防止扳机滑落。

7．用小推车运管时，清理好道路，管放在车上必须捆绑牢固。电气焊作业前，应申请动火证，并派专人看火，备好灭火用具。焊接地点不得有易燃易爆物品。

8．现场挖掘管沟或深坑时，应根据土质情况加设挡土板，防止倒塌，如土质不良，管坑深满1m时，均应采用支撑或斜坡，地沟或深坑必须设置明显标志。在电缆附近挖土时，事先须与有关部门联系，采取安全措施后，才能施工。

9．往沟内运管，应上下配合，不得往沟内抛掷管件。

10．安装立、托、吊管时，要上、下配合好。尚未安装的楼板预留洞口必须盖严盖牢。使用人字梯、临时脚手架、绳索等必须坚固、平稳。脚手架不得超重，不得有空隙和探头板。

11. 采用井字架、龙门架、外用电梯往楼层内搬运瓷器时，每次不能放置过多。瓷器运至楼层后应选择安全地方放置，下面必须垫好草袋或木板，不得磕碰受损。

12. 补充交底内容：

五十八、空压机的操作

1. 输气管应避免急弯，对较长管路应设伸缩变形装置。打开送风阀前，必须事先通知工作地点的有关人员。

2. 空气压缩机出气口处不得有人工作。储气罐放置地点应通风，严禁日光曝晒和高温烘烤。

3. 距储气罐15m以内不得进行焊接或热加工作业。

4. 压力表、安全阀和调节器等应定期校验，保持灵敏有效。电动空气压缩机的外壳接零良好，并经漏电保护。

5. 发现气压表、机油压力表、温度表，电流表的指示值突然超过规定或指示不正常；发生漏水、漏气、漏电、漏油或冷却突然中断；发生安全阀不停放气或空气压缩机声响不正常等情况，而且不能调整时，应立即停车检修。

6. 严禁用汽油或煤油刷曲轴箱、滤清器或其他空气通路的零件。停车时应先降低气压。

7. 补充交底内容：

五十九、烟囱作业工程

1. 高空作业人员，必须定期检查身体。凡精神不正常、高血压、心脏衰弱者，不得进行高空作业。

2. 新来的工人，登高前必须进行烟囱高处作业的操作规程的学习，在他们全部熟悉安全要求后，才能登高作业。

3. 当遇到大风雷雨时，所有高空作业暂停，操作人员应有序下至地面避雷。

4. 操作台上的材料，必须平均堆放，每班下班前，应清扫一遍，不用的工具和材料，用吊笼运到地面。

5. 竖井架的缆风绳应拉在可靠的地方，并经常检查。缆风绳在拉紧或松开时，须对面同时进行。

6. 接高井架时，应先检查以前安装是否牢固，同时重新调试好安全装置。本班内所安装井架，不得遗留尚未紧固好的构件。

7. 高空作业时，应预防附近烟囱排出的含有煤气和其他有害气体侵害，避免中毒。

8. 防雷接地装置经常检查柔性联结器有尤松动，若发生松弛时，应立即拉紧，以保持竖井架的垂直。

9. 补充交底内容：

六十、水 塔 工 程

1. 高空作业人员必须定期检查身体，不合格者不得进行高空作业。
2. 高空操作人员要系安全带，水塔下部应搭设双层防护棚。
3. 每班操作前要仔细检查架杆、架板、升降设备。绳索滑车缆风绳、制动设备等是否完好，发现问题应及时修好。
4. 六级以上大风不宜进行高空作业。
5. 要有安全可靠的接地装置。
6. 补充交底内容：

六十一、冷 却 塔 工 程

1. 高空作业人员必须定期检查身体，合格人员方能登高作业。
2. 施工地点的周围划定危险区一般不小于 $20m^2$。
3. 螺栓（帽）、模板、三角架零件、脚手板操作工具等零件严禁从高空扔下。
4. 要经常保持上下联系设备的正常运转。
5. 竖井架的缆风绳及其他地锚要经常检查，地锚周围应有防水措施。
6. 三角架的护身栏安装时要钩好。
7. 里外层三角架、吊篮的安全网，其上部要挂在外排杆的孔眼里，下部要兜住吊篮、挂在最下层三角架的水平杆上。
8. 补充交底内容：

六十二、通 风 工 程

1. 一般规定：
1.1 操作时用火，必须申请动火证，清除周围易燃物，配足消防器材，应有专人看火和防火措施。
1.2 下料所载的铁皮边角余料，应随时清理堆放指定地点，必须做到工完料净场地清。
1.3 操作前应检查所用的工具，特别是锤柄与锤头的安装必须牢固可靠。活扳手的控制螺栓失灵和活动钳口受力后易打滑和歪斜不得使用。
1.4 操作使用錾子剔法兰或剔墙眼应戴防护眼镜。錾子毛刺应及时清理掉。
1.5 在风管内操作铆法兰及腰箍冲眼时，管内外操作人员应配合一致，里面的人面部必须避开冲孔。
1.6 人力搬抬风管和设备时，必须注意路面上的孔、洞、沟、坑和其他障碍物。通道上部有人施工，通过时应先停止作业。两人以上操作要统一指挥，互相呼应。抬设备或风管时应轻起慢落，严禁任意抛扔。往脚手架或操作平台搬运风管和设备时，不得超过脚手架或操作平台允许荷载。在楼梯上抬运风管时，应步调一致，前后呼应，应避免跌倒或碰伤。

1.7 搬抬铁板必须戴手套，并应用破布或其他物品垫好。

1.8 安装使用的脚手架，使用前必须经检查验收合格后方可使用。非架子工不得任意拆改。使用高凳或高梯作业，底部应有防滑措施并有人扶梯监护。

1.9 安装风管时不得用手摸法兰接口，如螺丝孔不对，应用尖冲撬正。安装材料不得放在风管顶部或脚手架上，所用工具应放入工具袋内。

1.10 楼板洞口安装风管，要上、下配合好。完工后要将洞口的安全防护设施恢复。

1.11 在操作过程中，室内外如有井、洞、坑、池等周边应设置安全防护栏或牢固盖板。安装立风管未完工程，立管上口必须盖严封牢。

1.12 在斜坡屋面安装风管、风帽时，操作人员应系好安全带，并用索具将风管固定好，待安装完毕后方可拆除索具。

1.13 吊顶内安装风管，必须在龙骨上铺设脚手板，两端必须固定，严禁在龙骨、顶板上行走。

1.14 安装玻璃棉、消音及保温材料时，操作人员必须戴口罩、风帽、风镜、薄膜手套，穿丝绸料工作服。作业完毕时可洗热水澡冲净。

2. 常用机械及工具

2.1 使用咬口机应遵守下列规定：

（1）操作时不得放在咬口机轨道上，送料时要将板材摆直放正、扶稳，手指距滚轮不得小于5cm。

（2）操作人员应与出料铁板保持安全距离，预防铁板边蹭伤。

2.2 使用扳边机应遵守下列规定：

（1）上下模间的间隙必须调整均匀，下模和工作台上不准放置任何工具和杂物，工件表面不得有焊疤等缺陷。

（2）操作时不得将手靠近上下模。操作人员应相互配合，翻板及折方时，前面不得站人。

2.3 使用液压铆钉钳应遵守下列规定：

（1）接通电源后，应运转2～3min，无异常声音时再按动钳头按钮。操作时，必须将铆钉头与钳头活塞杆中心对准，按动电钮完成板材冲孔，然后偏移铆钉中心，再按动电钮即完成铆接作业。

（2）操作时严禁将手置于活塞杆与铆钉之间。应注意手同开关的距离，严禁准备工作时触动开关。

（3）系统上的压力调整螺钉与流量调整螺钉，严禁随意拧动。

2.4 使用电动剪应遵守以下规定：

（1）根据被剪材料的厚度选用相应的规格的剪刀，预防因超负荷工作而崩刃。

（2）使用电动剪刀时，手要扶稳电动剪，用力适当，严禁用手摸刀片和用手触摸刚刚剪过的工件边缘。

2.5 使用卷圆机应遵守下列规定：

(1) 操作时应把工件放平、放稳再开机，手不得直接推送板料，预防手被卷入。

(2) 卷板时，机器未停止转动不准进行检测，卷板的圆度卷到末端时必须留一定余量，预防伤人或损坏机械设备。

2.6 使用剪板机应遵守下列规定：

(1) 操作前应认真检查润滑、限位等部位是否正常，开机后必须先空运转，确认正常后再进行剪板。

(2) 操作剪板机剪切钢板，应放置平稳。应与机器操作人员配合一致，手严禁伸入压力下方，待送料人员离开危险部位的方可进行剪切。严禁剪切超过规定厚度和压不住的窄钢板。上刀架不得放置工具等物品。调整铁板时，手不得触动开关，脚不得放在踏板上。

(3) 机器在运转中严禁在剪床上捡、拾边角废料。工作完毕应拉闸断电，锁好闸箱，并及时清理下脚料，做到工完场地清。

2.7 使用撬棍应遵守下列规定：

(1) 撬棍的支点应靠近重物，支点下应利用坚硬石块或铁块垫实，并应有一定的底面积，防止支点滑脱。

(2) 操作时先将一端撬起，垫上枕木，再撬起另一端，如此反复进行，依次逐渐把重物举高。将重物落下也是用上述方法。两边高差不得太大，防止设备倾倒。

3. 补充交底内容：

六十三、电 焊 工 程

1. 操作时应穿电焊工作服、绝缘鞋和戴电焊手套、防护面罩等安全防护用品，高处作业时系安全带。

2. 电焊、气割，严格遵守"十不烧"规程操作。

3. 操作前应检查所有工具、电焊机、电源开关及线路是否良好，金属外壳应有安全可靠接地或接零，进出线应有完整的防护罩，进出线端应用铜接头焊牢。二次侧加装空载降压保护装置。

4. 每台电焊机应采用自动空气开关。开关的保险丝容量，应为该机的1.5倍，严禁用其他金属丝代替保险丝，完工后，切断电源。

5. 电气焊的弧火花点必须与氧气瓶、乙炔瓶、木料、油类等危险物品的距离不少于10m。与易爆物品的距离不少于20m。

6. 乙炔瓶、氧气瓶均应设有安全回火防止器，橡皮管连接处须用专用扎头固定。

7. 氧气瓶、严防沾染油脂、有油脂衣服、手套等，禁止与氧气瓶、减压阀、氧气软管接触。

8. 清除焊渣时，面部不应正对焊缝，防止焊渣溅入眼内。

9. 经常检查氧气瓶与减压阀表头处的罗纹是否滑牙，橡皮管是否漏气，焊割炬嘴和炬身无阻塞现象。

10. 注意安全用电，电线不准乱拖乱拉，电源线均应架空扎牢。

11. 焊割点周围和下方应采取防火措施，并应指定专人防火监护。

12. 补充交底内容：

六十四、气 焊 工 程

1. 点燃焊（割）炬时，应先开乙炔阀点火，然后开氧气阀调整火焰。关闭时应先关闭乙炔阀，再关氧气阀。

2. 点火时，焊炬口不得对着人，不得将正在燃烧的焊炬放在工件或地面上。焊炬带有乙炔气和氧气时，不得放在金属容器内。

3. 作业中发现气路或气阀漏气时，必须立即停止作业。

4. 作业中若氧气管着火应立即关闭氧气阀门，不得折弯胶管断气；若乙炔管着火，应先关熄炬火，可用弯折前面一段软管的办法止火。

5. 高处作业时，氧气瓶、乙炔瓶、液化气瓶不得放在作业区域正下方，应与作业点正下方保持在 10m 以上的距离。必须清除作业区域下方的易燃物。

6. 不得将橡胶软管背在背上操作。

7. 作业后应卸下减压器，拧上气瓶安全帽，将软管盘起捆好，挂在室内干燥处；检查操作场地确认无着火危险后方可离开。

8. 冬天露天作业时，如减压阀软管和流量计冻结，应使用热水（热水袋）、蒸气或暖气设备化冻，严禁用火烘烤。

9. 使用氧气瓶应遵守下列规定：

（1）使用氧气瓶与其他易燃气瓶、油脂易燃、易爆物品分别存放。

（2）存储高压气瓶时应旋紧瓶帽，放置整齐，留有通道，加以固定。

（3）气瓶库房应与高温、明火地点保持 10m 以上的距离。

（4）氧气瓶在运输时应平放，并加以固定，其高度不得超过车厢肋板。

（5）严禁用自行车、叉车或起重设备吊运高压钢瓶。

（6）氧气瓶应设有防震圈和安全帽，搬运和使用时严禁撞击。

（7）氧气瓶阀不得沾有油脂、灰土。不得用带油脂的工具、手套或工作服接触氧气瓶阀。

（8）氧气阀不得在强烈日光下曝晒，夏季露天工作时，应搭设防晒罩、棚。

（9）氧气瓶与焊炬、割炬、炉子和其他明火的距离应不小于 10m。与乙炔瓶的距离不得小于 5m。

（10）开启氧气瓶阀门时，操作人员不得面对减压器，应用专用工具。开启动作要缓慢，压力表指针应灵敏、正常。氧气瓶中的氧气不得全部用尽，必须保持不小于 49kPa 的压强。

（11）严禁使用无减压器的氧气瓶作业。

（12）安装减压器时，应首先检查氧气瓶阀门，接头不得有油脂，并略开阀门清除油垢，然后安装减压器。作业人员不得正对氧气瓶阀门出气口。关闭氧气阀门时，必须先松开减压器的活门螺丝。

（13）作业中，如发现氧气瓶阀门失灵或损坏不能关闭时，应待瓶内的氧气自动逸尽后，在进行拆卸修理。

（14）检查瓶口是否漏气时，应使用肥皂水涂在瓶口上观察，不得用明火试。冬季阀门被冻结时，可用温水或蒸汽加热，严禁用火烤。

10.使用乙炔瓶应遵守下列规定：

（1）现场乙炔瓶储存量不得超过5瓶，5瓶以上时应放在储存间。储存间与明火的距离不得小于15m，并应通风良好，设有降温设施、消防设施和通道，避免阳光直射。

（2）储存乙炔瓶时，乙炔瓶应直立，并必须采取防止倾斜的措施。严禁与氯气瓶、氧气瓶及其他易燃、易爆物同间储存。

（3）储存间必须设专人管理，应在醒目的地方设安全标志。

（4）应使用专用小车运送乙炔瓶。装卸乙炔瓶的动作应轻，不得抛、滑、滚、碰。严禁剧烈震动和撞击。

（5）汽车运输乙炔瓶时，乙炔瓶应妥善固定。气瓶宜横向放置，头向一方。直立放置时，车厢高度不得低于瓶高的2/3。

（6）乙炔瓶在使用时必须直立放置。

（7）乙炔瓶与热源的距离不得小于10m。乙炔瓶表面温度不得超过40℃。

（8）乙炔瓶使用时必须装设专用减压器，减压器与瓶阀的连接应可靠，不得漏气。

（9）乙炔瓶内气体不得用尽，必须保留不小于98kPa的压强。

（10）严禁铜、银、汞等及其制品与乙炔接触。

11.使用液化石油气瓶应遵守下列规定：

（1）液化石油气瓶必须放置在室内通风良好处，室内严禁烟火，并按规定配备消防器材。

（2）气瓶冬季加温时，可使用40℃以下温水，严禁火烤或沸水加温。

（3）气瓶在运输、存储时必须直立放置，并加以固定，搬运时不得碰撞。

（4）气瓶不得倒置，严禁倒出残液。

（5）瓶阀管子不得漏气，丝堵、角阀丝扣不得锈蚀。

（6）气瓶不得充满液体，应留出10%~15%的气化空间。

（7）胶管和衬垫材料应采用耐油性材料。

（8）使用时应先点火，后开气，使用后关闭全部阀门。

12.使用减压器应遵守下列规定：

（1）不同气体的减压器严禁混用。

（2）减压器出口接头与胶管应扎紧。

（3）安装减压器前，应略开氧气阀门，吹除污物。

（4）减压器冻结时应采用热水或蒸汽加热解冻，严禁用火烤。

（5）安装减压器前应进行检查，减压器不得沾有油脂。

（6）打开氧气阀门时，必须慢慢开启，不得用力过猛。

（7）减压器发生自流现象或漏气时，必须迅速关闭氧气瓶气阀，卸下减压器进行修理。

13.使用焊炬和割炬应遵守下列规定：

（1）使用焊炬和割炬前必须检查射吸情况，射吸不正常时，必须修理，正常后方可使用。

（2）焊炬和割炬点火前，应检查连接处和各气阀的严密性，连接处和气阀不得漏气；焊嘴、割嘴不得漏气、堵塞。使用过程中，如发现焊炬、割炬气体通路和气阀有漏气现象，应立即停止作业，修好后再使用。

（3）严禁在氧气阀门和乙炔阀门同时开启时用手或其他物体堵住焊嘴或割嘴。

（4）焊嘴或割嘴不得过分受热，温度过高时，应放入水中冷却。

（5）焊炬、割炬的气体通路均不得沾有油脂。

14. 橡胶软管应遵守下列规定：

（1）橡胶软管必须能承受气体压力；各种气体的软管不得混用。

（2）胶管的长度不得小于5m，以10～15m为宜，氧气软管接头必须扎紧。

（3）使用中，氧气软管和乙炔软管不得沾有油脂，不得触及灼热金属或尖刃物体。

15. 补充交底内容：

六十五、金属加工、机修工程

1. 机修、保养工作，必须在停车后进行，检修时应先切断电源，拔出熔丝，并在开关上悬挂明显标志"有人检修，禁止合闸"。

2. 使用钻床钻物件时，必须用夹钳或螺丝卡固定，严禁直接用手拿着钻，严禁戴手套，要扣好袖口。

3. 使用锉刀、钢凿、刮刀、扁铲等工具，不可用力过猛，钢凿、扁铲有卷边或裂纹，不得使用，有油污要及时清除。

4. 冲床开车前，必须认真检查防护装置是否完好，离合器刹车装置是否灵活和安全可靠。工作台应清理干净，脚踏开关上应设置防护罩防止物件受到震动时震落到脚踏开关，造成冲床突然启动而发生人身事故。

5. 冲小件的工作时，不得用手，应使用专用工具。

6. 冲床时对脚踏开关的控制，必须谨慎小心，装卸工件时，脚应离开脚踏开关。严禁外人在脚踏开关周围停留。

7. 一部剪床禁止两人同时剪切两种工作材料。大型的剪板机，启动前应先盘车，开动后，应空车运转一会儿，然后才可进行剪切。

8. 切勿将手和工具伸入剪板机内，以免发生人身或设备事故。

9. 车床切削下来的带状、螺旋状切屑，应用钩子及时除去，切忌用手拉。

10. 车床操作时，顶针要顶紧，工件旋转中，不得用手触摸，要戴防护眼镜，严禁戴手套。女工要戴好安全帽，不得留长发。

11. 所有工件，材料要分项分类堆放，铁屑、下料应及时清除，每日做好落手清工作。

12. 注意安全用电，所有机械应设漏电保护装置。

13. 补充交底内容：

六十六、电 工 工 程

1．一般规定

1.1 电工作业必须经专业安全技术培训，考试合格，非电工严禁进行电气作业。

1.2 电工作业时，必须穿绝缘鞋、戴绝缘手套，酒后不准操作。

1.3 所有绝缘、检测工具应妥善保管，严禁他用，并应定期检查、校验。保证正确可靠接地或接零。所有接地或接零处，必须保证可靠电气连接。保护零线 PE 必须采用绿/黄双色线，严格与相线、工作零线相区别，不得混用。

1.4 电气设备的装置、安装、防护、使用、维修必须符合《施工现场临时用电安全技规范》（JGJ 46—88）（以下简称《规范》）的要求。

1.5 在施工现场专用的中性点直接接地的电力系统中，必须采用 TN-S 接零保护。

1.6 电气设备不带电金属外壳、框架、部件、管道、金属操作台和移动式碘钨灯的金属柱等，均应做保护接零。

1.7 定期和不定期对临时用电工程的接地、设备绝缘和漏电保护开关进行检测、维修、发现隐患及时消除，并建立检测维修记录。

1.8 建筑工程竣工后，临时用电工程拆除，应按顺序切断电源后拆除。不得留有隐患。

2．施工现场的供电系统必须实施三级配电二级保护。

3．配电箱要求：

3.1 配电箱及其内部开关、器件的安装应端正牢固。安装在建筑物或构筑物上的配电箱为固定式配电箱，其箱底距地面的垂直距离应大于1.3m，小于1.5m。移动式配电箱不得置于地面上随意拖拉，应固定在支架上，其箱底与地面的垂直距离应大于0.6m，小于1.5m。

3.2 配电箱内的开关、电器，应安装在金属或非木制的绝缘电器安装板上，然后整体紧固在配电箱体内，金属箱体、金属电器安装板以及箱内电器不带电的金属底座，外壳等，必须做保护接零。保护零线必须通过零线端子板连接。

3.3 配电箱和开关箱的进出线口，应设在箱体的下面，并加护套保护。进、出线应分路成束，不得承受外力，并做好防水弯。导线束不得与箱体进、出线口直接接触。

3.4 配电箱内的开关及仪表等电器排列整齐，配线绝缘良好，绑扎成束。熔丝及保护装置按设备容量合理选择，三相设备的熔丝大小应一致。三个及其以上回路的配电箱应设总开关，分开关应标有回路名称。三相胶盖闸开关只能作为断路开关使用，不得装设熔丝，应另加熔断器。各开关、触点应动作灵活、接触良好。配电箱的操作盘面不得有带电体明露。箱内应整洁，不得放置工具等杂物，箱门应设有线路图。下班后必须接闸断电，锁好箱门。

3.5 配电箱周围2m内不得堆放杂物。电工应经常巡视检查开关、熔断器的接点处是否过热。各接点是否牢固，配线绝缘有无破损，仪表指示是否正常等。发现隐患立即排除。配电箱应经常清扫除尘。

3.6 每台用电设备应有各自专用的开关箱，必须实行"一机一闸一漏一箱"制，严禁同一个开关电器直接控制二台及二台以上用电设备（含插座）。

3.7 两级漏电保护。分配电箱和开关箱中两级漏电保护器的额定漏电动作电流和额定漏电动作时间应合理配合，使之具有分级、分段保护的功能。

3.8 施工现场的漏电保护开关在分配电箱上安装的漏电保护开关的漏电动作电流应为 50mA，保护该线路；开关箱安装漏电保护开关的漏电动作电流应为 30mA 以下。

3.9 漏电保护开关不得随意拆卸和调换零部件，以免改变原有技术参数。并应经常检查实验，发现异常，必须立即查明原因，严禁带病使用。

4. 施工照明

4.1 施工现场照明应采用高光效、长寿命的照明光源。工作场所不得只装设局部照明，对于需要大面积的照明场所，应采用高压汞灯、高压钠灯或碘钨灯，灯头与易燃物的净距离不小于 0.3m。流动性碘钨灯采用金属支架安装时，支架应稳固，灯具与金属支架之间必须用不小于 0.2m 的绝缘材料隔离。

4.2 施工照明灯具露天装设时，应采用防水式灯具，距地面高度不得低于 3m。工作棚、场地的照明灯具，可分路控制，每路照明支线上连接灯数不得超过 10 盏，若超过 10 盏时，每个灯具上应装设熔断器。

4.3 室内照明灯具距地面不得低于 2.4m。每路照明支线上灯具和插座数不宜超过 25 个，额定电流不得大于 15A，并用熔断器保护。

4.4 一般施工场所宜选用额定电压为 220V 的照明灯具，不得使用带开关的灯头，应选用螺口灯头。相线接在与中心触头相连的一端，零线接在与螺纹口相连的一端。灯头的绝缘外壳不得有损伤和漏电，照明灯具的金属外壳必须做保护接零。单项回路的照明开关箱内必须装设漏电保护开关。

4.5 现场局部照明工作灯，室内抹灰、水磨石地面等潮湿的作业环境，照明电源电压应不大于 36V。在特别潮湿，导电良好的地面、锅炉或金属容器内工作的照明工具，其电源电压不得大于 12V。手持灯具应用胶把和网罩保护。

4.6 36V 的照明变压器，必须使用双绕组型，二次线圈、铁芯、金属外壳必须有可靠保护接零。一、二次侧应分别装设熔断器，一次线长度不应超过 3m。照明变压器必须有防雨、防砸措施。

4.7 照明路线不得拴在金属脚手架、龙门架或井字架上，严禁在地面上乱拉、乱拖。控制刀闸应配有熔断器和防雨措施。

4.8 施工现场的照明灯具应采用分组控制或单灯控制。

5. 施工用电线路

5.1 架空线路：

（1）施工现场运电杆时，应由专人指挥。小车搬运，必须绑扎牢固，防止滚动。人抬时，前后要响应，协调一致，电杆不得离地过高，防止一侧受力扭伤。

（2）人工立电杆时，应有专人指挥。立杆前检查工具是否牢固可靠（如叉木无伤痕，链子合适，溜绳、横绳、逮子绳、钢丝绳无伤痕）。地锚钎子要牢固可靠，溜绳各方向吃力应均匀。操作时，互相配合，听从指挥，用力均衡；机械立杆，吊车臂下不准站人，上空（吊车起重臂杆回转半径内）所有带电线路必须停电。

（3）电杆就位移动时，坑内不得有人。电杆立起后，必须先架好叉木，才能撤去吊钩。电杆坑填土实后才允许撤掉叉木、溜绳或横绳。

（4）电杆的梢径不小于13cm，埋入地下深度为杆长的1/10再加上0.6m。木制杆不得有开裂、腐朽，根部应刷沥青防腐。水泥杆不得有露筋、环向裂纹、扭曲等现象。

①登杆组装横担时，活络扳手开口要合适，不得用力过猛。

②登杆脚扣规格应与杆径相适应。使用脚踏板，钩子应向上。使用的机具、护具应完好无损。操作时系好安全带，并拴在安全可靠处，扣环扣牢，严禁将安全带拴在瓷瓶或横担上。

③杆上作业时，禁止上下投掷料具。料具应放在工具袋内，上下传递料具的小绳应牢固可靠。递完料具后，要离开电杆3m以外。

（5）架空线路的干线架设（380/220V）应采用铁横担、瓷瓶水平架设，档距不大于35m，线间距离不小于0.3m。

①架空线路必须采用绝缘导线。架空绝缘铜芯截面积不小于10mm²，架空绝缘铝芯导线截面积不小于16mm²，在跨越铁路、管道的档距内，铜芯导线截面积不小于16mm²，铝芯导线截面积不小于35mm²。导线不得有接头。

②架空线路距地面一般不低于4m，过路线的最下一层不低于6m。多层排列时，上、下层的间距不小于0.6m。高压线在上方，低压线在中间，广播线、电话线在下方。

③干线的架空零线应不小于相线截面的1/2。导线截面积在10mm²以下时，零线和相线截面积相同。支线零线是指干线到闸箱的零线，应采用与相线大小相同的截面。

④架空线路摆动最大时与各种设施的最小的距离（m）：外侧边线与建筑物凸出部分的最小距离1kV以下时为1mm，1～10kV时，为1.5m。在建工程（含脚手架）的外侧边缘与外电架空线路的边线之间的最小距离：1kV以下时为4m；1～10kV时为6m。

（6）杆上紧线应侧向操作，并将夹紧螺栓拧紧，紧有角度的导线时，操作人员应在外侧作业。紧线时装设的临时脚踏支架应牢固。如用竹梯，必须用绳将梯子与电杆绑扎牢固。调整拉线时，杆上不得有人。

（7）紧绳用的铅（铁）丝或钢丝绳，应能承受全部拉力，与电线连接必须牢固。紧线时导线下方不得有人。终端紧线时反方向应设置临时拉线。

（8）大雨、大雪及六级以上强风天，停止登杆作业。

5.2 电缆电线

电缆干线应采用埋地或架空敷设，严禁沿地面明敷设，并应避免机械损伤和介质腐蚀。

（1）电缆在室外直接埋地敷设时，必须按电缆埋设图敷设，并应砌砖槽防护，埋设深度不得小于0.6m。

（2）电缆的上下各均匀铺设不小于5cm厚的细砂，上盖电缆盖板或红机砖作为电缆的保护层。

（3）地面上应有埋设电缆的标志，并应有专人负责管理。不得将物料堆放在电缆埋设的上方。

（4）有接头的电缆不准埋在地下，接头处应露出地面，并配有电缆接线盒（箱）。电缆接线盒（箱）应防雨、防尘、防机械损伤，并远离易燃、易爆、易腐蚀场所。

（5）电缆穿越建筑物、构筑物、道路、易受机械损伤的场所及引出地面从 2m 高度至地下 0.2m 处，必须加设防护套管。

（6）电缆线路与其附近热力管道的平行间距不得小于 2m，交叉间距不得小于 1m。

（7）橡套电缆架空敷设时，应沿着墙壁或电杆设置，并用绝缘子固定，严禁使用金属裸线作绑线。电缆间距大于 10m 时，必须采用铅丝或钢线绳吊绑，以减轻电缆自重，最大弧垂距地面不小于 2.5m。电缆接头处应牢固可靠，做好绝缘包扎，保证绝缘强度，不得承受外力。

（8）在施建筑的临时电缆配电，必须采用电缆埋地引入。电缆垂直敷设时，位置应充分利用竖井、垂直孔洞。其固定点每楼层不得少于一处。水平敷设应沿墙或门口固定，最大弧垂度距离地面不得小于 1.8m。

6. 补充交底内容：

六十七、铁器构件安装工程

1. 吊运物件时，应注意被吊工作物的重量及使用钢丝绳（千斤绳）的允许荷载力，并向吊机指挥人员说明吊运的目的地，并事先清理目的地周围的障碍物。

2. 吊装物件就位时，应注意安装人员的手和脚，要做到稳、准。

3. 高空安装工件时，要戴好安全带、扣好保险扣，物件高空就位后要有临时固定措施，各类工具、材料、配件应采取防止高处坠落的安全措施。

4. 使用各类移动电具（如电钻、手提砂轮等）的电源必须实施二级漏电保护。

5. 铁器构件安装中的电焊、气割工作，应由持证的焊工进行，同时办理现场动火审批手续，配有专职人员进行现场动火监护。

6. 使用鎯头前，应检查手牢固状况，敲鎯头时不准戴手套。

7. 使用油泵千斤顶要注意压力负荷，要垫平放直。

8. 使用撬棒要注意放稳和力的支点，防止滑脱、弹击伤人，多人操作时要注意齐心协调。

9. 补充交底内容：

六十八、装卸工作工程

1. 装卸工必须认真学习本工种操作规程中的装卸要求，并遵照执行，对零星装卸也应符合安全运输的有关规定。

2. 起重搬运各种大小设备时，必须统一规定口号，两人抬运，上下肩要同时起落，多人抬运重物时，必须由专人统一指挥进行操作。

3. 起重搬运工具，使用前必须进行检查，不符合安全规定的不准使用。

4. 搬运机器，必须查明重量、尺寸、装卸地点后，才能操作。

5. 装运各种材料、物件时严禁超载、超高、超宽、超长。

6. 跟随汽车辆人员在车未停稳，严禁人在车辆上操作或上下扒车，物件堆放要平稳。车辆行驶时，禁止人坐在栏板上或车顶高处，更不准站在物件的前方，防止急刹车物件往前突然移动而挤压伤人，装运构件，必须选好垫头木、挂好紧线器，防止物件倒坍造成事故。

7. 密切配合驾驶员，车辆进出照顾前后、倒车、转弯、领车、正常行驶时应注意前后左右马路上的动态。

8. 装卸乙炔、氧气瓶时应轻装轻卸，严禁抛、滑、滚、碰。

9. 休息时，不得钻到车辆下面休息。

10. 补充交底内容：

六十九、场内机动车辆的安全操作

1. 现场内驾驶机动道车辆的作业人员，必须经专业安全技术培训，考试合格，持《特种作业操作证》上岗作业。未经交通部门考试发证的严禁上公路行驶。

2. 作业前检查燃油、润滑油、冷却水充足，变速杆应在空挡位置，气温低时，视情况加热水预热。

3. 发动后应空转 5～10min，待水温生到 40℃ 以上时方可一挡起步，严禁二挡起步和将油门踩到底的操作。

4. 开车时精神要集中，行驶中严禁载人、不准吸烟、打闹玩笑。睡眠不足和酒后严禁作业。

5. 运输构件宽度不得超过车宽，高度不得超过 1.5m（从地面算起）。运输混凝土时，混凝土的平面应低于斗口 10cm；运砖时，高度不得超过斗地面，严禁超载行驶。

6. 雨雪天气，夜间应低速行驶，下坡时严禁空档滑行。

7. 在坑槽边缘倒料时，必须在距 0.8～1m 处设置安全挡掩（20cm×20cm 的木方）。车在距离坑槽 10m 处即应减速至安全挡掩处倒料，严禁骑沟倒料。

8. 翻斗车上坡道（马道）时，坡道应平整，宽度不得小于 2.3m 以上，两侧设置防护栏杆，必须经检查验收合格的方可使用。

9. 检修或班后清洗车时，必须熄火并拉好手制动。

10. 补充交底内容：

七十、施工升降机（外用电梯）的安全操作

1. 电梯司机必须经过专门安全培训，考试合格持证上岗。严禁酒后上班。

2. 电梯司机必须熟悉所操作电梯的性能、构造、保养、维修知识按规定及时填写机械履历书和规定的报表。

3. 施工电梯周围 5m 以内，不得堆放易燃、易爆物品及其他杂物，不得在此范围内挖沟、坑、槽。电梯地面进料口应搭设防护棚。

4. 梯笼维修时，若拆下零部件后，梯笼的重量低于配重时，必须将梯笼锁在导轨架上。

5. 严禁利用施工电梯的井架、横竖支撑牵拉缆绳、标语和其他与电梯无关的物品。

6. 同一现场施工的塔式起重机或其他起重机械应距施工电梯5m以上，并应有可靠的防撞措施。

7. 施工电梯的楼层通讯装置应保持完好及经过二级漏地保护。

8. 施工电梯安装完毕后必须经企业内部验收和有关部门检测合格后，方可投入使用。

9. 安全操作

9.1 施工电梯每班首次运行时，必须空载及满载运行，梯笼升离地面1m左右停车，检查制动器灵敏性，然后继续上行楼层平台，检查安全防护门、上限位、前、后门限位，确认正常方可投入运行。

9.2 梯笼乘人、载物时必须使负载荷均匀分布，严禁超载作业。

9.3 电梯运行至最上层和最下层时仍应操纵按钮，严禁以行程限位开关自动碰撞的方法停机。

9.4 施工电梯启动前必须先鸣号示警，夜间操作应有足够照明。

9.5 双笼电梯当一只梯笼在进行笼外保养或检修时，严禁另一只梯笼运行。

9.6 电梯运行中，司机不准做有妨碍电梯运行动作，不得离开操作岗位，应随时观察电梯各部声响、温度、气味和外来障碍物等现象，发现反常应及时停机检查处理，故障未排除严禁运行。

10. 施工电梯停止运行后应遵守以下规定：

10.1 电梯未切断总电源开关前，司机不得离开操作岗位。

10.2 作业后，将梯笼降到底层，各控制开关扳至零位，切断电源，锁好闸箱和梯门。

10.3 班后按规定进行清扫、保养，并作好当班记录。

11. 凡遇到有下列情况时应停止运行。

（1）天气恶劣：大雨、大风（六级以上）、大雾、导轨结冰等。

（2）灯光不明、信号不清。

（3）机械发生故障未排除。

（4）钢丝绳断丝磨损超过报废标准。

12. 补充交底内容：

七十一、桩工机械的安全操作

1. 一般规定：

（1）打桩施工场地应按坡度不大于3%，地耐力不小于$8.5N/cm^2$的要求进行平实，地下不得有障碍物。在基坑和围堰内打桩，应配备足够的排水设备。

（2）桩机周围应有明显标志或围栏，严禁闲人进入。作业时，操作人员应在距桩锤中心5m以外监视。

（3）安装时，应将桩锤运到桩架正前方 2m 以内，严禁远距离斜吊。

（4）用桩机吊桩时，必须在桩上拴好围绳。起吊 2.5m 以外的混凝土预制桩时，应将桩锤落在下部，待桩吊近后，方可提升桩锤。

（5）严禁吊桩、吊锤、回转和行走同时进行。桩机在吊有桩和锤的情况下，操作人员不得离开。

（6）插桩后应及时检验桩的垂直度，桩入土 3m 以上时，严禁用桩机行走或回转动作纠正桩的倾斜度。

（7）拔送桩时，应严格掌握不超过桩机起重能力，荷载难以计算时，可参考如下办法：

①桩机为电动卷扬机时，拔送桩时负荷不得超过电机满载电流。

②桩机卷扬机内燃机为动力时，拔送桩时如内燃机明显减速，应立即停止起拔。

③桩机为蒸汽卷扬机时，拔送桩时，如在额定蒸汽压力下产生减速或停车，应立即停起拔。

④每米送桩深度的起拔荷载可按 40kN 计算。

（8）卷扬钢丝绳应经常处于油膜状态，不得硬性摩擦。吊锤、吊桩可使用插接的钢丝绳，不得使用不合格的起重卡具、锁具、拉绳等。

（9）作业中停机时间较长时，应将桩锤落下垫好。除蒸汽打桩机在短时间内可将锤担在机架上外，其他的桩机均不得悬吊桩锤进行检修。

（10）遇有大雨、雪、雾和六级以上强风等恶劣气候，应停止作业。当风速超过七级应将桩机顺风向停置，并增加缆风绳。

（11）雷电天气无避雷装置的桩机，应停止作业。

（12）高处作业必须系好安全带，不得穿硬底易滑的鞋。

2. 桩机运输：

（1）汽车装运桩机时，不得超宽、超高、超载、超长装运。公路行驶必须遵守交通规则。

（2）桩机装运时必须绑扎牢固，垫、楔可靠，导杆必须摆放平直，不得压、扭变形。

（3）运输中不得急转弯，应低速行动，通过桥梁、涵洞、隧道时，不得超高、超载盲目强行。

（4）夜间装运时，现场必须有足够的照明，并设有专人监护。

3. 桩机的安装与拆除：

（1）拆装班组的作业人员必须熟悉拆装工艺、规程，拆装前班组长应进行明确分工，并组织班组作业人员贯彻落实专项安全施工组织设计（施工方案）和安全技术措施交底。

（2）高压线下两侧 10m 以内不得安装打桩机。特殊情况必须采取安全技术措施，并经上级技术负责人同意批准，方可安装。

（3）安装前应检查主机、卷扬机、制动装置、钢丝绳、牵引绳、滑轮及各部轴销、螺栓、管路接头应完好可靠。导杆不得弯曲损伤。

（4）起落机架时，应设专人指挥，拆装人员应互相配合，指挥旗语、哨音准确、清楚。严禁任何人在机架底下穿行或停留。

（5）安装底盘必须平放在坚实平坦的地面上，不得倾斜。桩机的平衡配重铁，必须符合说明书要求，保证桩架稳定。

（6）震动沉桩机安装桩管时，桩管的垂直方向吊装不得超过 4m，两侧斜吊不得超过 2m，并设溜绳。

4．桩架挪动：

（1）打桩机架移位的运行道路，必须平坦坚实，畅通无阻。

（2）挪移打桩机时，严禁将桩锤悬高。必须将锤头制动可靠，方可走车。

（3）机架挪移到桩位上，稳固以后，方可起锤，严禁随移位随起锤。

（4）桩架就位后，应立即制动、固定。操作时桩架不得滑动。

（5）挪移打桩机架应距轨道终端 2m 以内终止，不得超出范围。如受条件限制，必须采取可靠的安全措施。

（6）柴油打桩机和震动沉桩机的运行道路必须平坦。挪移时应有专人指挥，桩机架不得倾斜。若遇地基沉陷较大时，必须加铺脚手板或铁板。

5．桩机施工

（1）作业前必须检查传动、制动、滑车、吊索、拉绳应牢固有效，防护装置应齐全良好，并经试运转合格后，方可正式操作。

（2）打桩操作人员（司机）必须熟悉桩机构造、性能和保养规程、操作熟练方准独立操作。严禁非桩机操作人员操作。

（3）打桩作业时，严禁在桩机垂直半径范围以内和桩锤或重物底下穿行停留。

（4）卷扬机的钢丝绳应排列整齐，不得挤压，缠绕滚筒上不少于 3 圈。在缠绕钢丝绳时，不得探头或伸手拨动钢丝绳。

（5）稳桩时，应用撬棍套绳或其他适当工具进行。当桩与桩帽结合以前，套绳不得脱套，纠正斜桩不宜用力过猛，并注视桩的倾斜方向。

（6）采用桩架吊桩时，桩与桩架之垂直方向距离不得大于 5m（偏吊距离不得大于 3m）。超出上述距离时，必须采取安全措施。

（7）打桩施工场地，必须经常保持整洁。打桩工作台应有防滑措施。

（8）桩架上操作人员使用的小型工具（零件），应放入工具袋内，不得放在桩架上。

（9）利用打桩机吊桩时，必须使用卷扬机的刹车制动。

（10）吊桩时要缓慢吊起，桩的下部必须设溜（套）绳，掌握稳定方向，桩不得与桩机碰撞。

（11）柴油机打桩时应掌握好油门，不得油门过大或突然加大，防止桩锤跳跃过高，起锤高度不大于 1.5m。

（12）利用柴油机或蒸汽锤拔桩筒，在入土深度超过 1m 时，不得斜拉硬吊，应垂直拔山。若桩筒入土较深，应边震边拔。

（13）柴油机或蒸汽打桩机拉桩时应停止锤击，方可操作，不得锤击与拉桩同时进行。降落锤头时，不得猛然骤落。

（14）在装拆桩管或到沉箱上操作时，必须切断电源后再进行操作。必须设专人监护电源。

（15）检查或维修打桩机时，必须将锤放在地上并垫稳，严禁在桩锤悬吊时进行检查等作业。

6．作业后应将桩机停放在坚实平整的地面上，将桩锤落下，切断电源和电路开关，停机制动后方可离开。

7．补充交底内容：

七十二、挖掘机的安全操作

1．作业前应进行检查，确认一切齐全完好，大臂和铲斗运动范围内无障碍和其他人员，鸣笛示警后方可作业。

2．挖掘机驾驶室内，外露传动部分，必须安装防护罩。

3．电动的单斗挖掘机必须接地良好，油压传动的臂杆的油路和油缸确认完好。

4．正铲作业时，作业面应不超过本机性能规定的最大开挖高度和深度。在拉铲或反铲作业时，挖掘机履带或轮胎与作业方面边缘距离不得小于1.5m。

5．挖掘机在平地上作业，应用制动器履带（或轮胎）刹住、楔牢。

6．挖掘机适用于在粘土、沙砾土、泥炭岩等土壤的铲挖作业。禁止用挖掘机的任何部位去破碎石块、冻土等。

7．取土、卸土不得有障碍物，在挖掘时任何人不得在铲斗作业回转半径范围内停留。装车作业时，应待运输车辆停稳后进行，铲斗应尽量放低，并不得砸撞车辆，严禁车厢内有人，严禁铲斗从汽车驾驶室顶上越过。卸土时铲斗应尽量放低，但不得撞击汽车任何部位。

8．行走时臂杆应与履带平行，并制动回转机构，铲斗离地面宜为1m。行走坡度不得超过机械允许最大坡度，下坡用慢速行使，严禁空挡滑行。转弯不应过急，通过松软地时应进行铺垫加固。

9．挖掘机回转制动时，应使用回转制动器，不得用转向离合器反转制动。满载时，禁止急剧回转猛刹车，作业时铲斗起落不得过猛。下落时不得冲击车架或履带及其他机件，不得放松提升钢丝绳。

10．作业时，必须待机身停稳后再挖土，铲斗未离开作业面时，不得作回转行走等动作，机身回转或铲斗承载时不得起落吊臂。

11．拉铲作业时，铲斗满载后不得继续吃土，不得超载。拉铲作沟渠、河道等项作业时，应根据沟渠、河道的深度、坡度及土质确定距坡沿的安全距离，一般不小于2m，反铲作业时，必须待大臂停稳后再吃土，收斗，伸头不得过猛、过大。

12．驾驶司机离开操作位置，不论时间长短，必须将铲斗落地并关闭发动机。

13．不得用铲斗吊运物料。

14．发现运转异常时应立即停机，排除故障后方可继续作业。

15．轮胎式挖掘机在斜坡上移动时铲斗应向高坡一边。

16．使用挖掘机拆除构筑物时，操作人员应分析构筑物倒塌方向，在挖掘机驾驶室与被拆除构筑物之间留有构筑物倒塌的空间。

17. 作业结束后，应将挖掘机开到安全地带，落下铲斗制动好回转机构，操纵杆放在空档位置。

18. 作业后应将机械擦拭干净，冬季必须将机体和水箱内放尽（放冻液除外），关闭门窗加锁后方可离开。

19. 补充交底内容：

七十三、推土机的安全操作

1. 作业前应检查：各系统管路无裂纹或泄漏；各部螺栓连接件应紧固；各操纵杆和制动系统的行程、间隙、履带、传动链的松紧度，均符合要求；手摇起动应防倒转。用手拉绳起动时，不得将绳缠在手上。

2. 作业前应清除推土机行走道路上的障碍物（冻土、石块、杂物）。路面应比机身宽2m，行驶前严禁有人站在履带或刀片的支架上，确认安全方可起动。

3. 保养、检修时必须放下推铲，关闭发动机。在推铲下面进行保养或检修时，必须用木方将推铲垫稳。

4. 行驶中，司机和随机人员不得上下车或坐立在驾驶室以外的其他部分。行驶和转弯中应观察四周有无障碍。

5. 推土机上坡坡度不得大于25°。下坡坡度不得大于35°。在坡上横行驶时，机身横向倾斜不得大于10°。在坡道上应匀速行驶，严禁高速下坡、急拐弯、空挡滑行。下陡坡时，应将推铲放下，接触地面倒车下行。推土机在坡道上熄火时，应立即将推土机制动，并采取挡掩措施。

6. 操作人员离开驾驶室时，必须将推铲落地并关闭发动机。

7. 推土机向沟槽内回填土时应设专人指挥。严禁推铲越过沟槽边缘。

8. 推土机在水中行驶前，必须查明水深及水底坚实情况，确认安全后方可行驶。

9. 使用推土机推房屋的围墙或旧房墙时，其高度不得超过2.5m（东方红牌推土机不得超过1.5m）。严禁推钢筋混凝土或地基基础连接的混凝土桩和混凝土基础。

10. 在电杆附近推土时，必须留有一定的土堆，其大小应根据电杆结构、土质、埋入深度等情况确定。用推土机推倒树干时必须注意树干倒向和高空障碍物。

11. 双机、多机推土作业时，应设专人指挥。作业时，两机前后距离应大于8m，左右距离大于1.5m。

12. 不得用推土机推石灰、烟灰等粉尘物料和用作碾碎石块的作业。

13. 需用推土机牵引重物时，应设专人指挥，危险区域内不得有人。在坡道或长距离牵引时，应用牵引杆连接。

14. 作业完毕停机时先切断离合器，放下刀片，锁住制动器，将操纵变速杆置于空挡，然后关闭发动机。

15. 作业后必须将机械开到平坦安全的地方，雨季必须把机械开出沟槽基坑。

16. 补充交底内容：

七十四、铲运机的安全操作

1.作业前应检查油、水（包括电瓶水），应加足并把操纵杆（包括离合器）放在空挡位置。采用液压操纵机构操纵杆应放在中间位置。并应检查钢丝绳、轮胎气压、铲土斗及卸土板回缩弹簧、拖把方向接头、撑架及固定钢索部分，以及各部滑轮等，液压式铲运机还应检查各液压管路接头、液压控制阀等，确认正常方可启动。

2.机械运转中，不准进行任何紧固、保养、润滑等作业。严禁用手触摸钢丝绳、滑轮、传动皮带等部件。

3.严禁任何人上下机械、传动物件，以及在铲斗内，拖把或机架上坐立。

4.两台铲运机同时作业时，拖式铲运机前后距离不得少于10m，自行式铲运机不得小于20m。平行作业时两机间隔不得小于2m。在狭窄地区不得强行超车。

5.铲运机上下坡时，必须挂低速档行驶。不得途中换档，下坡时不得脱档滑行。在坡地上行走或作业，上下纵坡不得超过25°，横坡不得超过6°，坡宽应大于机身2m以上，在新填筑的土堤上作业时，离坡边缘不得少于1m，斜坡横向作业时，机身必须保持平稳。作业中不得倒退。

6.作业中司机不准离开驾驶室。离开时，必须把变速档板扳到空档，熄火后方可离开。

7.在坡道上不得作保修作业，在陡坡上严禁转弯、倒车和停车。在坡上熄火时应将铲斗落地，制动牢靠后，在启动发动机。

8.铲土提斗时动作缓慢。不得猛起猛落。

9.铲土时应直线行驶，助铲时应有助铲装置，正确掌握斗门开启的大小，不得切土过深，两机要相互配合，等速行驶助铲平稳。

10.铲运机陷车时，应有专人指挥拖拽，确保安全后，方可起拖。

11.自行式铲运机的差速器锁，只能在直线行驶的泥泞路面上短时间使用，严禁在差速器锁住时拐弯。

12.在公路上行驶时，铲斗必须用锁紧链条挂牢在运输行驶位置上，机上任何部位不得带人或装载其他物料。

13.检修斗门或在铲斗下作业，必须把铲斗升起后用销子或锁紧链条固定、再用撑杆将斗身顶住，并制动住轮胎。

14.作业完毕后，应将铲运机开出沟槽、基坑，停放在平坦地面上，并将铲斗落在地面上。液压操纵的应将液压缸缩回，将操纵杆放在中间位置。

15.补充交底内容：

七十五、锅 炉 安 装 工 程

1.锅炉基础放线时，应将锅炉房内的杂物清理干净。所有的坑、洞、预留口1.5m×

1.5m 以下的洞口，必须设置牢固的安全防护盖板。1.5m×1.5m 以上的洞口周边必须设两道牢固的护身栏杆，中间挂水平安全网。

2. 锅炉安装施工用的照明，应不超过 36V 安全电压；进入锅炉内应使用不超过 12V 的低压照明。

3. 安装使用的承重的操作平台，应由架子工按专项安全施工组织设计（施工方案）或安全技术措施交底搭设。并经交接验收合格后，方可使用。操作平台进料一侧的防护栏杆应及时恢复。平台上不得堆放材料或设备部件，严禁超负荷使用。

4. 锅炉本体吊装受力点应牢固可靠。锚点严禁拴在砖柱、砖墙或其他不稳固的构筑物上。

5. 吊装时必须遵守起重工、起重机司机和信号指挥的安全规定。两台卷扬机起吊另一个部件时，两台转速必须同步一致，严禁两台吨位不等、转速、转距不一致的卷扬机动起吊一个部件或一台设备。

6. 安装锅炉钢架横梁时，操作人员高处作业必须系好安全带。手不得扶在横梁的顶端。在横梁与立柱未焊牢之前，严禁上人操作。第一圈横梁安装好后，中间应挂设安全网。锅炉钢架焊接牢固时，再上汽包，严禁颠倒工序。

7. 锅炉的对流管退火：化铅锅应设在露天，有防雨措施；操作人员应戴手套和防护眼镜；严禁将潮湿铅块放入铅锅内。钢管退火，应先将退火的管头烘干再插入铅锅内，并固定牢固。

8. 锅炉本体的联台、护身栏、爬梯和扶手，必须随锅炉的安装同步进行。

9. 胀管时，锅筒外应设专人监护，发现不安全隐患，应及时拉闸断电。往锅筒内送风时，严禁用无防护罩的排风扇代替轴流风机。

10. 焊工焊接锅炉钢架时，必须遵守焊工的有关规定，压力容器焊工证上岗。电焊机的二次线必须双线到位，并配有空载降压安全装置。严禁借用其他金属结构或钢管脚手架代替回路。

11. 螺旋出渣机做冷态试车和炉排试运转时，必须有电工配合进行。

12. 电气控制设备、省煤器、液压传动装置、鼓引风、软化水等设备安装，必须按照分项施工工艺标准中安全规定和安全技术措施交底执行，严禁违章作业。

13. 安装机电设备试运转时，必须会同有关人员共同进行，不得擅自开动。大型设备试运转应听从专人指挥，不得任意改变或减少操作步骤。

14. 锅炉的安全阀安装，应首先检验安全阀的始启压力，起座压力及回座压力。电磁式安全阀应分别进行机械试验、电气回路试验和远方操作试验。

15. 压力表应安装在保证司炉工能清楚看到压力指示值的地方，压力表应根据工作压力选用。压力表表盘刻度极限值应为工作压力的 1.5~3 倍，最好选用 2 倍。

16. 安装锅炉的技术文件和施工质量证明材料，在安装工程完工后，应移交使用单位存入锅炉技术档案。

17. 补充交底内容：

七十六、电梯井道清除垃圾工程

1. 进入电梯井道内清除垃圾必须正确佩戴安全带，并挂在可靠处，并派专人进行监护。

2. 清除电梯井道内垃圾要从上自下，一层一清。

3. 清除电梯井道内垃圾，必须将结构上层电梯井口封闭，并悬挂醒目的"禁止抛物"的标志。

4. 清除电梯井道内安全隔离笆上的垃圾时，操作者要先检查隔离笆的牢度，如有变形和损坏，须经采取加固措施后，方可进行操作。

5. 清除电梯井道内安全网中的垃圾时，应先检查安全网的生根是否牢固，否则不准进入电梯井内。操作者不准直接站在安全网内。

6. 在电梯井道内使用风镐，要注意安全用电，并经二级漏电保护，操作面要满铺竹笆，安全可靠，不能有空挡。

7. 用劳动车装运垃圾时，操作者不能倒拉劳动车。

8. 补充交底内容：

施工现场安全生产保证体系
管 理 资 料

（项目经理部安全管理台账）

工程名称：_____

总包单位：_____

分包单位：_____

编 制 说 明

施工现场安全生产保证体系管理资料（项目经理部安全管理台账）是在总结、概括本市建设工程施工安全管理经验的基础上，依据 DBJ08—903—98《施工现场安全生产保证体系》标准要求，结合建设部 JGJ59—99《建筑施工安全检查标准》的管理要求，而设计编制的施工现场安全生产保证体系运行活动的管理资料。

该管理资料在近几年的使用过程中，对规范施工现场的安全行为、确保安全生产、提高和改善自我控制、自我约束、自我管理能力起到了一定的作用。98 版的施工现场安全生产保证体系标准，现已改版为 2003 版的施工现场安全生产保证体系规范。为适应新规范的要求，针对管理资料的八本资料在使用过程中存在的缺陷，在听取领导、专家、同行及各方面的修改意见和建议，经反复讨论完善，进行了全面修定和调整。

本资料适用于本市行政区域范围内所有的新建、改建、扩建的各类建设工程的施工现场。各工程项目经理部按资料要求建立安全管理资料的基础上，如对安全管理进一步深化、细化管理要求（包括特殊、专业施工工程），可适当增加相关的管理资料。

安全管理资料是证明工程项目经理部满足安全生产要求程度并提供客观证据的有效文件，也是政府行业行政管理部门对施工企业和工程项目经理部平时安全监督、检查和安全管理考核的主要内容。

启用新的建设工程安全管理资料，将进一步全面推进 2003 版的《施工现场安全生产保证体系》规范的实施，改善施工现场的安全管理，逐步建立长效、有序、规范化的安全管理，确保施工生产安全。

本管理资料在编制过程中得到诸多同行和专家的指导、帮助，在此深表感谢！

施工现场安全生产保证体系管理资料
(项目经理部安全管理台账)

安1 文　件

安　1-1　★企业和项目部安全生产岗位责任制
　　1-2　★施工现场安全生产保证计划
　　1-3　★施工组织设计
　　1-4　★专项施工组织设计（方案）
　　1-5　★事故的应急救援预案
　　1-6　★企业和项目部安全管理制度
　　1-7　★工种安全技术操作规程及安全作业指导书

安2 策　划

安　2-1/T　　重大/一般危险源及控制措施清单
　　2-1-1/T　重大危险源控制目标和管理方案
　　2-2/T　　重大/一般环境因素控制措施清单
　　2-2-1/T　重大环境因素控制目标、指标和管理方案
　　2-3　　★法规文件清单
　　2-4　　★安全记录清单

安3 实　施

安　3-1　　组织机构与职责权限
　　3-1-1　★经济承包责任制和目标管理
　　3-1-2　工程项目部管理人员名册
安　3-2　　安全教育培训
　　3-2-1　职工劳动保护教育卡汇总表
　　3-2-2　新工人三级安全教育卡
　　3-2-3　各类安全教育记录表
　　3-2-4　班前安全活动及周讲评记录表
　　3-2-5　特种作业人员名册
　　3-2-6　安全监护、中小型机械作业人员名册
　　附：进入施工现场安全教育基本要求
安　3-3　　文件控制
　　3-3-1/T　文件收发记录表
安　3-4　　安全物资采购和进场验证

安 4　检查和改进

资料填写说明：

施工现场安保体系管理资料（项目经理部安全管理台账）共分为四部分，六十四类，其中提供记录的各种表式 44 张。本填写说明仅对难以理解的作解释。

一、在资料目录中，名称前打有★号的安全资料，如：责任制、各项制度、安全交底资料和控制资料均由施工企业或工程项目部自行设计、收集、编制。反之没有打上★号的安全记录是提供的记录表式。

二、表式和资料分三种

1．固定表式：一般情况下项目部就按表填写，不得更改；

2．可部分变更表式：资料中提供的记录表式的标识后加上斜杠"/"和字母"T"的，表式作为推荐性的表式。项目部可根据工程实际情况变更填写栏目和内容；

3．自行设计表式：为深化、细化管理要求自行编制设计记录表式。

三、管理资料填写的具体要求

本套管理控制资料在具体的表式上都标明了填写要求，过去沿用下来的老的表式按原规定要求填写即可。

文件

安 1

_____工程项目经理部

目　　录

填写说明：

安 1 台账中施工现场安全生产保证计划、各项制度、预案的样本没有提供，均由工程项目部自行设计编制。

策 划

安 　 2

_____工程项目经理部

目 录

填写说明：

1. 文件清单所列的法律、法规等文件是本工程项目施工中所必须严格遵照执行和实施的文件，不适用的可以不收集在清单中。

2. 安全记录清单应包括企业和项目部自行制定并予以受控的加有标识的安全记录。

重大/一般危险源及控制措施清单

单位_____　工程名称_____

序	作业/活动/设施/场所	危　险　源			可能导致的事故	控制措施	备　注
		重　大	一　般				
1							
2							
3							
4							
5							
6							
7							
8							
9							
10							

编制：　　　　　　审核：　　　　　　批准：

年　月　日　　　　年　月　日　　　　年　月　日

控制措施包括：a. 制定目标、指标和管理方案；b. 执行运行控制程序；c. 教育与培训；d. 监督检查；e. 制定应急预案

重大危险源控制目标和管理方案

安 2-1-1/T

单位 _____ 工程名称 _____

序	重大危险源	目标	技术和管理措施	责任部门	相关部门	完成时间
1						
2						
3						
编制：		审核		批准		
	年 月 日		年 月 日		年 月 日	

重大环境因素控制措施清单

单位 _____ 工程名称 _____

序	环境因素	作业/活动/设施/场所	环境影响	时态/状态	控制措施	备 注
1						
2						
3						
4						
5						

编制: 　　　　年　月　日　　审核: 　　　　年　月　日　　批准: 　　　　年　月　日

重大环境因素控制目标、指标和管理方案

单位＿＿＿＿＿　工程名称＿＿＿＿＿

序	重大环境因素	目标	指标	技术和管理措施	责任部门	相关部门	完成时间
1							
2							
3							

编制：　　　　　年　月　日　　　　審核　　　年　月　日　　　　批准：　　　　年　月　日

实　　施

安　3

工程项目经理部

目　　录

组织机构与职责权限

安　3-1

目 录

工程项目部管理人员名册

安 3-1-2/T

序号	姓名	性别	职务	职称	受过何种培训	证号

主管：　　　　　　　　　复核：　　　　　　　　　制表人：

安全教育培训

安 3-2

目　　录

填写说明：

1. 新工人三级安全教育卡：

(1) 变换工种时，要进行新工种的安全技术教育，并记录入卡。

(2) 进行定期和季节性的安全技术教育。

(3) 施工单位可使用活页记录填写后装订此内。

(4) 布置学习各工种安全技术操作规程并作记录。

2. 加强对全体施工人员节前节后的安全教育并做好记录（安 3-2-3）

3. 班前安全活动，周讲评记录（安 3-2-4）

施工班组必须每天开展班前安全活动和每周一次的安全活动日并做好记录。

职工劳动保护教育卡汇总表

安 3-2-1

单位名称：_____　　工程名称：_____　　　　　编号：

序号	姓名	工种	年龄	性别	三级教育日期	教育时间	安全上岗证 号	进工地日期　　离工地日期	备注
1									
2									
3									
4									
5									
6									
7									
8									
9									
10									
11									
12									
13									
14									
15									
16									
17									
18									
19									
20									
21									

填表人：　　　　　　　　　　　　　　　　　　　　　　　　年　月　日

新工人三级安全教育记录卡

安 3-2-2

编号：

姓名：_____　　　身份证号码：_____
单位名称：_____　　班组及工种：_____
从业人员手册证号：_____　本工地建卡日期：_____

	三级安全教育内容		受教育人
一级教育	进行安全基本知识、法规、法制教育，主要内容： 1. 当和国家的安全生产方针、政策； 2. 安全生产法规、标准和法制观念； 3. 本单位施工过程及安全规章制度，安全纪律； 4. 本单位安全生产形势及历史上发生的重大事故及应吸取的教训； 5. 发生事故后如何抢救伤员，排险，保护现场和及时进行报告	教育人部门	签　名
		教育人签名	
		年　月　日	
二级教育	进行现场规章制度和遵章守纪教育，主要内容是： 1. 工程项目施工特点及现场的主要危险源分布； 2. 本项目（包括施工、生产现场）安全生产制度、规定及安全常规知识、注意事项； 3. 本工种的安全操作技术规程； 4. 高处作业、机械设备、电气安全基础知识； 5. 防火、防毒、防尘、防爆知识及紧急情况安全处置和安全疏散知识； 6. 防护用品发放标准及防护用品、用具使用的基本知识	教育人岗位	签　名
		教育人签名	
		年　月　日	
三级教育	进行本工种岗位安全操作及班组安全制度、纪律主要内容是： 1. 本把组作业特点及安全操作规程； 2. 班组安全活动制度及纪律； 3. 爱护和正确使用安全防护装置（设施）及个人劳动防护用品； 4. 本岗位易发生事故的不安全因素及防范对策； 5. 本岗位的作业环境及使用机械设备、工具的安全要求	教育人班组	签　名
		教育人签名	
		年　月　日	

上岗安全培训记录

日期	培训内容	培训时间	工种	培训单位	受教育人

安全教育考核成绩记录

日期	成绩		负责人	日期	成绩		负责人
	应知	应会			应知	应会	

安全生产奖惩记录

日期	主要事由	奖惩内容	签发人

事故和事故苗子

日期	事故类别	事故主要原因	伤害部位	证人

各类安全教育记录表

教育类别：　　　　　　　　　　　　教育课时：　　　　　　　　　　年　月　日

单位名称		主讲单位（部门）		主讲人	
工程名称		受教育单位（部门）		人　数	

教育内容：

记录人：

参加对象（签名）：

注：教育类别分：新进现场工人的进场安全教育、变换工种、操作规程和技能、经常性、季节性、节假日等类。

班前安全活动、周讲评记录表

工地名称		班组名称：		工种	

班组人员名单：

周一记录

记录人：

缺席人员姓名： 　　　　　　　　　　　　　　　　年　月　日

周二记录

记录人：

缺席人员名单： 　　　　　　　　　　　　　　　　年　月　日

周三记录

记录人：

缺席人员名单： 　　　　　　　　　　　　　　　　年　月　日

周四记录			
		记录人：	
缺席人员姓名：		年 月 日	

周五记录			
		记录人：	
缺席人员名单：		年 月 日	

加班日记录			
		记录人：	
缺席人员名单：		年 月 日	

周安全活动讲评内容：			
		记录人：	
缺席人员名单：		年 月 日	

特种作业人员名册

单位名称＿＿＿＿＿＿＿＿＿＿＿＿＿＿＿＿＿＿ 工程名称＿＿＿＿＿＿＿＿＿＿＿＿＿＿＿＿＿＿

序号	姓名	性别	工种	发证部门及编号				复审期限	备注
				建设行业证	发证日期	监督局证	发证日期		

注：按上海建筑行业管理要求，须持"双证"上岗的人员应填在表内，应包括急救人员、炊事人员健康证。

填表人：

安全监护、中小型机械作业人员名册

单位名称_____ 工程名称_____

序号	姓名	性别	工种	证件编号	发证单位日期	复审期限	备注

填表人：

附：

进入施工现场安全教育基本要求

一、进行现场规章制度和遵章守纪教育，主要内容是：

1. 本工程施工特点及施工安全基本知识；

2. 本工程（包括施工生产现场）安全生产制度、规定及安全注意事项；

3. 工种的安全技术操作规程；

4. 高处作业、机械设备、电气安全基础知识；

5. 防火、防毒、防尘、防爆及紧急情况安全防范自救；

6. 防护用品发放标准及防护用品、用具使用的基本知识。

二、进行本工种岗位安全操作及班组安全制度、纪律教育，主要内容是：

1. 本班组作业特点及安全操作规程；

2. 班组安全活动制度及纪律；

3. 爱护和正确使用安全防护装置（设施）及个人劳动防护用品；

4. 本岗位易发生事故的不安全因素及其防范对策；

5. 本岗位的作业环境及使用的机械设备、工具的安全要求。

附：安全生产须知：

三、新工人安全须知

1. 新工人进入工地前必须认真学习本工种安全技术操作规程。未经安全知识教育和培训，不得进入施工现场操作。

2. 进入施工现场，必须戴好安全帽，扣好帽带。

3. 在没有防护设施的二米高处，悬崖和陡坡施工作业必须系好安全带。

4. 高空作业时，不准往下或向上抛材料和工具等物件。

5. 不懂电器和机械的人员，严禁使用和玩弄机电设备。

6. 建筑材料和构件要堆放整齐稳妥，不要过高。

7. 危险区域要有明显标志，要采取防护措施，夜间要设红灯示警。

8. 在操作中，应坚守工作岗位，严禁酒后操作。

9. 特殊工种（电工、焊工、司炉工、爆破工、起重及打桩司机和指挥、架子工、各种机动车辆司机等）必须经过有关部门专业培训考试合格发给操作证，方准独立操作。

10. 施工现场禁止穿拖鞋、高跟鞋、赤脚和易滑、带钉的鞋和赤膊操作。

11. 施工现场的脚手架、防护设施、安全标志、警告牌、脚手架连接铅丝或连接件不得擅自拆除，需要拆除必须经过加固后经施工负责人同意。

12. 施工现场的洞、坑、井架、升降口、漏斗等危险处，应有防护措施并有明显标志。

13. 任何人不准向下、向上乱丢材、物、垃圾、工具等。不准随意开动一切机械。操作中思想要集中，不准开玩笑，做私活。

14. 不准坐在脚手架防护栏杆上休息和在脚手架上睡觉。

15. 手推车装运物料，应注意平稳，掌握重心，不得猛跑或撒把溜放。

16. 拆下的脚手架、钢模板、轧头或木模、支撑要及时整理，元钉要及时拔除。

17. 砌墙斩砖要朝里斩，不准朝外斩。防止碎砖坠落伤人。

18. 工具用好后要随时装入工具袋。

19. 不准在井架提升后到下面去清理砂浆、混凝土等杂物；不准吊篮久停空中；下班后吊篮必须放在地面处，切断电源。

20. 脚手架上霜、雪、泥等要及时清扫。

21. 脚手板两端间要扎牢、防止空头板（竹脚手片应四点扎牢）。

22. 脚手架超载危险。

砌筑脚手架均布荷载每平方米不得超过 270kN，即在脚手架上堆放标准砖不得超过单行侧放三侧高。20 孔多孔砖不得超过单行侧放四侧高，非承重三孔砖不得超过单行平放五皮高，只允许二排脚手架上同时堆放。

脚手架连接物拆除危险；

坐在防护栏杆上休息危险；

搭、拆脚手架、井字架不系安全带危险。

23. 单梯上部要扎牢，下部要有防滑措施。

24. 挂梯上部要挂牢，下部要绑扎。

25. 人字梯中间要扎牢，下部要有防滑措施，不准人坐在上面，骑马式移动。

26. 高空

从事高空作业的人员，必须身体健康，严禁患有高血压、贫血症、严重心脏病、精神症、癫痫病、深度近视眼在 500 度以上人员，以及经医生检查认为不适合高空作业的人员，不得从事高空作业，对井架、起重工等从事高空作业的工种人员要每年体检检查一次。

(1) 在平台、屋沿口操作时，面部要朝外，系好安全带。

(2) 高处作业不要用力过猛，防止失去平衡而坠落。

(3) 在平台等处拆木模撬棒要朝里，不要向外，防止人向外坠落。

(4) 遇有暴雨、浓雾和六级以上的强风应停止室外作业。

(5) 夜间施工必须要有充分的照明。

四、建筑安全工人安全技术操作规程一般规定

第一节 施 工 现 场

第一条：参加施工的人（包括学徒工、实习生、代培人员和民工）要熟知工种的安全技术操作规程。在操作中，应坚守工作岗位，严禁酒后操作。

第二条：电工、焊工、司炉工、爆破工、起重司机、打桩司机和各种机动车辆司机，必须经过专门训练，考试合格发给操作证，方准独立操作。

第三条：正确使用个人防护用品和安全防护措施，进入施工现场，必须带好安全帽，禁止穿拖鞋或光脚，在没有防护设施下高空、悬崖和陡坡施工，必须系安全带，上下交叉作业有危险的出入口要有防护棚或其他隔离设施，距地面 2m 以上作业要有防护栏杆、档板或安全网。安全帽、安全带、安全网要定期检查，不符合要求的，严禁使用。

第四条：施工现场的脚手架、防护设施、安全标志和警告牌不得擅自拆动，需要拆动的，要经工地负责人同意。

第五条：施工现场的洞、坑、沟、升降口、漏斗等危险处，应有防护设施或明显标志。

第六条：施工现场要有交通指示标志，交通频繁的交叉路口，应设指挥；火车道口两侧，应设落杆，危险地区，要悬挂"危险"或"禁止通行"牌，夜间设红灯示警。

第七条：工地行驶斗车、小平车的轨道坡度不得大于3%，铁轨终点应有车档，车辆的制动闸和挂钩要完好可靠。

第八条：坑槽施工，应经常检查边壁土质稳固情况，发现有裂缝、疏松或支撑走动，要随时采取加固措施，根据土质、沟深、水位、机械设备重量等情况，确定堆放材料和施工机械坑边距离，往坑槽运材料，应用信号联系。

第九条：调配酸溶液，应先将酸缓慢的注入水中，搅拌均匀，严禁将水倒入酸中。贮存酸液的容品应加盖和设有标志。

第十条：做好女工在月经、怀孕、生育和哺乳期间的保护工作，女工在怀孕期间对原工作不能胜任时，根据医生证明，应调换轻便工作。

第二节 机 电 设 备

第十一条：机械操作要束紧袖口，女工发辫要挽入帽内。

第十二条：机械和动力机的机座必须稳固，转动的危险部位要安设防护装置。

第十三条：工作前必须检查机械、仪表、工具等，确认完好才准使用。

第十四条：电气设备和线路必须绝缘良好，电线不得与金属物绑在一起，各种电动机具必须按规定接地接零，并设置单一开关，还有临时停电或停工休息时，必须拉闸加锁。

第十五条：施工机械和电气设备不得带病运行和超负荷作业。发现不正常情况应停机检查，不得在运行中修理。

第十六条：电气、仪表和设备试运转，应严格按照单项安全技术措施运行，运转时不准清洗和修理，严禁将头手伸入机械行程范围内。

第十七条：在架空输电线路下面工作应停电、不能停电时，应有隔离防护措施，起重机不得在架空输电线下面工作，通过架空输电线路应将起重臂落下，在架空输电线路一侧工作时，不论在任何情况下，起重臂、钢丝绳或重物等与架空输电线路的最近距离应不小于下表规定：

输电线路电压	1kV 以下	1～10kV	35～110kV
允许与输电线路的最近距离（m）	4	6	8

第十八条：行灯电压不得超过36V，在潮湿场所或金属容器内工作时，行灯电压不得超过12V。

第十九条：受压容器应有安全阀、压力表，并避免暴晒、碰撞、氧气瓶严防沾染油脂；乙炔发生气、液化石油气，必须有防止回火的安全装置。

第二十条：X光或γ射线探伤作业区，非操作人员，不准进入。

第二十一条：从事腐蚀、粉尘、放射性和有毒作业，要有措施，并进行定期检查。

第三节 高 空 作 业

第二十二条：从事高空作业要定期体检，经医生诊断，凡患高血压、心脏病、贫血病、癫痫病以及其他不适于高空作业的，不得从事高空作业。

第二十三条：高空作业衣着要灵便，禁止穿硬底和带钉易滑的鞋。

第二十四条：高空作业所用材料要堆施平稳，工具应随手放入工具袋内，上下传递物体禁止抛掷。

第二十五条：遇有恶劣气候（如风力在六级以上）影响施工安全时，禁止进行露天高空、起重和打桩作业。

第二十六条：梯子不得缺档，不得垫高使用，梯子横档间距以30cm为宜，使用时上端要扎牢，下端应采取防滑措施，单面梯与地面夹角以60°~70°为宜，禁止二人同时在梯上作业，如需接长使用，应绑扎牢固，人字梯底脚应拉牢、在通道处使用梯子，应有人监护或设置围栏。

第二十七条：没有安全防护措施，禁止在屋架的上弦、支撑、桁条、挑架的挑梁和半固定的构件上行走或作业，高空作业与地面联系，应设通讯装置，并专人负责。

第二十八条：乘人的外用电梯、吊笼应有可靠的安全装置，除指派的专业人员外，禁止攀登起重臂、绳索和随同运料的吊笼吊装物上下。

第四节 季 节 加 工

第二十九条：暴雨台风后，要检查工地临时设施、脚手架、机电设备、临时线路，发现倾斜、变形、下沉、漏雨、漏电等现象，应及时修理加固，有严重危险的，立即排除。

第三十条：高层建筑、烟囱、水塔的脚手架及易燃、易爆、仓库和塔吊、打桩机等机械应设临时避雷装置，对机电设备的开关，要有防雨、防潮设施。

第三十一条：现场道路应加强维护，斜道和脚手板应有防滑措施。

第三十二条：夏季作业应调整作息时间，从事高温工作的场所，应加强通风和降温措施。

第三十三条：冬季施工使用煤炭取暖，应符合防火要求和指定专人负责管理，并有防止一氧化碳中毒的措施。

五、安全生产六大纪律

1. 进入现场必须戴好安全帽，扣好帽带；并正确使用个人劳动防护用品；

2. 2m以上的高处、悬空作业、无安全设施的，必须戴好安全带、扣好保险钩；

3. 高处作业时，不准往下或向上乱抛材料和工具等物件；

4. 各种电动机械设备必须有可靠有效的安全接地和防雷装置，方能开动使用；

5. 不懂电气和机械的人员，严禁使用和玩弄机电设备；

6. 吊装区域非操作人员严禁入内，吊装机械必须完好，把杆垂直下方不准站人。

六、十项安全技术措施

1. 按规定使用安全"三宝"；

2. 机械设备防护装置一定要齐全有效；

3. 塔吊等起重设备必须有限位保险装置，不准"带病"运转，不准超负荷作业，不准在运转中维修保养；

4. 架设电线线路必须符合当地电业局的规定，电气设备必须全部接零接地；

5. 电动机械和手持电动工具要设置漏电掉闸装置；

6. 脚手架材料及脚手架的搭设必须符合规程要求；

7. 各种缆风绳及其设置必须符合规程要求；

8. 在建工程楼梯口、电梯口、预留洞口、通道口必须有防护设施；

9. 严禁赤脚或穿高跟鞋、拖鞋进入施工现场，高空作业不准穿硬底和带钉易滑的鞋靴；

10. 施工现场的悬崖、陡坎等危险地区应设警戒标志，夜间要设红灯示警。

七、起重吊装"不吊"规定

1. 起重臂吊起的重物下面有人停留或行走不准吊；

2. 起重指挥应由技术培训合格的专职人员担任，无指挥或信号不清不准吊；

3. 钢筋、型钢、管材等细长和多根物件必须捆扎牢靠，多点起吊。单头"千斤"或捆扎不牢靠不准吊；

4. 多孔板、积灰斗、手推翻斗车不用四点吊或大模板外挂板不用卸甲不准吊。预制钢筋混凝土楼板不准双拼吊；

5. 吊砌块必须使用安全可靠的砌块夹具，吊砖必须使用砖笼，并堆放整齐。木砖、预埋件等零星物件要用盛器堆放稳妥，叠放不齐不准吊；

6. 楼板、大梁等吊物上站人不准吊；

7. 埋入地面的板桩、井点管等以及粘连、附着的物件不准吊；

8. 多机作业，应保证所吊重物距离不小于 3m，在同一轨道上多机作业，无安全措施不准吊；

9. 六级以上强风区不准吊；

10. 斜拉重物或超过机械允许荷载不准吊。

八、气割、电焊"十不烧"规定

1. 焊工必须持证上岗，无上海市特种作业人员安全操作证的人员，不准进行焊、割作业；

2. 凡属一、二、三级动火范围的焊、割，未经办理动火审批手续，不准进行焊、割；

3. 焊工不了解焊、割现场周围情况，不得进行焊、割；

4. 焊工不了解焊件内部是否安全时，不得进行焊、割；

5. 各种装过可燃气体，易燃液体和有毒物质的容器，未经彻底清洗，排除危险性之前，不准进行焊、割；

6. 用可燃材料作保温层、冷却层、隔热设备的部位，或火星能飞溅的地方，在未采取切实可靠的安全措施之前，不准焊、割；

7. 有压力或密闭的管道、容器，不准焊、割；

8. 焊、割部位附近易燃易爆物品，在未作清理或未采取有效的安全措施之前，不准焊、割；

9. 附近有与明火作业相抵触的工种作业时，不准焊、割；

10. 与外单位相连的部位，在没有弄清有无险情，或明知存在危险而未采取有效的措施之前，不准焊、割。

文件控制

安 3-3

目　　录

填写说明：

备注栏内应简单将来文所作的处理情况登入栏内（如：会上传达、传阅、组织学习等）。

文件收/发登记表

工程名称

序号	文　件　名　称	文件编号	来/收文日期	收/发文部门	备　注

负责人：

安全物资采购和进场验证

安　3-4

目　　录

填写说明：

1. 合格供应商可以从企业发布的合格供应商名录中选择。项目部如自行选择，则应保留评价资料。

2. 分包单位，（劳务单位）自行采购或带入施工现场凡属控制的安全物资，都必须向发包单位提供安全物资的证明材料（质保书、合格证等）

3. 对租赁、内部转移或调拨的安全物资，都必须实施验收，并有相应的合格证明资料。

4. 采购控制安全物资名称：

安全帽、安全网、密目安全网、安全带、漏电开关、配电箱、限位装置、保险装置，五芯电缆线钢管（$\phi 48 \times 3.5$）、扣件、起重钢丝绳、活动房等（除上述安全物资外，企业可以结合实际，另定需控制的各类安全物资）。

合格供应商名录

序号	供应商名称	企业性质	起始日期	产品种类	联系人	电话

发布单位：

注：供应商、供货商店或生产厂家

安全物资验收汇总记录表

用品名称	规格	单位	收料日期			数量验收			质量验收				验收人	准用证号及发放部门
			年	月	日	送料数	实收数	发票或入库单	质保书号	检验状况	检验单		签名	

负责人：　　　　　　　填表人：

分包控制

安　3-5

目　　录

填写说明：

1. 合格分包方的名录可以采用上级企业发布的文件或项目部自行选择、评定后的合格分包方，但项目部必须保留自行选择的分包方评定记录表；

2. 安全总交底必须是双方项目的安全生产负责人参与，并书面签字认可。

附：

总包对分包的进场安全总交底

为了贯彻"安全第一、预防为主"的方针，保护国家、企业的财产免遭损失，保障职工的生命安全和身体健康，保障施工生产的顺利进行，各施工单位必须认真执行以下要求：

一、贯彻执行国家、行业的安全生产、劳动保护和消防工作的各类法规、条例、规定；遵守企业的各项安全生产制度、规定及要求。

二、分包单位要服从总包单位的安全生产管理。分包单位的负责人必须对本单位职工进行安全生产教育，以增强法制观念和提高职工的安全意识及自我保护能力，自觉遵守安全生产六大纪律、安全生产制度。

三、分包单位应认真贯彻执行工地的分部分项、分工种及施工安全技术交底要求。分包单位的负责人必须检查具体施工人员落实情况，并进行经常性的督促、指导，确保施工安全。

四、分包单位的负责人应对所属施工及生活区域的施工安全、文明施工等各方面工作全面负责。分包单位负责人离开现场，应指定专人负责，办理书面委托管理手续。分包单位负责人和被委托负责管理的人员，应经常检查督促本单位职工自觉做好各方面工作。

五、分包单位应按规定，认真开展班组安全活动。施工单位负责人应定期参加工地、班组的安全活动，以及安全、防火、生活卫生等检查，并做好检查活动的有关记录。

六、分包单位在施工期间必须接受总包方的检查、督促和指导。同时总包方应协助各施工单位搞好安全生产、防火管理。对于查出的隐患及问题，各施工单位必须限期整改。

七、分包单位对各自所处的施工区域、作业环境、安全防护设施、操作设施设备、工具用具等必须认真检查，发现问题和隐患，立即停止施工，落实整改。如本单位无能力落实整改的，应及时向总包汇报，由总包协调落实有关人员进行整改，分包单位确认安全后，方可施工。

八、由总包提供的机械设备、脚手架等设施，在搭设、安装完毕交付使用前，总包须会同有关分包单位共同按规定验收，并做好移交使用的书面手续，严禁在未经验收或验收不合格的情况下投入使用。

九、分包单位与总包单位如需相互借用或租赁各种设备以及工具的，应有双方有关人员办理借用或租赁手续，制订有关安全使用及管理制度。借出单位应保证借出的设备和工具完好并符合要求，借入单位必须进行检查，并做好书面移交记录。

十、分包单位对于施工现场的脚手架、设施、设备的各种安全防护设施、保险装置、安全标志和警告牌等不得擅自拆除、变动。如确需拆除变动的，必须经总包施工负责人和安全管理人员的同意，并采取必要、可靠的安全措施后方能拆除。

十一、特种作业及中、小型机械的操作人员，必须按规定经有关部门培训、考核合格后，持有效证件上岗作业。起重吊装人员必须遵守"十不吊"规定，严禁违章、无证操作；严禁不懂电器、机械设备的人员，擅自操作使用电器、机械设备。

十二、各施工单位必须严格执行防火防爆制度，易燃易爆场所严禁吸烟及动用明火，消防器材不准挪作他用。电焊、气割作业应按规定办理动火审批手续，严格遵守"十不烧"规定，严禁使用电炉。冬季施工如必须采用明火加热的防冻措施时，应取得总包防火主管人员同意，落实防火、防中毒措施，并指派专人值班看护。

十三、分包单位需用总包提供的电器设备时，在使用前应先进行检测，如不符合安全使用规定的，应及时向总包提出，总包应积极落实整改，整改合格后方准使用，严禁擅自乱拖乱拉私接电气线路及电气设备。

十四、在施工过程中，分包单位应注意地下管线及高、低压架空线和通信设施、设备的保护。总包应将地下管线及障碍物情况向分包单位详细交底，分包单位应贯彻交底要求，如遇有问题或情况不明时要采取停止施工的保护措施，并及时向总包汇报。

十五、贯彻"谁施工谁负责安全、防火"的原则。分包单位在施工期间发生各类事故及事故苗子，应及时组织抢救伤员、保护现场，并立即向总包方和自己的上级单位和有关部门报告。

十六、（按本工程特点进行针对性交底）

_____

_____

_____

_____

交底方：

单位名称_____ 负责人_____ 职务_____

接受交底方：

施工单位名称_____ 负责人_____ 职务_____

其他人员_____

_____

年　　月　　日

工程项目合格分包方名录

工程名称 _____

序号	企业名称	类别	资质等级	承包性质	负责人	人数

发布单位:

提供分包安全物资、工具、设施设备验收记录

安 3-5-3

工 程 名 称		总 包 单 位	
提 供 单 位		分包接受单位	
提供安全物资或其他名称			

提供单位意见：	分包接受单位验收意见：

提供单位安全员		分包接受单位安全员	
提供单位负责人		分包接受单位负责人	
提供日期		分包接受日期	

总包单位意见：

负责人：　　　　　　　日期：

注：

1. 凡施工中甲单位的安全防护设施或设备，由乙单位在职工中使用时，或由乙单位委托甲单位搭设的安全防护设施及提供的设备时，必须办理交接验收记录。

2. 提供分包单位的工具、设施或设备，防护的标准必须符合规定要求。接受单位在验收其合格后，施工中必须保持经常性的完好

对分包方安全监督、检查记录表

安 3-5-6/T

检查日期：　　年　月　日

单位名称		工程名称	
检查单位		分包项目	
被查分包单位		施工部位	
参加检查人员			

安全检查记录：

文明施工检查记录：

检查结论及复查记录：

检查负责人：

填表人：

分包方安全业绩评定表

安 3-5-7/T

单位名称		工程名称	
分包方名称		负责人	
分包内容		分包形式	
进场日期		退场日期	

评定内容：

1. 组织机构 　　　　　　　　　健全（　　）　　　基本健全（　　）

2. 安全管理人员 　　　　　　　持证上岗（　　）人数　　无证（　　）人数

3. 人员安全培训情况 　　　　　全部经培训上岗（　　）　　大部分经培训上岗（　　）

4. 人员安全操作素质状况 　　　强（　　）　　　一般（　　）　　　弱（　　）

5. 事故情况 　　　　　　　　　重大伤亡事故（　　）起/数

　　　　　　　　　　　　　　　一般事故（　　）起/数

6. 遵章守纪情况 　　　　　　　良好（　　）　较好（　　）　一般（　　）　差（　　）

评定部门（岗位）	评定意见	评定人/日期
项　目　部		
安　　　全		
施　　　工		
综　　　合		

评定结果：

项目经理：

　　　　　　　　　　　　　　　年　　　月　　　日

369

施工过程控制

安　3-6

目　　录

编号：　　　　　　　　　　　　　安 3-6-3

单位名称		工程名称	
混凝土浇捣日期		设计拆模强度	
混凝土实际强度		试块报告编号	
拆除部位		监护人及证号	
拆模警戒范围		拆除班组	

拆模安全技术措施：

项目技术负责人：

申请人：　　　年　月　日　　　　监理单位：　　　年　月　日

设施拆除申请表（脚手架安全防护设施等）

安 3-6-4

编号：

单位名称		工程名称		需拆除安全设施或脚手架杆件名称	
		架体形式	架体材质	拆除时间	
拆除原因：					申请人：
加固补救措施：					施工负责人：
拆除班组				措施落实人	
审批意见：					
项目部技术负责人：					年　月　日

注：

1. 施工现场中凡是需要拆除整体脚手架或安全防护设施，必须由该项目施工负责人提出申请，经项目部主管生产的项目经理审批同意后，方可拆除。

2. 施工过程中，凡是需要拆除脚手架的受力杆件或在脚手架中开门洞，拆除脚手架拉结时，由具体施工班组长提出申请，经该项目施工负责人检查、确定拆除的范围和数量，并采取切实可行的加固措施后，由项目部技术、安全部门派人共同检查验收，合格后，再安排架子工班组进行拆除

危险作业的监控记录表

单位名称		工地名称	
监控项目		监控地点	
监控负责人		监控人员	

监控交底内容：

交底人：

年　月　日

监控过程记录：

监控人：

年　月　日

监控信息反馈内容：

记录人：

年　月　日

处理结果：

处理负责人：

年　月　日

防 火 控 制

安　3-6-6

目　　录

填写说明：

防火控制的资料应按有关要求设置。

（ ）级动火许可证

单位名称		工程名称	
		动火部位	
		动火时间	月 日 时 分至 月 日 时 分
	动 火 须 知	防 火 措 施	
		监护人姓名	
		防火负责人签名：	
本表一式三联：动火人、动火监护人及查存			
焊工姓名			
申请动火签名：		日 期：	
	日 期：		

填写说明:

安 3-6-6 是动火许可证的空白表式,请按实际动火的级别要求填写办理动火审批手续。(附上一~三级的动火须知要求):

一、一级动火

1.禁火区内:油罐、油箱、油槽车和储存过可燃气体,易燃液体的容器以及连接在一起的辅助设备;各种受压设备;危险性较大的登高焊、割作业;比较密封的室内、容器内、地下室等场所,均属一级动火。

2.一级动火申请应在一周前提出,批准最长期限为一天,期满应重新登记,否则视作无证动火。

3.一级动火作业又所在单位主管防火工作的负责人填写,并附上安全技术措施方案,报上一级主管及所在地区消防部门审查,经批准后方可动火。

二、二级动火

1.在具有一定危险因素的非禁火区内进行临时焊割等动火作业;小型油箱等容器;登高焊割等动火作业均属二级动火作业。

2.二级动火申请人应在四天前提出,批准最长期限为三天,期满应重新办证。

3.二级动火作业由所在本单位项目部负责人填写,并附上安全技术措施方案,报本单位主管部门审批,经批准后方可动火。

三、三级动火

1.在非固定的,无明显危险因素的场所进行动火作业等均属三级动火。

2.三级动火申请人应在三天前提出,批准最长期限为七天,期满后应重新办证,否则视作无证动火。

3.三级动火作业又所在班组填写,经本单位项目部施工负责人审查批准,方可动火。

4.本表一式三联:动火人、动火监护及存查。

落地式脚手架搭设验收记录表

工程名称：＿＿＿＿＿＿　　单位名称：＿＿＿＿＿＿

序号	验收项目	搭 设 要 求	检验结果
1	立杆基础	坚实平整，有排水措施，立杆下铺5cm厚木板，立杆、水平、垂直、距离符合要求，应有基础设计方案	
2	架体与建筑物拉结	拉结点同距，水平、垂直、距离符合要求，拉结材料符合要求，高度＞24米不准采用柔性连接	
3	防护栏杆及网	自第二步起设栏杆扶手，按规定设置围档封闭，密目网符合要求，操作层及以下二步设踢脚板	
4	施工层底色满铺	踢脚板底笆与大横杆绑扎点不小于4点	
5	剪刀撑设置	不大于9cm设一道剪刀撑，夹角为45°~60°，自下而上连续设置，高度超过24m时，在脚手拐角及中间每隔60°跨横向内搭设斜杆	
6	脚手架材质脚手架扣件	钢管脚手管外径不得小于φ48mm，壁厚不得低于3.5mm，无严重锈蚀、裂纹、变形、扣件紧固力矩45~50N·m	
7	脚手架宽度	按设计宽度（　）m搭设	
8	立杆间距	立杆垂直偏差不大于全长的1/100H，立杆间纵距按设计（　）m设置，偏差±50mm	
9	大小横杆	横平竖直，大横杆的固定间距不大于6m，挠度不大于杆长1/150	
10	四步一隔离	每隔四步设一道隔离措施，第一道隔离设在结构的首层	
11	登高设施	应设在脚手架外侧，斜道坡度按设计（/）设置并设防滑条，上下爬梯装设稳固	
12	杆件搭设	接头错开，剪刀撑杆件接长不小于1m，立杆对接必须交叉进行	
13	通道口防护、重要设施防护棚	按构筑高度，搭设通道防护棚：长度（　）m符合设计方案要求	
14	钢管脚手架接地	四角应设接地保护及避雷装置	

注：
1. 验收栏目内有数据的，必须在验收栏内填写实测的数据，无数据用文字说明。
2. 此验收合格牌必须能验收一次使用，并注明验收日期，分阶段验收合格后挂牌，每次验收合格后挂一次牌。
　验收合格牌编号，脚手架在使用过程中，必须要有定期的检查，保养制度
3. 脚手架在使用过程中，必须要有定期的检查，保养制度

验收意见：

参加验收人员：

验收日期	维修负责人	专业单位技术负责人
合格牌编号	搭设班组及负责人	总包单位技术负责人

脚手架总高度	
验收时搭设高度	

安 3-6-8

工程名称_____

挂脚手架验收记录表

单位名称_____

序号	验收项目	搭 设 要 求	检点记录	结 果
1	施工方案	搭设方案审批手续齐全，并绘制施工图，设计计算内容齐全，具体，准确		
2	架体制作	架体悬挂点按方案制作，设计合理，埋设固定牢靠并有相应验收资料，悬挂点间距≥2m		
3	材 质	制作架体的钢材，焊条应有材料质保书，有防锈处理，无开裂，严重变形		
4	脚手板	脚手板铺设严密，板厚50mm以上		
5	架体防护	脚手架外侧应装设立杆，设双道防护栏杆，踢脚板，密目网封闭，脚手架底部与机构之间封闭严密，底部用平网紧贴脚手架底部兜严，外层再采用密目网兜包		

验收意见：

注：
1. 验收栏目内有数据的，必须在验收栏内填写实测的数据，无数据用文字说明。
2. 此验收表只能作一次使用，分阶段验收合格后挂牌。每次验收合格后挂一次牌。验收合格牌必须有编号，并注明验收日期。
3. 脚手架在使用过程中，必须要有定期的检查，保养制度。

验收人员：

	专业维修人员	专业单位技术负责人
验收日期		
验收数量	搭设班组负责人	总包单位技术负责人
合格牌编号		
使用高度		

悬挑式脚手架验收记录表

工程名称 _____

单位名称 _____

序号	验收项目	搭 设 要 求	检验结果
1	施工方案	搭设方案审批手续齐全并绘制施工图，多层悬挑设计计算内容齐全、准确，焊接部分应有验收资料	
2	悬挑梁及悬挑架	悬挑梁、悬挑架与结构连接牢固，悬挑架应采用刚性框架和刚性节点	
3	架体稳定	梁上应焊短管作底座，立杆插入固定，并绑扫地杆	
4	脚手板、防护栏杆	底笆应铺满，首层与结构之间隔离严密，栏杆高度1.2m，密目网，操作层以下层踢脚板齐全	
5	杆件间距	立杆间距按1.5m布置（单层1.5～1.8m），立杆垂直偏差全长1/100H，接长交叉进行	
6	层间防护	作业层下设置隔离措施（四步一隔离）	
7	脚手架材质	钢管、外径φ48mm，壁厚不少于3.5mm，无严重锈蚀、裂纹变形	
8	扣件	扣件要有生产可证、扣件检测资料、紧固力矩45～50N·m	
9	大小横杆	搭设要做到横平竖直，大横杆固定间距≥6m，挠度≥杆长1/150	
10	剪刀撑	每组剪刀撑跨越立杆根数为5～7根（>6m），夹角45°～60°，杆件接长不应在同一平面	

验收情况：

注：
1. 验收栏目内有数据的，必须在验收栏内填写实测的数据，无数据用文字说明。
2. 此验收表只能作一次使用，分阶段验收合格后挂牌，每次验收合格后挂一次牌。验收合格牌必须有编号，并注明验收日期。
3. 脚手架在使用过程中，必须要有定期的检查、保养制度。

验收人员：

验收日期		维修负责人		专业单位技术负责人	
合格牌编号		搭设班组负责人		总包单位技术负责人	

悬挑架总高度	
验收时高度	

吊篮脚手架验收记录（手动与电动）

工程名称 _____

单位名称 _____

序号	验收项目	验 收 要 求	检验结果
1	软件资料	方案审批手续齐全，设计计算内容齐全、具体，能指导施工，方案设计符合 JC/T 5032—93 高处作业吊篮规定，厂家生产的产品，合格证、许可证使用说明书等齐全	
2	制作组装	挑梁与建筑物锚固牢靠，应采用纵向水平杆将挑梁连成整体，配重质量符合设计要求并有可靠措施，挑梁应设置抗倾覆措施，吊篮长、宽符合设计要求	
3	安全装置	升降机安全锁，手扳葫芦保险卡齐全有效，吊篮应设专用保险绳，吊钩保险有效，钢丝绳符合使用要求，漏电保护器灵敏可靠	
4	脚手板	脚手板铺满，木质厚度 50mm 以上，采用钢板应是防滑的花纹钢板，无锈蚀	
5	防　护	双道栏杆，高 1.2m 及踢脚脚板靠建筑物栏杆不低于 0.8m，外侧用密目网封闭，单片吊篮两端要封头处理，多层作业应设防护顶板，厚度 50mm	
6	空载试验	升降运行平稳，过程中无碰擦，安全装置灵敏可靠	

验收意见：

注：
1. 验收栏目内有数据的，必须在验收栏内填写实测的数据，无数据用文字说明。
2. 此验收表只能作一次使用，分阶段验收后挂牌，每次验收合格后挂一次牌。验收合格牌必须有编号，并注明验收日期。
3. 脚手架在使用过程中，必须要有定期的检查、保养制度

验收数量		验收日期		组装维修人员		专业单位技术负责人	
使用高度		合格牌编号		验收人员		总包单位技术负责人	

门型脚手架验收记录表

工程名称 _____

单位名称 _____

序号	验收项目	验 收 要 求	检 验 结 果
1	施工方案	方案设计符合规范要求，设计内容具体，齐全60m以上要有设计计算书，审批手续齐全	
2	架体基础	25m以下设5cm木板，高度在25～40m时，原已夯实后再铺15cm道碴夯实后再铺木板或槽钢＞45m高度按设计要求：脚手架底部纵横向加设扫地杆	
3	架体稳定	架体内外侧交叉支撑，尺寸间距与门架匹配并与立杆锁牢；连接件设置架高45m以下垂直≤6m，水平≤8m，每二层设一处，水平45～60m时，垂直≤4m，水平≤6m，连墙件应采用钢性连接，承载力不小于10kN，连接点应靠近门架横梁，转角处和一字型或闭合脚手架应增设连接。水平架在架高45m以下时，每二步门架设置一道；水平架45～60m时，水平架设应每一步门架设置一道（采用非扣式脚手板可不设水平架）；脚手架搭设与主题高度相适应，一次搭设高度不超过最上层拉接点二步高度≤600/H及50mm；首层门架的立杆垂直偏差＜2mm，水平偏差＜5mm，上下门架的立杆对齐，对中偏差＜3mm	
4	剪刀撑	脚手高度超过20m时，每隔四步设一道剪刀撑连续封闭，宽度为4～8m，角度45°～60°；剪刀撑接长采用搭接，长度≥50cm，用二个扣件，剪刀撑与脚手同步搭设	
5	杆件、锁件	不同产品的门架及零部件不得混用，上下门架组装，须设连接棒及锁臂；门型架内外侧均应设置交叉支撑，并于立杆锁牢	
6	脚手板	作业层应连接满铺挂扣式脚手板，搭钩与横梁扣紧，用滑动挡板锁牢，采用其他脚手板应绑扎牢固不准有探头板	
7	架体防护	按临边防护要求设置双道栏杆，操作层以下二层设踢脚板，密目网全封闭	
8	材质	规格质量符合规范要求，合格证等资料齐全，门架平面弯曲＜4mm，立杆中到中间距误差＜±5mm其他配件弯曲＜3mm，无裂纹及严重锈蚀	
9	通道	门架的钢梯扣在相邻二步门架的销杆上，并用防滑挡板与横杆锁牢固	

验收高度		搭设班组		验收人员	
脚手总高度		合格牌号		维护人员	
验收意见			专业单位技术负责人		
			总包单位技术负责人		
			验收日期		

附着式脚手架（升、降）验收记录

工程名称		安装负责人	
单位名称		合格证编号	

一、资料检查要求

项　　目	检　查　情　况	备　　注
安装单位名称		
安装单位资质证编号		
安装使用操作规程		
防坠装置的合格证书		
提升设备的合格证书		
控制系统的证书		
防坠装置的使用说明书		
提升设备的使用说明书		
控制系统的操作说明书		
安装施工组织设计		应有总包审批记录
安装自检记录		包括扣件连接螺栓预紧力检查记录
附着点的隐蔽工程验收记录		
安全技术交底		（须有内容及签字）
操作工人上岗证书		

二、被验收附着式升降脚手架的主要技术参数

被检附着升降脚手架的主要技术参数

项　　目	设计技术参数	实测值	备　　注
架体型式			
架体高度（m）			
步高（m）			
步数			
步宽（m）			
架体跨度（最大）（m）			
架体离墙距离（m）			
导轮距离（m）			
穿墙螺栓规格			
机位数			
防坠装置生产厂家			

三、架子架体验收内容

序号	验收项目		组装要求	检验记录	结果
1*	架体最大跨度		不应大于设计值，最大不得大于 8m，曲线布置时不大于 5m，单片式不得采用曲线布置。跨度大于 3m 时必须采用水平桁架或水平框架形式		
2*	架体悬臂高度		不得超过 6m，且不得大于架体高度的 2/5		
3*	架体全高与跨度最大乘积		整体式不应大于 110m²		
4*	架体底部结构		整体式须采用定型的支撑框架（桁架）		
5*	竖向主框架		应采用定型桁架结构不得用扣件与附着支承结构也不得采用扣件连接		
6			垂直度偏差不应大于 3‰		
7	架体总高度		整体式不大于 4.5 倍的建筑层高单片式不应大于 4 倍的建筑层高且不应大于设计值		
8	架体结构的加强构造		架体结构在碰到塔吊，施工升降机等设备而断开或开洞处；与附着支承结构连接处等		
9	悬挑长度		不大于相邻架体跨度的 1/4，最大值不超过 2m。（超过 1/4 必须采取相应措施）		
10	架体步高		符合设计要求		
11	架体立杆连接		架体立杆连接接头不得在同一平面		
12	架体宽度		不大于 1.2m		
13	剪刀撑		架体外立面应设置剪刀撑，剪刀撑斜角为 45°~60°		
15	相邻机位高差		小于 20mm		
16	四面架体		垂直度偏差不应大于 4‰		
17	架体底部高差		任意一点间的水平高差小于 50mm		
18*	与架体或建筑物间的连接		在任何情况下不得少于二个水平约束，且禁止用扣件连接，两水平间距不得小于架体高度 1/3		
19	防倾方位		应能左右、前后均起作用		
20	导轨垂直度		垂直度偏差不应大于 2‰		
21*	主要承力构件		无明显变形、锈蚀等缺陷		
22	穿墙螺栓	螺栓连接	须采用双螺母连接，无松动，且丝杆露出螺母不少于 3 个螺距		
23		垫块	垫块规格不得小于 100mm×100mm×8mm		
24*	电控箱的用电安全性能		电气箱应具有缺相、短路、漏电等电气保护装置		
25	绝缘电阻		>0.5MΩ		
26	接地电阻		≤10Ω		

序号	验收项目		组装要求	检验记录	结果
27*	载荷控制	超载保护	按预设要求动作 （有超载报警停机功能）		
28*		失载保护	按预设要求动作 （有失载报警停机功能）		
29*		防坠装置	防坠装置不应与架体升降设置在同一个附着支撑装置上		
30			动作灵敏，制动距离在规定的范围内		
31			应在有效的标定周期内使用（标定周期为一个单体工程）		
32	架体的安全防护	密目安全网	架体外侧须用密目式安全立网、安全平网作围挡，网须兜过底部，底部须加设小眼网		
33		作业层防护	每一作业层靠外必须设置两档防护栏杆、高度分别为1.2m和0.6m，外侧底部须设挡脚板等防护设施		
34		架体与建筑物之间开口处防护	使用工况下架体与工程结构外表面之间、架体与架体之间必须有可靠的防止人员及物料坠落的防护措施		
35	架体结构内侧与建筑物之间的距离		离墙距离不宜超过0.4m，作业层下方应封严，>0.4m时应有可靠的技术措施		
36	中央控制台		宜具有显示即时荷载值及机位状态等功能		
37			应具备点控群控等功能		
38			应具有逐台工作显示，故障信号显示		
其他					

验收结论：

验收人员：

年　　月　　日

专业单位技术负责人		日期	
总包单位技术负责人		日期	

注：脚手架每次升降以后必须实施验收，合格后方能投入使用，验收项目中：18-35要作验收记录。

386

安全防护设施搭设验收记录表

工程名称_____

单位名称_____

序号	验收项目	验 收 要 求	部位	结果
1	楼梯口、电梯井道口	应设双道防护栏杆，高度 1.2m，底部宜设不低于 18cm 挡脚板；电梯井管笼井道口，应设固定栅门，网格间距 ≤15cm，底部设不低于 18cm 挡脚板，电梯井道口内每隔两层 <10m 设一道安全平网，网与井壁间隙 >10cm		
2	预留洞口、竖向洞口	边长在 1.5m 以上的洞口，四周设防护栏杆，洞口下设安全平网或加一层密目网，平面洞口短边 >25cm，必须设置的固定牢靠的板；竖向下边不低于 800mm 的窗台等洞口须设 1.2m 栏杆		
3	基槽、坑井	除设置必要的防护措施外，夜间应设置红灯示警		
4	阳台、楼层、层面等临边	双道防护栏杆高度 1.2m，底部设不低于 18cm 的挡脚板，坡度大于 1:2.2 层面栏杆高度 1.5m 并加挂安全立网，栏杆长度大于 2m 应增设栏杆柱		
5	通道防坠棚、机械设备及操作防护棚等临边	应有专门搭设方案，杆件搭接长度符合要求，架体自成独立系统不得与脚手连接，防护棚搭设尺寸应满足上方坠落物的半径以外要求。施工高度在 24m 以下可搭设单层防护棚，双层防护棚如设置在设置人员密集区应采用 5cm 木板与竹笆，双层棚（宜采用 5cm 木板）之间 >600mm		

注：搭设防护设施的材质必须符合使用要求、防护栏杆的上杆应能承受任何方向 1000N 外力，各类防护设施，应尽可能做到定型、标准化，提高防范水平和能力。此表可作单项防护设施验收和平时检查使用

验收人员		日期		负责人		日期	

模板支撑系统验收记录表

模板工程名称：_____
施工单位：_____

施工部位：_____
支撑材料：_____

序号	验收项目	验 收 要 求	检点记录	结果
1	施工方案	方案完整，绘有施工详图，指导施工，支撑系统设计计算，审批手续齐全，作业前应进行安全交底，交底资料完整		
2	支撑材质	支撑立柱材质：木杆应用松木或杉木，有效直径不得＜80mm，并去皮，不得采用易变形、折裂、枯节的木材；如采用钢管，管子外径不得小于 φ48×3.5 的钢管，无严重锈蚀、裂纹、变形		
3	立柱稳定	立柱底部的垫块材料，应符合施工组织设计要求，不得用砖块垫高 按施工组织设计要求，支撑高度为（ ）m时，立柱间水平撑设（ ）道水平支撑，纵横向剪刀撑开档间距（ ）m。立柱间距符合设计要求，纵向（ ）mm，横向（ ）mm 立柱接长杆件接头应错开，木杆接长按设计要求		
4	木杆连件及扣件	支撑木杆连接应采用符合要求的材料，不得采用铁丝、麻绳等绑扎；钢管支撑接长，应采用对接，不准绑接。采用扣件固定其紧固力矩为 45～50N·m		
5	作业环境	2m 以上高处支模作业，操作人员应有可靠的立足点，防护设施完善		

验收意见

支撑排架高度	m	验收日期	合格牌编号	搭设班组负责人	验收人员	技术负责人

井架与龙门架搭设验收记录表

单位名称＿＿＿＿＿＿＿＿＿＿＿＿＿工程名称＿＿＿＿＿＿＿＿＿＿＿＿＿搭设高度＿＿＿＿＿＿＿＿＿＿＿＿＿

一、资料验收

序号	验收内容	要求	结果	备注
1	厂家定型产品	需通过省（市）级产品鉴定		
1	企业改制产品	须有公司级的设计计算书		
2	使用说明书（含操作规程）	齐全且与验收的升降机一致，参数明确		
3	出厂合格证	有		
4	隐蔽工程验收单	应具备基础、附着装置或缆风绳埋件签字手续齐全		

井架与龙门架搭设验收记录表

单位名称＿＿＿＿＿＿＿＿＿＿＿＿＿工程名称＿＿＿＿＿＿＿＿＿＿＿＿＿搭设高度＿＿＿＿＿＿＿＿＿＿＿＿＿

二、硬件验收

名称	序号	验收内容	要求	结果	备注
架体结构	1	架体	架体的连接件齐全、可靠、无弯曲、变形、锈蚀，出料开口处有加固措施、架体全高三面包小眼网		
架体结构	2	架身垂直度	按 4/1000 × 高度（架体）		
架体结构	3	吊篮导轨	导轨无明显变形、接头处无错位、吊篮上下运行平稳、无碰擦		
吊篮	4	安全门	两外安全门灵活可靠		
吊篮	5	两侧挡板	高度不低于 1m		
吊篮	6	底板	牢固、无破损和锈蚀、吊盘颜色与架体存明显区别		
吊篮	7	篮顶动滑轮	有、且灵活		
附着装置与缆风绳	8	附着装置	按方案设计规定或使用说明书要求设置，首选附着不超过 7m，严禁与脚手等临时设置连接		
附着装置与缆风绳	9	缆风绳	高度 20m 以下设一组，高于 20m 增设一组，角度 45°~60°，地锚连接牢固，绳夹符合要求		
卷扬机	10	生产许可证	具备		
卷扬机	11	钢丝绳（d）	如有断丝、磨损应在许可范围内，无拖地、过路保护、绳端固定可靠，按 GB5792 要求		
卷扬机	12	卷筒	排绳整齐，钢丝绳不少于 3 圈与第一导向轮距离不少于 20 倍		
卷扬机	13	滑轮	滑轮直径应与钢丝绳直径相匹配 $D/d = 25~30$		低架 $D \geqslant 25$ 高架 $D \geqslant 30$
卷扬机	14	机架固定	前后锚固桩受力后无移位		
卷扬机	15	携带式控制按钮	控制回路电压不大于 36V，引线长度不超过 5m，采用点动式并配有紧急停止开关		
卷扬机	16	操作室	应能上锁、能防雨、防坠物、视线良好的操作室		

名称	序号	验收内容	要　　　求	结果	备注
摇臂栏杆	17	夹角、工作范围	符合说明书要求、不于缆风绳等干涉、底座高出工作面、顶部不得高出架体、应安装保险钢丝绳、吊钩应放置超高限位，起重量＜0.6t		
安全装置	18	吊篮、防坠装置	灵敏、可靠、坠落距离≤1m		
	19	吊篮上下限位	灵敏、可靠、上限位与天梁最小距离为≤3m		高架应设下限位
	20	停层安全保护装置	装置齐全、完好、安全可靠		
	21	层楼安全门	原则上楼层通道口的安全门参照施工升降机要求设置（高度≤1.8m）、卸料平台铺设牢靠		
	22	超载限制器	灵敏、可靠		高架应设置
	23	上料口安全门及三面围护	上料口安全门高度≥1.8m，三面围护采用定型金属网片高度≥1.8m，双层防坠棚齐全		
	24	卷筒防脱绳保险	齐全、有效、可靠		
	25	滑轮防跳绳保护	齐全、有效、可靠		
	26	信号装置	音响装置、吊篮升降时发出警告使用，司机控制		
电气	27	漏电保护装置	总电源应设短路及漏电保护装置		
	28	接电装置	接地极应外露、电气连接牢固、接地电阻≤10Ω		
	29	绝缘电阻	绝缘电阻应≥1.5Ω		
	30	通讯或联络装置	当司机不能看清操作者和信号指挥人员，必须装设通讯装置，即闭路的双向电气通讯系统或监控闭路电视		
标志	31	楼层标志	齐全、张挂在醒目处		
	32	限载标志	井料口上设置醒目、摇臂起重限载也应设置		

验收结论：	搭设人员：	
	搭设人员的证号：	
	验收人员：	
	合格牌编号：	
分包单位技术负责人：		注：验收结果栏，注意量化的控制要求
总包单位技术负责人：		

大型机械控制

安 3-6-16

目　　录

上回转塔式起重机安装（加节）验收记录表

使用单位 _____

工程名称 _____

设备所属单位 _____

安装单位 _____

塔式起重机	型号		设备编号		
幅度 m	起重力矩 kN·m	起升高度 m	最大起重量 吨	与建筑物水平附着距离 m	
各道附着间距	附着道数	锚固负责人	锚固后高度 m	塔高 m	

验收部位	验收要求	结果	验收部位	验收要求	结果
塔吊结构	部件、附件、连接件安装齐全，位置正确		电气系统	供电系统供电充分，正常工作，电压380±5%	
	螺栓拧紧力矩达到技术要求，开口销完全撬开			碳刷、接触器、继电器接触良好，可靠	
	结构无变形、开干焊、疲劳裂纹			仪表、照明、报警系统完好	
	压重、配重重量、位置达到说明书要求			控制、操纵装置动作灵敏、可靠，电气按要求设置短路和过电流失压及零位保护，切断总电源的紧急开关符合要求，必须实施二级编制保护	
	钢丝绳在卷筒上缠绕整齐、润滑良好				
绳轮钩系统	钢丝绳规格符合国家标准，断丝和磨损未达到报废标准			电器系统对地的绝缘电阻不大于0.5MΩ	
	各部位滑轮转动灵活、可靠、无卡塞现象		安全限位和保险装置	力矩限制器灵敏、可靠，其综合误差不大于额定执的8%	
	吊钩磨损未达到报废标准，保险装置可靠			重量限制器灵敏、可靠，可靠其误差不大于额定值5%	
转动系统	各机构转动平稳，无异常响声			回转限位器灵敏可靠	
	各润滑点润滑良好、润滑油牌号正确			行走限位器灵敏可靠	
	制动器动作灵活可靠，联轴节连接良好，无异常			变幅限位器灵敏可靠	
路基复验	复查路基或基础隐蔽资料齐全、准确			起高限位器灵敏可靠	
	钢机顶面纵、横方向上的倾斜度不大于1/1000			吊钩保险灵敏可靠	
	塔身对支撑面垂直度≤4/1000			卷筒保险灵敏可靠	
	止挡装置距钢轨两端距离≥3m		附着锚固之后检查项目	锚固框架安装位置符合规定要求	
	行走限位装置距正止挡装置距离≥3m			塔身与锚固框架固定可靠	
附着锚固之前检查	框架、锚杆、墙杆等无开裂、变形和裂纹			框架、锚杆、墙板等各处螺栓、销轴齐全可靠	
	锚杆长度和结构形式符合附着要求			垫铁、模块等零、部件齐全可靠	
	建筑物上附着点布置和强度符合要求			最高附着点以下塔身相对支承面垂直不得大于塔身相对高度2/100	
	基础经过加固后强度满足承压要求			锚固点以上塔身自由高度不得大于规定要求	
				最高附着点以上塔身相对支承面垂直不得大于4/1000	

安装班组自检情况：			
负责人：			日期：

安装单位名称		负责人	
产权单位名称		负责人	

项目部验收情况：

负责人：   日期：

验收结论：

项目部验收人员签名

机管部门		安全部门		技术负责人	
塔吊司机		塔吊指挥			

结论： 限制使用　同意使用　不准使用整改后二次验收

上级公司验收意见：

盖章：   日期：

上级公司验收人员签名

机管部门		安全部门	

结论： 限制使用　同意使用　不准使用整改后二次验收

注：验收栏目内有数据的，必须在验收栏内填写实测数据，无数据用文字说明

下回转塔式起重机安装验收记录表

规格型号 _____
工程名称 _____
机械标号 _____
设备所属单位 _____
使用单位 _____

验收部位	验收要求	结果	验收部位	验收要求	结果
位置与轨道	布设位置合理符合施工组织设计要求		钢丝绳与吊索具	钢丝绳断丝未超标、无锈蚀、无污染	
	与架空线最小距离符合规定并有防护架			滑轮组件活络、无裂缝、损伤	
	路轨两侧堆物距塔吊回转尾部大于50cm			绳卡设置须合理、紧固正确	
路基与轨道	路基坚实、平整、有排水措施			吊钩无变形、钓钩磨损<原高度10%，超过则报废	
	路基箱或枕木箱铺设合要求、夹板、道钉使用正确		限位与保险装置	力矩限制器（TM限位）灵敏可靠	
	拉杆设置正确牢固、轨距偏差1/1000			吊钩高度限位器灵敏可靠	
	轨接头同距不大于4mm、接头高低差不大于2mm			变幅限位器灵敏可靠	
	路轨顶面平整倾斜度小于1/1000			行走限位器灵敏可靠	
	止挡缓冲装置距钢轨两段距离≥1m			升降驾驶室乘人梯笼限位器、灵敏可靠	
金属结构	无疲劳、损伤、焊缝无裂、脱焊			驾驶室防坠保险装置和避震器、齐全可靠	
	法兰及其螺栓齐全、紧固正确			卷扬机筒防钢丝绳跳出保险装置完好、可靠	
传动系统	各制动调整合理			防脱钩保险装置灵敏可靠	
	各传动机构平稳无异声、润滑良好		定机定人	已落实有专职专人持证上岗司机	
	滑轮应设钢丝绳防脱槽装置			指挥有专人并持有上岗证书	
电	电缆电线路绝缘良好有防破损措施			机操、指挥人员上岗挂牌已落实	
	行走式塔吊电缆线不得拖地和有接头			机械性能挂牌已落实	
	仪表、照明、报警系统完好可靠		其他	塔吊夹轨器齐全有效	
	地面近塔吊处有专用控制开关箱，应设二级漏电保护			驾驶室能密闭、门窗玻璃完好、门能上锁	
气	失压、零位保护整定正确可靠			塔吊配重正确按规定堆放	
	接地装置设置正确			塔吊油漆无起壳、脱皮，保养良好	
	电气系统对地的绝缘电阻不大于0.5MΩ				

安装单位名称		负责人	
产权单位名称		负责人	
验收结论：			

安装班组自检情况：

负责人：　　　　　　　　　　　　日期：

项目部验收情况：

日期：

	机管部门	项目部验收人员签名
	安全部门	
	技术负责人	
	塔吊司机	
	塔吊指挥	

结论：同意使用　　限制使用　　不准使用整改后二次验收

上级公司验收意见：

日期：

	机管部门	上级公司验收人员签名
	安全部门	

盖章：

结论：同意使用　　限制使用　　不准使用整改后二次验收

注：验收栏目内有数据的，必须在验收栏内填写实测数据，无数据用文字说明

施工升降机安装（加节）验收记录表

规格编号 _____　　设备所属单位名称 _____

工程名称 _____　　使用单位名称 _____

机械编号 _____

验收部位	序号	验收要求	结果
基础	1	基础隐蔽工程验收资料齐全，并签字	
	2	应有排水设施，基础无裂纹，平整度符合要求	
钢结构	3	不应有明显变形、脱焊和开裂、外形整洁、油漆不漏	
	4	立管接缝处错位节差＜0.8mm	
	5	螺栓连接安装准确、紧固可靠，不得有松动	
	6	垂直度要求 架设高度（m）／垂直度公差值（mm） ＜70　／　＜1/1000 ＞70～100　／　70 ＞100～150　／　90 ＞150～200　／　110 ＞200　／　130	
围栏防护	7	吊笼底部对重升降通道周围应设置防护围栏，防护栏高度不低于1.8m	
	8	升降机周围三面应搭设双层防坠棚、上下层间距不小于0.6m	
	9	吊笼顶部四周应有护栏，高底不低于1.1m	
	10	停层点处层门净高度应不低于1.8m，宽与吊笼净出口宽度之差不得大于0.12m	
对重钢上绳绳头固接	11	绳卡固接时其数量不得少于3个，间距不小于绳径的6倍，滑鞍放在受力绳的一侧，绳卡应与绳径匹配	
钢丝绳	12	钢丝绳应有出厂合格证，及未达到报废标准	
传动防护	13	传动系统的转动零部件应有防护罩等防护装置	
导向轮、背轮	14	轮子连接及润滑良好，导向轮灵活，无明显倾侧现象	
制动器	15	应设常闭式制动器，并装有手动紧急操作机构及手动松闸功能	
导向和缓冲装置	16	吊笼与对重导向应正确可靠，吊笼采用滚轮导向，对重采用滑轮或导轨导向，导轨接头平滑	
	17	底座应设置吊笼和对重缓冲器，无缺损和变形	
安全装置	18	吊笼应设有安全器和安全钩，安全开关等安全装置	
	19	安全器由标定有效期的年限牌，安全器的有效期为二年	
	20	安全开关设有笼门限位，极限开关和放松绳开关，性能良好	
	21	上限位和上极限位开关之间的越程距离为不小于0.15m	
导轨架和附着	22	升降机的运动部件与建筑物和固定设备、脚手架等之间距离不得小于0.25m	
	23	附着装置之间距离应符合使用说明书要求，水平度保持基本水平与埋件连接应采用螺栓连接形式	

验收部位	序号	验收要求	结果
电气	24	电气装置应防护良好，金属机构及电机等外壳均应接地，接地电阻不大于4Ω，并设置二级漏电保护	
	25	电路应设有相序和断相保护器及过载保护	
	26	电路应设总接触器、断路、失压、零位保户、电箱无明显变形锈蚀、开启自如、箱内线路排列整齐，接地、零线分开，电气元件安装牢固、无松动、过热现象	
	27	操纵控制应安装非自行复位的急停开关	
其他	28	安装调试后的坠落试验及记录完整	

安装班组自检情况：		安装单位		负责人	
		产权单位		负责人	
	验收结论： 日期：				

项目部验收结论： 日期：	项目部验收人员签名	
	机管部门	
	安全部门	
	技术负责人	

结论：同意使用	限制性使用	不准用整改后二次验收	升降机司机	

上级公司验收结论： 盖章：　　　　　　　　　　　日期：	公司级验收人员签名	
	机管部门	
	安全部门	

结论：同意使用	限制性使用	不准用整改后二次验收	注：验收栏目内有数据时，必须在验收栏内填写实测的数据，无数据用文字说明

落地操作平台搭设验收记录表

安 3-6-17

类型：固定、移动

单位名称		验收日期			
工程名称		平台面积			
搭设高度		容许荷载	kg	合格牌编号	

序	验收内容	结果
1	施工组织单独设计、平面布置、计算资料审批手续齐全	
2	底部坚实平整、符合施工组织设计、有排水措施	
3	立杆垂直、间距符合规定、大小横杆纵横平直	
4	剪刀撑搭设、间距、角度、设置符合规定	
5	拉结、支撑设置的间距、角度、设置符合规定	
6	架体横平竖直、整体稳定牢固、材质符合规定	
7	架体的立杆材质、连接部位的方式符合规定	
8	操作、施工作业面四周防护严密、牢靠、安全	
9	操作平台面铺设材料符合规定、不留孔隙	
10	登高扶梯防护设施齐全	
11	进入作业面的通道铺设牢固、平整、无明显高低	
12	设置操作平台的限载标志牌（内外）	
13	移动式操作平台，轮子与平台连接牢固，立柱离地不＞80mm 使用时有可靠的固定措施	

验收意见：

搭设班组负责人		验收人员	
项目技术负责人		保养人	

注：移动式操作平台面积不应超过10m²、高度不超过5m、平台面积应小于底部面积

悬挑式钢平台验收记录表

单位名称		安装日期		载重量（kg）	
工程名称		层　次		合格牌编号	

	序	验收要求	结果
设计制作安装要求	1	按规范进行设计和制作，计算书及施工图纸审批手续齐全	
	2	搁置点与上部拉结点，必须位于建筑为上，不得设置在脚手架等施工设施或设备上，平台根部应与建筑物作保险连接	
	3	斜拉杆或钢丝绳，构造上两边各设前后两道，两道中的每道均应作单道受力计算。一道作保险钢丝绳	
	4	设置4个经过验算的吊环，用甲类3号沸腾钢制作，连接部位应使用卡环	
	5	安装时，钢丝绳采用绳卡时不得少于4个，间距10～12cm，并设安全弯	
	6	建筑物锐利口围系钢丝绳处应加衬软垫物，平台外口应略高于内口，左右不得晃动	
	7	平台铺设牢固、严密、不准使用竹笆，三侧面设不低于1.20m高围护，围护可用木板或薄钢板，正前面可设置活动门	
	8	显著标明容许荷载值、（人员和物料的总重量），严禁超过设计的容许荷载	

验收意见：

搭设人员		参加验收人员	
项目技术负责人		验收日期	

注：

1. 悬挑式钢平台，每移位一次须重新验收；

2. 悬挑式钢平台不宜过大，应控制其面积。

400

施工用电控制

安　3-6-19

目　　录

填写说明：

1. 临时用电施组，至少包括：现场勘察、所有电气装置、用电设备统计详细资料、负荷计算、导线以及电气布置图等；

2. 临时用电验收记录，开工前的验收过后，随着施工进度要求而增设的电气装置、线路必须重新实施验收手续；

3. 电工巡视记录原则上须每天填写。

临时用电验收记录表

单位名称		工程名称	
检查人及验收人员			

序号	验收项目	验 收 内 容	结 果
1	临时用施工组织设计	是否按临时施工用电组织设计要求实施总体布设	
2	工地临近高压线防护	应编制防护架方案，审批手续齐全、防护严密	
3	支线架设	配电箱引入引出线要采用套管和横担； 进出电线要排列整齐、匹配合理； 严禁使用绝缘差、老化、破皮电线、防止漏电； 应采用绝缘子固定、并架空敷设； 线路过道要有可靠的保护； 线路直接埋地，敷设深度不小于 0.6m，引出地面从 2m 高度至地下 0.2m 处，必须架设防护套管	
4	现场照明	受持照明灯应使用 36V 以下安全电压； 危险场所使用 36V 安全电压、特别危险场采用 12V； 照明导线应固定在绝缘子上； 现场照明灯要用绝缘橡套电缆，生活照明采用护套绝缘导线； 照明线路及灯具距地面不能小于规定距离，严禁使用电炉； 防止电线绝缘差、老化、破皮、漏电、严禁用碘钨灯取暖	
5	架设低压干线	不准采用竹质电杆，电杆应设横担和绝缘子； 电线不能架设在脚手架或树上等处； 架空线离地按规定有足够的高度	
6	电箱配电箱	配电箱制作要统一，做到有色标，有编号； 电箱制作要内外油漆，有防雨措施，门锁齐全； 金属电箱外壳要有接地保护，箱内电气装置齐全可靠； 线路、位置安装要合理、有地排、零牌，电线进出应下进下出	
7	开关箱熔丝	开关箱要符合一机一闸一保险，箱内无杂物、不积灰； 配电箱与开关箱之间距离 30m 左右，用电设备与开关箱超过 3m 应加随机开关，配电箱的下沿离地面不小于 1.2m 箱内严禁动力、照明混用； 严禁用其他金属代替熔丝，熔丝安装要合理	
8	接地或接零	严禁接地接零混接，接地体符合要求，二根之间距离不小于 2.5m，电阻值为 4Ω，接地体不宜用螺纹钢	
9	变配电装置	露天变压器设置符合规定要求，配电间安全防护措施和安全用具、警告标志齐全； 配电间门要朝外开，高处正中装 20cm×30cm 玻璃	

验收意见：

项目技术负责人：　　　　　　　　日期：

注：验收栏目内有数据的，在验收栏目内填写实测数据，无数据用文字说明。

接地电阻测验记录表

单位名称		仪表类型	
工程名称		测验日期	

接地电阻（Ω)

接地名称

接地类别	规定电阻值（Ω)	实测电阻值（Ω)	测定结果	备　注

测验负责人：　　　　　　　　　　检测人员：　　　　　　　　　安全员：

404

绝缘电阻测验记录表

编号：

单位名称			工作电压	220/380V	评定	
工程名称			仪表型号		结论	
绝缘电阻（MΩ）						问题及处理意见
设备名称						
回路编号	阻值	阻值	阻值	阻值	阻值	阻值	阻值	阻值	阻值	阻值	
相　别											
A　B											
B　C											
C　A											
B　O											
C　O											
A　地											
B　地											
C　地											
测验结果											
上次测验日期											

注：施工现场移动用具及手持电动工具应半年检测一次。测试合格后贴上标签，方可使用。

检测负责人：　　　检测员：　　　安全员：　　　年　月　日

电工巡视（维修）工作记录表

单位名称			班组名称		
工程名称			编号		
维　修　内　容					
序号	维修项目及部位	设备名称	维修人	验收人	维修日期

注：巡视维修中应将对漏电保护开关的检查填入表内。

单位名称		工程名称	
检查人及验收人员			
序号	验收项目	验 收 内 容	验收结果
1	搅拌机与砂浆机	机体安装平稳、坚实，接地或接零保护符合要求 操作棚符合防护要求，挂安全操作规程牌，有排水措施； 传动部位防护、离合器、制动器等符合规定，料斗钢丝绳最少必须保持三圈； 料斗保险链、钩和操作杆保险装置齐全有效； 防护罩、盖齐全有效； 砂浆机出料手柄应用圆盘式，不得使用倒顺开关	验收人　日期
2	木工平（轧）刨	外露传动部分必须有防护罩。室外使用，要有防雨操作棚； 平刨刀刃处装有护手防护装置，轧刨设有回弹安全装置； 漏电保护器参数匹配和灵敏有效，接地或接零保护符合要求	验收人　日期
3	电锯	防护挡板安全装置及月牙罩要符合要求； 传动部位防护装置、松口刀齐全牢固； 操作必须采用单向按钮开关； 漏电保护器灵敏有效、接地或接零保护良好	验收人　日期
4	手持电动工具	防护罩壳齐全有效，橡皮电线不得破损； 漏电保护器应安装正确且灵敏有效，接地或接零保护良好； 磨石子机电线应架空；操作者应穿绝缘鞋、戴绝缘手套； 蛙式打夯机手把应包绝缘材料、操作者应戴绝缘手套； 磨石子机、蛙式打夯机的末级漏电保护器应采用 15mA/0.1s 的参数要求	验收人　日期
5	电焊机	接零保护、漏电保护装置齐全；二次侧空载降压保护装置完善有效； 有可靠的防雨措施；进出线防护罩齐全，设置合理； 焊把及电线绝缘良好，装接正确；一次侧电源进线长度不超过 5m，二次长度不超过 30m	验收人　日期
6	钢筋机械	传动部位防护罩可靠，随机开关应使用按钮开关；接零或接地符合要求，室外作业设置防雨棚，二级漏电保护符合要求	验收人　日期
7	潜水泵	电源线绝缘良好，外壳接零保护有效；电机负荷线应采用 YSH 防水橡套电缆，长度应不小于 1.5m，不得承受外力，漏电保护器须经二级保护，末级采用 15mA/0.1s 的参数	验收人　日期
8	气瓶	气瓶明明显标志，有防爆、防震、防晒措施	验收人　日期
9	桩工机械	桩工机械准用证齐全、有效； 打桩机超高限位装置符合要求，作业区周围 5m 以内无高压线； 起吊钢丝绳润滑良好，无断丝超标现象； 桩机行车走轨道铺设应符合原厂说明书规定，三支点履带式桩机就位符合使用要求； 机械润滑、各螺栓紧固符合要求； 电动机械电源接线及控制系统接触可靠、连接电缆无破损，并实行二级漏电保护	验收人　日期
10	挖土机	工作装置、伸缩平稳、无抖动； 行走机构、传动平稳、无异常声响； 安全防护装置齐全符合要求； 液压传动臂杆、油路、油缸操作阀等应密封可靠、无渗漏	验收人　日期

注：验收栏目内有数据的，应填写实测数据，无数据用简单文字说明。

检查和改进

安　　4

工程项目经理部

目　　录

填写说明：

1. 安全检查类型包括：项目部定期安全检查、专项安全检查、季节、节假日前后各种类型安全检查，均可采用安 4-1 表式记录；

2. 上级企业政府、行业主管部到工地检查情况必须登入安 4-1 表内；

3. 检查中开具的整改单，必须附在检查记录表后；

4. 工程施工中如发生重大伤亡事故应将事故处理的有关资料附在安 4-2-1 月报表后。

安全检查记录表

检查类型

单位名称		工程名称		检查日期	
检查单位					
检查项目或部位					
参加检查人 员					

检查记录及结论：

记录人：

整改措施：

制定人： 负责人：

复查意见：

负责人：

纠正和预防措施（事故隐患处理）记录表

单位名称		工程名称	

事故隐患部位

不合格及事故隐患内容：

原因分析：

纠正、预防措施要求及实施计划：

措施制定人：	审批意见：	审批人：

纠正、预防措施的验证：
验证人：

填表人：   填表日期：

工伤事故（月）报表

单位名称 _____ 工程名称 _____

发生事故日期 ___年___月___日___时___分

事故类别 _____ 主要原因分析 _____

受伤害人姓名	伤亡情况（死、重、轻）	工种及级别	性别	年龄	本工种工龄	受过何种安全教育	歇工总日数	经济损失		附注
								直接	间接	

事故经过和原因：

预防事故重复发生的措施：

	落实措施负责人

项目部负责人 _____ 制表人 _____ _____年___月___日

注：事故经过和原因、措施栏，如填不下可加附。工地如当月无事故，也须每月填写事故报表（一式二份），一份上报企业主管部门。

内部审核

安　4-3

填写说明：

一、内部审核是指：企业组织的内审和项目部自我内审的资料。

包括：1. 内审计划；

2. 自行编制的审核检查表；

3. 不合格报告及封闭的资料；

4. 审核报告。

二、项目部内审记录

工程项目安全评估报告

安 4-4

单位名称		工程名称	
评估阶段		评估日期	
评估人员			

重大危险源	与不利环境	
自我完善	运行机制	
遵章受纪	安全意识	
	经验及做法	
	改进要求和措施	

工程项目负责人：　　　　　　　　　　　　　　　　填表人：

　　　　　　　年　月　日　　　　　　　　　　　　　　　　年　月　日

附录6

建筑工程分部（子分部）工程、分项工程划分
（摘自 GB 50300—2001）

建筑工程分部工程、分项工程划分

序号	分部工程	子分部工程	分 项 工 程
1	地基与基础	有支护土方	土方开挖、土方回填
		有支护土方	排桩，降水、排水、地下连续墙、锚杆、土钉墙、水泥土桩、沉井与沉箱，钢及混凝土支撑
		地基处理	灰土地基、砂和砂石地基、碎砖三合土地基，土工合成材料地基、粉煤灰地基，重锤夯实地基，强夯地基，振冲地基，砂桩地基，预压地基，高压喷射注浆地基，土和灰土挤密桩地基，注浆地基，水泥粉煤灰碎石桩地基，夯实水泥土桩地基
		桩基	锚杆静压桩及静力压桩，预应力离心管桩，钢筋混凝土预制桩，钢桩，混凝土灌注桩（成孔、钢筋笼、清孔、水下混凝土灌注）
		地下防水	防水混凝土、水泥砂浆防水层，卷材防水层，涂料防水层，金属板防水层，塑料板防水层，细部构造，喷锚支护，复合式衬砌，地下连续墙，盾构法隧道；渗排水、盲沟排水，隧道、坑道排水；预注浆、后注浆、衬砌裂缝处理
		混凝土基础	模板、钢筋、混凝土、后浇带混凝土，混凝土结构缝处理
		砌体基础	砖砌体，混凝土砌块砌体，配筋砌体，石砌体
		劲钢（管）混凝土	劲钢（管）焊接，劲钢（管）与钢筋的连接，混凝土
		钢结构	焊接钢结构、栓接钢结构，钢结构制作，钢结构安装，钢结构涂装
2	主体结构	混凝土结构	模板、钢筋、混凝土、预应力、现浇结构、装配式结构
		劲钢（管）混凝土结构	劲钢（管）焊接，螺栓连接，劲钢（管）与钢筋的连接，劲钢（管）制作，安装，混凝土
		砌体结构	砖砌体，混凝土小型空心砌块砌体，石砌体，填充墙砌体，配筋砖砌体
		钢结构	钢结构焊接，紧固件连接，钢零部件加工，单层钢结构安装，多层及高层钢结构安装，钢结构涂装，钢构件组装，钢构件预拼装，钢网架结构安装，压型金属板
		木结构	方木和原木结构，胶合木结构，轻型木结构，木构件防护
		网架和索膜结构	网架制作，网架安装，索膜安装，网架防火，防腐涂料

序号	分部工程	子分部工程	分　项　工　程
3	建筑装饰装修	地面	整体面层：基层，水泥混凝土面层，水泥砂浆面层，水磨石面层，防油渗面层，水泥钢（铁）屑面层，不发火（防爆的）面层；板块面层：基层，砖面层（陶瓷锦砖、缸砖、陶瓷地砖和水泥花砖面层），大理石面层和花岗石面层，预制板块面层（预制水泥混凝土，水磨石板块面层），料石面层（条石、块石面层），塑料板面层，活动地板面层，地毯面层；木竹面层：基层，实木地板面层（条材、块材面层），实木复合地板面层（条材、块材面层），中密度（强化）复合地板面层（条材面层），竹地板面层
		抹灰	一般抹灰，装饰抹灰，清水砌体勾缝
		门窗	木门窗制作与安装，金属门窗安装，塑料门窗安装，特种门安装，门窗玻璃安装
		吊顶	暗龙骨吊顶，明龙骨吊顶
		轻质隔墙	板材隔墙，骨架隔墙，活动隔墙，玻璃隔墙
		饰面板（砖）	饰面板安装，饰面板粘贴
		幕墙	玻璃幕墙，金属幕墙，石材幕墙
		涂饰	水性涂料涂饰，溶剂型涂料涂饰，美术涂饰
		裱糊与软包	裱糊、软包
		细部	橱柜制作与安装，窗帘盒、窗台板和暖气罩制作与安装，门窗套制作与安装，护栏和扶手制作与安装，花饰制作与安装
4	建筑屋面	卷材防水屋面	保温层，找平层，卷材防水层，细部构造
		涂膜防水屋面	保温层，找平层，卷材防水层，细部构造
		刚性防水屋面	细石混凝土防水层，密封材料嵌缝，细部构造
		瓦屋面	平瓦屋面，油毡瓦屋面，金属板屋面，细部构造
		隔热屋面	架空屋面，蓄水屋面，种植屋面
5	建筑给水、排水及采暖	室内给水系统	给水管道及配件安装，室内消火栓系统安装，给水设备安装，管道防腐、绝热
		室内排水系统	排水管道及配件安装，雨水管道及配件安装
		室内热水供应系统	管道及配件安装，辅助设备安装，防腐，绝热
		卫生器具安装	卫生器具安装，卫生器具给水配件安装，卫生器具排水管道安装
		室内采暖系统	管道及配件安装，辅助设备及散热器安装，金属辐射板安装，低温热水地板辐射采暖系统安装，系统水压试验及调试，防腐，绝热
		室外给水管网	给水管道安装，消防水泵接合器及室外消火栓安装，管沟及井室
		室外排水管网	排水管道安装，排水管沟与井池
		室外供热管网	管道及配件安装，系统水压试验及调试、防腐、绝热
		建筑中水系统及游泳池系统	建筑中水系统管道及辅助设备安装，游泳池水系统安装
		供热锅炉及辅助设备安装	锅炉安装，辅助设备及管道安装，安全附件安装，烘炉、煮炉和试运行，换热站安装，防腐，绝热

序号	分部工程	子分部工程	分 项 工 程
6	建筑电气	室外电气	架空线路及杆上电气设备安装，变压器、箱式变电所安装，成套配电柜、控制柜（屏、台）和动力、照明配电箱（盘）安装，电线、电缆导管和线槽敷设，电缆头制作、导线连接和线路电气试验，建筑物外部装饰灯具、航空障碍标志灯和庭院路灯安装，建筑照明通电试运行，接地装置安装
		变配电室	变压器、箱式变电所安装，成套配电柜、控制柜（屏、台）和动力、照明配电箱（盘）安装。螺母线、封闭母线、插接式母线安装，电缆沟内和电缆竖井内电缆敷设，电缆头制作、导线连接和线路电气试验，接地装置安装，避雷引下线和变配电室接地干线敷设
		供电干线	螺母线、封闭母线、插接式母线安装，桥架安装桥架内电缆敷设，电缆沟内和电缆竖井内电缆敷设，电线、电缆导管和线槽敷设，电线、电缆穿管和线槽敷线，电缆头制作、导线连接和线路电气试验
		电气动力	成套配电柜、控制柜（屏、台）和动力、照明配电箱（盘）及控制柜安装，低压电动机、电加热器及电动执行机构检查、接线，低压电气动力设备检测、试验和空载试运行，桥架安装和桥架内电缆敷设，电线、电缆导管和线槽敷设，电线、电缆穿管和线槽敷线，电缆头制作、导线连接和线路电气试验，插座、开关、风扇安装
		电气照明安装	成套配电柜、控制柜（屏、台）和动力、照明配电箱（盘）安装，电线、电缆导管和线槽敷设，电线、电缆导管和线槽敷线，槽板配线，钢索配线，电缆头制作、导线连接和线路电气试验，普通灯具安装，专用灯具安装，插座、开关风扇安装，建筑照明通电试运行
		备用和不间断电源安装	成套配电柜、控制柜（屏、台）和动力、照明配电箱（盘）安装，柴油发电机组安装，不间断电源的其他功能单元安装，螺母线、封闭母线、插接式母线安装，电线、电缆导管和线槽敷设，电线、电缆导管和线槽敷线，电缆头制作、导线连接和线路电气试验，接地装置安装
		防雷及接地安装	接地装置安装，避雷引下线和变配电室接地干线敷设，建筑物等电位连接，接闪器安装
7	智能建筑	通信网络系统	通信系统，卫星及有线电视系统，公共广播系统
		办公自动化系统	计算机网络系统，信息平台及办公自动化应用软件，网络安全系统
		建筑设备监控系统	空调与通风系统，变配电系统，照明系统，给排水系统，热源和热交换系统，冷冻和冷却系统，电梯和自动扶梯系统，中央管理工作站与操作分站，子系统通信接口
		火灾报警及消防联动系统	火灾和可燃气体探测系统，火灾报警控制系统，消防联动系统
		安全防范系统	电视监控系统，入侵报警系统，巡更系统，出入口控制（门禁）系统，停车管理系统

序号	分部工程	子分部工程	分 项 工 程
7	智能建筑	综合布线系统	缆线敷设和终接，机柜、机架、配线架的安装，信息插座和光缆芯线终端的安装
		智能化集成系统	集成系统网络，实时数据库，信息安全，功能接口
		电源与接地	智能建筑电源，防雷及接地
		环境	空间环境，室内空调环境，视觉照明环境，电磁环境
		住宅（小区）智能化系统	火灾自动报警及消防联动系统，安全防范系统（含电视监控系统、入侵报警系统、巡更系统、门禁系统、楼宇对讲系统、住户对讲呼救系统、停车管理系统），物业管理系统（多表现场计量及与远程传输系统、建筑设备监控系统、公共广播系统、小区网络及信息服务系统、物业办公自动化系统），智能家庭信息平台
8	通风与空调	送排风系统	风管与配件制作，部件制作，风管系统安装，空气处理设备安装，消声设备制作与安装，风管与设备防腐，风机按扎，系统调试
		防排烟系统	风管与配件制作，部件制作，风管系统安装，防排烟风口、常闭正压风口与设备安装，风管与设备防腐，风机安装，系统调试
		除尘系统	风管与配件制作，部件制作，风管系统安装，除尘器与排污设备安装，风管与设备防腐，风机安装，系统调试
		空调风系统	风管与配件制作，部件制作，风管系统安装，空气处理设备安装，消声设备制作与安装，风管与设备防腐，风机安装，风管与设备绝热，系统调试
		净化空调系统	风管与配件制作，部件制作，风管系统安装，空气处理设备安装，消声设备制作与安装，风管与设备防腐，风机安装，风管与设备绝热，高效过滤器安装，系统调试
		制冷设备系统	制冷机组安装，制冷剂管道及配件安装，制冷附属设备安装，管道及设备的防腐与绝热，系统调试
		空调水系统	管道冷热（媒）水系统安装，冷却水系统安装，冷凝水系统安装，阀门及部件安装。冷却塔安装，水泵及附属设备安装，管道与设备的防腐与绝热，系统调试
9	电梯	电力驱动的曳引式或强制式电梯安装	设备进场验收，土建交接检验，驱动主机，导轨，门系统，轿厢，对重（平衡重），安全部件，悬挂装置，随行电缆，电气装置，整机安装验收
		液压电梯安装	设备进场验收，图交接检验，液压系统，导轨，门系统，轿厢，对重（平衡重），安全部件，悬挂装置，随行电缆，电气装置，整机安装验收
		自动扶梯、自动人行道安装	设备进场验收，土建交接检验，整机安装验收